# 지적장애 성범죄자 심리치료

William R. Lindsay 저
최은영 · 공마리아 · 박성배 · 이장규 · 박지순 공역

The Treatment of Sex Offenders with Developmental Disabilities

학지사

**The Treatment of Sex Offenders with Developmental Disabilities: A Practice Workbook**

by William R. Lindsay

# 역자 서문

우리나라의 경우, 지적장애 성범죄자에 대한 관심이 높아지고 있으나 그들을 위한 정확한 기초 자료 및 프로그램 개발은 드문 실정이다. 지적장애 성범죄자의 경우 지적장애의 특성으로 인해 기존의 일반적인 심리치료로는 치료적 효과를 보기 어렵기에 지적장애인의 독특한 심리적 특성을 고려해야 할 것이다.

이 같은 맥락에서 볼 때, William R. Lindsay의 『지적장애 성범죄자 심리치료(*The Treatment of Sex Offenders with Developmental Disabilities*)』는 이러한 내용을 상세하고 구체적으로 다루고 있어 매우 의미 있는 자료로 고려되었다. 이 책은 지적장애 성범죄자 심리치료의 이론적인 내용뿐 아니라 실제적인 내용 또한 담고 있다. 기존의 저서와 차별화된 전문적 내용이 지적장애 성범죄자 심리치료에 관심을 둔 전문가에게 큰 도움이 되기를 기대한다. 이 책에 제시된 임상적 적용과 더불어 보다 발전된 치료적 활용 또한 기대된다. 이를 통해 지적장애 성범죄자의 재범 방지 및 지역사회로의 성공적 복귀에 보탬이 되기를 희망해 본다.

이 책이 출간되기까지 2013년 8개월간 지적장애 성범죄자 심리치료 프로그램을 실제 임상현장에 적용하고 그 효과성을 검증할 기회를 제공해 주신 국립법무병원(치료감호소) 이재우 원장님께 감사를 전한다. 더불어 이 책이 잘 마무리될 수 있도록 조언해 주신 임상곤, 이성규 교수님, 그리고 기꺼이 번역서 출간을 맡아 주신 학지사의 김진환 사장님, 박용호 전무님, 편집부 백소현 선생님께 감사드린다.

2015. 6

역자 일동

# 추천글

지적장애 성범죄자에 관한 분야는 매우 도전적인 영역이며, 상대적으로 최근까지도 선구적인 연구자들과 프로그램 개발자들에게 경시되어 온 영역이다. 미국의 James Haaven과 같은 혁신적인 연구자들과 나란히, Bill Lindsay는 수년 동안 지적장애 성범죄자를 위한 특별하게 고안된 프로그램과 평가도구 개발의 필요성을 지속적으로 주장해 왔다. Lindsay 교수의 훌륭한 저서에는 지적장애 성범죄자의 평가와 치료에 관한 포괄적 접근이 제시되어 있어, 지적장애 성범죄자의 특성을 세심하게 고려한 접근, 연구와 이론을 가능하게 했다. Lindsay 교수는 매우 유능하고 예리한 연구자였으며, 성범죄자 치료에 대한 그의 제안은 철저하게 경험적 자료에 근거한 것들이었다. 게다가 그의 임상심리학자 및 치료사로서의 풍부한 경험이 책에 명확하게 드러나고 있으며, 그는 항상 성범죄자에 대한 실제 작업에서의 뉘앙스와 복잡성에 주의를 기울이고 있음을 확실히 했다. 실제로 지적장애 성범죄자에 관한 최근의 몇 가지 자료와 달리, 이 책은 과학자이자 치료사로서의 실제에 따라 기록된 내용이 제시되어 있다.

이 책은 20개의 장과 2개의 부록으로 상세하게 구성되어 있다. 이 책은 크게 세 가지 영역으로 구성되어 있다. 즉, 이론적 배경, 치료적 고려사항, 그리고 치료의 영역에 대해 인지적 왜곡에서부터 성적 상상에 이르기까지 다양한 임상적 문제를 어떻게 치료할 것인가에 대한 상세한 설명을 담은 12개의 장으로 구성된다. 또한 위험성 평가 영역과 자기 조절 관련 지적장애 성범죄자의 범죄 경로에 대해서도 잘 정리되어 있다. 첫 번째 영역의 중요한 특성은, 여기에서 제공되는 이론적 내용과 연구의 맥락이 뒤이어 제시될 좀 더 실용적인 장을 독자들이 이해하는 데 배경지식이 될 수 있으며, 중재 개요에 대한 근본적 원리와 특성을 이해할 수 있도록 한다는 것이다. 이론적 영역의 가장 중요한 부분은 Lindsay 교수 스스로 제안한 치료 모델에 대해 성범죄자의 특정 범죄 관련 문제와 그들의 애착과 지역사회 재통합 촉진의 중요성을 강조하는 다양한 원인론, 그리고 실제적 이론의 기술적 통합을 이루어 낸 것이다. 또한 여기에서는 지적장애 성범죄자의 평가와 치료를 위한 융통성 있는 구조를 제공하고 이러한 집단의 범죄자에게 현재의 이론과 관련된 내용에서 무엇이 유용한지에 대한 판단력을 가지게 해 준다. 이어지는 두 영역에서는 특정한 문제 영역에 대한 치료 모델의 적용이 상세하게 설명되어 있으며, 각 장은 유용한 제안과 아이디어로 가득 차 있다. 치료사는 지적장애 범죄자에게 체계적인 평가와 포괄적인 치료를 어떻게 제공하는지에 대한 명확한 아이디어를 다룬 응용 영역을 면밀히 읽어 보아야 한다. 연구자들 또한 범죄와 관련된 태도나 요인들에 대한 Lindsay 교수의 면밀한 관찰에 흠뻑 빠져들 것이다.

나는 이 책을 지적장애 성범죄자를 접하는 임상현장의 전문가와 일반 성범죄자 심리치료 전문가 모두에게 꼭 권하고 싶다. Lindsay 교수의 책이 남긴 위대한 업적 중 하나는 범죄자가 추후에 성범죄 재범을 일으킬 위험을 감소시킬 수 있는 힘을 길러 준다는 그의 설명에 있다고 할 수 있다. 게다가 이 책에서 계속 다루고 있는 중요한 흐름은 만약 성범죄자가 성공적으로 성범죄를 멈춘다면 우리의 지역사회에 다시 들어온 후 동료 지역사회 구성원으로서의 자격을 얻고, 가족, 지역사회, 전문가의 도움을 통해 그들의 삶을 되돌릴 기회를 가지게 된다는 것이다. 이러한 구제와 재도약 과정의 필수적인 요소는 더 나은 삶, 덜 해로운 삶을 사는 데 필요한 개인적 · 사회적 자원을 획득하는 것이다. 이 책은 이러한 목표를 가진 사람들에게 무한한 도움을 제공할 것이다.

뉴질랜드 빅토리아 대학교<br>Tony Ward 교수

# 저자 서문

이 책은 부적절한 성행동과 성범죄를 저지른 지적장애인과 함께한 수년간의 산물이다. 나는 1987년부터 성범죄자 집단과 함께 일하기 시작했으며, 지적장애인과 일반 성범죄자 모두에게 지속적인 개입을 이어 갔다. 어떤 임상 장면이든지 가질 수 있는 흥미로운 측면은 임상 작업의 성과 연구가 가능하다는 것이며, 나는 독자들이 책을 통해 이러한 통합을 인식할 수 있기를 희망한다. 나는 뛰어난 능력을 가진 많은 동료들과 가까이에서 일할 수 있는 기회를 얻었다. 우리의 임상적 관찰은 우리의 연구를 알리는 계기가 되었고, 우리의 연구는 우리를 다시 임상 장면으로 이끌었다.

연구를 발달시켜 나가면서, 나는 일반 성범죄자를 포함한 많은 연구와 다양한 지적장애인 관련 연구, 행동적 · 인지 치료에 관한 임상 실험의 광범위한 치료결과보고, 심리측정 연구와 위험성 평가 연구를 포함한 다양한 연구를 활용하였다. 각 장은 다양한 과제의 진행 절차에 관한 실용적 기법을 통해 다양한 연구와 치료적 요인을 반영하고 있다. 실제 장면의 임상가처럼, 나 역시 나의 접근법과 방법론에 영향을 받은 수많은 환자를 평가하고 치료했다.

이 책을 쓰는 목적 중 하나는 지적장애 성범죄자와 함께 일하는 전문가를 돕고 그들이 이러한 내담자들과 함께 작업하는 능력을 개발할 수 있도록 돕는 것이다. 나는 지난 수년 동안 동료들이 이러한 내담자에게 심리치료 개입을 원하지만 어디서부터 어떻게 시작해야 할지 확신하지 못하는 모습을 보아 왔다. 중요한 임상적 혁신을 접할 때에는 항상 좌절이 있어 왔고, 동시에 그들의 응용이 다른 사람의 임상 장면에 적용될 수 있을지에 대한 의문이 있었다. 나는 지적장애 성범죄자에게 어떻게 그들의 이론적 발전과 연구의 발달을 적용할지에 대해 강조하고자 노력하였다.

2004년에 John Taylor, Peter Sturmey와 나는 Wiley 출판사에서 '발달장애 범죄자'라는 제목의 책을 출판하였고, 우리는 이후 관련된 연구와 실제의 개발이 괄목할 만하게 성장하는 것을 지켜보았다. 그 이후로 속도가 가속화되어 많은 저자와 서비스를 통해 임상적 · 사회적 문제의 특성을 이해할 수 있게 되었고, 평가와 치료, 서비스의 구성 지침에 관한 많은 연구를 하게 되었다. 이제 순수한 이론 연구와 연구의 타당성을 지지해 주는 연구들과는 관계없이 서비스의 필요성에 대해 강조하는 연구가 필요한 시점이다. 나는 이 책이나 다른 저자의 출판물들이 새로운 실제 장면에 대한 매개변수가 될 수 있기를 희망한다.

용어에 대한 쟁점은 지적장애인에 관한 어떤 책에서든 중요하게 다루어져야 한다. 나는 '지적장애(intellectual disability)'와 '발달장애(developmental disability)'라는 단어를 선호하며, 이는 국제적으로 이러한 내담자 집단을 이르는 말로 사용된다. 그러나 비교적 최근까지 미국지적/발달장애인협회(American Association of Intellectual and Developmental Disabilities)는 '정신지체(mental retardation)'라는 단어를 사용하였고, 이는 북미에서 여전히 널리 사용되고 있다. 캐나다에서는 이러한 내담자 집단을 이르는 말로 '발달장애(developmental disabilities)'라는 용어가 널리 활용되고 있다. 후자의 경우, 발달장애인에는 지적장애인뿐만 아니라 지적으로 높은 수준의 기능을 가진 사람들까지 포함하는 넓은 범위의 대상을 지칭하게 되므로 해석에 주의해야 한다. 여기서 내가 생각하는 장애는 자폐 스펙트럼이다. 영국에서 우리는 '학습곤란(learning difficulty)'이라는 단어로 이러한 대상자를 설명하기도 했다. 독자들은 이러한 용어들 모두 동의어로 사용되며(발달장애와 관련된 예외는 따로 언급), 모든 관련 용어는 다음 세 가지 진단 기준을 충족한다는 것을 인식하고 있어야 할 것이다. 대상은 '웩슬러 지능검사 3판' 과 같이 널리 알려져 있는 표준화된 검사도구를 통해 측정된 지능지수가 70 이하여야 한다. IQ는 검사의 측정오차를 고려하여야 한다. 두 번째 기준은 개인이 적응 행동에 상당한 어려움을 가지고 있으며, 이 또한 표준화된 평가를 통해 측정될 수 있어야 한다는 것이다. 다양한 분류체계에 따라 적응 행동에 대한 서로 다른 준거가 있기는 하지만, 이러한 기준은 분류의 필수조건으로 활용된다. 세 번째 기준은 이러한 어려움들이 아동기 이전, 일반적으로는 18세 이전에 나타나야 한다는 것이다.

수년 동안, 나는 전문가들이 성범죄자와 함께 작업하거나 때로는 성범죄자를 그들의 치료집단에 받아들이는 것조차 꺼리는 것을 보아 왔다. 이는 이러한 집단 사람들에 대한 대중의 인식을 고려하면 이해할 수 있는 일이다. 그리고 이것이 이들에 대한 치료나 서비스 중재가 임상 팀의 보호 아래에서 행해져야 하는 이유다. 전문가들이 판단과 지원 중재 사이의 균형을 잡는 것은 매우 중요하다고 할 수 있다. 나는 이 책에서 나의 작업이 발전해 나갈 수 있도록 지원해 준 이들의 도움이 매우 컸다는 것을 알리고 싶다. 수많은 동료 덕분에 수년간 가져왔던 나의 생각을 완성할 수 있었다. 또한 임상적으로 이견이 있기 쉬운 영역에 대해 도움을 줄 수 있는 든든한 연구 동반자가 있었다는 것을 행운으로 생각한다. 정신과 자문 의사인 Anne Smith는 나와 함께 20년 동안 작업했고 끊임없는 지원을 보내 주었으며, 후에는 Fabian Haut, Steve Young, Fergus Douds도 많은 영향을 주었다. 보다 최근에는 Peter Oakes와 Farooq Ahmad가 서비스 전달체계에 관한 나의 생각에 의견을 제기하였다. Ronnie Allan, Steve Scott, Evelyn Kelly, Paul Winter, Lesley Murphy, Danny Murphy, Lorna Cox, John Whitelaw, Tom Morgan을 포함한 많은 간호사 직원들은 수년간 집단을 꾸준히 이끌어 갈 수 있도록 도움을 주었다. 나는 Charlotte Quinn과 Pamela Reid의 관리상의 업무협조에 큰 빚을 졌다. 또한 Wiley 출판사 직원들의 인내심과 참을성에도 역시 빚을 졌으며, 이들에게 마음 깊이 감사드린다.

2008년 11월

Bill Lindsay

# 차 례

# 제1부 이론적 배경

# 제1장

# 지적장애 범죄자, 성범죄자, 학대자

지적장애와 범죄의 관계는 1세기가 훨씬 넘도록 많은 저자들과 연구자들 사이에서 관심의 대상이었다. Scheerenberger(1983)와 Trent(1994)는 19세기 후반에서 20세기 초반까지, 낮은 지능과 범죄와의 연관성이 어떻게 인식되었는지를 자세히 조사하였다. 그때까지만 해도 지적장애(intellectual disability: ID)가 있는 사람들은 사회의 위험요인이라기보다는 부담을 주는 존재로 인식되어 왔다. 19세기에서 20세기로 넘어오면서 지적장애인의 생활, 특히 산업화가 활발하게 진행되던 당시 도시에서의 생활은 열악하였다. 농촌지역에서는 도시의 노동자보다 더 많은 시간을 일해야 했고, 산업화된 도시 지역에서는 일자리는 고사하고 제대로 된 직업훈련을 받을 수 있는 기회조차 주어지지 않았다(Scheerenberger, 1983). Darwin의 진화론은 이런 현상에 상당 부분 영향을 미쳤다고 볼 수 있다. Galton(1883)은 자신의 책 『천재성의 유전(*Hereditary Genius*)』에서 개개인의 개별적 우수성을 결정하는 데 있어서 유전적 요인을 강조하였다. Goddard(1912)는 지적장애를 유전적 관점에서 해석했고, 이것은 지적장애인에게 상당히 부정적인 영향을 끼쳤다.

이런 주장들은 지적장애를 사회적 위험요인으로 여기는 당시의 분위기를 잘 보여 주고 있다. Scheerenberger(1983)에 따르면, "1880년대 무렵에는 사회는 더 이상 지적장애인을 동정적으로 보지 않았고, 그들이 적절한 훈련을 통해 사회의 일익에 기여할 수 있다고 여기지도 않았다. 지적장애인은 세상에 태어나지 말아야 할 존재가 되었고, 종종 구걸, 매춘, 범죄를 일으키는 사회악으로 여겨졌다" (p. 116). 1889년에 Kerlin(Trent, 1994에서 재인용)은 지적장애인이 신체적 제한과 도덕적 분별력의 부재로 인해 범죄를 저지르게 되며, 이러한 특성은 유전적인 것이며 치료가 불가능하다고 주장하였다. 이런 주장들은 지적장애인을 음주, 비행, 매춘 등과 연관시켰다. Goddard(1910)는 Mendel의 유전 법칙에 근거하여 지적장애인에 대한 개념을 정립했는데, 그는 모든 유형의 지적장애를 포함하는 용어로 정신박약(feeble mindedness)이란 단어를 사용하였다. 정신연령이 2세나 그 이하에 해당되는 사람을 '백치(idiot)' 으로, 정신연령이 3~7세에 해당하면 '저능(imbeciles)' 로, 정신연령이 8~12세 정도이면 '우둔(moron)' 으로 분류하였고, 저능(imbeciles)나 우둔(moron)을 정신박약자에 포함시켜 그 수를 배 이상으로 증가시켰다. 유전학적 관점에서 Goddard는 정신박약과 범죄에는 인과적인 관계가 있다고 믿었다. Goddard(1911)는 지적장애인이 증가하자 그에 대한 해결책으로 격리(segregation)와 정화(sterilisation)를 제시하였고 이후 사회적으로 두 개념이 수십 년에 걸쳐 상당한 영향을 끼쳤다.

Galton이 유전적 맥락으로 천재에 대해 연구한 것처럼, Goddard(1911)와 같은 학자는 유전적인 소인을 정신박약의 원인으로 주장했고, 정신박약과 범죄의 연관성을 입증하는 연구들을 발표하였다. Trent(1994)는 "이런 연구들은 범죄, 매춘, 자선단체 도움의 악용, 청소년 범죄, 성병, 사생아 출산, 음주 등과 같은 사회적 문제를 정신적 결함과 관련이 있는 것처럼 보이게 하는 역할을 하였다." (p. 178)고 요약하였다.

이 시기에 인지 능력 등을 측정하는 심리검사가 비약적으로 발전하게 되었는데, 이 또한 지적장애인에게 상당한 악영향을 끼쳤다. 심리검사 개발의 초기 선구자 중의 한 사람인 Terman(1911)은 “정신적 결함이 범죄, 비행에 끼치는 영향을 부정하는 학자는 없었으며…… 모든 범죄자가 정신박약자는 아니지만 모든 정신박약자는 잠재적인 범죄자다.”(p. 11)라고 주장하였다. Goddard는 자신의 책 『정신박약 범법자(*The Criminal Imbecile*)』에서 “감옥에 있는 범죄자의 25~50% 정도가 아마도 정신적인 결함이 있고 자신에게 당면한 상황을 정상적인 사고를 통해 처리하지 못한다.”(p. 7)라고 기록하였다. 20세기가 되면서, Mendel의 유전학의 영향, 심리검사의 발달, 그리고 지적장애인과 관련된 사례의 수가 증가하면서 지적장애와 범죄를 필연적으로 연관시키는 경향이 더 심화되었다. 당시 MacMurphy(1916)에 따르면, “정신적 결함을 가진 이들은 자신의 욕망을 적절하게 통제하지 못하고, 인간에 대한 존중심을 갖거나 삶에 대해 적절한 통찰을 할 줄 모르며, 도덕관념도 낮아 결국 그 사회에 해악이 된다. …… 변태나 성병에 걸린 사람 중 정신적 결함이 있는 경우가 압도적으로 많고, 이는 알코올 의존, 절도범, 소매치기들에게도 마찬가지이며, 통계적으로 입증되고 있다”(Scheerenberger, 1983, p. 153에서 인용).

이러한 움직임과 함께, Fernald(1909, 1912)는 지적장애인이 매춘, 범죄, 변태적 성행위, 빈곤과 같은 지역사회의 위험요인들과 관련이 있다고 주장하였다. 그가 이런 주장을 하였음에도 다른 연구자들과 달랐던 점은 지적장애인의 행동 연구에 보다 세심한 관찰이 있었다는 것이다. Fernald는 1890년부터 1914년까지 지적장애인 격리시설에서 퇴소한 사람들을 조사하였다. 그는 퇴소한 1,537명 중 절반에 조금 못 미치는 사람들에 대해 추후 조사를 하였다. 조사 결과 남자의 경우 60%, 여자의 경우는 36%가 퇴소 후 지역사회에서 잘 지내고 있는 것으로 드러났다. 현대적 기준으로 볼 때는 대단하지는 않지만, 이런 긍정적인 결과는 지적장애와 범죄의 필연적 연관을 주장해 오던 그와 다른 학자들에게는 놀라운 사실이었다(Fernald, 1919). 이를 계기로 그는 자신의 주장을 상당히 수정하여 지적장애인을 위한 혁신적 프로그램과 그들을 지역사회로부터 격리하지 않는 방안을 옹호하기 시작하였다. "우리는 상당수의 정신박약자가 너그러우며, 신뢰할 수 있으며, 순수하다는 것을 알게 되었고, 우리가 그들을 나쁘게 말해 왔다는 것을 인정한다. 내가 아는 정신박약자에 대해서 알고 보니 그들은 내가 아는 가장 다정하고 아름다운 사람이었다." (Fernald, 1918, Trent, 1994, p. 158에서 재인용) 그러나 그와 견해를 같이하는 학자는 많지 않았으며(예: Goddard, 1921), 이미 상황은 지적장애인에게 상당히 불리하게 돌아갔다. 1921년 열린 미국 정신박약협회(American Association on Mental Deficiency)의 개회 연설에는 이미 재판을 받는 정신박약자가 넘쳐난다거나, 정신박약자가 학교를 마비시키고 있다는 식의 경멸적인 어조가 많이 등장하였다. 10년 뒤, Glueck(1935)은 지적장애 청소년 500명을 조사한 후, 지적장애가 범죄를 심화시키는 요인 중의 하나이며, 지적장애를 가진 청소년이 비행 집단에 소속되는 비율이 훨씬 더 높으며, 그들은 재활 프로그램에 잘 참여하지 못하였다는 연구 결과를 발표하였다. Sutherland(1937)는 청소년 범죄로 구속 수감된 청소년의 20~50%가 지적장애가 있다고 주장하였다.

당시에는 지적장애와 범죄가 필연적으로 연관된 것으로 인식되었으며, 이것은 문화적인 편견을 조장하였다. 이런 편견은 Terman의 "정신적 결함의 두려운 역할"이라는 문구에서도 잘 드러났는데, 이런 문구가 당시에 권위 있고 계몽적인 것으로 여겨지는 저작물에서 언급되었다는 사실은 당시의 분위기가 어떠했는지 짐작할 수 있게 해 준다. 이런 편견은 그 후 50여 년간 지속되었고, 지금도 지방의 기관들이 특정 지역에 지적장애인을 대상으로 하는 집단거주 시설(group home)을 만들려고 할 때 이런 편견이 존재하고 있다는 것이 느껴진다. 사실 이런 기관의 담당자들은 지역 주민들이 지적장애인이 그 지역에 부정적인 영향을 끼칠 것이라고 많은 불평을 할 것이라는 사실을 잘 인식하고 있는 것으로 보인다. 필자도 지역간담회장에서 주민들이 이런 걱정을 하는 것을 들어 본 적이 있다. 주민들이 염려하는 것은 지적장애인이 무절제하게 행동하며 그들을 수용하는 시설이 그 지역에 있다는 사실이 알려지면 그 지역의 주택 가격이 떨어지게 될 것이라는 점이다. 어떤 주민은 "제 정신이 있는 사람이라면 누가 그런 시설이 자신이 사는 동네에 있는 것을 좋아하겠어요? 왜 하필 여기에 그런 시설을 지으려는 거죠?" 라고 말하였다. 이런 걱정은 당연히 기우에 지나지 않는다. 지적장애인은 대체로 조용하며, 보수적이고, 상냥하며, 좋은 이웃들이다. 대중은 보통 과학적인 증거나 결과를 신뢰하며, 그것으로 인해 불안감이나 어떤 편견을 가지게 되는데, 다행스럽게도 우리는 지적장애를 범죄와 연관시키지 않으려는 시대에 진입하고 있다. 지난 몇 십 년간 지적장애를 범죄의 필연적 원인으로 규정하는 학자는 없었으며, 범죄학에서 지적장애를 강조하는 것은 무리한 시도라고 볼 수 있다.

## 범죄자 집단에서의 지적장애인 비율

지적장애와 범죄 간의 관계에 대해 맹신하는 것이 줄어들었지만, 지적장애가 범죄에 미치는 영향에 대한 연구는 계속되고 있다. Farrington과 동료들(Farrington, 1995, 2005)은 비행과 범죄에 대한 그들의 장기적인 연구를 통해 범죄와의 연관이 가장 높은 요인이 낮은 지능이라고 주장하였다. 하지만 그들이 말하는 낮은 지능은 일반적인 지적장애인의 지능보다 높은 수준이며, 이런 이유로 이 연구 결과를 지적장애인에게 그대로 적용하는 데는 무리가 있다. 또한 이 분야에 대한 많은 연구가 있었음에도 불구하고 범죄자 집단에서 지적장애인이 차지하는 비율에 대한 명확한 기준도 없다. 또한 지적장애인이 저지른 범죄와 일반인의 범죄 발생 수에 있어 어떤 차이가 있는지도 명확하지 않다. Holland(2004), Lindsay와 Taylor(2008)는 전반적인 범죄 발생 비율과 특정 범죄의 비율에서 유의미한 차이를 보고한 많은 연구들이 연구방법론적인 차이가 있음을 발견하였다. 첫째로, 지적장애인의 범죄율이 높고 낮음은 그 연구의 조사 대상 설정에 따라서 큰 차이가 있음을 알 수 있다. Walker와 McCabe(1973)는 수용자를 조사한 결과 재소자의 30%가 지적장애를 가진 것으로 나타났고, 또한 그들은 방화(15%)와 성범죄(28%)에서 높은 범죄율을 보였다고 발표하였다. 이 연구는 지적장애를 가진 범죄자들이 성범죄와 방화 관련 범죄를 많이 저지른다는 인식을 가지게 하였다.

그러나 위의 연구와 조사 대상이 동일한 최근 연구(Hogue et al., 2006)에서 중경비 구금(maximum security), 일반/완화 경비구금(midium/low security), 그리고 지역사회 보호기관을 구분하여 조사한 결과, 수감 환경별로 지표 범죄(index offence)의 비율에 상당한 차이가 있는 것으로 나타났다. 방화의 경우 지역사회 법의학 수용기관 수감자의 2.9%가 방화로 인해 수감되었으나, 중경비 구금, 일반/완화 경비구금 교도소의 경우 21.4%가 같은 범죄로 수감되어 있었다. 폭력의 경우도 중경비 구금 교도소는 42.5%, 지역사회 보호기관 11.6%로 상당한 차이를 보여 주었다. 조사가 실시된 곳에 따라서 방화나 폭력에 대한 지적장애인의 범죄율이 상이하다는 것을 알 수 있다. 그러므로 특정 범죄의 발생 비율을 살펴볼 때에는 구금시설이나 환경의 영향이 매우 중요하다.

두 번째 변인은 지적장애를 정의하는 방식이다. 공인된 지적장애 평가방식을 사용한 연구가 있는 반면에 자기보고 방식을 택한 연구도 있다. Holland(1991)는 미국 내 재소자 중 지적장애인 비율에 대해 상이한 결과들(2.6~39.6%)을 보여 주는 연구들이 많음을 발견하였다. 당연히 이러한 다양한 연구에서는 지적장애 진단에 서로 다른 방법을 사용하였다. MacEachron(1979)은 메인 주와 매사추세츠 주의 형사범들을 수용한 교도소의 남자 수감자들 436명을 대상으로 공인된 지능검사를 실시한 결과 0.6% 에서 2.3% 정도의 지적장애인을 발견하였다. Hayes 능력선별지표(Hayes Ability Screening Index; Hayes, 2002)나 Ammons 간편검사(Ammons Quick Test; Ammons & Ammons, 1958)와 같은 지적장애 선별(screening)검사로 활용되는 간이지능검사 도구를 사용할 경우 지적장애인의 비율을 과대추정하게 된다. 왜냐하면 선별검사는 확진검사 실시 이전에 지적장애가 의심되는 많은 수의 사람을 일차적으로 지적장애 의심으로 간주하기 때문이다.

교도소 유형에 따라 범죄자의 지적장애인의 범죄 비율이 상이한 결과를 보이는 것은 최근의 연구에서도 확인되었다. Crocker 등(2007)은 몬트리올에 있는 구치소에서 형이 확정되지 않은 수감자 749명을 연구하려 했으나 행정상, 기술상, 그리고 수감자의 동의거부 등의 다양한 이유로 281명만을 조사할 수 있었다. 측정도구는 개별 정신능력 척도(Individual Mental Ability Scale)였다(Chevrier, 1993). 연구 대상자 중 18.9%는 지적장애로 볼 수 있는 범위에 속했고, 29.9%는 지적장애에 거의 근접한 상태(지능지수 71~85)로 드러났다. 그러나 호주 빅토리아에 소재한 교도소의 재소자 102명을 조사한 Holland와 Persson(2007)의 연구에서는 Wechsler 지능검사(Wechsler Adult Intelligence Scale)를 사용하였고, 여기서는 재소자의 2% 미만이 지적장애인으로 나타났다. 후자의 연구에서는 법의학 분야에서 수련을 받은 심리학자들이 주기적으로 모든 재소자를 평가하였고, 전자의 연구에서는 재소자의 1/3 정도만이 참가하였다. 또한 전자에서는 지능검사의 3개 소검사만을 사용하여 전체지능을 추정하였고, 후자의 경우 세계적으로 가장 많이 사용되고 있는 Wechsler 지능검사(WAIS)의 전체 소검사를 실시하여 지능을 측정하였다. 이 두 연구의 결과는 상충되며, 지능 평가방식의 차이 및 표집의 포괄성이 연구 결과에 상당한 영향을 미친 것으로 보인다.

세 번째 중요한 변인은 지적장애에 상당히 근접하는 지적 능력을 가진 사람들을 실제 지적장애에 포함시켰는지 여부다. Crocker 등(2007)의 연구에서도 볼 수 있듯이, 연구 대상으로 경계선 수준의 지능을 포함하는 경우 전체 범죄자 중에서 지적장애인이 차지하는 비율은 18.9%에서 48.4%로 증가한다. 호주 뉴사우스웨일스의 재소자를 조사한 Hayes(1991a, 1991b)의 연구에서는 2% 정도가 지적장애인의 기준에 해당하였고 10% 정도는 지적장애에 근접하는 경계선 수준의 지능인 것으로 나타났다. 정상분포 곡선에서 평균으로부터 −2 표준편차 지능(공식 지적장애 분류 기준인 IQ 70)에서 경계선 지능의 범주(연구의 정의에 따라 IQ 80 또는 85)로 상향 조정하는 경우, 전체 범죄인 중 지적장애인의 비율은 극적으로 증가한다. 그러므로 전체 범죄자 중에서 지적장애인의 비율과 특정 범죄 유형에서의 비율을 연구함에 있어 조사 대상의 선정 기준이 매우 중요한 변수가 된다.

앞에서 언급한 변수 외에도, 사회복지 정책 결정이 서비스 전달 및 이용과 연구 등에 전반적으로 상당한 영향을 미치는 것으로 보인다. 지적장애인에 대한 사회적 관심과 연구가 비교적 증가 추세에 있는 것은 최근의 탈시설화 정책과 무관하지 않다. 탈시설화 정책의 결과, 선진국의 대규모 지적장애인 시설이 폐쇄되었고 법원은 지적장애인에게 형사소송 이전 단계에서 병원으로의 자동 위탁을 더 이상 명령할 수 없게 되었다. 필자의 성범죄자 치료 프로그램 집단에서 한 나이 많은 성범죄자는 "예전엔 지역사회 보호관찰 처분을 받기보다 곧장 병원으로 수용되는 경우가 많았다."고 말한 적이 있다. 이제 지적장애인은 지역사회에 살면서, 수사에서 구금에 이르는 적법한 형사사법 서비스에 용이하게 접근하고 있다. 덴마크에서 법정 보호명령을 받은 91명의 지적장애인을 추적 조사한 연구에서, Lund(1990)는 1983년의 성범죄 선고 건수가 1973년보다 배로 증가했음을 발견하고, 이러한 극적인 증가는 지적장애인이 부정기형으로 병원에 수용될 수 없도록 하는 탈시설화 정책의 결과에서 비롯되었다고 주장하였다. 그는 재범 경향성이 있는 지적장애인이 지역사회로 돌아감에 따라, 그들이 실제 재범을 하는 경우 예전과 달리 정식 형사소송 절차를 거칠 가능성이 높아졌다고 결론을 내렸다.

수년 전부터 지금까지 지적장애인의 범죄 유형 중 성범죄가 특히 두드러져 왔다. Walker와 MaCabe(1973)는 중경비 구금 병원에서 실시한 연구에서 지적장애인 연구 대상의 28%가 성범죄를 저질렀다고 보고하였다. 아동 대상 성범죄와 IQ의 관계를 조사한 일련의 연구에서 Blanchard와 동료들(Blanchard et al., 2009, 2008; Cantor et al., 2005)은 아동 대상 성범죄자의 평균 IQ가 낮음을 발견하였다. 그러나 그들의 연구 대상인 아동 대상 성범죄자의 IQ가 유의하게 낮았다고 하지만 그들의 평균 IQ가 90 정도였고, 이는 지적장애의 진단범주 보다 훨씬 높은 정상 범위에 해당되는 것이라 할 수 있다.

또한 Hogue 등(2006)은 수용된 구금시설의 보안수준의 경중에 따라 지적장애 집단을 세 집단으로 구분하였는데, 성범죄로 수용된 지적장애인은 각각 34%(중경비 구금과 일반/완화 경비구금)와 50%(지역사회 보호기관)였으며, 세 집단 간에 유의미한 분포의 차이가 없음을 발견하였다. Green, Gray와 Willner(2002)는 이 문제와 관련하여 상당히 중요한 현상을 보고하였다. 그들은 아동을 대상으로 성범죄를 저지른 지적장애 남성은 성인을 대상으로 성범죄를 저지른 남성보다 형사사법망에 걸릴 가능성이 상당히 높음을 발견하였다. 이러한 표집 편향의 결과, 지적장애인은 아동 대상 성범죄자를 과잉대표할 가능성이 있다. 그러므로 이러한 방법론적 이슈와 사회정책 요인들이 다양한 연구 결과에 상당히 영향을 미칠 수 있음을 주지해야 할 것이다.

## 위험요인으로서의 낮은 IQ

현재 지적장애와 범죄의 인과적 관계에 대한 신빙성을 주장하는 학자는 거의 없지만, 범죄학자들은 낮은 지능이 범죄의 위험요인이 된다는 점에 여전히 마음이 끌리고 있다. 지능의 역할과 범죄 관련성에 관한 문헌을 광범위하게 검토한 Hirschi와 Hildelang(1977)은 사회계층(class) 또는 인종(race)과 비행의 관련성 못지않게 지능과 비행의 관련성이 강하다고 결론 내렸다. 몇몇 학자는 낮은 IQ를 가진 소년들은 높은 IQ를 가진 소년들보다 소년법원에 의뢰되는 비율이 2배 이상 높음을 보고하였다(예: Goodman, Simonoff, & Stevenson, 1995; Kirkegaard-Sorensen & Mednick, 1977; Reiss & Rhodes, 1961; Rutter, Tizard, & Whitmore, 1970).

하지만 이 연구들은 낮은 IQ와 비행의 관련성을 조사함에 있어 IQ 80~120 범위의 참여자를 대상으로 한 것임을 염두에 둘 필요가 있다. West와 Farrington(1973)은 411명의 소년을 10년 동안 추적 조사한 종단 연구에서 IQ 110 이상 소년은 1/4이 경찰 입건 전력이 있었던 반면, IQ 90 이하 소년은 1/2이나 전력이 있었음을 보고하였다. 조사 대상에 대한 심층분석에서 IQ 110 이상 집단의 재범은 50명 중 1명 정도였으나, IQ 90 이하 집단은 5명 중 1명이 재범한 것으로 밝혀졌다. 또한 그들은 8세에 범죄를 시작한 아이들에 대한 연구를 발표하고, 회귀분석을 통해 양육의 비일관성, 열악한 주거환경(8~10세), 문제 행동(8~10세), 비협력적 가정, 낮은 지능 등의 변인들이 유의미한 예측요인이라고 보고하였다. 범죄와 비행에 대한 그들의 후속 연구(Farrington, 1995, 2005)는 가장 영향력 있는 재범 예측요인으로 10~13세 사이의 범죄 전력을 보고하였다. 예를 들어, 14~16세 연령대의 재범은 10~13세 사이의 범죄 전력이 가장 잘 예측하며, 부모 범죄 전력, 과감성(daring)과 부정직성 등이 추가적인 예측요인으로 작용하였고, 17~20세 연령대의 재범은 14~16세 사이의 범죄 전력이 가장 잘 예측하는 것으로 나타났다. 또한 성인기의 재범은 바로 그전 연령대의 범죄 전력이 가장 잘 예측하였고, 불안정한 고용, 낮은 가계 수입, 경찰에 대한 적대적 태도 등이 추가적인 재범 예측요인으로 밝혀졌다. 이러한 사이클은 8세 때의 문제 행동, 비협력적 가정, 열악한 주거환경, 부모의 문제 행동, 낮은 IQ로부터 시작되며, 더 많은 위험요인(가정, 아동기 행동, 학업, 낮은 IQ 등)을 포함할수록 비행과 범죄의 가능성이 높아진다(Stouthamer-Loeber et al., 2002).

이상의 연구들이 낮은 IQ를 범죄의 위험요인으로 거론하고 있지만, 이러한 논의를 복잡하게 만드는 요인이 있다. Farrington과 동료들의 연구는 IQ 70 이하의 지적장애인을 연구 대상으로 하지 않았다는 것이 가장 명백한 첫 번째 문제요인이다. 그들의 연구는 '평균 하'와 '경계선' IQ의 지적장애인에 초점을 맞췄다. 두 번째, 열악한 주거환경과 낮은 가계 수입이 범죄의 위험요인으로 유의미하게 관련되어 있다. Emerson(2007)은 가장 열악한 사회계층 출신이 중산 사회계층 출신보다 경도 및 중증도 지적장애를 가질 위험성이 4~5배 높다는 점에서, 빈곤과 지적장애 간의 관련성에 관한 수많은 정보를 제시하였다. 그는 삶의 질의 다양한 지표로서 잦은 이사, 신체 및 정신건강, 교육, 소외 등이 빈곤과 관련된다는 증거를 제시하였다. 또한 Emerson

과 Turnbull(2005)은 빈곤한 조건에서 생활하는 지적장애 청소년이 그렇지 않은 청소년보다 높은 비율의 반사회적 행동을 보임을 밝혔다. 지적장애인에 관한 일련의 연구에서, 빈곤한 가정과 지역에서의 생활이 성인과 아동의 정서적 · 행동적 문제(Emerson, Robertson, & Wood, 2005), 심리적 고통(Emerson, 2003), 범죄 피해(Emerson, Robertson, & Wood, 2005)의 증가와 관련이 있는 것으로 나타났다. 가계 빈곤과 낮은 사회경제적 지위는 생애 위험(lifetime hazard)을 증가시켜 건강과 복지를 위협하게 된다. 이 연구에서 중요한 것은 IQ와 범죄의 관련성을 고려함에 있어 빈곤의 매개 효과가 상당하다는 점이다.

몇몇 연구에서는 낮은 지능이 아닌 지적장애의 여부와 범죄의 관련성에 대한 조사를 실시하였다. McCord와 McCord(1959)는 매사추세츠에 거주하는 650명의 불우 소년을 치료 집단과 대조집단에 각각 325명씩 짝으로 할당하여 치료 개입의 효과성을 평가하였다. 치료집단에서 IQ 110을 초과하는 연구 대상자의 26%가 유죄판결을 받은 반면, IQ 범위 81~90인 연구 대상자의 44%가 유죄판결을 받아 IQ와 유죄판결률 간에 관련성을 보여 주었다. 하지만 가장 낮은 IQ 집단(IQ 80 미만)의 유죄판결률은 35%로 다른 두 집단의 중간 정도의 유죄판결률을 보였다. 또한 가장 낮은 IQ 집단의 19%가 형사처벌 시설에 입소한 반면, 범죄를 저지른 높은 IQ 집단의 경우 아무도 형사처벌 시설에 입소하지 않았다. 이러한 결과는 통제집단에서도 유사하게 나타나서, IQ 범위 81~90인 집단의 50%, IQ 범위 80 이하인 집단의 25%가 유죄판결을 받은 것으로 나타났다.

다음 두 개의 심화 연구는 이러한 결과를 지지한다. Maughann 등(1996)과 Rutter 등(1997)은 심각한 읽기장애를 보이는 아동을 추적 조사하였다. 읽기장애를 보이는 아동의 상당 비율이 지적장애로 발달하는 것으로 간주된다. 연구자들은 지적장애와 범죄의 기존 관련 배경을 고려할 때 심각한 읽기장애를 가진 소년의 성인기 범죄율이 일반 대조집단의 성인기 범죄율보다 다소 낮다는 사실을 발견하고 놀라지 않을 수 없었다. 마찬가지로 읽기장애를 동반하는 아동의 경우에는 아동기 반사회적 행동이 성인까지 지속될 가능성이 더 낮았다. 정신병리와 사회적 기능을 통제한 상태에서도 마찬가지 결과가 보고되었다. 그러므로 평균 이하 IQ와 범죄가 서로 관련 있는 것으로 보이지만, 평균에서부터 1.5 표준편차 이상의 차이가 나는 낮은 지능을 가진 이를 대상으로 한 연구에서, 가장 낮은 지능 범위에 속한 이들은 범죄율이 낮은 것으로 나타나 그 관련성이 미약한 것으로 보인다.

지적장애 범죄자의 재범 위험성 평가에 관한 최근의 한 연구는 범죄율에 관한 흥미로운 자료를 제공한다. Gray 등(2007)은 145명의 지적장애 범죄자와 996명의 정신장애 범죄자를 비교 연구하여, 지적장애 집단(평균=8.3회)이 비지적장애 집단(평균=11.8회)보다 범죄 전력이 유의미하게 적었음을 보고하였다. 또한 이들에 대한 2~12년간의 추적 조사에서 지적장애 집단이 비지적장애 집단의 절반에 해당하는 재범률을 보였다. 추적 조사 2년 시점에서는 지적장애 집단의 4.8%와 비지적장애 집단의 11.2%가 폭력으로 재범을 하였고, 지적장애 집단의 9.7%와 비지적장애 집단의 18.7%가 일반 범죄로 재범하였다. 이러한 재범률의 차이는 유의한 것으로, 지적장애 범죄자는 범죄 전력뿐만 아니라 재범에 있어서도 비지적장애 범죄자보다 낮은 비율을 보였다. 이와 같은 연구 결과들로 비추어 볼 때, 지적장애 범죄자가 범죄율 또는 재범률이 높다는 가설은 지지될 수 없음을 분명히 알 수 있다.

## 결론

지적장애와 범죄 간의 역사적 연결은 20세기 초 지적장애인에게 심각한 영향을 미쳤다. "정신박약자의 위험성(the menace of the feeble minded)" (Trent, 1994)이라는 과격한 의식이 지적장애인을 사회로부터 분리, 격리시키는 핵심 동기로 작용하였다. 이러한 부정적인 영향은 수십 년간 지속되었으며 현재에도 편견의 형식으로 남아 있고, 형사처분을 받은 사람들 중 지적장애인이 차지하는 비율은 여전히 관심을 끄는 주제다. 이 장에서 언급되었던 다양한 이유로, 최근까지의 연구에서도 범죄자 집단에서 차지하는 지적장애인의 비율이 매우 상이하게 보고되고 있다. 이 연구들은 지적장애 평가 방법, 지적장애 연구 대상의 표집 기준이 각각 다르고, 각기 다른 환경과 문화권에서 진행되었다. 후속 연구에서도 이러한 요인을 완전히 제거할 수 없을 것이므로, 범죄자 집단에서 지적장애 유병률을 정확히 답하는 것은 궁극적으로 불가능해 보인다. 우리는 범죄를 저지른 지적장애인의 특정한 비율이나 지적장애 범죄자의 특정한 비율을 밝히려 하는 것이 아니며, 성범죄를 저지른 지적장애인의 비율을 정확히 밝힐 수도 없다. 그 비율이 얼마가 되었건 가장 중요한 것은 지적장애 범죄자와 성범죄자를 치료하고 평가하기 위한 임상적 활동과 연구가 필요함을 방증하기에 충분한 비율임에는 틀림이 없다는 것이다. 성범죄 피해자뿐만 아니라 성범죄자 자신과 그들의 가족, 사회적 대인관계에 미치는 영향을 고려할 때, 그들에 대한 치료와 연구에 뛰어들 충분한 동기부여가 되지 않을 수 없다.

지능과 범죄의 관계는 분명하지만, 대부분의 포괄적 연구는 낮은 지능이나 경계선 지능을 변인으로 활용한 연구였다. 이 연구들은 지적장애를 가진 개인들에게만 국한되는 차별적 요인을 발견하지 못하였다. 지적장애인 집단의 특성을 낮은 지능이나 평균 지능 집단과 비교한 연구는 지적장애인이 더 낮은 비율의 범죄나 유죄판결을 받는다고 보고하였다. 요약하면, 지능에 따른 범죄 비율이 다소 높든 낮든 간에 지적장애 범죄자에 대한 주목할 만한 쟁점이 있으며, 이에 대해 우리의 임상적 주의를 집중할 필요가 있다는 결론을 내릴 수 있다.

# 제2장

# 범죄 관련 위험성 평가

평가는 대상자의 문제를 파악하는 데 중요할 뿐만 아니라 대상자가 속한 집단의 특성을 요약하고 개념화하는 데도 중요한 역할을 한다. 인지 기능 관련 평가의 경우, 그 평가방법이 학업 성적을 활용하든 특정 인지 기능 검사를 사용하든 간에 그 결과는 대상자가 속한 집단 내에서 개인차(즉, 집단 내에서 순위, 상대적 위치)를 알 수 있게 한다. 한 피검자의 범죄 행위에 대한 가설을 설정하고 사례 개념화를 하기 전에 피검자의 교육력, 인지 기능 및 사회 적응 수준 등에 관한 다양한 정보를 가능한 한 많이 수집하는 것이 중요하다. 이 장의 후반부에서는 범죄와 관련된 변인들은 지적 수준에 따라 서로 다른 영향을 미치며, 지적장애의 수준은 성범죄 원인론의 일부 고려점이 되는 요인이라는 것을 다루고자 한다.

성범죄 평가에서 개인의 발달력에 대한 충분한 평가가 중요하다는 것을 지지하는 이론이나 실증적 증거들이 많이 있다. Quinsey 등(1998, 2006)이 개발한 공인된 평가도구인 폭력 위험성 평가 지침서(Violence Risk Appraisal Guide: VRAG)와 성범죄자 위험성 평가 지침서(Sex Offender Risk Appraisal Guide:

SORAS)는 위험성 평가에 관한 요인들을 최초로 제시한 연구(Harris, Rice, & Quinsey, 1993)에 기초하여 개발되었다. 이 두 가지 위험성 평가도구는 광범위하게 연구된 계리 통계적(actuarial) 도구로, 많은 선행연구에서 위험성 평가도구의 예측 정확성을 알아볼 때 VRAG나 SORAG가 함께 사용되었다. 이처럼 VRAG와 SORAG가 많은 연구에서 활발하게 사용된 이유는 이들 도구가 광범위한 심리측정적 방식을 적용한 도구이기 때문이다.

이들 도구에 포함된 아동기나 성장과정상의 발달력과 관련되는 다수의 변인들은 예측 정확성을 높이는 중요한 변인이다. 이를테면 위험성 평가도구에 포함된 변인 중 하나로 아동기에 친부모와 같이 살았는지에 대한 문항이 있다. 이 문항에서 친부모와 같이 살지 않았다고 응답할 경우 미래의 범죄 가능성을 증가시키는 위험요인이 된다. 한 개인의 발달 내력을 '그렇다/아니다' 식으로 체크하여 해당 항목에 체크된 개수를 통해 미래의 범죄 가능성을 예측한다는 것이 너무 단순하고 단정적으로 보일 수 있다. 그러나 발달력에 대한 평가 항목이 아동기 애착관계에 관한 광범위한 연구 결과와 발달심리학적 이론에 기초하고 있음을 인식할 필요가 있다. 성범죄자는 아동기 때 안정된 애착관계를 형성하지 못하면, 이후 성인이 되어서는 대인관계 기술이 부족하고 긍정적 자기개념(self-concept)을 정립하지 못해 타인과의 친밀한 관계 형성에 어려움을 겪게 된다(Marshall, 1989a). 성범죄자들은 친밀감을 표현하는 기술이 부족하고 불안정한 자기개념을 갖고 있기에 타인과의 사회적 상호작용이 부족하여 정서적 외로움을 느끼게 된다. 외로움과 같은 부정적인 정서의 대처방법으로 그들은 강압적이거나 일탈적 양상의 성적 접촉을 시도하고 정서적인 밀착감(emotional closeness)을 느끼려고 한다. Ward, Hudson과 Marshall(1996)은 성인이 되어서 타인과의 친밀한 관계 형성을 어렵게 하는 세 가지 유형의 불안정한 애착관계를 규정하였는데, 그중 하나가 위의 행동 유형이다. 세부적인 애착 유형에 대해서는 5장에서 더 자세하게 다룰 것이다. 몇몇 연구에서 성범죄자의 친밀감 결핍이 부적절한 성행동이나 성범죄를 유발한다는 사실이 밝혀졌다. 147명의 범죄자를 대상으로 한 연구에서 불안정한 애착관계가 성범죄, 폭력범죄, 기타 모든 범죄와 관련된 것으로 나타났다. 강간범은 특히 더 거부적인(dismissive) 애착 유형 경향을 보이고, 아동 성범죄자는 몰입(preoccupied) 애착이나 공포(fearful) 애착관계를 가졌을 가능성이 크다. 최근 Stirpe 등(2006)은 101명의 성범죄자와 성범죄 이외의 다른 범죄자들에게 성인 애착관계 인터뷰(Adult Attachment Interview)를 사용하여 애착관계 유형을 조사하였다. 연구 결과는 이전의 연구와 유사하게 모든 범죄자 집단이 불안정한 애착관계 경향을 보였으며, 특히 성범죄자 집단의 경우 불안정한 애착관계 정도가 더 심한 것으로 나타났다.

Novaco와 Taylor(2008)는 법무병원(forensic hospital)에서 지적장애를 가진 폭력범 환자 105명을 대상으로 아동기 부모의 분노/공격성 노출 경험과 병동 내에서 나타나는 그들의 분노/공격 행동 간의 관련성을 조사하였다. 아동기 부모의 분노/공격성 노출 경험과 병동 내 분노/공격성을 평가하기 위해 병력 차트, 직원의 행동평가, 자기보고 검사, 임상면접을 활용하였다. 그 결과, 아동기에 부모의 폭력을 경험하는 것은 그들이 성인이 되어서 경험하는 분노·공격성과 상당한 관련성이 있음을 발견하였다. 이런 연구들은 지적장애를 가진 범죄자에 있어서 아동기의 애착관계가 성인이 되어서의 범죄 행위에 미치는 영향을 보여 주는 증거를 제시하고 있다.

결론적으로 다양한 이론적 모델이나 연구 결과를 볼 때, 아동기 발달과정상의 애착관계는 지적장애 성범죄자의 평가에 있어 중요한 영역이다. 불행하게도, 애착 유형에 대한 최근 연구(Keeling, Rose, & Beech, 2007a)에서 관계척도 설문지(Relationship Scales Questionnaire, RSQ; Griffin & Bartholomew, 1994)는 지적장애 범죄자(평균 IQ 71.3)에게 사용할 경우 심리측정적 관점에서의 타당도가 부족한 것으로 나타났다. RSQ는 Bartholomew와 Horowitz(1991)의 애착관계 모델을 기반으로 하였고, Ward, Hudson과 Marshall(1996)의 모델도 이들 모델을 기반으로 하였다. 이 도구는 안정(secure), 몰입(preoccupied), 회피-두려움(avoidant-fearful), 회피-거부(avoidant-dismissive)라는 네 가지 유형의 애착관계를 평가한다. 그러나 Keeling, Rose와 Beech(2007a)의 연구에서 이 도구는 내적 일치도가 낮고 다른 애착관계 설문지와의 수렴 타당도도 낮은 것으로 드러났다. 그러므로 성범죄자의 애착관계를 보다 정확하게 파악하기 위해서는 임상면접을 통한 정보 수집이 필요하다. 이런 관점에서 Novaco와 Talyor(2008)는 아동기 부모의 공격성 노출 경험을 양분하여 4점 단위로 간단하게 점수화할 수 있는 10개 문항의 임상 면접지를 활용하였다. 이처럼 간편하면서도 명확한 평가를 통해 아동기 부모의 폭력성 노출과 성인기 폭력성의 관련성을 살펴보았을 때, 신뢰도와 예측 타당도가 증가하였다.

VRAG와 SORAG에 아동기 학교 장면에서의 문제 행동 항목이 포함되어 있다. 위험성 평가에서 아동기 학교 장면에서의 문제 행동 항목이 매우 중요하다. 이러한 맥락에서 2006년의 아동 · 청소년 분류(Child and Adolescent Taxon) 개정판에서도 보다 세밀하게 아동기 행동과 애착문제를 다룰 것을 제안했으며 위험성의 정도를 분류함에 있어 아동기 행동과 애착문제는 정신병리 평가도구 개정판(Paychopathy Checklist-Revised; Hare, 1991)을 대체할 수 있을 만큼 중요한 항목으로 보았다. 아동기 문제 행동은 학교에서의 문제 행동에 관한 객관적인 기록을 통해 평가할 수 있다. 문제 행동의 정도는 '문제 없음' '경미한 문제 행동(예: 학내에서의 반항적인 행동, 약간의 무단결석)' '심각한 문제 행동(예: 상습적인 무단결석)'으로 구분할 수 있다. 따라서 면담 시 대상자가 학교에서 제적이나 퇴학을 당했던 이력이 있을 때 평가자는 당시 어떤 유형의 문제 행동으로 교내 처벌을 받게 되었는지 구체적으로 알 필요가 있다. 아동 학교 내 문제 행동이 일회적인 것인지 반복적으로 지속된 것인지를 구분하는 것도 중요하다. 아동은 학교 내에서 문제 행동으로 며칠 간의 정학 같은 징계를 받을 수 있으나, 퇴학을 당하는 경우에는 문제 행동이 반복적이고 지속적이며 그 정도가 심각한 경우가 대부분이다. 또한 평가자는 아동이 재학 중 퇴학을 당하지는 않았지만 반복적으로 정학 등의 징계를 받은 전력이 있다면 전반적인 사항을 고려하여 문제 행동의 심각성 정도를 판단해야 한다.

VRAG와 SORAG에 포함된 학교 부적응 항목은 아동기 발달상의 문제와 대인관계 문제를 포괄하는 지표로 볼 수 있다. 그러나 이처럼 아동기 애착관계와 행동문제를 자세히 언급하는 이유는 지적장애 성범죄자의 면담뿐만 아니라 가능하다면 그 보호자나 친척까지 면담하여 발달력에 대한 많은 정보를 수집하는 것이 평가의 첫 단계라는 사실을 강조하기 위한 것이다. 면담과 수집된 발달 내력에 대한 자료는 선행 연구에서 밝혀진 성범죄의 주요 위험요인과 이론적 틀에서 검토되어야 한다. 초기 평가 단계에서 평가에 필요한 모든 정보가 드러나는 것이 아니기 때문에 통상 평가는 치료가 시작된 후에도 몇 달 동안 지속될 수 있다. 아동기 성적 학대 경험에 대해 자기개방을 꺼리는 경우가 이에 대한 좋은 예라 할 수 있다. 아동기 성적 학대 경험은 성범죄 발생에 영향을 미치는 중요한 요인이나(Beail & Warden, 1995; Lindsay et al., 2001), 성범죄자들은 성과 관련된 은밀하고도 사적인 정보를 공식적인 평가 중에 드러내는 것을 극도로 꺼릴 수 있다. 성범죄자의 자기개방에 대한 한 연구(Lindsay et al., 2001)에서는 성범죄자들이 성범죄 전문치료자에게 편안한 감정을 느끼고 성적 학대 경험을 공개한 것이 비밀보장이 된다고 믿기까지 약 1년 정도의 시간이 걸릴 수 있다고 하였다. 성범죄자들이 애착이나 대인관계에 어려움이 있을 경우, 이 또한 자신의 사적인 정보를 개방하는 데 걸림돌이 된다. 평가는 치료 기간 전반에 걸쳐 계속될 가능성이 많다.

앞서 언급한 바와 같이, 인지 능력에 대한 평가는 지적장애 성범죄자의 초기 평가 단계에서 상당히 중요한 부분 중 하나다. 많은 학자는 지능 및 인지 기능을 평가할 수 있는 다양한 도구를 소개하였다(Lezak, Howieson, & Loring, 2004; Kaufman & Lichtenberger, 1999). 지적장애를 가진 범죄자를 포함하여 지적장애인의 인지기능 평가와 치료에 있어 염두에 두어야 할 것이 두 가지 있다. 먼저 구조화된 평가와 치료를 위해서는 한 개인이 가진 지적 수준에 대한 기본적인 이해가 필요하다. 중등도(moderate)나 중도(severe) 수준의 지적장애인(IQ 50 미만)은 법과 사회적 관습을 이해하는 데 상당한 어려움이 있을 수 있다. 그들이 부적절한 성적 행동을 하였을 때도 자신의 행동이 법과 사회적 관습에서 벗어난다는 사실을 적절하게 이해하지 못할 수 있다. 좀 극단적일 수 있지만 범죄자의 지능이 지적장애의 공식적인 진단 기준점(IQ 70)보다 낮을 때, 이 범죄자는 평가 절차와 치료과정을 적절하게 이해하는 데 어려움을 보일 가능성이 크다. 이 경우 평가자는 내담자의 지적 수준을 고려하여 면담 방식, 심리검사 도구, 치료방식 등 모든 것을 조정해야 한다는 것을 반드시 인식해야 한다. 이는 평가자가 지적장애 내담자에게 제공하는 정보가 내담자에게 어느 정도 받아들여지고 이해되는지와 관련되며, 내담자를 어떤 방식으로 치료할 것인지, 어떻게 내담자에게 필요한 정보를 인식시킬지 그 방식을 선택해야 하는 치료자에게도 중요하다. 지적장애 내담자와의 의사소통 및 정보 제시 방식, 치료의 진행과정 등을 지적장애인의 눈높이에 맞추어 어떻게 조정할 것인지는 이 책 뒷부분에서 광범위하게 다룰 것이다. 그리고 이 장 후반부에서는 지적 능력이 성범죄자들의 범행 경로와 관련이 있으며, 또한 그들의 장기적 치료 및 관리와도 관련이 있다는 것을 다룰 것이다.

인지 기능 평가에서 두 번째로 고려해야 할 중요한 사항은 개인의 지적 기능의 강점과 약점을 파악하는 것이다. Wechsler 성인용 지능검사 3판(Wechsler Adult Intelligence Scale-Third Edition)에서는 전체지능지수(FSIQ)와 함께 네 가지 하위 조합점수 결과를 제공하여 인지 기능의 강점과 약점에 관한 정보를 제공해 준다. Wechsler 지능검사에 제시되는 네 가지 인지 기능은 언어이해, 지각추론, 작업기억, 처리속도로서 권위 있는 지능 연구자들이 결과 해석에 필요한 지침들을 마련하였다. 내담자가 이들 인지 기능에 손상을 보일 경우 정보를 이해하고 기억하고 통합하는 데 문제가 발생하게 된다. 예를 들어, 내담자가 다른 지적장애인에 비해 작업기억이 낮다면 정보를 반복적으로 제시해 주는 방식으로 적절하게 조정해 주어야 하며, 치료과정에서 기억과 관련된 인지적 책략 등을 교육할 필요가 있다. 이러한 사항들은 일반 범죄자들 중 특히 지능이 낮아 보이는 범죄자를 평가할 때도 그대로 적용된다. 필자는 지적수준이 낮은 범죄자를 고려해서 수정·보완된 평가도구들조차 실시가 불가능한 범죄자에 대한 평가를 정기적으로 의뢰받는다. 인지 기능 평가를 통해 특정 인지 기능의 결함을 알아볼 수 있으며, 이를 통해 내담자가 어떤 부분을 어려워할지 알 수 있게 해 준다. 내담자의 지적 수준과 인지적 특성을 고려하여 평가와 치료 프로그램 진행방식을 적절하게 조정한다면 내담자는 치료 시간에 접하는 내용을 보다 잘 이해할 수 있을 것이다.

## 평가 관련 연구

이 장의 나머지 부분에서는 지적장애 성범죄자의 평가 관련 연구들을 소개할 것이다. 범죄 관련 문제에 관한 연구는 크게 두 가지로 나뉜다. 즉, 성범죄 외의 다른 일반 범죄(예: 절도, 폭력)를 저지른 지적장애 범죄자와 지적장애 성범죄자를 비교한 연구와 성범죄자 집단에 한정된 연구다. 전자에 해당되는 연구들은 주로 사회적 문제 해결력에 대한 평가, 정서의 불안정성과 정서 조절에 관한 평가들이며, 이 중 분노와 적대감에 관련된 정서적 문제에 대한 연구가 많이 이루어진 상태다. 후자에 해당되는 연구 주제는 성에 대한 지식, 성범죄와 관련된 인지적 왜곡, 자기조절 경로(self-regulation pathways), 성적 기호나 일탈적 성욕의 평가에 관한 연구들이다. 성범죄자 연구 중 위험성 평가 영역은 또 다른 측면의 연구 분야다.

위험성 평가 연구는 크게 정적/계리통계학적(static/actuarial) 위험성 평가와 동적/근접(dynamic/proximal) 위험성 평가 영역으로 나뉜다. 정적 위험성 평가에 사용되는 변인들은 개인력 등과 같이 변화되지 않는 고정된 변인들로, 아동기 때 친부모의 양육태도, 학창 시절 문제 행동, 음주와 약물 문제, 범죄력 등이 정적 변인에 포함된다. 한편 연령은 시간이 가면 변화되는 변인이지만 정적 변인에 포함되며, 연령이 많아질수록 위험성은 줄어든다(Quinsey et al., 2006). 동적 위험 변인은 개인에게서 변화가 가능한 요인을 의미한다. Hanson과 Harris(2000)는 동적 위험 변인을 안정 요인(stable factors)과 급성 요인(acute factors)의 두 가지로 나누었다. 안정 요인은 개인의 삶에서 비교적 지속적으로 존재하는 요인들로서 적대적 성향이나 약물의존 성향 등이 이에 해당된다. 이 요인들은 개인적 성향이기는 해도, 장기간의 지속적인 치료를 통해서 교정될 수 있는 것들이다. 급성 요인은 그 개인이 특정 시점에 몹시 화를 내고 적대적이거나 알코올 등의 약물 사용으로 인한 급성중독 상태처럼 특정 상황이 지나가면 급속하게 변화될 수 있는 요인들이다. 급성 요인은 보다 지속될 수도 있는데, 그 예로 한 개인이 자신의 범행 대상에게 현재 접근할 수 있는 상황에 있다면 급성 요인이 보다 지속될 여지가 많게 된다.

범행 관련 요인과 동적 위험요인 사이에는 중첩되는 부분이 상당히 많다. 분노와 적대감은 범행 관련 평가에서 중요한 요인으로 다루어지며, 또한 중요한 동적/인접 위험요인(dynamic/proximal risk factors)로도 인식된다. 이런 이유로 이 두 분야의 평가에 관련된 연구에서 중첩되는 부분이 있다.

## 범행과 연관된 부분에 대한 평가

Thornton(2002)은 범행에 관한 개입 상황에서 성범죄자에게 중요하게 다루어야 할 동적 위험요인에 관련된 기초 연구를 수행하였다. Thornton은 네 가지 영역을 제시하였는데, 그 첫 번째는 사회-정서적 기능이다. 이 영역은 개인이 타인과 관련하여 어떻게 평가받고 있는지에 대한 것으로, 분노, 우울, 불안, 낮은 자존감과 같은 부정적 정서의 측면을 포함한다. 성범죄 사건들을 살펴보면, 부적절한 성폭행 범죄가 발생하기 전에 낮은 자존감과 외로움이 있었던 것으로 나타났으며(Beech et al., 2002), 이 장의 앞에서 필자는 정서적 외로움과 애착관계, 그리고 이들 요인과 성범죄와의 연관 연구들을 언급했다. 두 번째 영역은 왜곡된 태도와 신념이며, 이 영역과 관련하여 성범죄자들이 가진 인지적 왜곡에 대해 상당히 관심 있게 연구되어 왔다(Ward, Hudson, & Keenan 1998; Ward & Hudson, 2000). 세 번째 영역은 자기조절인데, 이는 한 개인이 적절한 방법으로 문제를 해결하거나 충동을 억제하거나 행동을 조절하는 능력을 의미한다. 자기조절 영역은 범행과 직결되는 문제로 자기조절 능력의 결핍은 위험성을 증가시킨다. 자기조절은 성범죄자의 치료와 평가에 관련된 분야에서 핵심 영역이 되었다(Ward & Hudson, 2000; Ward, Hudson, & Keenan, 1998). 네 번째 영역은 범행과 관련된 성적 기호(sexual preference)인데, 이것은 성충동(sexual drive)과 일탈적 성적 기호(deviant sexual preference)로 나뉜다. 이런 분류는 동적 위험요인을 고려한 분류이지만, 의미상 서로 중복되는 부분들이 상당히 존재한다. 이 논제들은 개별적인 소주제로 설정하여 논의될 것이다.

## 사회-정서적 기능

사회-정서적 기능에 대한 상당수의 정보는 자기보고 설문지를 통해 얻게 된다. 이것은 정서적 기능에 대한 심리평가 대부분에 해당되는 것이기도 하다. 통상적인 대부분의 과정은 연구자가 설문지를 대상자에게 배부하고, 대상자는 자신이 작성한 설문지를 다시 연구자에게 제출하는 것이다. 그러나 지적장애를 가진 대상자의 경우, 특히 연구의 시작 단계에서는 이와 같은 방식에 제약이 따르는 경우가 많다. 그들은 문장을 읽고 쓰는 능력에 결함이 있는 경우가 많기 때문에 설문지를 연구자가 읽어 주는 등의 방식을 통해 자기보고 설문지가 실시되므로 사실상 연구자가 설문지 검사과정에 보다 많이 관여하게 된다. 이 과정에서 연구자는 대상자들에게 설문지 문항을 읽어 주면서 그들이 질문 문항에 구두로 응답하는 내용을 들으면서 동시에 그들의 행동이나 감정 변화를 관찰한다. 이것은 연구에 있어서 상당히 좋은 장점일 수도 있으나 시간과 노력이 많이 소요된다는 단점을 가진다. 필자도 20문항 정도의 간단한 설문지를 실시하고 종료할 때까지 한 시간이나 소요된 경험이 있다. 연구자는 장기간 대상자들과 직접적인 접촉을 할 수 있으며 이 과정에서 대상자가 각 문항에 보이는 신체적 반응도 관찰할 수 있다. 이런 과정을 통해 연구자는 대상자가 특정 논제나 쟁점에 대해서 가지고 있는 강한 신념이나 열정 등도 관찰할 수 있다. 또한 연구자는 설문 문항에 대해 무관심하고 응답을 꺼리거나 혹은 특정 문항에 대한 이해가 부족한 것 등을 파악할 수 있다. 이것은 결국 지적장애인의 평가와 치료는 많은 시간을 필요로 한다는 것을 의미하고, 이 분야의 전문가들은 지적장애인의 이러한 특성을 이해해야 한다.

반사회적이고 적대적인 태도는 개인의 동적 위험요인을 검토할 때 가장 빈번하게 나타난다. 사실 지적장애 분야에서 다른 동적 위험요인에 비해 적대감과 분노에 대한 많은 연구가 있었다. 공격적인 행동에 대한 연구 결과는 지적장애인을 지원하는 일에 종사하는 사람들에게 상당한 위험요소임을 보여주었다(Taylor, 2002). Kiely와 Pankhurst(1998)는 영국 국립보건협회(National Health Service Trust)에서 지적장애를 담당하는 부서의 직원들이 폭력을 경험하였다고 보고하였다. 이전 12개월을 기준으로 했을 때 그들의 81% 정도가 내담자에 의한 신체적 공격을 경험하였다고 보고하였고, 이는 보건진료조합의 부설기관인 심리상담 부서에서 일하는 직원들과 비교했을 때 5배 정도가 많은 수치였다. 또한 그들은 공격을 당한 후 그 내담자를 더욱 조심하게 되거나, 더 이상 치료적으로 개입할 자신감을 잃었다고 보고하였다. 다른 연구들도 직원들이 공격적인 내담자들로 인해 두려움이나 분노 등의 감정을 느꼈음을 보고하였으며(Rose & Cleary, 2007), 이직을 하거나 극심한 피로감을 느끼게 되었음을 보고하였다(Hastings, Horne, & Mitchell, 2004). 분노와 공격성은 지적장애인의 삶에 여러 가지로 부정적인 영향을 끼친다. Taylor(2002)는 지적장애인을 교정기관에 입소시키거나 재입소하게 만드는 주된 원인이 그들의 공격적인 행동이었다고 밝혔다. 이런 이유로 이 분야에 대한 많은 연구가 이루어졌다.

Novaco와 Taylor(2004)는 과거 범죄로 법의학적 평가를 받은 내력이 있는 입원 중인 지적장애 남성 129명을 대상으로 분노평가 척도들의 신뢰도와 타당도를 연구하였다. 이 연구에서 자기보고 방식의 분노평가 척도들의 내적일치도, 신뢰도, 그리고 분노 행동의 예측력 등이 조사되었는데, 연구에 사용된 척도들은 다음과 같다. Novaco 분노척도(Novaco Anger Scale: NAS[Novaco,

2003]), Spielberger 상태 특성 분노표현 척도(Spielberger State-Trait Anger Expression Inventory: STAXI [Spielberger, 1996]), NAS 분노반응 척도(NAS Provocation Inventory: NAS-PI). 그리고 평가 대상자의 행동관찰을 바탕으로 점수를 부여하는 평가도구(Ward Anger Rating Scale: WARS[Novaco, 1994])도 함께 사용하였다. STAXI와 NAS의 경우 두 도구 간 내적 일치도가 상당히 높았다. 직원들의 행동관찰로 평가된 WARS의 경우, 높은 내적 일치도와 함께 환자들이 자기 보고한 분노척도와 상관이 높은 것으로 나타났다. 환자들의 분노는 병원 차트에 기록된 공격적인 행동과도 밀접한 관련을 가지는 것으로 나타났다. 예측 타당도는 환자가 자기 보고한 분노점수를 기준으로 해서 병원에서의 공격 행동에 대한 회귀분석을 통해 소급적으로 측정하였다. 나이, 기간, 지능, 폭력 행위, 성격 등의 요인들을 통제했을 때, NAS 전체점수는 그 환자가 병원에서 타인에게 물리적인 공격을 했는지의 여부 및 그 빈도를 매우 높게 예측하였다. 이것은 범죄자의 공격적인 행동이라는 관점에서 NAS 전체 점수가 양호한 예측 타당도를 가진다는 것을 보여 준 중요한 연구 결과로 볼 수 있다.

Adler와 Lindsay(2007)는 NAS보다 짧고 사용하기가 간편한 자극척도에 대해 연구하였다. Dunbee 자극척도(The Dunbee Provocation Inventory: DPI)는 Novaco(1975)의 분노평가 연구 맥락에서 개발되었다. DPI는 지적장애인이 스스로 문항에 답할 수 있도록 개발된 평가도구다. 이 도구는 개인의 상황에 대한 자신의 판단과 위협적 요소 발생에 따라 다양한 상황에서 분노가 어떻게 나타나는지를 측정한다. DPI는 실망, 질투 그리고 수치심을 발생시킬 수 있는 상황에서 개인별로 그 상황이 어느 정도의 분노를 야기시키는가에 대해 평가한다. 이 도구는 지적장애인 자신이 직접 응답 기재한 평가 문항지가 보다 신뢰성이 있다는 관점에서 그들이 더 쉽게 문항지를 작성할 수 있도록 문항의 점수를 Likert 척도로 평가하는 동시에 시각적 정보를 포함시켜 평가에 대한 이해를 용이하게 하였다(Finlay & Lyons, 2001). Adler와 Lindsay(2007)는 117명의 연구 참가자를 대상으로 DPI를 사용하였다. 그들 중 62명에게는 NAS와

NAS-PI도 실시하였다. 연구 결과, DPI와 NAS 사이에 높은 상관(r=0.57)이 나타났고 DPI와 NAS-PI 사이에도 높은 상관(r=0.75)이 나타났다. 모든 개별 문항의 상관은 r=0.48 이상이었으며 내적 일치도(α=0.91)도 높았다. 이후 요인분석에서 자존감 위협, 통제 소재, 분노, 좌절 그리고 거부의 다섯 가지 요인이 도출되었는데, 이 요인들은 지적장애인이 기본적으로 세상을 바라보는 도식이라고 할 수 있다. 이런 도식을 통해서 그들은 자신이 속해 있는 지역사회를 자신의 자존감을 저해하는 곳으로 인식하거나, 자신이 불안한 상황에 처해 있다고 생각될 때 그 상황을 자신에게 맞게 통제하려는 욕구를 가지게 되며, 이런 상태에서 폭력적인 행동이 나타날 수 있다. 자존감 위협이라는 주제는 최근의 연구에도 많이 등장했는데, Jahoda 등(2001), Payne과 Jahoda(2004)는 지적장애인이 자신의 이미지를 지키려는 시도 속에서 분노와 우울감을 겪게 된다는 사실을 발견하였다. 이러한 연구 결과들은 지적장애인 집단이 범죄를 저지르는 데 있어 그들이 갖게 되는 자기 이미지나 자존감의 중요성을 보여 준다(Beech et al., 2002).

폭력과 성범죄 발생의 위험요인으로서 적대적 태도와 분노를 다룬 연구들에서 주목할 것은 지적장애 성범죄자의 경우 다른 범죄를 저지른 지적장애인과 비교하여 분노의 정도가 낮다는 것이다. Lindsay 등(2006c)은 247명의 지적장애인을 대상으로 한 연구에서 다른 남성이나 여성 범죄자들에 비해 지적장애인 집단의 분노나 공격성이 현저히 낮다는 것을 발견하였다. Adler와 Lindsay(2007)가 기존에 제시한 자료에 피검자를 더 추가한 상태에서 자료를 분석한 결과가 〈표 2-1〉에 제시되어 있다. 성범죄자 집단은 폭력과 같은 다른 범죄를 범한 지적장애인 집단과 비교했을 때 모든 요인에서 낮은 분노와 공격성을 보여 준다. 성범죄의 발생과정에서 분노가 존재할 때 그것은 강력한 동적 위험요인임을 알 수 있다.

Taylor 등(2004)은 이미지 자극 테스트(Imaginal Provocation Test: IPT)를 개발했는데, 이 도구는 지적장애인이 중요하게 지각하는 것, 그들의 분노의 표현, 그리고 분노관리 치료에 연관된 변화를 측정하고, 특수한 경우에는 상황

〈표 2-1〉 각 집단별 요인과 DPI 점수의 평균과 표준편차(Adler & Lindsay)

| | A요인 | | B요인 | | C요인 | | D요인 | | E요인 | | | |
|---|---|---|---|---|---|---|---|---|---|---|---|---|
| | 자존감 위협 | | 통제소재 | | 분노 | | 좌절 | | 거부 | | 총점DPI | |
| | M | SD | M | SD | M | SD | M | SD | M | SD | M | SD |
| (N=39) | 10.1 | 4.7 | 4.9 | 2.9 | 2.9 | 2.7 | 3.4 | 2.5 | 7.1 | 3.6 | 28.3 | 14.2 |
| (N=8) | 8.4 | 5.3 | 5.8 | 3.5 | 3.0 | 2.8 | 2.4 | 2.0 | 5.8 | 2.3 | 25.3 | 13.7 |
| (N=116) | 9.7 | 4.9 | 4.3 | 3.1 | 2.1 | 2.4 | 3.4 | 2.4 | 6.9 | 3.3 | 26.4 | 12.9 |

에 맞게 수정하여 사용할 수 있게 만들어졌다. IPT는 개별 분노 경험을 네 가지 영역으로 측정한다(분노의 반응, 행동상의 반응, 전체적인 분노와 행동상 반응, 분노 조절). 분노관리 치료를 받기 전에 48명의 참가자에게 IPT를 실시한 결과, 이 네 영역은 높은 내적 일치도를 가지고 있음이 드러났다. 이 평가도구는 STAXI와 NAS와도 상관을 보였고 높은 타당도를 보였다. 이런 점에서 이 도구는 특수한 경우에 해당되는 지적장애인의 분노를 신속하고 타당하게 평가할 수 있는 도구라고 할 수 있다.

사회-정서적 변인에서 Lindsay(2005)는 실질적 그리고 이론적인 측면에서 볼 때 지적장애 성범죄자는 사회적, 대인적 접촉이 필요하고, 지역 공동체와의 일치감을 느끼게 하는 것이 중요하다고 강조하였다. 대인 접촉이 늘어나면 그만큼 타인들이 그들을 관찰할 수 있고 그들은 타인과의 접촉을 통해 자신의 견해나 태도를 지속적으로 변화시킬 수 있는 기회를 가지게 된다. 앞에서 언급된 것처럼 사회적 고립과 격리는 성범죄를 발생시키는 원인 중의 하나였다. Steptoe 등(2006)은 최근의 연구에서 지적장애 성범죄자 28명과 다른 지적장애인 28명을 통제집단으로 비교하였다. 그들이 느끼는 자신의 삶의 질과 타인과의 관계를 인생경험 체크리스트(Life Experience Checklist: LEC [Ager, 1990])와 대인관계 척도(Significant Others Scale: SOS[Power, Champion, & Aris, 1988])를 통해 조사하였다. LEC에서 가정, 기회 그리고 자유의 영역에서는 두 집단 간 차이를 보이지 않았다. 관계 영역에서 두 집단 모두 타인과 관계를 만드는 기회는 서로 비슷한 수준이었으나 성범죄자 집단의 경우에는 관계 영역 점수가 상당히 더 낮았다. SOS평가에서도 성범죄자 집단이 느끼는 관계의 질이 통제집단이 느끼는 것보다 더 떨어지는 것으로 나타났다. 흥미로운 점은 만족도 면에서 두 집단 간의 차이가 거의 없었다는 것이다. 이런 연구 결과들은 성범죄자 집단은 자신들이 타인과 맺고 있는 관계를 통제집단의 그것보다 좋지 않게 생각하고 있지만, 그들이 제한된 범위 내에서 가지고 있는 관계 자체에 대해서는 만족을 느끼고 있음을 보여 준다. 이러한 연구 결과를 볼 때, 지적장애 성범죄자가 적절하게 타인과 관계를 맺도록 하거나 지역사회와의 접촉, 그리고 사회적인 영향을 받도록 하는 것은 그들의 평가와 치료에 중요하다는 것을 알 수 있다.

Lindsay 등(2006c)은 성범죄자들이 다른 남성, 여성 범죄자들보다 불안감을 덜 느낀다는 것을 발견하였다. Lindsay와 Skene(2007)가 108명의 지적장애인을 대상으로 한 연구에서도 유사한 결과가 나타났다. 이 연구에서는 지적장애인의 특성을 고려하여 수정된 Beck 불안척도(Beck Anxiety Inventory: BAI)와 Beck 우울척도(Beck Depression Inventory: BDI)가 사용되었다. 모든 문항을 통합하여 요인 분석한 결과, 불안과 우울을 대표하는 두 가지 요인이 드러났으며, 이들 요인은 개별적으로 평가되고 분석되었다. 이 연구에서 드러난 요인 구조는 일반인들을 대상으로 한 연구 결과와 유사한 것으로 나타났다. BAI 조사를 통해 나타난 세 가지 요인은 주관적 불안, 자율신경계 불안, 공황적 불안이다. BDI의 경우도 세 가지 요인이 드러났는데 다음과 같다. 첫째, 슬픔의 인식, 비관, 자기비난, 짜증 등과 같은 자신의 감정을 인식하는 감정적 인지, 둘째, 흥미를 잃어버림, 우유부단함, 활력이 없음과 같은 감정의 상실, 셋째, 수면과 식욕에 관련된 신체적인 변화다. 또한 이 연구는 성범죄자(n=33) 집단이 다른 남성 범죄자, 불안이나 우울로 인해 치료받는 다른 집단과 비교했을 때 가장 낮은 수준의 불안과 우울을 보이는 것으로 나타났다. Steptoe 등(2006)의 연구와 이와 유사한 연구의 결과들을 볼 때, 성범죄자 집단이 전반적으로 다른 유형의 범죄를 저지른 지적장애 범죄자 집단에 비해서 좀 더 조용하며, 사교성이 낮고, 감정적으로 변화가 적다는 것을 알 수 있었다.

최근에 지적장애 성범죄자들의 심리적 특징을 다양한 평가도구들을 통해 조사한 연구가 있었다. Keeling, Rose와 Beech(2007a)는 특정 장애가 있는 성범죄자에게 네 가지 평가도구를 사용하였다. 그들은 16명의 독특한 요구를 가진 성범죄자(sexual offenders with special needs)와 53명의 일반 성범죄자를 대상으로 다음과 같은 평가도구를 사용하여 그들의 심리적 특징을 조사하였다. 그 평가도구들은 사회적 친밀성 척도(Social Intimacy Scale: SIS[Miller & Lefcourt, 1982]), RSQ(Griffin & Bartholomew, 1994), 범죄감정 척도(Criminal Sentiments Scale: CSS[Gendreau et al., 1979]), 피해자 공감에 대한 인지왜곡 척도(Victim Empathy Distortion Scale: VEDS[Beckett & Fisher, 1994])이다. 이 연구의 단점은 특정 장애가 곧 지적장애를 의미하지는 않기 때문에 참가자 중에서 신체적 결함이 있지만 지능이 평균에 해당하는 대상자도 있었다는 사실이다. 이 연구에서 성범죄자들은 친밀감 표현에 문제가 있었고(SIS 결과) 애착관계 형성의 어려움이 있으며(RSQ 결과), 종종 범죄적인 태도와 부정적인 사회적 영향을 받았고(CSS 결과), 마지막으로 피해자의 입장을 이해하는 데 어려움이 있음(VEDS 결과)이 밝혀졌다. 이 연구에서 수정된 SIS는 원 도구와 비교했을 때 심리측정에서의 일관성이 있으며, 서로 간의 상관도 높은 것으로 드러났다. RSQ는 내적 일치도가 낮은 것으로 나타났으며, CSS도 심리측정적 속성이 낮고, 다른 유사한 도구들과의 일치도가 낮은 것으로 나타났다. 그러나 VEDS의 경우 원 도구와 수정된 도구 간의 상관이 높고, 신뢰도 그리고 다른 유사한 도구와의 일치도도 높았으며, 일반 범죄자에게 사용되었을 때도 같은 심리측정적 속성을 보였다(Beckett & Fisher, 1994). 연구 결과를 볼 때 SIS와 VEDS는 특정 장애가 있는 성범죄자의 심리 상태를 평가하기 위해 일정 부분 어떤 수정을 가해도 그 심리측정적 속성이 그대로 유지됨을 알 수 있다.

Williams, Wakeling과 Webster(2007)는 여섯 가지 수정된 평가도구의 심리측정적 특성을 조사하기 위해 211명의 남성을 대상으로 연구를 진행하였다. 그들은 영국 교도소 성범죄자 프로그램에 참여하고 있었고, 평균 지능은

71.9였다(범위 IQ 56~82). 그들의 지능은 지적장애 분야에서 전체적으로 뚜렷하게 높은 것은 아니지만 조금 높은 편이라고 할 수 있다. 이 연구에서 사용된 6개의 평가도구는 다음과 같다. 성범죄자 자기평가 척도(Sex Offender Self Appraisal Scale: SOSAS)는 성범죄자가 자신의 성범죄에 대해 가지고 있는 인지적 왜곡의 정도를 측정하였다(뒤의 논의 부분과 12장 참고). 성범죄자 의견검사(Sex Offender Opinion Test: SOOT)와 피해자 공감검사(Victim Empathy Consequence Task: VECT)는 피해자에 대한 성범죄자의 태도를 평가하는 것이다. 자존감 설문지(Self-Esteem Questionnaire: SEQ)와 정서적 외로움 지수(Emotional Loneliness Scale: ELS)를 함께 사용하였고, 재발방지 인터뷰(Relapse Prevention Interview: RPI)를 통해 위험요인을 파악하였다. 이 연구에서 평가도구인 SOSAS, VECT, SEQ의 내적 일치도가 0.8 이상으로 높게 나왔다. 이 도구들을 요인 분석한 결과, 논리적인 내적 구조를 갖추고는 있었으나 개별적인 분석에서는 총 변량이 40% 미만이었다. 끝으로, 프로그램이 종료되었을 때 ELS를 제외한 모든 평가도구에서 사전평가 결과보다 향상된 결과가 나타났다.

이상의 연구 결과를 통해서 지적장애 성범죄자의 평가에 사용될 수 있고, 연구자에게 신뢰할 만하고 유효한 정보를 제공할 수 있다고 판단되는 평가도구는 NAS, BAI, BDI, SOS, LEC, DPI와 IPT이며 Keeling, Rose와 Beech(2007a), Williams, Wakeling과 Webster(2007)가 사용한 평가도구다. 이 평가도구들을 통해 성범죄자와의 면담 내용 그리고 그들에 관한 관련 배경 정보의 적절한 분석이 가능하며, 나아가 체계적인 사회-정서적 기능에 대한 평가도 가능하다.

## 태도, 인지와 신념에 대한 평가

지적장애 성범죄자들이 성행위에 대해 알고 있는 지식과 생각이 어떤 것인지에 대한 연구는 이미 많이 보고되었다. 이러한 연구에서 중요한 것은 그들이 성에 대해서 가지고 있는 인지적 왜곡뿐만 아니라 개개인이 가지고 있는 성에 대한 지식 수준도 연구되어야 한다는 것이다. 이 집단이 어떤 이유로 부적절한 성행위를 하는지를 설명하기 위해 제시된 가설 중의 하나는 그들이 적절한 대인관계와 성적 관계를 할 수 있는 방법을 알지 못하고, 그들의 성적 지식의 부재가 부적절한 관계의 시도로 연결된다는 것이다. 이 가설은 Hingsburger, Griffiths와 Quinsey(1991)에 의해서 처음으로 '가성 일탈(counterfeit deviance)'로 명명되었고, Luiselli(2000)에 의해서 지적장애 성범죄자에 대한 치료의 가장 중요한 기본 개념으로 주목받게 되었다. 이 용어는 그들의 행위는 명백히 일탈적이지만 그 원인이 부적절한 성행위에 대한 욕망에서 비롯되었다기보다는 지식의 부족, 제한된 성적 관계, 성적 무지함, 그리고 대인관계와 이성 간 성관계의 서투름에서 비롯되었음을 의미하기 위해 사용되었다. 이런 측면에서 볼 때, 지적장애 성범죄자에 대한 치료는 부적절한 성적 행동의 교정보다는 교육과 성장에 관련된 내용에 초점이 맞추어져야 한다. Griffiths, Quinsey와 Hingsburger(1989)는 가성 일탈 가설에 해당되는 여러 가지 예를 보여 주었고, 가성 일탈에 기초하여 치료 프로그램을 개발했는데, 프로그램의 상당 부분이 성과 사회에 대한 교육에 집중되었다.

지적장애 성범죄자 남성들이 저지르는 성범죄에 연관된 변인들에 대한 연구들을 조사하는 과정에서, Lindsay(2004)는 가성 일탈 가설을 검증하는 연구가 없었음을 발견하였다. 이 가설대로라면 지적장애 남성 성범죄자는 성에 대한 지식이 부족하고 사회적 규범과 관습 그리고 성행위상에서 금기시되는 것을 잘 인식하지 못함으로 인해 부적절한 성범죄를 저지르게 된다. 즉, 성범죄를 저지른 지적장애 남성은 성범죄를 저지르지 않은 남성에 비해 성적인 지식이 부족하다는 것이 가설의 전제조건이 된다.

이후로 이 가설을 검증하는 여러 연구가 수행되었다. Talbot와 Langdon(2006)은 Bender 성지식 설문지(Bender Sexual Knowledge Questionnaire; Bender et al., 1983)를 사용하여 세 지적장애인 집단을 대상으로 성에 대한 지식 정도를 비교하였다. 첫 번째 집단은 이전에 치료를 받은 경험이 있는 11명의 지적장애 성범죄자이며, 두 번째 집단은 이전에 치료를 받은 적이 없는 13명의 지적장애 성범죄자이며 마지막 세 번째 비교집단은 26명의 성범죄 전력이 없는 지적장애인이었다. 연구 결과, 치료를 받은 집단, 받지 않은 집단, 그리고 비교집단 간에 유의한 차이는 없었으며, "제한된 성적 지식은 지적장애 남성을 성범죄로 이끄는 위험요인이 아닐 수 있다."(p. 529)라는 결론이 도출되었다. Lambrick과 Glaser(2004)도 지적장애 성범죄자에 대한 연구에서 그들 중 다수가 좋은 대인관계를 가졌고, 성에 관련된 많은 것을 알고 있었다고 보고하였다. 이 연구에서 얻어진 결과는 성적 지식의 부재는 지적장애 성범죄자가 성범죄를 저지르게 만드는 중요한 요인은 아니라는 것이었다.

Michie 등(2006)은 가성 일탈 가설에 근거해서 부적절한 성행위나 성범죄를 저지른 남성은 그렇지 않은 사람보다 성에 대한 지식이 많지 않다는 가설하에, 사회와 성에 대한 지식과 태도 검사(Socio-Sexual Knowledge and Attitudes Test: SSKAT[Wish, McCombs, & Edmondson, 1979])라는 평가도구를 사용하여 지적장애 성범죄자 집단과 비교집단을 조사하였다. 첫 번째 연구에서는 17명의 남성 성범죄자와 비교집단 간 차이를 분석하였는데, SSKAT의 열세 가지 하위척도 중 세 가지 하위척도(출산조절, 자위행위, 성병)에서 집단 간 유의한 차이가 있음이 발견되었고, 이 경우에도 성범죄자 집단의 성적 지식이 높았음이 드러났다. 나이나 지능에 관련된 집단 간의 차이는 없었다. 두 번째 비교 연구에서는 16명의 성범죄자 집단과 15명의 비교집단을 비교하였는데, 일곱 가지 척도에서 집단 간의 유의한 차이가 있었으며, 이 경우에도 성범죄자 집단의 성적 지식이 더 높았던 것으로 드러났다. 마지막으로 전체 33명의 성범죄자 집단과 35명의 비교집단을 대상으로 조사를 한 결과, 비교집단의 경우 지능과 SSKAT 점수 간에 높은 정적 상관관계가 있었으나

(r=0.71), 성범죄자 집단의 경우 지능과 SSKAT 점수 간에 유의한 상관관계가 없었다(r=0.17). 이러한 연구 결과에 대한 연구자들의 의견은 다음과 같다. 첫째로, 모든 성범죄자는 성적 상호작용에 대한 경험이 어느 정도는 있으며 이런 성적 상호작용이 우발적으로 일어났다고 보기는 어렵다. 적어도 부적절한 성적 행위를 하기 이전에 성행위에 대한 생각이나 관심을 가졌을 가능성이 높다는 것이다. 그들은 적어도 한 번 정도의 성행위를 경험하였지만, 비교집단의 경우는 그렇지 않았다. 두 번째로 가능한 설명은 이 성범죄자 집단은 성장과정에서 성적 흥분을 느끼는 정도가 더 많을 수 있었다는 것이다. 그들은 또한 비공식적인 경로로 얻게 되는 성 관련 정보 가운데 자신이 관심 있는 부분에 선별적으로 집중했을 것이며, 연습을 통해 그 지식을 더 기억하게 되며, 자위행위와 같은 행동도 이 과정에서 더 많이 하게 될 수 있다는 것이다. 그들은 이런 직접적인 행동과 경험을 통해 성적 지식을 더 늘려 가게 된다. 결론적으로 성범죄자들이 비교집단에 비해 성적 지식이 더 부족하다는 연구 결과는 나오지 않았다. 따라서 성적 지식의 부족은 부적절한 성행위를 촉발시키는 주요인은 될 수 없다고 볼 수 있다.

Lunsky 등(2007)은 48명의 성범죄 경력이 있는 지적장애 남성과 48명의 성범죄 경력이 없는 지적장애 남성을 대상으로 조사를 하였다. 이 연구에서는 개정된 SSKAT(SSKAAT-R; Griffiths & Lunsky, 2003)가 사용되었다. 성범죄 경력이 있는 지적장애 집단은 반복적 또는 강제적인 성행위를 한 27명의 집단과 공공장소에서의 자위행위 또는 상대방 신체를 더듬는 것과 같은 부적절한 성행위를 한 16명의 집단으로 나뉘었다. 이 두 성범죄자 집단과 비교집단을 비교했을 때 성범죄자 집단이 비교집단보다 더 많은 성적 지식을 가지고 있음이 발견되었다. 세부적인 분석에서 반복적이거나 강제적인 성행위를 한 집단이 다른 집단에 비해 성적 지식이 더 많았다. 부적절한 성행위를 한 집단과 비교집단보다 성에 대한 태도가 더 개방적인 것으로 나타났다. 반면, 부적절한 성행위 집단은 비교집단과 마찬가지로 성에 대해 보수적인 태도를 보였다. 이 연구 결과는 효과의 크기(effect size)도 큰 편이었으며, 가성 일탈 가설이 반복적으로 부적절한 성행위를 하는 집단에게는 해당이 되지 않지만 단순히 부적절으로 행위를 한 집단에게는 관련성이 있을 수 있음을 보여 주는 연구 결과라 할 수 있다.

자신이 저지른 성범죄를 정당화·축소화하는 인지적 왜곡은 성범죄자들의 범행 주기에 상당히 중요한 영향을 미친다. 지적장애 분야에서도 인지적 왜곡의 정도를 평가하기 위해서 다수의 평가도구가 개발되었다. Kolton, Boer와 Boer(2001)는 Abel과 Becker 인지척도(Abel and Becker Cognitions Scale; Abel et al., 1998)를 사용하여 지적장애 성범죄자 89명의 인지적 왜곡을 평가하였다. 이 연구에서 이 도구는 원 도구가 가지고 있는 심리측정적 일관성을 유지하면서, 일부 응답 항목을 이분적인 형태(예/아니요)로 수정하여 극단적인 편향이 반영될 요소를 줄였다. Keeling, Rose와 Beech(2007a)는 특수한 장애가 있는 성범죄자들에게 사용하기 위해 VEDS(Beckett & Fisher, 1994)를 수정하였다. 그들은 연구를 통해 수정된 VEDS와 원판 VEDS 사이에 상관($r=0.78$), 내적 일치도($\alpha=0.77$), 검사-재검사 신뢰도($r=0.88$)가 모두 높았음을 보고하였다. 수정된 VEDS는 피해자 공감척도와도 높은 수렴 타당도를 보였다. VEDS는 Langdon, Maxted와 Murphy(2007)의 성범죄 경로에 대한 조사에서 서로 다른 지적장애 성범죄자들의 범죄 유형을 조사할 때도 사용되었다.

성범죄자가 가지고 있는 성범죄에 대한 태도나 통념들을 평가하는 도구로 가장 광범위하게 쓰이는 것은 성범죄에 대한 태도 설문지(Questionnaire on Attitudes Consistent with Sexual Offending: QACSO[Lindsay et al., 2004c])다. QACSO는 일곱 가지 유형의 성범죄에서 성범죄자들이 지속적으로 보여 주는 태도를 평가하는 7개의 하위척도로 이루어져 있다. 평가되는 태도들은 피해자에게 끼친 피해를 최소화하기, 범행자 자신의 책임을 경감시키기, 범행의 책임을 피해자에게 전가하기, 그리고 다양한 이유로 범행에 대한 핑계대기 등이다. QACSO의 첫 영역은 여성과 강간에 대한 태도를 평가하며 질문은 다음과 같다. '만약 남자가 여자를 강간한다면, 그것은 그냥 재미로 하는 것입니까?' 그리고 데이트를 할 때 벌어질 수 있는 성폭력 등에 관련된 척도에는 다음과 같은 문항이 있다. '여성이 당신을 커피나 한잔 하자고 자신의 집으로 초대할 때, 그것은 그녀가 당신과 성행위를 원한다는 것을 의미합니까?' 직접적인 신체 접촉이 없지만 범죄에 해당되는 행위에 대한 3개의 척도가 있는데, 여기에는 다음과 같은 문항이 있다. '여성의 몸을 주시하는 것은 당신이 그녀를 매력적으로 생각한다는 것을 보여 주는 좋은 방법입니까?' 노출증 척도에는 '남자가 자신의 성기를 여성에게 보여 주면 그 여성을 정말 흥분시킬까요?'와 같은 문항이 있으며, 스토킹과 성희롱에 관한 척도에는 '당신이 그 여성의 몸에 손을 대지 않는 한, 그녀를 계속 따라다니는 것이 문제가 됩니까?'와 같은 문항이 있다. 아동에 대한 성범죄 관련 문항에는 '어른이 부드럽게 아동과 성행위를 하더라도 그 아동에게 해를 끼친다고 생각합니까?'와 같은 문항이 있으며, 동성애상의 성폭력에 관한 척도에는 '남자가 또 다른 남자를 강간한다면, 그것이 당한 사람에게 피해가 될까요?'와 같은 문항이 있다. 마지막으로, QACSO에는 사회적 바람직성 척도가 있으며, 이 척도의 문항들은 여러 집단에서 경험적으로 추출되었는데 뒤에 설명될 것이다.

Broxholme과 Lindsay(2003)는 QACSO의 일곱 가지 척도 중 여섯 가지 척도(스토킹과 성희롱 척도는 포함되지 않은 상태였음)에 대한 예비 연구를 실시하였다. 이 연구에서 지적장애 성범죄자 집단과 지적장애인이지만 성범죄 전력이 없는 집단 간에 유의한 차이가 나타났다. 이후 Lindsay, Whitefield와 Carson(2007)은 41명의 지적장애 성범죄자, 31명의 다른 유형의 범죄를 저지른 지적장애인 남성(주로 음주와 폭력에 관련된 범죄), 30명의 범죄 경력이 없는 지적장애인, 그리고 30명의 범죄 경력이 없는 일반 남성을 조사하였다. 문항의 신뢰도 조사를 위해 세 가지 방법을 사용하였다. 이 과정에서 연구자들은 신뢰도가 낮다고 판단되는 문항들은 제외하였으며, 집단 간 차이가 유의하게 나타나지 않는 문항들도 제외하였다. 이후 각 척도에 남은 문항들의 내적 일치도를 조사하여, 내적 일치도를 감소시키는 문항도 제외하였다. 이 과정을 거치면서 연구자들은 각 척도의 문항들을 세 개의 등급으로 분류하였다. 집단 간의 차이가 나타났고, 내적 일치도 그리고 신뢰도가 높은 문항을 A로, 집단 간의 차이가 나타났고, 신뢰도도 높지만, 개별 척도에서 내적 일치도를 감소시킨 문항들은 B로, 끝으로 적절한 심리측정적인 평가적 특성이 없거나 집단 간 차이가 없는 문항들은 C로 분류하였다. 집단 간에 차이가 나지 않았지만 신뢰도가 높았던 5개 문항은 사회적 바람직성 척도에 쓰기 위해 유지되었다. 이 문항들은 모든 집단에서 높은 점수를 보였으며 집단 간 차이를 보이지 않았다. 사회적 바람직성 척도에서 높은 점수를 보인 사람은 자신의 실제 생각을 숨기고 있을 가능성이 높으며, 모든 집단이 5개 문항에서 높은 점수를 보였다.

QACSO는 다른 연구자들에게도 사용되었다. Rose 등(2002)은 5명의 지적장애 성범죄자를 대상으로 한 치료 프로그램의 효과를 평가하기 위해 이 도구를 사용하였다. 이 연구에서 효과의 크기(연구자들에 의해 계산되지 않았음)는 큰 것으로 드러났지만, 통계적으로 치료 효과의 유의성을 증명할 정도로 크진 않았다. 이후 Rose 등(2007)은 6명의 지적장애 성범죄자를 대상으로 한 치료 효과에 대한 연구 결과를 발표하였다. 이 연구에서 치료 효과는 QACSO상에 반영되는 것으로 나타났다. Langdon과 Talbot(2006)도 성범죄자들의 인지적 왜곡의 정도를 QACSO를 사용하여 평가한 결과, 성범죄자 집단이 범죄경력이 없는 집단보다 통계적으로 유의한 높은 점수를 받았음을 발견하였다. 성범죄의 범죄 경로(Ward, Hudson, & Keenan, 1998 참고)에 대한 연구에서, Langdon, Maxted와 Murphy(2007)는 QACSO를 사용하여 범죄 유형이 다른 집단 간의 태도 차이를 조사하였으나 집단 간에 유의한 차이를 발견하지는 못하였다. 성범죄자 집단, 다른 유형의 범죄자 집단, 범죄 경력이 없는 집단 간의 차이를 밝히는 것 외에도, Lindsay 등(2006b)은 여성에게 성범죄를 저지른 집단과 아동에게 성범죄를 저질렀거나 노출증이 있는 집단 간의 태도 차이를 조사하였다. 서로 다른 두 곳의 장면에서 개별적으로 두 번의 평가를 하였다. 여성에게 성범죄를 저지른 집단이 강간과 여성에 대한 태도 척도에서 다른 집단보다 높은 점수를 보였고, 아동에게 성범죄를 저지른 집단의 경우 아동척도에서 다른 집단보다 높은 점수를 보였다. 이 결과를 볼 때 여성에게 성범죄를 저지른 집단과 아동에게 성범죄를 저지른 집단은 인지적 왜곡이란 측면에서 어떤 특수성이 있음을 보여 준다. 노출증 집단의 경우 다른 집단에 비해 구체적으로 높은 점수를 보인 부분은 없었으며, 비접촉 범죄에 관련해서도 집단 간 유의한 차이는 나타나지 않았다. 일련의 사례 연구를 통해서 Lindsay 등(1998a, 1998b, 1998c)과 Lindsay 등(1999)은 성범죄자의 경우 치료를 받은 후 그 결과가 QACSO상에 반영됨을 발견하였다. Lindsay와 Smith(1998)의 연구에서 QACSO상에 나타난 결과를 보면 2년 정도 치료를 받은 성범죄자 집단이 1년 정도 치료를 받은 성범죄자 집단보다 상당한 치료상의 진전을 보였다. 이런 연구 결과를 통해서 QACSO가 성인이나 아동을 상대로 성범죄를 저지른 성범죄자를 대상으로 하는 치료 프로그램의 효과를 평가할 수 있음을 알 수 있다.

## 자기관리와 자기조절

Ward와 Hudson(2000), Ward, Hudson과 Keenan(1998)의 성범죄자 범행과 재범에 있어서 자기조절(self-regulation) 경로 모델에 관련된 연구 결과가 알려진 이후로, 자기조절은 성범죄자의 치료와 평가에서 중요한 개념으로 인식되어 왔다. Ward와 Hudson(1998)은 성범죄자의 범행 경로를 네 가지로 분류하였다. 이 네 가지 경로는 접근목표(approach goals)를 가진 두 가지 경로와 회피목표(avoidant goals)를 가진 두 가지 경로로 나뉠 수 있다. 각 목표(접근/회피) 내에서 개별 경로의 본질은 자기조절이 능동적인지 아니면 수동적인지에 달려 있다. 첫째로, 접근/명확(approach/explicit) 경로는 성범죄를 범할 의도와 그것을 위한 구체적인 계획과 행동을 실행하는 경우를 의미한다. 두 번째로, 접근/자동(approach/automatic) 경로는 성범죄와 수반하여 지속적으로 행하였던 일련의 행동 양식(behaviour scripts)들을 의미한다. 이 경우의 행동들은 충동적이며 세밀히 계획된 것은 아니다. 세 번째는 회피/능동

(avoidant/active) 경로다. 이 경우는 그 개인이 자신의 생각과 행동을 통제하려고 노력은 하지만 그 통제방식이 효율적이지 못하고 결국은 성범죄를 범할 가능성이 더 높아지는 경우를 의미한다. 성충동을 제어하기 위해서 음주를 한다거나, 성충동을 만족시키거나 대체하기 위해서 자위행위를 하는 것이 이 경로의 예가 될 수 있다. 네 번째는 회피/수동(avoidant/ passive) 경로다. 이 경우는 그 개인이 성적 학대나 범죄를 피하길 원하지만, 그렇게 할 구체적인 기술이 부족한 상황을 의미한다.

이들 경로에 대한 실증적 증거를 제시한 연구들은 다음과 같다. Bickley와 Beech(2002)는 아동에게 성범죄를 저지른 87명의 성범죄자를 대상으로 이 경로의 타당성에 대한 연구를 수행하였다. 연구 결과, 매우 소수를 제외하고는 모두 이 네 가지 유형의 범죄 경로로 분류가 가능하였다. 능동 또는 명확 경로에 해당되는 개인들은 이전의 범죄 기소율이 더 낮은 것으로 드러났다. 연구 참가자의 41.4%가 접근/명확 경로에 해당되었고, 34.5%는 접근/자동 경로, 16.1%는 회피/능동 경로, 그리고 8.1%는 회피/수동 경로에 해당되었다. Webster(2005)는 성범죄자를 위한 치료 프로그램을 받았지만 다시 재범을 한 25명의 남성을 대상으로 이 모델을 조사하였다. 4명을 제외한 모든 대상자가 각각의 경로에 해당되었으며 그 가운데 다수가 접근/명확 경로에 해당되었다. 이런 결과들은 Hudson과 Ward(2000)의 접근/명확 경로의 남성들이 치료로 변화되기가 가장 어렵다는 견해를 지지한다고 볼 수 있다.

Yates와 Kingston(2006)은 성인 강간, 근친상간, 그리고 가족 외의 아동에 대한 성범죄로 기소된 80명의 남성을 조사하였다. 이 연구에서 근친상간 집단이 회피 계통의 경로에 많이 해당되었으며, 강간범은 접근 경로에 많았다. 흥미로운 것은 정적 그리고 동적 위험요인들은 경로에 따라 달랐으며, 접근 경로에 해당되는 집단이 회피/수동 경로에 해당되는 집단보다 정적 위험요인이 더 높았다. 접근/자동 경로에 해당하는 집단은 다른 집단보다 높은 수준의 동적 위험요인을 가진 것으로 나타났다. 이런 연구들은 성범죄자들의 범죄 유형에 따라 치료 계획과 목표가 일정 부분 달라야 한다는 것을 보여 준다.

성범죄 유형에 대한 경로를 적용하면서 Keeling과 Rose(2005)는 지적장애 성범죄자들이 자신에 대한 평가, 자존감, 그리고 적극성이 낮았다는 연구 결과를 언급하였다. 또한 자신의 행위의 결과를 이해하기 위해서는 통찰력이 있어야 한다는 연구 결과를 언급하면서, 지적장애 성범죄자가 의식적이고 명확한 계획을 실행시킬 가능성은 적다고 언급하였다. 이런 면에서 볼 때 지적장애 성범죄자와 관련되는 유형은 수동 또는 자동 유형의 자기조절 방식이라고 볼 수 있다. 즉, 회피/수동 또는 접근/자동 경로가 지적장애 성범죄자에게 가장 부합되는 경로라고 볼 수 있다. 결론적으로 "관련 문헌에서 분명한 점은 지적장애 성범죄자들은 접근/명확 경로로 재범을 저지르는 일반 범법자들과는 상당히 다르다는 것이다"(p. 81).

이런 가설에 대한 초기 평가에서, Keeling, Rose와 Beech(2006)는 특수 장애가 있는 16명의 성범죄자를 조사한 결과 그들 모두가 네 가지 범죄 경로 내에 해당된다는 것을 발견하였다. 그러나 Keeling과 Rose(2005)의 예측과는 달리 한 명을 제외한 나머지 참가자는 모두 능동 경로(active pathway)에 해당되었다. 이 연구의 문제점으로 언급된 것은 표본의 크기가 작았다는 것, 그리고 실험집단의 경우 문자교육의 부재나 두뇌의 손상으로 인한 특수 장애가 있는 참가자들이 많았고 그들의 지능이 평균 수준에 해당되는 경우가 많아서 지적장애 범죄자들에게 직접적으로 적용할 수 없다는 것이다. Langdon, Maxted와 Murphy(2007)는 지적장애 성범죄자와 그에 근접하는 지능을 가진 사람들 34명을 네 가지 범죄 경로 모델에 따라 분류하였다. 그 결과 6명(18%)이 회피 경로에 해당되었고, 28명(82%)이 능동 경로에 해당되었는데, 이 중의 절반(16명, 47%) 정도가 접근/명확 경로에 해당되었다. 이 결과는 일반 범죄자에 대한 조사에서 Bickley와 Beech(2002)가 발견한 것과 유사하다. 그들의 연구에서는 75.9%가 접근형 범죄자였으며 24.1%가 회피형에 속하였다. 그러나 여전히 상당한 수가 능동형 경로에 해당되었다. 더불어 Langdon, Maxted와 Murphy(2007)는 수동적 행동방식을 가진 범죄자들이 능동적 행동방식을 가진 범죄자보다는 일반적으로 낮은 수준의 지적 기능을 가진 것을 발견하였다. 알려진 범행의 수, 피해자 공감, 사회적/성적 지식 또는 피해자 유형 등에 따라 다른 경로로 분류된 범죄자들 사이에는 차이가 없었다.

Ward와 Hudson은 성범죄 경로 모델에 대한 평가를 위해 진행한 마지막 연구에서도 경로의 유형 배분에 대해 유사한 결론을 제시하였다. Lindsay, Steptoe와 Beech(2008)는 Bickley와 Beech(2002)가 제안한 범죄 경로 평가 목록을 사용하여 64명의 성범죄자에게 네 가지 유형의 자기조절 경로를 지정하였다. 이 중 2명에 관한 경로 지정에 대한 의견의 불일치를 빼면 나머지 인원에 대한 경로 지정은 신뢰할 수 있는 수준으로 진행되었다. 이들 성범죄자는 압도적으로(95.1%) 접근 경로에 해당하며, Keeling, Rose와 Beech(2006)의 연구 결과와 Langdon, Maxted와 Murphy(2007)의 연구 결과와 유사한 결과를 보여 주었다. 회피형 경로에 해당되는 성범죄자가 상당히 적었다는 점을 감안하여, 모든 추후 분석들은 접근이나 회피형보다는 자기조절 쪽으로 방향을 한정시켰다. 3년 뒤 추적 조사에서 62명의 성범죄자 중 35명은 명확/능동 자기조절에 속했고 27명은 자동/수동 자기조절에 속하였다. 명확/능동형의 성범죄자들은 신체 접촉형 범죄를 범한 비율이 높았으며, 비접촉 범죄나 재범률이 낮았다. 또한 자동/수동형의 범죄자들은 지능이 상당히 낮았다는 것을 발견했으며, 이것은 Langdon, Maxted와 Murphy(2007)의 연구 결과와 유사한 것이었다.

흥미로운 것은 이 세 연구에서 일관성 있게 나타난 것은 지적장애 성범죄자의 대부분이 접근형에 속한다는 사실이다. 이러한 결과는 낮은 자존감, 성범죄를 수행할 명확한 계획을 수립하는 능력의 부재, 그리고 문제해결과 극복 능력의 결핍 때문에 지적장애 성범죄자들은 많은 경우 회피 그리고 수동적 경로에 해당될 것이라고 한 Keeling과 Rose(2005)의 주장과 상반된다. 이러한 사실을 지지하는 문헌을 살펴보면 지적장애 성범죄자가 다른 집단보다 정서조절 곤란의 정도가 낮았다는 것을 보여 주는 문헌들도 발견되었다. 예를 들어, Lindsay와 Skene(2007)는 BAI나 BDI 같은 평가도구를 사용한 연구들에서 성범죄자들의 정서적 곤란 수준이 가장 낮았다는 결과를 보여 주었다.

충동성은 지적장애 성범죄자를 포함하는 모든 성범죄자에게 해당되는 특징이라고 할 수 있다. Ward와 Hudson(1998)은 일반 성범죄자들의 범죄 경로 연구에서 충동성의 하위 유형에 대해서 언급하였다. 모든 경로가 충동성에 영향을 받는 것은 아니다. 접근/명확 경로의 경우는 충동성에 의해 영향을 전혀 받지 않지만, 충동성이 다른 경로에 영향을 미치는 정도는 다양하다. 그 예로, Ward와 Hudson(1998)은 접근/자동 유형에서 충동성의 연관성을 언급하지만, 접근/자동 유형의 성범죄자가 범죄를 저지를 의도는 없지만 범죄의 가능성이 높은 상황으로 자신을 일상적으로 몰아넣을 때 이것은 범죄 기회를 극대화하기 위해 자신의 상황을 안배하는 것이라고 볼 수 있다. 이런 경우 충동성은 그 범죄 주기에 있어서 중요한 역할을 하지 않는 것으로 보인다.

다른 연구(Nussbaum et al., 2002; Cohen et al., 2002)를 보면 충동성의 정도를 측정했을 경우, 성범죄자들은 다른 유형의 범죄자보다 충동성이 덜한 것으로 나타난다. Parry와 Lindsay(2003)는 22명의 성범죄자와 6명의 비범죄자, 그리고 13명의 다른 유형의 범죄자를 연구의 피검자 특성에 맞게 수정한 Barratt 충동성 척도(Barratt Impulsiveness Scale; Barratt, 1994)를 사용하여 비교하였다. 이 연구에서 성범죄자의 충동성은 다른 유형의 범죄자들보다 낮았다. 그러나 이들은 지적장애를 가진 일부 집단은 충동성이 높을 수 있다고 하였으며, 이러한 점은 평가와 치료를 할 때 고려되어야 한다.

직관적으로 볼 때 이 같은 결과가 놀라울 수 있지만, 지적장애 범죄자에 대한 연구를 하는 사람들에겐 놀라운 것은 아니다. 이 분야의 연구자들은 성범죄자와 다른 유형의 범죄자들에 대한 연구를 할 때 성범죄자 집단이 더 조용하며, 감정을 덜 표현하고, 혼자 해결하는 유형이라는 것을 느끼게 된다. 어떻게 보면, 이런 결과는 통제력이 없고 직원들을 많이 힘들게 하는 위험요인이 상당히 높은 범죄자들이 연구에 과도한 영향을 주었기 때문일 수도 있다. 이런 사람들은 통상 임상현장에서 근무하는 직원들의 사례회의, 관찰 또는 동행 감시의 주요 대상이라고 할 수 있다. 그러나 관리자들은 이런 위험요인이 높은 개인을 집단 내에서 관찰할 때 그 개인의 주위에 있는 네다섯 정도의 다른 지적장애 성범죄자를 관찰해 볼 필요가 있다. 그들은 보통 조용히 책을 읽는 등 남의 눈에 띄지 않고 자기 할 일을 하고 있는 것을 볼 수 있다. 이런 집단의 경우 충동성이 큰 위험요인이 될 수도 있으나, 통제나 관리가 상당히 어려운 소수에 대한 생각들이 지나치게 일반화될 수 있다는 것을 생각해 볼 필요는 있다.

기회주의(opportunism)는 충동성보다는 더 확실한 개념이라고 볼 수 있다. 직원들이 "이 사람은 조금만 신경을 안 쓰면 뭔가를 하려고 해요."라고 말하는 경우가 있다. 여기서 중요한 점은 이 개인의 경우 직원이 관리를 하는 동안만 자신에 대한 억제를 유지한다는 것이다. 즉, 충동적이라고 보이는 행동에 대해서 그것을 장기적으로 억제하거나 혹은 억제하려는 의지가 부족하며, 어떤 결과가 올지를 알면서도 기회가 오기만 하면 행동하려고 한다는 것이다. 이런 이유로 그들은 기회주의적 성향이 강하고 그것이 주는 위험에 대한 지각이 낮다는 것을 알 수 있다(5장과 6장 참고).

이런 견해들은 연구에서 제시하는 증거와 특이한 연구 결과를 설명하기 위해 행해진 임상적 관찰에서도 나타난다. 자기조절, 충동성, 정서적 안정 등에 대한 잠정적인 가설들이 신뢰할 만한 연구 성과로 여겨지기 위해서는 훨씬 더 많은 연구와 실증적 검증이 필요할 것이다. 한 가지 확실한 것은 임상가들이 지적장애 성범죄자들을 평가하고 치료하는 것을 돕기 위해 더 효율적인 치료 프로그램 개발에 관한 연구와 노력이 이미 상당 부분 진전되어 왔다는 것이다.

## 성적 기호와 성충동

일반 성범죄자에 대한 연구를 보면, 일탈적 성적 기호와 성충동은 그들이 성범죄를 하게 만드는 중요한 원인으로 지목되어 있다(Blanchard et al., 1999; Harris et al., 2003). 지적 기능이 낮은 남성들에게도 이런 연구 결과들을 어느 정도 적용은 할 수 있겠지만, 지적장애 성범죄자들의 성충동과 성적 기호에 대한 구체적인 연구는 사실 거의 없는 상황이다. 성적 기호와 지능의 관계는 범죄의 지속성에 관련된 연구의 결과물들을 검토하면서 추론할 수 있다. 이와 관련된 추론들을 보면 성범죄자들의 이전의 성범죄와 범죄 유형, 그리고 그들의 또래 집단이 중요함을 알 수 있다. Day(1994)는 그의 치료기관에 의뢰된 31명의 성범죄자에 대한 조사에서 그들 전부가 부적절한 성적 행동이나 성범죄의 전력이 있었음을 발견하였다. 이 연구 결과는 그들의 성적 행동이 일시적이라기보다는 지속적이었음을 보여 주었다. Lindsay 등(2004b)은 치료에 의뢰된 성범죄자의 62%가 이전에 성범죄로 기소된 경력이 있었거나 성적 학대 같은 행동을 범했음을 입증하는 기록이 있다는 것을 발견하였다. 지적장애인이 성범죄를 저지를 경우 그를 관리하는 직원이나 그 피해자의 가족으로부터 상당한 비난을 받게 되고, 이것은 이후의 범죄를 억제하는 요인이 된다고 볼 수 있다. 엄청난 비난을 받게 될 것을 알면서도 범죄를 저지르는 것은 성적 기호와 충동이 성범죄를 저지르는 데 있어서 상당한 동력이 된다는 것을 보여 준다. 이상에서 살펴본 바와 같이 지적장애 성범죄자들도 일반 성범죄와 마찬가지로 일탈적 성적 기호로 인해 부적절한 성행동을 지속한다는 하나의 증거가 될 수 있다.

그러나 이 문제가 좀 더 복잡한 양상을 가지고 있음을 보여 주는 증거들도 있다. Lindsay, Steptoe와 Beech(2008)는 그들의 성범죄 경로에 대한 연구에서 접근/명확 경로에 해당되는 집단이 치료를 받은 지 3년 후 재범률이 현저히 낮아졌다는 것을 발견하였다. 이 사실은 Hudson과 Ward(2000)의 접근/명확 집단이 더 높은 재범률을 보였다는 연구 결과와 상반되는 것이라 할 수 있다. 이 현상을 설명하기 위해 Lindsay, Steptoe와 Beech(2008)는 '가성 일탈' 가설을 재조명하였다. 이 연구자들은 지적장애 성범죄자가 성적 지식이 많고 성장과정에서 성적인 것에 대해 더 많은 흥미를 가지게 되었을 수 있다고 하였다. 그렇지만 중요한 것은 그들은 아마도 자신들이 하는 부적절한 행동이 사회적으로 얼마나 비난받는 것인지에 대한 정확한 인식이 결여된 상태에 있었으며, 성충동에 대한 적절한 자기조절 기술을 습득하지 못했을 수 있다는 것이다(6장 참고). 그들은 일반적으로 자신을 억제하는 기술을 습득하지 못했을 가능성이 크며 그로 인해 성충동도 억제하지 못하게 된다. 이 연구에서 이 집단은 성에 대한 인지적 왜곡과 자기조절이나 억제를 집중적으로 다루는 치료 프로그램을 장기적으로 받게 되었다. 이 접근/명확 경로 집단의 가설상 높을 것으로 예상된 재범률이 낮았다는 점을 감안할 때, 그들이 자신의 성충동을 통제할 적절한 행동방식을 몰랐던 것이라고도 볼 수 있다.

이들 개인이 성적 지식이나 흥미가 더 높았을 수도 있다는 점을 감안하면, 이런 점들은 어느 정도 가성 일탈 가설을 지지한다고 볼 수 있다. 치료를 통해서 그들은 자신들이 해 왔던 성적 행위들이 사회적으로 금기시되어 있음을 알게 되고, 정상적인 개인이 성숙의 과정에서 발달시켜 가는 자기억제 방식을 그들도 더 공고히 했을 수 있다. 그들은 자기조절과 억제를 할 수 있었고, 이것은 그들이 성적 행동에 집착한다는 널리 퍼진 통념을 완화시킬 수 있었으며, 치료를 통해 지적장애 성범죄자들은 자신의 성충동을 스스로 통제하는 전략을 더욱 발전시킬 수 있음을 보여 준다. 치료를 하는 것이 문제를 극복할 수 있는 방법을 제시하지 않고 무차별적인 비난만 하는 것보다는 더 효과적이라는 것을 알 수 있다.

직접적인 관련은 없지만 성적 기호에 대한 정보를 제공하는 두 가지 연구가 있다. Blanchard 등(1999)은 성범죄자 950명의 성범죄 유형을 조사하였는데, 지적 기능이 낮은 성범죄자일수록 어린 유아나 남자 아이를 대상으로 재범을 저지를 가능성이 훨씬 높다는 것을 발견하였다. 이 결과는 일련의 연구에서 나온 것으로서, 부적절한 성적 기호가 이들 집단의 행위에 어느 정도의 영향을 미친다는 것을 보여 준다. 또한 지적장애 성범죄자들이 남성 또는 여성 피해자를 선택할 때 접근성(아니면 다른 정황상의 요인들)에 의해 선택하기보다는 그들이 남자 또는 여자 아동에게 가지고 있는 상대적인 흥미에 의해 정해짐을 알 수 있다. Cantor 등(2005)은 지능과 성범죄에 대한 신뢰할 만한 자료를 포함하는 이전의 연구들을 세밀히 분석하였다. 2만 5,146명의 성범죄자와 비교집단들의 자료를 재분석한 결과 낮은 지능과 성범죄, 특히 아동 성범죄와 낮은 지능 간에 확실한 관계가 있음을 발견하였다. 그들은 출생 이전이나 아동기 때의 뇌장애를 제3의 변인으로 정하고, 이로 인해 낮은 지능과 아동에 대한 성적 기호가 생긴다고 주장하였다. 심리사회적 영향의 중요성을 인정하지만 그것이 소아성애에 대한 원인을 설명하기에는 불충분하다고 보며 성범죄의 발생 원인에 있어 다양한 가설에 대한 연구의 중요성을 강조하였다. 지적 능력과 성적 기호에 관련된 이런 정보는 신뢰할 만한 연구에서 나온 것이긴 하지만, 이전 연구자들이 제시한 일회적인 연구보다 더 설득력 있는 증거들이 등장하는 것을 막을 수도 있다(예: Day, 1994; Lindsay et al., 2004b). 이런 이유로 성충동과 성적 기호는 어떤 치료 프로그램에서도 중요한 치료 영역이 된다. Lindsay, Steptoe와 Beech(2008)는 대처 기술, 자기조절 및 자기억제 등을 강조하는 치료 프로그램이 효과적이라고 제안하였다. 또한 Lindsay(2005)는 성충동이나 성적 기호에 대한 자기조절과 자기통제가 치료 프로그램의 가장 핵심적인 영역이라고 주장하였다.

## 범죄 관련 평가도구에 대한 결론

필자는 Thornton(2002)의 이론적 틀을 가지고 성범죄, 자기조절과 성충동 그리고 성적 기호에 관련된 성범죄자의 사회-정서적 기능, 태도, 인지와 신념체계에 대한 평가방식을 검토하였다. 사회-정서적 측면을 평가하기 위해 최근에 많은 평가도구가 수정되거나 연구되었다. 일부 연구는 성범죄자들이 비교집단보다 정서적 불안이 더 낮았다는 결과를 보여 주었고, 다른 연구들은 일반 성범죄자들이 그러하듯 사회적 고립이 성범죄자에 대한 평가와 치료에 있어서 중요한 요인임을 보여 주었다. 현재 성범죄자들의 성적 지식, 태도와 사고방식 등을 연구한 연구들이 많이 있으며, 이 연구들은 그들이 성범죄자가 아닌 보통 사람들이 가지고 있는 정도 또는 그 이상의 성적 지식을 가지고 있음을 밝혀내었다. Lunsky 등(2007)은 가장 높은 수준의 성적 지식을 가지고 있는 집단은 초범 집단이나 비교집단이 아닌 상습적인 성범죄 집단이었다고 보고하였다. Lindsay, Whitefield와 Carson(2007)은 성범죄자들이 비교집단에 비해 성범죄를 합리화하는 태도가 훨씬 더 높았다고 보고하였다. 이와 더불어 성인 여성에게 성범죄를 저지른 집단과 아동에게 성범죄를 저지른 집단의 구체적인 인지적 왜곡을 보여 주는 증거들이 있었다. 이 분야에 측정도구가 다양하게 있다는 것은 반가운 사실이다. 지적장애 성범죄자들은 자기조절 경로 속에서 파악될 수 있다. 그들을 자기조절 경로 모델에 포함시키는 것이 그들의 치료와 관리에 중요하다고 볼 수 있다. 수동/자동 경로에 포함된 성범죄자들은 지능이 더 낮았고 재범률이 높았다는 점을 볼 때 치료 프로그램에 대체적인 치료와 관리방법이 포함되어야 할 것이다.

지적장애 성범죄자의 경우 충동성은 다른 유형의 범죄를 저지른 지적장애인 집단과 비교했을 때 더 낮았다. 그러나 충동성이 발견되었을 경우 그것에 상당한 주의가 필요하다. 지적장애 성범죄자 집단이 보여 주는 성범죄의 지속성과 성적 기호에 관련한 연구 결과가 있었고 그 연구들에서 제시된 제안들이 치료 프로그램에 포함되어야 할 것이다.

제3장

# 위험성 평가

지난 5년 동안, 위험성 평가는 지적장애 관련 분야에서 점점 더 중요한 부분이 되었다. Lindsay와 Beail(2004)은 지적장애인에 대한 위험성 평가도구의 채택과 그 진전에 관련된 여러 가지 문제를 점검하면서, 이 분야에 대해 축적된 지식이 부재하며, 지적장애인을 관리하거나 돌보는 기관들의 경우 자체적으로 위험성 평가도구를 개발하거나 현존하는 도구를 수정하여 사용하는 경우가 많음을 알게 되었다. 이런 임시방편적이고 단편적인 방식의 위험성 평가는 다음과 같은 몇 가지 이유로 평가 자체를 더욱 곤란하게 만들 수 있다. 첫째로, 실증적 증거를 배제하고 위험성 평가의 주요 요인에 대해 서로 다른 의견만 분분할 수 있다. 둘째로, 위험성 평가나 그에 관련된 요인과 관련 지식을 지속적으로 축적할 가능성이 더욱 줄어들 수도 있다. Camilleri와 Quinsey(2008)는 비록 신뢰도나 예측 타당도를 증명해 주는 증거는 없지만 많이 사용되고 있는 지적장애인용 위험성 평가도구들을 조사하였다. 마지막으로, 여러 기관이 평가도구를 일관성 없이 사용함에 따라 상이한 위험성 평가 결과가 나올 수 있다는 것이다.

유사한 집단임에도 불구하고 어떤 기관들은 위험도가 높은 사람들이 많다고 평가할 수 있고, 다른 기관들은 유사한 집단임에도 불구하고 재범 위험성이 높은 사람들이 거의 없으며, 대부분이 중간 정도의 위험성을 가진다고 평가할 수 있다. 사실 이처럼 상이한 결과는 집단의 이질성에 기인하기보다는 평가방식과 평가에서 강조되는 요인의 차이 때문에 발생할 수 있는 문제다. 이런 현상이 지속된다면 국가 및 지역사회 차원의 계획에 혼선을 야기할 수 있다. 신뢰성과 타당성 있는 평가도구 개발의 목적은 당연히 미래에 성범죄나 성학대 행동을 다시 저지를 가능성이 있는 사람을 변별하는 것이지만, 또한 미래에 성범죄를 다시 저지를 가능성이 가장 낮은 사람들을 구분하기 위한 것이기도 하다.

위험요인 평가는 두 가지 범주로 나뉜다. 폭력사건 이력, 아동기 행동 문제, 정신건강 상태 등과 같은 정적인 개인력 관련 변인들과 피해자에 대한 접근성, 적대적 · 반사회적 태도와 자신의 성범죄를 합리화하는 사고방식과 같은 동적인 근접 변인(proximal variables)들이다. 앞 장에서 다루어진 것처럼, 동적 변인들은 기본적으로 범죄 관련 변인들과 유사한 성격을 가진다. 이 장에서는 평가도구의 예측력을 검토하는 차원에서 폭력 또는 성범죄의 재범과 연관된 변인들을 살펴볼 것이다.

## 계리통계적 위험성 평가

Tough(2001)는 지적장애인을 대상으로 최초로 행해진 계리통계적 위험성 평가를 실시하였다. Tough는 치료기관에 의뢰된 81명의 지적장애 성범죄자에게 2개의 위험성 평가도구를 사용하였다. 성범죄자 재범 위험성 속성평가(Rapid Risk Assessment for Sex Offender Recidivism: RRASOR [Hanson, 1997])는 이전 성범죄 전력, 범죄자의 나이, 피해자와의 관계, 피해자와의 성행위에 관한 네 가지 항목으로 구성된 간단한 평가도구다. ROC(Receiver Operator

Characteristics) 분석결과 RRASOR의 auc가 0.68로 중간 정도였고, 성범죄의 재범과 비재범을 예측하는 데 유의한 효과가 있었다(Hanson & Thornton, 2000). Tough(2001)는 또한 RRASOR의 모든 항목과 범죄에 관련된 일반적인 항목을 추가해서 만든 Static-99(Hanson & Thornton, 1999)를 사용하였다. 그녀는 RRASOR가 미래에 일어날 성범죄와 유의한 상관(r=0.31)을 보였고, 중간 수준의 효과 크기로 미래의 성범죄를 예측한다고 보고하였다. RRASOR의 결과와는 대조적으로 Static-99는 미래에 발생되는 사건과 유의한 관련이 없었으며 재범에 대한 예측력이 거의 우연 수준으로 저조하였다. Harris와 Tough(2004)는 RRASOR를 지적장애인을 관련 기관에 배치하는 기준으로 사용하였다. 그들은 RRASOR를 사용하여 집단의 위험 정도에 적합한 중재를 적용함으로써 한정된 자원을 적절하게 활용할 수 있다고 주장하였다. 이런 방식으로 계리통계적 위험성 평가는 중간 정도의 위험성을 보이는 성범죄자가 그 지역의 치료기관에서 지속적으로 치료를 받을 수 있도록 치료와 관리 목표를 설정하는 것과 같은 실질적인 문제를 다루는 데 활용되었다.

지난 5년간 지적장애 범죄자의 재범 위험요인에 대한 연구 및 그 활용방안에 대한 연구가 많이 이루어졌다. 이 작업은 일반 범죄자에 대한 위험성 평가 도구 개발과 거의 동시에 이루어졌다. Lindsay, Elliot과 Astell(2004)은 이전에 도출된 변인들의 예측도와 이들 변인과 재범률 간의 관계를 조사하였다. 이 연구의 조사 대상은 평균 IQ가 64.3(범위 IQ 56~75)인 52명의 남성 성범죄자들이었다. 그들은 범죄로 기소되고 적어도 1년 정도의 시간이 지난 상태였으며, 기소종료 평균 기간은 3.3년이었다. 15개의 정적/개인력 관련 변인과 35개의 근접/동적 변인이 연구에 포함되었는데, 이들 변인은 이전 연구나 임상적 경험을 통해 추출되었다. 회귀분석에서 밝혀진 주목할 만한 변인들은 반사회적 태도, 어머니와의 역기능적 관계, 낮은 자존감, 적극성의 부족, 성범죄에 대한 방임적 태도, 치료의 반응성 부족, 불규칙한 출석률, 가족에 대한 부정적인 태도, 무계획적인 퇴원이나 치료 효과 부족 등이다. 흥미로운 것은 일반 범죄자를 대상으로 한 연구에서 재범과 관련성이 높은 것으로 빈번하게 언급되는 요인의 상당수가 이 연구에서는 언급되지 않았다는 것이다. 이 요인들은 이전의 범죄력과 관련된 삶의 방식, 고용력, 범죄자 친구, 다양한 성범죄, 성범죄 대상자 선택의 일탈성 등이다.

이러한 연구 결과는 지적장애 분야의 연구자들에게 시사하는 바가 있다. 예를 들어, 지적장애인의 경우 고용되어 일해 본 경험이 있는 사람이 많지 않으며, 이런 이유로 과거의 고용 이력은 중요한 변인이 되지 않는 것이다. 즉, 재범과 초범에 상관없이 모두가 과거 고용되어 일해 본 경험이 없는 경우가 대부분이기 때문에 과거의 고용 이력은 재범에 영향을 미치는 요인으로 볼 수 없다.

다른 측면을 보면, 지적장애인은 통상적인 교육이나 직업훈련을 목적으로 하는 교육 프로그램에 의무적으로 참여하게 되고, 이런 교육활동이 그들의 하루 일과 및 주간 일정에 영향을 미친다. 이러한 일정들을 따르지 않고 있을 때 이것은 중요한 위험요인이 될 수 있는데, 이러한 의무적 성격의 일정을 준수하지 않는 것은 위험성 평가와 관련된 일반적인 연구에서도 유의한 위험요인으로 확인된다. 또한 지적장애인과 관련된 분야에 종사하는 사람들은 지적장애인의 일반적인 문화적 상황에 대한 기본적인 인식이 선행되어야 한다. 예를 들면, 지적장애인의 개인력에 대해 잘 알고 있는 보호관찰관은 지적장애인이 직업훈련 교육에 결석한 경우, 단순히 교육 내용이 단순하고 지루해서 결석했을 것으로 믿거나 보호관찰관 자신도 그런 상황이면 지루하고 귀찮을 것이라고 생각하면서 결석 사실을 합리화해 줄 가능성이 있다. 또한 그들은 지적장애인이 출석해야 할 장소에 제시간에 지속적으로 출석하지 않을 때 그들이 가지고 있는 신체활동의 제약과 같은 장애를 이유로 이를 합리화하기도 한다. 이 분야를 연구해 온 입장에서 볼 때, 이것은 올바른 행동이 아니다. 의무적으로 프로그램에 출석하는 것과 사회적인 접촉은 재범의 위험으로부터 개인을 보호하는 요인이 될 수 있다. Lindsay(2005)는 지적장애인의 대인접촉과 직업훈련 등을 통한 사회적 접촉의 중요성을 이론적이면서 실질적인 견지에서 강조하였다. 이에 대한 이론적인 측면은 5장에서 다루어질 것인데,

사회적 접촉의 결여는 명확한 위험요인이며 범죄자 관리에 있어서 중요한 부분이라 할 수 있다.

MacMillan, Hastings와 Caldwell(2004)은 계리통계적 변인의 예측도를 평가하기 위한 연구를 수행하였다. 그들의 연구에서 신체폭력의 예측에 대한 전문가의 임상적인 판단과 계리통계적 평가를 서로 비교하였다. 124명을 1년간 추적 관찰한 결과 계리통계적 평가법의 예측력은 양호한 수준(ROC 분석에서 auc=0.77)이었다. ROC(Receiver Operator Characteristic)는 0에서 1 사이의 값을 가지는데, 곡선의 아래 면적의 값이 클수록 해당 사건의 발생 유무에 대한 예측도가 높아진다. ROC 분석에 관한 좀 더 자세한 정보는 MacMillan, Hastings와 Caldwell(2004)의 연구에서 얻었다. 이러한 연구를 통해 형사사법 과정에 있는 지적장애인의 폭력 위험성에 대한 합리적인 예측이 가능하게 되었다. 이 연구는 성범죄보다는 폭력에 관한 연구이긴 했지만, 계리통계적 변인을 사용하여 미래의 행동을 예측하는 것을 보여 준 한 예라고 할 수 있다.

## 계리통계적 평가도구의 효과

지적장애인을 대상으로 한 최초의 표준화된 위험성 평가는 Quinsey, Book과 Skilling(2004)의 폭력 위험성 평가 지침서(Violent Risk Appraisal Guide: VRAG[Quinsey et al., 1998, 2006])다. VRAG와 성범죄 위험성 평가 지침서(Sexual Offense Risk Appraisal Guide: SORAG])는 일반 범죄자를 대상으로 가장 많이 연구된 평가도구다. Barbaree 등(2001)은 VRAG, SORAG, RRASOR, Static-99(Hanson & Thornton, 1999), 성범죄 재범 위험성에 대한 다면적 평가(Multifactorial Assessment of Sex Offender Risk for Recidivism)와 같은 도구들을 서로 비교하는 연구를 수행하였다. 연구자들은 캐나다에서 출소한 지 평균 4.5년 정도 되는 215명의 일반 성범죄자에게 이러한 평가도구를 사용하였는데, 그 결과 이 도구들이 범죄자들의 일반 범죄 재범과 성범죄 재범을 성공적으로 예측하는 것으로 나타났다.

이 외에도 다양한 도구의 예측 능력을 평가한 연구들이 있다. Kroner와 Mills(2001)는 정신병리 평가도구 개정판(Psychopathy Checklist-Revised: PCL-R[Hare, 1991]), VRAG, HCR-20(과거력, 임상변인, 위기관리 척도로 구성; Webster et al., 1995)의 예측력을 알아보기 위해 97명의 일반 남성 범죄자를 대상으로 조사하였다. 그 결과, VRAG가 범죄 행동과 가장 높은 상관을 보였으나 도구 간 예측력에서는 유의미한 차이가 없는 것으로 나타났다. Sjostedt와 Langstrom(2002)은 VRAG를 포함한 여러 도구의 예측력을 비교하였다. 그들은 스웨덴에서 강간 범죄로 기소된 51명의 일반 성범죄자들을 92개월간 추적 조사하여 여러 도구의 재범 예측력을 알아보았다. 이 연구에서는 RRASOR만이 성범죄 재범에 의미 있는 예측력을 보였고, 다른 도구들은 성범죄가 아닌 다른 폭력 범죄의 재범에 어느 정도의 예측력을 보였다. Bartosh 등(2003)은 SORAG를 포함한 다수의 평가도구의 예측력을 알아보기 위해 251명의 미국 성범죄자를 대상으로 연구를 수행하였다. 이 연구에서 성범죄자들은 주요 범죄를 기준으로 분류되었고, 연구에 사용된 네 가지 평가도구 중 어느 것도 분류된 모든 범죄 유형에서 일관된 예측력이 보이는 것이 없었다. 그러나 Static-99와 SORAG가 예측력에 있어서 가장 일관성 있는 도구로 드러났다. Harris 등(2003)은 396명의 캐나다 성범죄자를 대상으로 VRAG, SORAG, RRASOR, Static-99와 같은 도구들의 예측력을 서로 비교하였다. 이 네 가지 도구는 우연에 의한 확률을 훨씬 넘어서는 예측 정확도를 보여 주었다. 특히 VRAG와 SORAG의 경우 폭력 재범에 대한 예측력이 상당히 높은 편이었고, 효과의 크기는 폭력 재범의 경우 '높음'이었으며, 성범죄 재범의 경우는 '중간' 정도로 나타났다.

Langton 등(2007)과 Barbaree 등(2001)은 연구의 규모를 확대하여, 468명의 일반 성범죄자를 평균 5.9년 정도 추적 조사하였다. 그들은 이 연구에서 VRAG, SORAG, RRASOR, Static-99, 그리고 좀 더 최근에 개발된 Static-2002(Hanson & Thornton, 2003)와 같은 도구를 서로 비교하였다. 연구자들은 이 도구들이 비폭력범죄, 강력범죄, 성범죄, 그리고 범죄 유형을 구분하지 않고 모든 범죄를 예측하는 능력을 알아보았다. 연구 결과 RRASOR를 제외한 모든 도구가 비폭력범죄에 대해 우수한 예측력을 보였고, VRAG와 SORAG가 가장 큰(중간) 효과의 크기를 보였다. 모든 도구가 일반 범죄와 강력범죄에 대한 예측력이 높았으나 특히 VRAG와 SORAG는 범죄 유형을 구분하지 않은 모든 범죄에 대한 효과 크기가 가장 컸다. 그리고 이 두 도구와 함께 Static-2002는 심각한 범죄에 있어서 효과 크기가 가장 컸다. 성범죄에 있어서 Static-2002는 가장 큰 예측력을 보였고 반면에 VRAG는 가장 작은 예측력을 보였다(VRAG는 폭력범죄를 예측하기 위해 만들어졌음을 기억해야 할 것이다). 이런 연구들을 검토해 본 결과, 여러 유형의 평가도구에 대한 비교 연구에서 VRAG와 SORAG가 자주 비교되었다는 것을 알 수 있다. 둘째로, 이 두 도구가 다른 도구들보다 예측력이 우수한 것으로 나타났다. 이런 관점에서 볼 때 첫 번째 공식적인 위험성 평가에 VRAG가 사용되었다는 것은 반가운 일이라고 할 수 있다.

Quinsey, Book과 Skilling(2004)은 16개월의 기간 동안 58명의 연구 참가자를 대상으로 추적 조사하였다. 연구 참가자들의 67%는 반사회적 행동을 보였고 47%는 폭력적 또는 일탈적 성행동을 보였다. 이 연구에서 VRAG는 중간 정도의 효과 크기(auc=0.69)로 유의한 예측력을 보였다. 또한 월별로 담당 직원들의 도움을 받고 있는 내담자들에 대한 평가에서도 반사회적인 사건과 유의한 관련을 가지는 것으로 나타났다. 이 연구에서 흥미로운 사실 중의 하나는 VRAG상의 기술적인 항목인 PCL-R(Hare, 1991)을 더 단순한 사회성 측정도구인 아동·청소년 특성(Child and Adolescent Taxon: CAT)로 대체하였다는 것이다. 이전 장에서 언급된 것처럼, CAT는 어린 시절의 행동상의 문제에 대한 기록이나 인터뷰 내용에 기초한 것이다. Quinsey 등(2006)은 VRAG를 재검토하면서 CAT가 예측력을 크게 저하시키지 않으면서 PCL-R을 대체할 수 있는 도구라고 주장하였다. 이것은 지적장애 범죄자 분야에서 중요한 진전이라고 볼 수 있다. 기술적인 측면에서 CAT는 PCL-R보다 더 쉽고 간편하게 사용할 수 있기 때문이다. 결론적으로 이 연구는 VRAG가 피검자들이 가지고 있는 장기적 측면의 위험성을 상당히 정확하게 평가할 수 있는 도구라고 주장하였다.

보다 많은 지적장애인 집단에 대하여 위험성 평가도구를 비교한 두 개의 최근 연구가 있다. Gray 등(2007)은 145명의 지적장애인(남성 118명, 여성 27명)과 지적장애는 없지만 정신장애가 있는 996명의 집단(남성 843명, 여성 153명)을 조사하였다. 이 연구에서 세 가지 평가도구인 VRAG, 정신병리 평가 단축형(PCL-SV; Hart, Cox, & Hare, 1995) 그리고 HCR-20의 예측 타당도를 2년에서 12년의 추적조사를 통해 연구하였다. ROC 분석 결과, 이 세 가지 도구는 미래의 재범자와 비재범자를 상당히 양호한 수준으로 예측하였다. 폭력과 일반 범죄에 있어서 지적장애인에 대한 예측력이 비지적장애인 집단과 비교했을 때 비슷하거나 더 높은 수준이었다. HCR-20의 경우 폭력범죄에서 지적장애인 집단에 대한 예측도는 기준집단보다 상당히 높았고(지적장애인 집단 auc=0.79, 비지적장애인 집단 auc=0.68) 일반 범죄의 경우도 높은 수준이었다(지적장애인 집단 auc=0.81, 비지적장애인 집단 auc=0.68). 지적장애인 집단에 대해서 모든 도구는 폭력과 일반 범죄에서 효과의 크기가 높은 수준이었다.

두 번째 연구로, Lindsay 등(2008)은 지적장애 범죄자들을 대상으로 평가도구들의 계리통계적 위험성 평가를 실시하였다. 212명의 지적장애를 가진 폭력, 성범죄자가 이 연구의 대상이었으며, 그 중 73명은 고도 보안시설, 70명은 중도나 경도 보안시설, 그리고 69명은 지역사회 법정 관련기관(community forensic Service)에 속해 있었다. 이들은 사건 기록상 1년 동안 추적조사가 되는 상태였다. 연구자들은 VRAG, Static-99 그리고 Risk Matrix-2000(Thornton et al., 2003)을 비교하였다. Risk Matrix-2000의 경우 폭력 위험성 평가에 대한 부분(RM-2000/V), 성범죄 위험성 평가에 대한 부분(RM-2000/S), 그리고 합산점수에 대한 부분(RM-2000/C)을 포함하고 있었다. Lindsay 등(2007a)은 VRAG가 중간 수준의 효과 크기(auc=0.72)로 폭력범죄에 대한 예측력을 보였고, Static-99도 중간 수준의 효과 크기(auc=0.71)로 성범죄를 예측함을 발견하였다. RM-2000/V는 auc = 0.61, RM-2000/S는 auc = 0.62로 효과의 크기가 작고 예측력이 다소 낮은 것으로 나타났다. 이 같은 결과로 인해 연구자들은 이후 Risk Matrix-2000에 대한 후속 연구가 위축되어서는 안 된다고 제안했는데, 이 도구는 사용하기가 비교적 간단하므로 다른 평가도구들과 비교해 유사한 예측력을 가지고 있다는 것만 증명되면 상당히 유용하기 때문이다. 그러나 이 연구의 결과만을 놓고 볼 때는 VRAG와 Static-99만이 예측력이 인정되었으며, 다양한 나라와 다른 문화권에서 행해진 연구에서도 유사한 결과가 나타났다. Lindsay 등(2008)도 세 집단을 대상으로 위의 연구와 유사한 평가도구를 비교하는 연구를 수행하였다. 이 연구에서 VRAG와 RM-2000/C는 시설의 보안 강도에 따라 순위를 이루는 양상을 보였다. 즉, 고도 보안시설 집단이 중도 보안시설 집단보다 점수가 높았으며, 중도 보안시설 집단이 경도 보안시설 집단보다 높은 점수를 보였다. 이러한 점수 패턴은 VRAG에서 특히 뚜렷하였다. Lindsay 등(2008)의 연구를 보면 VRAG에 나타난 집단 간의 차이는 사법 당국의 공식적인 폭력범죄 전과 횟수의 차이를 반영하였다. 고도 보안시설 집단의 69%, 중도에서 경도 보안시설 집단의 35%, 그리고 지역사회 기관 집단의 24%가 폭력범죄 전력이 있는 것으로 나타났다. 연구 참여 범죄자의 위험성 평가 점수가 그들이 소속된 시설의 보안 수준에 따라 서로 차이가 있다는 주장에 주목해 볼 여지가 있다. 그러나 범죄자가 해당 기관으로 배치되는 경로가 그 개인의 내재된 특징을 반영한 것인지, 아니면 그 개인을 관리하는 해당 기관의 재량을 반영한 것인지에 대한 논란은 상당히 많은 편이다. 폭력의 정도가 시설의 보안 수준이 올라감에 따라 증가될 것이라는 가설을 설정할 수 있겠지만, 이 가설이 지지될 것이라고 확신할 수는 없다. 왜냐하면 지역의 담당 법정기관들을 보면 더 어려운 재소자를 다루고 있는 경우도 있기 때문이다. 보안 수준이 서로 다른 기관들에 속하는 집단들의 위험성 평가에 있어서 보안수준에 따라 폭력이 증가하는 것을 보여 주는 연구는 주목할 만하나, 연구자들은 또한 세 집단이 성범죄의 정도에 있어서는 차이가 없었다고 보고하였다. 고도보안 집단의 56%, 중도보안 집단의 58%, 그리고 지역사회 기관에 해당되는 집단의 55%가 성범죄 전력이 있는 것으로 나타났다. 이 결과는 미래의 성범죄 위험성 평가에서 집단 간의 차이가 없음을 보여 준다. 경도보안 시설이나 지역사회 기관에 해당되는 집단들이 성범죄자의 성범죄 재범 가능성에 상관없이 성범죄자를 잘 다룰 수 있음을 보여 준다. 또한 폭력이 성범죄와 동반되어 나타난 경우, 그 개인은 고도 보안시설로 배치될 가능성이 높다.

정적/계리통계적 위험성 평가의 근거를 둘 만한 기초 연구가 많지는 않지만, 이 연구들은 지적장애 범죄자의 위험성 평가도구를 적용하는 것에 대한 고무적인 연구 결과를 보여 주었다. VRAG에 대한 세 가지 평가가 있는데, 그 중 하나는 평가도구의 개발자에 의한 것으로 낮은 예측력을 보였다. 한 연구는 Static-99에 대해서 중간 정도 수준의 효과의 크기를 발견했고 다른 연구에서는 RRASOR를 사용하여 치료에 의뢰하는 것이 타당한지를 알아보았다. 예측력에 대한 효과의 크기가 더 작았지만, RM-2000/C는 보안 수준에 따른 집단 간 차이를 보여 주었다. 이러한 측면에서 지적장애인에 대한 확립된 위험성 평가라는 면에서 주목할 만한 초기 평가를 보여 준 연구들이라고 볼 수 있다.

양적으로 많지는 않지만 이런 연구들에서 발견되는 흥미로운 점은 지적장애가 없는 일반 범죄자 집단에게 고정적으로 사용되는 평가도구들은 지적장애인 집단에게 적용되었을 때도 전체적으로 유사한 예측력을 보인다는 것이다. 지적 기능이 아주 낮은 사람들이 범죄와 반사회적인 행동을 하였을 때, 그것은 그들에게만 해당되는 특수한 원인과 낮은 지적 기능 때문이라고 생각할 가능성이 있다. 이 점은 '가성 일탈' 가설과 유사한 맥락을 가진다고 할 수 있다. 이 가설은 지적장애인의 성범죄는 지적장애와 관련된 고유한 변인들, 즉 성 지식의 부족, 사회적 관습에 대한 이해 부족, 법에 대한 이해 부족 등과 같은 변인들과 관련되어 발생한다는 주장이다. 현재까지의 위험성 평가 연구를 보면 Harris, Rice와 Quinsey(1993)가 밝힌 변인들이 지적장애가 없는 일반 범죄자들과 관련성이 있었던 것처럼 지적장애 범죄자들과도 관련이 있다.

이런 이유로 과거 폭력 범죄, 어린 시절의 불안정한 애착관계, 아동기 부적응, 반사회성 등의 변인이 위험성과 관련 있듯이 지적장애인 집단과도 관련성이 있다. 지적장애 범죄자를 대상으로 위험성 평가 원칙을 확립하기 위한 연구가 아직은 시작 단계에 있지만, 지금까지의 연구 결과만 해도 중요한 가치를 가진다고 할 수 있다.

## 구조화된 임상적 판단

계리통계적 위험성 평가에 대한 연구가 집중적으로 이루어졌던 이유는 임상적인 판단(clinical Judgement)이 폭력 범죄자들의 재범 예측에 거의 도움이 되지 않았기 때문이다. 많은 문헌이 임상적 판단의 낮은 예측 타당도를 밝히고 있다(Borum, 1996; Elbogen, 2002; Litwack, 2001; Quinsey et al., 1998). 지적장애에 관한 최근의 한 연구(Smith & Willner, 2004)는 직원들의 사례분석 연구를 통해 임상적 판단과정에 대해 조사하였다. 직원들의 평가는 일관성이 없었고 임상적 판단의 불안정성을 더욱 여실히 보여 줄 뿐이었다. 지적장애를 가진 외래환자 124명의 폭력을 예측하는 연구(MacMillan, Hastings, & Caldwell, 2004)에서는 전문가로 구성된 임상팀이 구조화된 방식으로 임상적 판단을 하였을 때 위험성 평가의 예측력이 상당히 개선되어 계리통계적 예측과 거의 일치하게 되는 것을 발견하였다. 다수의 연구자와 임상 현장의 치료자들은 치료로 변화되지 않는 고정된 위험요인을 제한적으로 평가하는 계리통계적 도구를 선호하지 않기 때문에 임상적 판단과 계리통계적 방식을 결합한 평가도구가 개발되었다. 이 도구는 구조화된 임상적 판단 도구(Structured Clinical Judgment instruments)로 불리었고, 가장 대표적인 도구가 HCR-20(Historical Clinical Risk-20 Items; Webster et al., 1995)이다.

HCR-20의 경우 다양한 영역에서 지적장애가 없는 집단을 대상으로 상당히 많은 연구가 이루어졌다. 이들 연구의 대부분은 법정에서 정신감정이 의뢰되었거나 정신적인 문제가 있는 사람들을 대상으로 이루어진 것이다. Grann, Belfrage와 Tengstrom(2000)은 폭력 행동을 한 법정 환자(forensic Patients) 404명을 대상으로 2년간의 추적 연구를 실시하였다. 이 연구에서 H 척도(10개의 개인력 항목)는 정신분열증 판정을 받은 범죄자(auc=0.71)와 성격장애로 판명된 범죄자(auc=0.71) 두 집단 모두에서 유의미한 예측력을 보여 주었다. 폭력 범죄로 정신감정이 의뢰된 70명의 환자를 대상으로 한 2년간의 추적 연구에서 Dolan과 Khawaja(2004)는 HCR-20의 전체 점수가 자신 또는 주변 사람이 작성한 폭력 보고서(auc=0.76) 그리고 공식 재범사건(auc=0.71)을 유의하게 예측하였음을 발견하였다. 미래의 폭력사건 재발에 대한 예측이라는 측면에서 HCR-20의 임상적 유용성을 증명하는 연구들은 상당히 많다(Lindsay & Beail, 2004).

법정조사를 받고 있는 212명의 지적장애 남성을 대상으로 HCR-20에 대해 연구를 수행한 Taylor 등(2008)은 HCR-20의 척도와 총점에 있어서 평가자들 간의 일치도가 높았다고 보고하였다. H 척도(개인력 척도)와 총점의 내적 일치도($\alpha$=0.75)가 양호하였다고 밝혔다. 이 도구는 VRAG와 1년간의 공식 폭력 범죄 기록에서 유의한 상관을 보였으며 지능과는 상관이 없는 것으로 나타났다. 1년의 추적 연구 기간 동안 한 번 이상의 추가 범죄를 저지른 범죄자의 경우 H 척도, C 척도(5개의 임상 항목) 그리고 R 척도(5개의 위기관리 항목)에서 유의하게 높은 수준의 점수를 보였다. 1년간의 추적 연구를 통해 총점이 미래의 폭력 범죄 재발에 유의한 지표(auc=0.72)가 될 수 있음을 확인하였다. H 척도(auc=0.68), C 척도(auc=0.67) 그리고 R 척도(auc=0.62)도 유의하였지만 약간 낮은 예측력을 보였다. 고도보안 시설에 있는 60명의 범죄자를 조사한 Morrissey 등(2007a)은 HCR-20이 시설 수용 중에 발생하는 폭력 행동을 유의하게 예측하는 것을 발견하였다(auc=0.68~0.77). Morrissey 등(2007b)은 보안 수준이 가장 높은 기관에 배치된 73명의 지적장애인을 조사한 결과 HCR-20 점수와 치료 경과 사이에 부적 상관(r=-0.32)이 있음을 발견하였고, 긍정적인 치료 경과를 유의하게 예측하는 것을 발견하였다(auc=0.69). 이러한 연구들을 볼 때, HCR-20은 지적장애가 없는 정신장애인 집단의 조사에 활용된 것처럼 지적장애를 가진 내담자들의 조사에도 그만큼의 효용성을 보여 줄 것으로 기대된다.

## 성격장애와 지적장애 범죄자

이전 장에서 성 관련 범죄의 위험 변인들이 지적장애가 없는 범죄자들의 폭력뿐만 아니라 지적장애 범죄자들이 저지르는 범죄와도 관련이 있음을 살펴보았다. 이 같은 연구에서 빈번히 등장하는 위험성 평가영역 중의 하나가 성격장애다. 특정한 성격장애를 평가하는 PCL-R(Hare, 1991)은 최근 위험성 평가도구로 고안되지 않았지만 미래의 폭력을 예측하는 데 유의한 예측력을 지속적으로 보여 주었다. 성격장애(personality disorder)는 지적장애가 없는 일반 범죄자의 재범과 높은 연관성을 지니는 것으로 나타났다.

중요한 연구 결과 중의 하나는 특정 성격장애로, 특히 반사회성 성격장애는 미래의 공격행동을 예측하는 좋은 지표이며, 교도소 수용자들에게 흔하다(Fazel & Danesh, 2002). 또한 PCL-R로 평가된 정신병리(psychopathy)는 반사회적 성격장애 같은 특정 성격장애와 연관이 있었으며 폭력 행위의 재발을 예측할 수 있는 좋은 지표가 된다는 것이 많은 연구에서 확인되었다(예: Hemphill, Hare, & Wong, 1998; Grettan et al., 2001; Walters, 2003). 또한 반사회성 성격장애와 PCL-R이 다양한 범죄의 재범을 예측하는 데 큰 도움이 된다는 것이다(Harris et al., 2003). 이런 점에서 볼 때 성격장애에 대한 연구는 법의학적 정신건강 관점에서 범죄자의 정신건강과 치료 계획 및 치료 프로그램의 개발, 그리고 추후 폭력사건의 예측에 있어서 중요한 정보를 제공해 줄 수 있다.

DSM-IV와 ICD-10은 다양한 성격장애와 정신장애를 분류하는 표준 정신장애 진단체계다. 이 둘의 진단체계는 영역별 분류 범주를 가지고 있으며 장점과 단점을 가지고 있다. 두 진단체계 모두 지적장애인을 염두에 두고 내용의 재검토와 개정을 거쳤다. ICD-10 분류체계는 지적장애를 염두에 두고 있다(학습장애 진단기준; Royal College of Psychiatrists, 2001). 성격장애 진단 측면에서 볼 때, 학습장애 진단기준(DC-LD)을 수정한 것은 흥미로운 점이 있다. 첫째, 지적장애인의 성장과정에서 일어나는 발달지연을 고려할 때, 그들의 성격장애 진단은 적어도 21세가 되어 하는 것이 좋다고 권고된다. 또한 학습장애 진단기준에서는 세부적인 특정 성격장애의 진단 이전에 분류되지않는 성격장애(unspecified personality disorder)로 진단되었는지를 확인하는 것도 권고 사항 중의 하나다. 분류되지 않는 성격장애로 진단되려면 지적장애가 성격장애의 직접적인 원인이 되어서는 안 되며 직업이나 사회적 기능에서 이와 관련된 심각한 문제가 있어야 한다. 이런 이유로 진단을 내림에 있어 성격이 그 개인의 일반적, 사회적 그리고 직업적 기능에 미치는 영향에 대한 면밀한 검토가 필요하다. DSM-IV 진단분류 체계도 지적장애인을 염두에 두고 검토와 개정 작업이 이루어져 왔다(Diagnostic Manual Intellectual Disability: DM-ID[National Association for Dual Diagnosis, 2007]). DSM-IV는 열 가지 성격장애를 세 가지 진단 범주로 나누고 있다. 진단 범주 A는 편집성 성격장애, 분열성 성격장애 그리고 분열형 성격장애로 구분된다. 진단 범주 B는 반사회성 성격장애, 경계선 성격장애, 연극성 성격장애, 자기애성 성격장애로 구성되어 있다. 그리고 진단 범주 C는 회피성 성격장애, 의존성 성격장애, 강박성 성격장애로 이루어져 있다. 지적장애 진단 매뉴얼(DM-ID)은 성격장애 진단과 관련해서 여러 가지 주의 사항을 강조하고 있다(Lindsay et al., 2007a). 발달지연을 고려한 21세 나이 제한도 이에 포함되며, 지적장애인이 선천적으로 타고난 개인 신변처리 능력의 부족, 자율성 부족과 같은 의존적인 성향은 지적장애 그 자체의 결함이므로 성격장애와 관련짓지 않을 것을 강조하였다. 또 DM-ID를 사용하여 성격장애를 진단할 때 주의해야 할 사항은 그 진단이 잠정적인 것이어야 하며, 지적장애인이 많이 받게 되는 치료나 재활 프로그램의 치료 효과 등을 평가하기 위해 1년 뒤 재평가를 해야 한다는 것이다.

지적장애 분야와 관련된 또 다른 중요 이슈가 있다. Lindsay 등(2006a)과 Morrissey 등(2007a)은 정신장애나 성격장애 등의 진단명은 일반 대중에게 흔히 부정적인 느낌을 준다는 것을 지적하였다. 이처럼 부정적인 의미를 가진 진단명을 사용하는 데는 상당한 주의가 필요하다. 지적장애인에 대한 사회적 시선은 좋지 않으며, 지적장애인에 대한 부정적인 이미지 때문에 지적장애에 대한 진단명은 20세기 들어 계속해서 변경되어 왔다. 더구나 지적장애인을 치료하는 치료자들이 그들의 성격장애 분류에 대해서 주의를 기울이지 않는다면, 지적장애인에 대한 더 많은 편견을 야기할 수 있다. 그러므로 지적장애인에게 성격장애 진단을 할 경우 상당한 주의가 필요하다.

지적장애와 성격장애 분야의 연구는 점진적인 발전을 보여 주었는데, 그 시작은 나약함, 단순함, 미성숙, 불안정성과 같은 성격적 특징에 초점을 맞춘 특정한 연구들로부터 시작되었다(Earl, 1961). 최근에 이루어진 2개의 연구는 공식적으로 인정된 진단분류 체계를 사용하여 과학적으로 행해진 연구다(Alexander & Cooray, 2003; Reid et al., 2004). 지적장애를 가진 성인을 대상으로 한 최초의 성격장애 관련 연구는 Corbett(1979)가 실시하였다. 이 연구는 지역사회 내 지적장애인을 대상으로 하였는데, 연구 결과 표집된 지적장애인의 25%가 성격장애를 가진 것으로 조사되었다. 이후 10년 정도의 기간 동안 다른 연구자의 연구에서도 이 집단에서 약간 더 높거나 비슷한 정도의 성격장애 비율이 나타났다고 보고되었다. 예를 들자면 Reid와 Ballinger(1987)는 시설에 수용된 지적장애인 중 심각한 성격장애를 가진 비율이 22% 정도 된다고 보고하였다. 또한 분노나 감정 폭발적 양상의 성격장애는 남성에게서 훨씬 더 많았고, 조울증 양상의 성격장애는 여성에게서 훨씬 더 많았으며, 히스테리성 성격장애는 남녀 모두에게서 비슷한 비율로 나타났다. 보다 최근의 조사를 보면 성격장애에 대한 비율의 변동이 상당히 큰 것을 알 수 있다.

Alexander와 Cooray(2003)는 관련 문헌들을 검토하면서 신뢰할 만한 진단도구의 부족, ICD-10과 DSM-IV의 진단체계의 차이, 조작적 정의의 상이함, 성격이론과 지적장애에 내재된 문제를 성격장애와 구분하는 것의 어려움 등을 언급하였다. 그들은 "지적장애와 성격장애를 동시에 나타나는 비율이 연구마다 1%에서 91%까지 매우 상이하며, 이는 실제 현실과 크게 다르다."(p. 528)고 지적하였다. 그들은 좀 더 엄격한 진단기준과 행동관찰, 구체적이고 객관적인 정보의 사용 등을 권장하였다. Naik, Gangadharan과 Alexander(2002)는 이런 권고 사항을 고려하여 230명의 지적장애인을 조사한 결과, 연구 표집의 7%가 성격장애를 가진 것을 발견하였다. 성격장애로 진단된 사람들 중 59%가 비사회적/반사회적 성격장애, 28%가 정서적으로 불안정한 성격장애, 10%가 앞의 양자에 모두 해당되는 성격장애를 보였다. 또한 연구자들은 그들이 DSM-IV 진단에서 축1에 해당되는 정신질환의 비율이 더 높았고, 약 59%가 한 번 이상 병원에 입원한 병력이 있음을 발견하였다.

앞서 언급한 집단을 동일하게 사용한 연구(고도 보안시설 수용 70명, 중도에서 경도 보안시설 수용 73명, 지역사회 내에서 형사사법 절차에 있는 69명의 지적장애 범죄자)에서 Lindsay 등(2006a)은 이전의 성격장애 연구에서 제기된 문제점들을 잘 통제하기 위해 상당한 주의를 기울였다. 연구 보조자와 임상 정보 제공자에게 연구에 대한 광범위한 사전훈련을 실시하였고 평가자 간 신뢰도를 높이기 위해 노력하였다. 그리고 병력 자료, 임상정보 제공자, 간호사 등이 제공하는 다양한 정보를 연구에 활용하였다. 이를 통해 연구자들은 참가자들의 39%가 성격장애를 가지고 있다고 보고하였다. 또한 연구자들은 지적장애 범죄자들이 행정적인 이유에 따라 조사 참가자로 선별되어 서비스 기관(연구기관)으로 의뢰되었다는 이유를 감안할 때 연구에 참여할 집단원들의 성격장애 비율이 실제보다 충분히 높게 나타날 수 있다고 주장하였다. 이 연구에서 가장 많은 성격장애 진단은 고도보안 수용시설 집단의 반사회성 성격장애였다. 성격장애가 없는 것으로 진단된 사람과 비교했을 때, 성격장애를 진단받은 사람은 계리통계적 위험성 평가에서 폭력 위험성이 훨씬 더 높은 것으로 나타났다. 그러나 성격장애가 있는 집단에 대한 계리통계적 평가에서 성범죄 재범의 위험이 낮은 집단 간에는 유의한 차이가 없었다. 저자들은 성격장애 분류를 PCL-R 결과와 결합시켜 간단한 성격장애 위험 지표체계를 만들어 계리통계적 평가와의 관련성을 분석한 결과, 성격장애 위험 지표와 미래의 폭력범죄를 예측하는 계리통계적 평가가 높은 상관이 있음을 발견하였다(VRAG와 RM-2000/V). 그러나 성범죄 위험에 대한 계리통계적 평가와의 관계는 유의하지 않았고 일관적이지도 않았다. Static-99의 경우에는 성격장애와 유의하면서도 일관성 있는 상관을 보인 반면, RM-2000의 경우는 유의하지 않았다. 따라서 성격장애는 폭력 위험성과는 유의한 상관을 가지지만, 성범죄를 유발하는 위험성과는 그 관련성이 크지 않아 보인다.

Lindsay 등(2007c)은 성격장애에 대한 후속 연구를 통해 일반 범죄자를 대상으로 한 연구에서 밝혀진 것과 유사한 요인들을 지적장애 집단에서 발견하였다. 보안 수준이 높은 병원에 수용된 168명의 참가자에 대한 조사에서 Blackburn 등(2005)은 '행동화(acting-out)'와 '불안-내향성(anxious-introverted)' 이라는 2개의 요인을 발견하였다. 이전에 대학생 379명을 대상으로 한 Morey(1988)의 연구에서 유사한 요인이 확인된 바 있다. 요인분석에서 Lindsay 등(2007c)은 '행동화' 와 '불안/회피/억제' 라는 2개의 특수한 요인을 발견하였다. 이 두 요인은 Blackburn 등(2005)의 연구(38%)에서 제시된 변인과 유사하였고, 기본적으로 서로 독립적이었다. 이런 결과들은 성격장애 분류가 신중하게 그리고 적절하게 사용된다면 그것이 일반 범죄자들에게 사용되는 것처럼 지적장애인에게도 적용될 수 있음을 의미한다. 그러나 지적장애 성범죄자들의 경우 성격장애와 성범죄 간의 관련성이 성격장애와 폭력 간의 관련성만큼 높지 않다.

비슷한 맥락으로, Morrissey와 동료들(2007a)은 지적장애 범죄자들의 폭력범죄의 예측요인으로서 정신병리의 개념에 대해 조사하였다. Morrissey(2003)는 지적장애 범죄자들에게 PCL-R을 실시할 때 사용 가능한 임상적 가이드라인을 개발하여 이 분야의 연구가 촉진되는 계기를 마련하였다. Morrissey는 이 분야에서 다음과 같은 개념상의 그리고 실질적인 어려움들이 고려되어야 한다고 주장하였다. 즉 ① 정신병리의 핵심 개념 제시, ② 능력의 제한으로 인해 발생하는 문제와 성격장애로 일어나는 문제의 구별 곤란, ③ 정신병리와 관련된 모든 특성이 발현되기에는 한정된 상황, ④ 내담자와의 인터뷰를 통해 행해지는 연구방법의 문제점을 고려해야 한다는 것이다. 이를 바탕으로 Morrisssey와 동료들(2005)은 203명의 지적장애 범죄자를 대상으로 PCL-R의 적용 가능성(applicability), 신뢰도, 타당도를 알아보았다. 이 연구에서 내적 일치도는 만족스러운 수준으로 나타났는데, 정서 및 대인관계 척도의 신뢰도($\alpha$ =0.74~0.79)는 양호한 수준이었고, 생활양식과 반사회적 척도는 이보다 조금 낮은 신뢰도를 보였다($\alpha$ =0.62~0.64). Morrissey(2003)는 PCL-R을 사용할 때 점수 부여의 어려움을 줄이기 위한 안내서를 출판하였다. PCL-R 전체 총점의 경우 평가자 간 신뢰도, 수렴 및 변별 타당도 모두가 다른 집단을 대상으로 한 연구 결과와 유사하였다. 전체지능 지수(full scale IQ)가 PCL-R의 총점, 단면 I(정서 및 대인관계 양식)과 단면 II(반사회적 생활양식)의 하위척도와 유의한 상관을 보이지 않아 이 도구가 전반적인 지적 기능 제한에 영향을 받지 않음을 보여 주었다. PCL-R은 시설의 보안 수준, 외현화된 행동문제 평가척도, 그리고 다양한 위험성 평가도구들과 유의한 상관을 가지며, 또한 대인관계 양식과도 관련을 보이는데, 대인관계 양식에서 높은 점수를 받은 경우 더 지배적, 강요적 그리고 적대적인 것으로 평가되었다(Blackburn & Renwick, 1996).

Morrissey와 동료들(2007a)은 보안 수준이 높은 법무병원에 수용된 60명의 지적장애 범죄자를 대상으로 PCL-R의 예측 타당도를 조사하였는데, 연구 결과 PCL-R과 공격적인 행동과 상관이 없었고, 12개월 동안의 시설 내 폭력 행위와도 상관이 없음을 보고하였다. Morrissey와 동료들(2007b)은 보안 수준이 높은 지적장애인 시설에 있는 지적장애인 73명을 대상으로 PCL-R 점수와 2년간 치료과정의 성과가 어떤 상관을 보이는지에 대한 연구를 실시하였다. 이 연구에서 PCL-R 총점과 단면 I(대인관계와 정서적 측면) 점수는 추후조사 기간 동안에 보안 수준이 높은 시설에서 중도보안 수준 시설로 재배치되는 것과 유의한 부적 상관을 보였다. 반대로 PCL-R 총점은 부정적인 치료 경과(환자에게 더 많은 제한을 가하는 치료환경으로 배치)와 유의한 정적 상관을 보였다.

흥미롭게도, 치료 경과에 대한 예측요인으로 정신병리에서의 성격적 측면, 특히 정서 경험의 결핍이 행동이나 반사회적 요인보다 훨씬 강력한 요인으로 나타났다. 이러한 이유로 연구자들은 정서 경험 결핍의 특성을 보이는 정신병리 성격을 가진 개인은 치료 시 산만하고 치료 동기가 미약하고 서비스 전달자와의 신뢰관계가 잘 형성되지 않는 등의 특징을 보일 수 있음을 보고하였다.

이상의 연구 결과는 지적장애 범죄자에게도 시사하는 바가 크다. 보안 수준이 서로 다른 수용시설에서도 성범죄자의 비율은 거의 비슷하였다. 따라서 지역사회뿐만 아니라 보안 수준이 다른 수용기관도 성범죄자 심리치료가 필요한 대상자가 상당히 많을 수 있다. 모든 치료환경에서 성격요인이 치료 시작과 과정에 영향을 미치기 때문에 치료자는 성격요인을 고려한 치료적 개입이 필요하다. 대상자의 치료 동기가 저조할 경우 처우나 동기부여 방식을 재검해 볼 필요도 있다.

## 동적 위험요인 평가

앞 장에서 언급되었듯이, 동적 위험요인은 일반적인 범죄 관련 이슈들과 중첩되는 부분이 상당히 많다. 동적 요인 평가와 관련된 연구들은 이전 장에서 광범위하게 다루었으므로, 여기에서는 미래의 범죄 예측과 관련하여 동적 변인들의 예측력에 관한 연구 결과들을 검토할 것이다. Lindsay, Elliot과 Astell(2004)은 성범죄 재범과 관련하여 여러 가지 동적 변인을 조사하였다. 이 연구에서 반사회적 태도, 낮은 자존감, 성범죄에 대한 관용적인 태도, 치료 동기 부족, 치료에 대한 순응적 태도의 약화, 그리고 서비스 전달 직원의 만족감 수준이 유의미한 예측력을 보이는 것으로 나타났다. 영향력이 큰 예측요인들로는 반사회적 태도, 범죄 사실의 부인, 치료진의 용인, 치료 동맹의 약화였다. Boer, Tough와 Haaven(2004)은 지적장애 성범죄자의 위험성을 평가하는 도구의 개발을 제안하였다. 그들은 직원(치료진), 환경, 그리고 범죄자 개인 특성과 관련된 다양한 안정/급성 동적 변인(stable/acute dynamic variables)을 도구에 포함시켰다. 구체적인 변인들로는 직원(치료진)의 태도, 내담자에 대한 치료진의 이해, 의사소통, 치료진과의 일관성, 새로운 직원과 같은 환경적 변화, 직원의 만족도, 범죄자의 태도와 순응도, 범죄자의 대처 능력, 대인관계, 반사회성, 그리고 이 요인들의 변화 등이다. 그들은 위에 제시된 동적변인의 예측력에 대한 구체적인 증거를 제시하지 않았지만, Lindsay, Elliot과 Astell(2004)은 그들이 제시한 변인 중 다수가 성범죄 재범예측 모델의 정립에 도움이 되었다고 보고하였다.

Quinsey, Book과 Skilling(2004)은 사건이 일어나기 6개월 전, 사건이 일어나기 1개월 전, 그리고 사건이 일어난 달로 시점을 구분하여 평가 결과를 비교하였다. 이 연구에서 사건이 일어나기 전의 달에 실시된 평가도구에서 높은 점수 상승이 있었다고 보고했으며, 논리적으로 사건이 일어나기 이전 달에 행해진 평가를 통해서 평가자가 그다음 달에 사건이 발생할 것이라고 예측하는 것은 어렵다고 주장하였다. 이런 이유로 평가도구의 사건 예측에 있어서 변인은 상당히 중요하고 임상적으로도 의의가 있다고 볼 수 있다.

비슷한 방식으로 Lindsay와 동료들(2004a)은 동적 위험평가와 관리 시스템(Dynamic Risk Assessment and Management System: DRAMS)이라는 평가도구를 사용하여 내담자의 정서변화, 반사회적 행동, 일탈적 사고, 정신병적 증상, 자기조절, 치료적 동맹관계, 일상적 생활규칙 준수, 정서적 관계 회복 등을 조사하였다. 사건 당일, 사건 발생 전날, 그리고 기준점으로 사건과 최소한 7일 정도 떨어진 날을 정하여 각 날들에 해당되는 평가도구상의 점수를 비교하였다. 5명의 참가자만이 전체 자료가 모두 존재하는 상태였고, 사건 발생 전날에 정서, 반사회적 행동, 일탈적인 사고, 그리고 DRAMS의 전체점수가 상당히 증가하였다. Steptoe와 동료들(2008)은 보안 수준이 높은 시설에 수용된 23명의 법무병원 환자를 대상으로 DRAMS의 예측 타당도를 조사하였다. 예측은 개별적으로 수집 자료 그리고 동시 타당도는 병동 분노 평가척도(Ward Anger

Rating Scale: WARS [Novaco & Taylor, 2004])를 사용하여 조사하였다. 정서, 반사회적 행동, 인내의 부재/동의(agreeableness)가 사건의 예측력(auc > 0.70)과 유의한 관계를 보였다. 또한 사건 1일 또는 2일 전의 평가점수와 기준점인 사건 발생에서 적어도 7일 이상 떨어진 날의 점수 사이에는 효과의 크기가 컸으며 유의한 차이가 존재하였다. 성범죄자를 포함하는 지적장애 범죄자의 동적 위험요인 평가는 동시 타당도와 예측 타당도의 측면에서 양호해 보인다. 위 연구에 대한 비판으로, Camilleri와 Quinsey(2008)는 DRAMS에 포함된 여러 개의 항목이 추후 일어날 사건을 유의하게 예측하지 못한다고 지적하였다. 그들은 재범과 관련이 없는 변인을 평가에 포함시키는 것은 의미가 없으며, 최악의 경우 시간과 치료적 노력이 낭비될 수 있다고 지적하였다. "이것은 범죄 발생 변인을 결정한다는 측면에서 문제가 되며, 재범을 예측하지 못하는 변인들이 위험요인을 감소시킬 것이라고 믿을 이유는 없다."(p. 17) 이것은 법 정신의학적 차원의 지적장애 서비스에서 아주 중요한 고려 사항이라고 할 수 있다.

폭력과 성범죄에 대해서 동적 위험 변인들의 중요성을 조사한 연구가 있다. Lindsay와 동료들(2008b)은 두 가지 평가도구를 사용하여 이 변인들의 예측력 수준을 조사하였다. 단기 동적 위험척도(Short Dynamic Risk Scale: SDRS [Quinsey, 2004])는 적대적 태도, 대처 기술, 자기관리 기술, 타인에 대한 배려 등의 동적 요인을 평가하는 8개 항목으로 구성된 도구다. 정서적 문제 척도(Emotional Problem Scale: EPS [Prout & Strohmer, 1991])는 경도 지적장애인을 대상으로 한 평가도구다. 이 도구는 사고장애, 신체적 공격성, 비순응, 불안, 산만, 우울, 과민성, 침울, 자존감, 언어적 폭력성, 신체에 관련된 걱정, 성적 부적응을 측정한다. EPS는 크게 외현화된 행동문제(신체적 공격, 비순응, 과민반응, 언어적 폭력)와 내현화된 행동 문제(불안, 우울, 자존감)의 2개 요인을 가지고 있다. 연구 시작 시점에 SDRS는 145명의 범죄자에게, EPS는 169명에게 실시되었다. 1년 후 추후조사에서 SDRS는 사건에 대한 유의한 예측력(auc=0.72)을 보였고, EPS도 외현화 척도(auc=0.75), 내현화 척도(auc=0.73)

모두 유의한 예측력을 보였다. Hogue와 동료들(2006)은 보안 수준이 서로 다른 시설에 수용된 172명의 지적장애 범죄자를 대상으로 EPS에 대한 더욱 세부적인 조사를 실시하였다. 보안 수준이 가장 높은 시설에 수용되어 있는 참가자들이 우울, 불안 그리고 낮은 자존감 같은 내현적 문제에 더 유의하게 높은 점수를 보였다. 외현적 문제에서는 신체적 공격을 제외하면 시설의 보안 수준 차이에 따른 집단 간에 차이가 없었다. 신체적 공격은 보안 수준이 높은 시설에 수용된 참자가들이 더 높은 점수를 보였다. 이상의 연구 결과를 볼 때, 동적 위험요인을 측정하는 두 가지 도구인 SDRS와 EPS는 모두 미래에 발생될 성범죄와 폭력 범죄의 예측과 관련해서 유용성이 있는 것으로 고려된다.

## 결론

이 장에서는 지적장애 범죄자들의 위험성 평가도구에 대한 다양한 연구들을 살펴보았고, 다른 평가도구들과의 비교를 통해 이들 도구의 상대적 가치를 검토하였다. 이 분야에 대한 연구와 관심이 상당히 증가하였다는 것에는 의심의 여지가 없다. 그러나 영국, 미국, 오스트레일리아 등의 관계기관을 방문하고 그곳의 임상치료자들과 관련 이슈에 대해 토론을 한 뒤 필자가 느끼는 것은, 위험성 평가도구의 임상적 사용은 가치를 확인하기 위해 행해지는 연구들보다 더 빠르게 변화하고 있다는 것이다. 지적장애 폭력 범죄자와 성범죄자의 정적/동적 위험요인을 조사한 연구들은 상당수 있어 왔으며, 이 연구들은 여러 개의 중요한 가설을 제시하였다. Harris, Rice와 Quinsey(1993)가 확립한 변인들이 지적장애 범죄자들에게도 공통적으로 해당된다는 것은 의심할 여지가 없다. 이것은 VRAG와 Static-99를 사용한 연구들이 보여 준 이 도구들의 유의한 예측력에서도 확인되었다. 그러나 이 도구들은 종합적인 평가도구들이라는 점에서 볼 때, 이 도구들 내에 특정 변인들이 다른 변인들보다 예측력이 더 높을 수 있다. 이런 점에서 Camilleri와 Quinsey(2008)의 지적은 상당히 중요한 의미를 가진다. 범죄 유발의 원인적 측면에서 볼 때, 범죄 위험성을 줄이는 것과 관련 없는 변인들을 평가하거나 치료적으로 개입하는 것은 의미가 없는 일이라 할 수 있다. 그들은 DRAMS와 관련해서 이런 의견을 피력했으며, 이것은 VRAG, SORAG, Static-99, RM-2000과 같이 지적장애인에게 사용되었던 도구들의 항목들에도 모두 해당되는 견해라 할 수 있다. 심리적 측면에서 볼 때 개인적인 만족, 개인 능력 등을 향상시키는 것은 개인적으로 중요한 일이다. 심리적인 적응이 잘 될 때 적대감은 감소하고, 치료과정에 대한 순응도와 치료 동기는 향상된다는 측면에서 심리사회적 적응과 위험요인의 감소는 서로 밀접한 관련성을 가진다고 할 수 있다.

Lindsay, Elliot과 Astell(2004)은 지적장애를 배제한 일반 성범죄자나 폭력범죄자들의 범죄를 예측하는 데 유의한 것으로 나타난 변인들 중 일부의 경우, 지적장애 성범죄자를 대상으로 한 연구에서는 재범과의 연관성이 없음을 발견하였다. 미래 범죄의 예측에 대한 그들의 회귀 모델 연구에서 정적 변인보다 동적 변인이 더 유의하였다는 것은 주목할 만한 사실이다. 만약 누군가 SDRS와 EPS를 사용한 위험성 평가를 통해 다음 해에 대한 예측을 하고 그것이 이미 확립되어 있는 정적 위험요인만큼이나 혹은 그 이상이었다고 생각한다면, 그 사람은 적어도 동적 요인이 지적장애 성범죄자의 연구에서는 중요한 것이라는 결론을 내릴 수 있을 것이다.

제4장

# 부적절한 성행동의 치료

지난 20년간 성범죄자의 심리치료는 다양한 연구를 통해 많은 변화를 겪어 왔다. 연구자들은 일탈적 자극에 대한 성적 흥분, 성범죄를 합리화하는 태도, 대인관계 기술, 사회적 기술, 분노, 우울, 불안 등의 개인적 특성과 이들에 대한 치료 효과에 대해 보고하였다. 그러나 Quinsey(1998)가 지적한 것처럼 형사사법 정책 입안자의 입장에서 가장 관심을 가지는 것은 성범죄자의 재범 여부다. 이런 점에서 보면 성범죄자 치료는 다른 정신장애의 치료와는 다르게 인식된다고 볼 수 있다. 이 분야에서는 단 한 번이라도 재범을 한다는 것은 명백하게 치료의 실패로 규정된다. 불안, 우울, 공포감, 그리고 폭력 등을 다루는 치료의 경우, 증상이나 행위가 한 번 정도 다시 일어날 경우 그것은 치료 과정에서 일시적으로 나타날 수 있는 증상의 재발 정도로 인식한다. 또 다른 치료 분야에서는 증상이 일회성으로 다시 나타났을 경우, 치료 시작 전 상태에 비해 그 정도의 변화가 있다면 성공이라고 간주하기도 한다. 만약에 한 개인이 치료 전에 다섯 번이나 여섯 번 정도의 만성적 우울을 경험했고, 치료를 받으면서 15년 정도의 기간 동안 증상 없이 살다가 한 번 재발을 경험하였다면, 대부분의 치료사는 이를 성공적인 치료라고 여긴다. 그러나 성범죄자 치료의 경우, 범죄자가 6회의 성범죄를 저질렀고 치료를 받은 후 위의 경우와 유사한 일이 일어날 경우에는 치료가 실패한 것으로 인식되며, 이에 대한 해석도 다른 분야의 치료들과는 다르다. Cann, Falshaw와 Friendship(2004)은 영국과 웨일스의 교도소에서 석방된 성범죄자들을 대상으로 21년의 추적 연구를 실시하였다. 지역사회 내에서 15년간 재범을 하지 않고 생활하다 다시 재범을 한 이에 대한 연구자의 해석은 그 범죄자가 지역사회에서 15년간 위험요인이었다는 것이다. 연구 결과들이 유사하긴 해도, 성범죄자 치료에 관한 연구 결과들은 대단히 신중하게 다루어져야 한다. 이처럼 신중한 연구 태도와 연구 결과에 대한 활발하고 다양한 논의는 이 분야의 발전을 촉진시키는 요인으로 볼 수 있다.

## 일반 성범죄자 치료 효과와 연구에 대한 간략한 개관

성범죄자 심리치료에서 행동주의와 인지-행동주의적 치료의 영향을 배제하기는 어렵다. 그러나 치료적 접근을 배제하는 것이 중요하다는 증거를 제시하는 문헌들도 있다. Hanson과 동료들(2002)은 성범죄자 심리치료의 메타분석 연구에서 "현재의 치료(현재 실시되는 치료들과 1980년대 이후에 실시된 인지-행동주의적 치료들)는 성범죄와 일반 범죄의 재범률 감소에 유의미한 효과를 가지고 있으나 더 이전의 치료방법들은 그렇지 않다."(p. 187)라고 보고하였다. '더 이전의 치료방법들', 즉 1980년 이전의 치료방법들은 전반적으로 행동주의적 접근의 혐오치료, 자위재조건화(masturbatory reconditioning) 그리고 사회적응력 향상과 같은 방법을 사용하여 성적 기호를 재설정하는 것이었다. Furby, Weinrott와 Blackshaw(1989)는 이 방면의 문헌들(대부분 1990년대 이전)을 검토한 뒤 현재의 평가들은 방법론적으로 문제를 가지고 있기 때문에 긍정적인 치료 효과를 증명해 주는 증거는 없다고 보고하였다. 이런 점들을 고려할 때 행동주의적 기술만을 강조하는 심리치료는 긍정적이고 지속적인 효과를 내지 못하는 것으로 보인다.

Hall(1995a)은 인지-행동주의적 치료에 대한 연구들 중 비교집단이 있는 연구들에 대해 메타분석을 실시하여, 인지-행동주의 치료가 행동주의 치료보다는 효과 면에서 우위에 있었다고 보고하였다. 그러나 가장 강력한 치료 효과는 치료를 완료한 집단과 중도 포기한 집단 간의 차이에서 비롯되었다는 비평이 있었다. 중도 포기 집단은 도전적인 행동, 반사회적 성격, 충동성, 신뢰성 부족, 삶의 빈곤, 상대적으로 어린 연령 등 재범 위험요인을 많이 가지고 있기 때문에 적절한 비교집단이 될 수 없다(Wierzbicki & Pekerik, 1993). Hall(1995b)은 중도 포기 집단을 메타분석에서 제외시켰을 때 유의미한 치료 효과가 나타나지 않았다고 보고하였다. 또한 Gallacher와 동료들(1999)은 심리 또는 호르몬 치료의 효과를 조사한 25개의 비교 연구를 검토한 후 인지-행동주의적인 치료의 유의미한 치료 효과를 보고하였다. 그러나 Hall(1995a)과는 달리, 의학적 호르몬 치료의 효과를 증명하는 증거는 불충분하다고 주장하였다.

최근에 나온 연구들은 좀 더 상충되는 결과를 내놓았다. Hanson과 동료들(2002)은 43개의 연구(총 사례 수 9,454)를 분석하였는데, 성범죄 재범률은 치료집단의 경우 12.3%였고 비교집단의 경우 16.8%였다. 성범죄가 아닌 범죄의 재범률에서도 유사한 경향이 발견되었는데, 치료집단이 29%였고, 비교집단은 39.2%였다. 앞에서 언급된 것처럼 인지-행동주의적 치료는 성범죄 재범의 감소(치료집단 9.9%, 비교집단 17.4%) 그리고 다른 유형의 범죄 재범률 감소(치료집단 32%, 비교집단 51%)를 보여 주었다. 행동주의 치료는 재범률에 미치는 영향이 거의 없는 것처럼 보인다고 보고하였다. 메타분석 결과로 볼 때, 인지-행동주의적 치료는 재범률을 거의 절반 정도로 줄였다고 볼 수 있다.

성범죄자 치료의 효율성에 관한 다양한 논의는 Rice, Harris와 Quinsey(2001)의 조사에서도 드러난다. 그들은 자신들이 수집한 모든 연구의 연구방식을 세밀하게 검토한 후 세 연구를 제외한 나머지는 의문의 여지가 있었다고 보고

하였다. 세 연구 중 첫 번째 연구는 Romero와 Williams(1983)의 연구다. 그들은 성범죄자들을 무작위로 집중 보호관찰 집단과 정신역동 집단 심리치료와 보호관찰을 동시에 받는 집단에 배치하였다. 이 연구에서는 참가자들이 다시 체포되는 비율이 조사되었는데, 40주의 심리치료를 마친 집단이 집중 보호관찰만 받은 집단보다 다시 체포되는 비율이 유의하게 더 높았다. 이 연구 또한 방법론적인 면에서 한계점들이 있기 때문에 치료 효과가 부정적이었다고 결론짓는 것에 신중할 필요가 있다. 그러나 이 연구에서는 치료가 재범을 줄인다는 증거를 제시하지 못했다. 두 번째 연구는 Borduin과 동료들(1990)이 청소년 성범죄자를 대상으로 학교문제 개입, 사회적 결핍, 동료와의 문제, 가족과의 문제 등을 다루는 다양한 방식의 공동체 기반의 치료를 시도하였다. 참여자 수(8명)는 적었지만 재체포율이라는 관점에서 볼 때 긍정적인 치료 효과가 있음이 입증되었다. 세 번째 연구는 아타스카데로 주립병원에 수용된 아동 성추행범과 강간범을 대상으로 한 인지-행동주의적 프로그램에 대한 중간 보고서다. 이 연구에서는 가장 엄격한 기준의 무선배치 통제집단 연구방법을 적용하여 통제집단, 치료를 받는 실험집단, 그리고 치료를 거절한 사람과 치료를 받은 사람을 대응시킨 비교집단을 구성하였다. 치료 프로그램 또한 완성도가 높았다. 치료를 받은 범죄자 집단과 그렇지 않은 집단들이 비교되었을 때 치료의 유의미한 긍정적 효과는 발견되지 않았다.

가장 엄격한 기준의 실험 연구법을 적용한 이 세 연구에서는 치료 효과가 없는 것으로 나타났다. 이런 이유로 Rice, Harris와 Quinsey(2001)는 연구의 결론에 있어서 Hanson과 동료들(2002)보다는 덜 낙관적이었다. 이들은 치료 효과에 대한 연구를 촉진시키기 위한 여러 가지 권고 사항을 제시하면서, "기술의 습득이 없는 대치 상황, 비지시적 접근방식, 징계적 성격의 방향성, 관련성이 없거나 범죄 발생 원인과 상관없는 요인들에 초점 맞추기, 난해한 언어가 구사되는 치료, 그리고 위험성이 낮은 대상자 집단" (p. 306)과 같은 비효율적이거나 재범 증가와 연관되는 치료 프로그램의 특징들을 발견하게 되었다. 이들은 치료와 관련된 문헌들의 검토를 통해 재범을 감소시키는 데 성공적인 치료 프로그램의 특징들도 발견하게 되었다. 이 특징들은 "문제해결과 자기관리를 중요시하는 훈련방식, 사회성과 친사회적 행동과 태도를 만들어 가기, 지시적이나 비징계적 교육방향, 범죄 행동의 전례를 수정하는 것에 초점을 두기, 지역사회 활동관리…… 일정 수준 이상의 높은 위험성을 가진 대상자" (p. 306)와 같은 것들이다.

이와 같은 치료에 대한 자료들이 축적되면서, 동시에 상반되는 결과를 보여 주는 후속 연구 결과들도 계속 발표되었다. 여러 연구자가 온타리오에 있는 지역치료센터(Regional Treatment Centre: RTC)의 성범죄자 치료 프로그램을 연구하였다. Quinsey, Khanna와 Malcolm(1998)은 성범죄자 483명을 조사하였는데, 이 중 213명은 성범죄자 치료 프로그램에 참석하였고, 183명은 치료가 필요 없다는 판정을 받았으며, 52명은 평가를 거부하였다. 또한 27명은 치료를 실시하는 것이 부적합하다는 판정을 받았으며, 9명은 치료가 필요하나 여러 가지 이유로 치료를 받지 않았다. 추가로 45명이 연구 참가 조건을 충족했으나 평가 결과가 나오지는 않았다. 연구참가자들은 평균 추후조사 기간 44개월 정도를 두고 조사되었으며, 치료 프로그램에 참가한 대상자들이 참여하지 않은 대상자들보다 재범률이 높았다. 치료에 적합하지 않다고 평가받은 사람들은 통상 위험도가 더 낮은 유형으로 분류되었고, 연구자들도 이에 맞게 자료를 재분석하였다. 재분석에서도 치료를 받은 대상자들이 이후 범죄를 다시 저지르는 비율이 더 높게 나타났다.

이런 부정적인 결과들은 Looman, Abracen과 Nicholaichuk(2000)의 연구와 비교할 수 있다. 이들도 온타리오의 지역치료센터(RTC)에 있는 범죄자들을 대상으로 조사를 하였다. 치료 프로그램에 참여한 범죄자와 그렇지 않은 범죄자를 조사하여, 성범죄자들이 기소된 범죄의 범행 연령, 범죄를 저지른 날짜, 그리고 이전의 범죄 경력에 따라서 분류하였다. 이런 분류방식으로 89명의 치료를 받은 범죄자와 89명의 치료를 받지 않은 범죄자로 나누어 분류하여 약 5년(평균 추적조사 기간 9.9년) 정도의 추후조사 기간을 두고 연구하였다. 이 연구에서 치료받은 범죄자 중 23.6%가 새로운 성범죄로 기소되었으며 치료를 받지 않은 범죄자의 51.7%가 또 다른 성범죄를 저질렀다. 성범죄 외의 다른 범죄에서도 비슷한 결과가 나왔다. 치료를 받은 범죄자의 61.8%가 또다시 범죄를 저질렀고 치료를 받지 않은 범죄자 중 74.2%가 또 다른 범죄를 저질렀다. 또한 그들은 성범죄로 한 번만 기소된 사람과 그보다 많이 기소된 사람들을 분류하여 조사하였는데, 여기서도 치료를 받은 집단이 치료를 받지 않은 집단보다 유의미하게 낮은 재범률을 보였다. Nicholaichuk과 동료들(2000)은 캐나다에서 출소 후 평균 6년 정도의 시간이 흐른 뒤에 296명의 치료를 받은 집단과 283명의 치료를 받지 않은 집단을 조사하였는데 위와 유사한 결과를 보고하였다. Looman, Abracen과 Niecholaichuk(2000)의 연구와 유사하게, 범죄를 범했을 때의 연령, 범죄 날짜, 그리고 이전의 범죄 경력에 따라서 조사 집단을 연결하였다. 그들은 치료 효과가 통계적으로 유의미했으며, 치료가 새로운 성범죄와 새로운 다른 범죄들의 심각성 정도에도 영향을 미침을 발견하였다.

지난 몇 년간 추가적인 연구 결과들도 보고되었다. McGrath와 동료들(2003)은 성범죄자 치료를 마친 56명과 치료를 끝내지 못한 49명, 그리고 치료 받기를 거부한 90명의 범죄자를 조사하였다. 이 연구에는 위험요인에 대한 타당한 평가도구가 사용되었다. 참여자들이 무작위로 통제집단과 실험집단에 배치되지는 않았지만, 참가자들은 치료를 받기 전 성범죄 재범 위험성에 있어서 집단 간의 차이는 없었다. 치료로는 인지-행동주의적 접근 치료와 재발방지 치료 프로그램을 실시하였다. 참가자들은 4년 혹은 그 이상의 기간 동안 수감되어 있었으며, 추후조사 기간은 6년 정도였다. 치료를 마친 집단은 5.4%, 치료를 중도에 포기한 집단은 30.6%, 그리고 치료를 받지 않은 집단은 30% 정도의 재범률을 보였다. 연구자들도 인정한 것처럼, 비교집단들(치료 중도 포기자 집단과 치료 거부자 집단)은 이전의 연구에서 나타난 것처럼 동일한 편향에 영향을 받았을 수 있다는 점에서 연구방법론적인 문제를 가질 수 있다. 다시 말하자면 이 집단들이 더 적대적이며, 규칙적 생활방식을 덜 수용하며, 더 충동적일 수 있다는 의미다. 그러나 이후 연구자들은 이 집단들이

Static-99의 위험도에 따라서 대응되었다는 것을 알아내었다. Seabloom과 동료들(2003)은 청소년 성범죄자를 대상으로 한 치료 프로그램에서 성공적인 결과를 보고하였다. 치료 프로그램은 개인치료, 집단치료, 가족치료 그리고 휴양소에서 행해진 확장된 집단회기(extended group sessions) 등 다양하게 구성되었다. 50명이 치료 프로그램을 모두 완료하였고, 51명이 중도 포기하였다. 이 모든 참가자들은 최저 14.68년(평균 18.34년) 정도의 추후조사 기간을 두고 연구되었다. 상당히 긴 기간 동안 프로그램을 모두 완료한 사람들 중에는 누구도 성범죄를 다시 저지르지 않았으나 중도 포기한 사람들 중에는 8%가 재범으로 기소되었다. 다른 모든 유형의 범죄에 있어서 체포와 기소를 비교할 때 같은 현상이 나타났다. 즉, 프로그램을 모두 완료한 사람들(8%)이 그렇지 않은 사람들(21.6%)보다 낮은 재범률을 보였다. 이 연구는 다른 연구들보다 변인 통제가 잘 되지 않았고 중도 포기자를 비교집단으로 쓰는 것에 관련하여 연구방법론적인 문제를 안고 있지만, 이 연구에서 장기간의 추후 조사 결과는 치료를 모두 완료한 사람들에 대해 어느 정도의 낙관적인 견해를 가지게 해 준다.

상반되는 연구 결과들이 계속 보고되는 가운데, 두 연구가 치료 효과의 긍정적인 결과들에 대해 좀 더 신중한 입장을 취하게 만드는 연구 결과를 보여주었다. Hanson, Broom과 Stephenson(2004)은 724명의 성범죄자를 대상으로 12년간의 추후조사를 실시하였다. 지역사회의 다양한 치료 프로그램을 받은 403명의 치료 참여 집단과 321명의 치료를 받지 않은 집단이 이 연구에서 조사되었다. 그들이 수용된 기관에서 출소한 해, 추후조사 기간, 그리고 정적 위험요인 등을 기준으로 하여 조사한 결과 치료를 받은 집단과 그렇지 않은 집단 간의 차이가 거의 없었다. 치료를 받은 집단은 12.5년 뒤의 조사에서 21.4%의 성범죄 재범률을 보였고 그렇지 않은 집단은 10년 뒤의 조사에서 22.2%의 성범죄 재범률을 보였다. 재범 방지와 인지-행동주의적 측면에서 현대적인 기준에 부응하는 치료 프로그램들이 있긴 하지만, 치료 프로그램을 받은 집단이 그렇지 않은 집단과 비교해서 거의 나은 것이 없었다. 이런 결과는 이전의 치료에 대해서 긍정적인 결과를 보여 준 연구들과 분명하게 대조된다고 볼 수 있다(Hanson et al., 2002).

가장 많은 주목을 받은 치료 프로그램은 캘리포니아 성범죄자 치료 프로젝트(California Sex Offender Treatment Project)이다(Marques, 1999). 이 프로젝트는 무작위 추출과 통제집단을 사용하는 연구방법을 사용한 연구로서, 치료 프로그램은 재발 방지와 인지-행동주의적 원칙에 따라 행해졌다. Marques와 동료들(2005)이 출판한 이 프로젝트의 마지막 보고서를 보면 704명의 범죄자는 무작위로 치료집단, 자발적 통제집단 그리고 비자발적 통제집단에 배치되었다. 참가자의 3/4(72.4%)이 아동에게 재범을 하였으며, 나머지(27.6%)가 성인에게 재범을 하였다. 치료집단에서 치료를 마친 참가자는 167명이었고, 37명은 중도에 포기하였다. 통제집단에 속한 참가자 중 도중에 연구에서 이탈한 사람은 없었다. 8년의 추후조사 기간 후 성범죄나 폭력 범죄의 재범률에 대한 조사에서 세 집단 간의 차이는 거의 없었다. 그러나 치료집단의 하위집단을 조사해 보면 치료에서 제시된 목표를 달성한 사람들의 재범률은 그렇지 않은 사람들보다 훨씬 낮았다는 것을 알 수 있다. 그러므로 치료목표 달성에 대한 평가가 성범죄 재범에 있어서 중요한 예측요인이라는 것을 알 수가 있으며, 이것은 치료 중, 치료 후에도 지속적인 평가가 중요하다는 것을 보여 주고 있다(Beech et al., 2002). 전반적으로 볼 때, 이 연구는 치료 동안의 동적 위험요인의 평가는 재범 예측이나 프로그램의 장점을 파악하기 위해 중요하다는 것을 보여 주고 있다. 정교한 무선배치 통제집단 연구법을 사용한 이 연구는 한편으로는 치료 효과가 없음을 보여 주는 확실한 근거로 환영받았으며, 다른 한편으로는 이 연구가 가진 방법론상의 문제로 인해 상당한 비판을 받았다.

William Marshall과 그의 동료들은 성범죄자 치료 프로그램을 개발하고 실시해 왔다. Marshall과 그의 동료들(2006)은 성범죄자 치료를 위한 통합 프로그램(integrated programm)을 개발하였는데, 이 프로그램은 캐나다 국립 교도소(Canadian Federal Prison)에서 15년간 실시되었다. 연구자들은 프로그램에 참가한 614명의 성범죄자를 대상으로 추후조사를 하였다. 그들 중 96%가 치료 프로그램에 끝까지 참여하였고 석방된 지 평균적으로 5.42년 정도가 된 상태였다.이들 가운데 352명이 아동 성범죄자였으며, 182명이 강간범이었다. 아동 성범죄자 중 14명과 강간범 중 3명은 나중에 성범죄를 저질렀으므로 전체 성범죄 재범률은 3.2%였다. 계리통계적 위험성을 고려했을 때, 치료를 받지 않은 집단의 예상 성범죄 재범률은 16.8%였고 다른 범죄의 재범률은 40%로 연구자들의 평가 결과와 유사하였다. 치료집단의 경우, 연구자들의 평가에서 나타난 3.2%의 성범죄 재범률과 13.6%의 다른 범죄 재범률은 계리통계적 평가에서 나온 예상 재범률보다 유의하게 낮았다. 정부의 공개된 지출 내역에 근거하여, 연구자들은 이 치료 프로그램을 통해 성범죄자의 피해자가 될 가능성이 있는 잠재적 피해자들이 감소되었을 뿐 아니라, 약 139만 5,000달러(캐나다 달러) 정도의 사회예산이 절감된 것으로 추정하였다.

Marshall과 Marshall(2007)은 Marques와 그의 동료들(2005)의 연구와 무작위 통제집단 연구방법의 적절성을 검토하였다. 그들은 왜 이런 엄격한 연구설계가 평가에 부적합한지에 대한 여러 가지 주장을 제시하였다. 먼저 치료를 받지 않는 집단을 모집하는 것의 어려움을 지적하였다. 심리치료라는 것이 그것이 진행될 때와 진행되지 않을 때가 드러나기 마련이기 때문에 참가자들이 자신이 치료를 받지 않고 있다는 것을 계속 인식하지 못할 가능성은, 약물에 대한 실험의 경우는 가능하지만 이 경우에는 그럴 가능성이 거의 없는 편이었다. 둘째로, 범죄자들이 이런 방식의 연구에 참가하겠다고 신청했지만, 결과적으로 치료를 받지 못하였다면 이것은 가석방 위원회가 그들의 재범 위험성에 대한 평가와 판단을 내릴 때 영향을 미치고 나아가 그들의 석방에도 영향을 미칠 수 있다. 이 연구자들은 치료를 받지 못하는 집단에 배치된 사람들은 그 사실에 분노할 수 있으며, 그런 연구방법이나 체제에 대해서 적대감이나 반감을 가질 수 있다고 보고하였다. 그들은 또한 치료 프로그램이 제대로 실시되기 위해서는 치료자가 치료를 원활하게 진행할 수 있도록 프로그램을 매뉴얼화해야 한다고 주장하였다. 이러한 매뉴얼화를 통해 치료자 변인의 영향을 줄일 수 있기 때문이다(Beech & Hamilton-Giachristis, 2005). Marques와 그의 동료들(2005)의 연구에 대한 비판 중의 하나는 '취중 범죄(intoxication while offending)' 가 중요한 변인이 되었고 통제집단 중 다수가 물질남용에 대한 치료를 받았을 수 있다는 것이었다. 그들의 논문으로 인해 성적 학대자 치료협회(Association for the Treatment of Sexual Abusers)의 웹사이트에서 열띤 논쟁이 벌어졌는데, 성범죄자 치료를 지지하는 한쪽은 Marques와 동료들(2005)의 연구에서 성범죄자 치료에 긍정적인 치료효과가 있었다는 것이다. 반대로 치료의 효과에 대해 회의적인 사람들은 당연히 그 논문에서 연구방법론상의 문제점을 열심히 찾았을 것이다.

이 논의는 계속되고 있다. 치료에 효과가 있다와 치료효과가 부족하다는 양쪽 입장을 각각 지지하는 연구들이 많이 존재한다. 뛰어난 학자들이 연구설계, 결과, 치료의 과정 등을 검토하고 있다. 이미 언급한 것처럼 이런 학술적이고 신랄한 토의가 있다는 것이 다른 한편에선 이 분야에서 대단한 사치라고 할 수 있다. 물론 이 분야의 선두 주자들에게는 이런 논의가 좀 불편하게 느껴질 수도 있겠다는 것이 필자의 생각이긴 하다.

## 지적장애 성범죄자 치료

일반 성범죄자 치료에 대한 연구들의 주류화 작업은 일탈적 성적 기호를 변화시키는 것인데, 특히 아동 성범죄자들을 대상으로 하는 치료적 개입들이 그러하였다(Kelly, 1982). 이 시기에는 연구의 78% 정도가 혐오치료에 관한 것이다. 일부 치료 프로그램은 참가자들의 사회적 기능 증진을 위한 개입을 첨가하였는데, 그중 가장 광범위한 범위를 다룬 프로그램이 Marshall과 Barbaree(1988)의 치료 프로그램이다. 일반적으로 치료 개입은 내담자의 전반적인 사회적 기능이나 적응적 측면보다는 성적인 측면에 집중해 왔다. 지적장애 분야에서도 이런 현상을 보였다고 할 수 있다. 공공장소에서의 자위행위에 대해 강화와 과잉교정(over-correction) 등의 행동주의 기법을 통해서 완화시키는 과정을 보여 주는 논문들은 이 분야에서도 많이 볼 수 있다(Luiselli et al., 1977). 이 외에도 강한 쓴맛을 혐오 자극으로 활용하는 레몬주스 요법 같은 적당한 형태의 벌, 소거, 차별적 강화 등도 자위행위를 줄이기 위해 사용되는 행동주의 기법의 예라 할 수 있다(Polvinale & Lutzker, 1980).

지적장애 분야에서 주목할 만한 성과는 참가자들의 사회적 기능, 성적 지각, 성적 지식, 관계 확장, 대처 기술 향상, 부적절한 성적 행동 감소(Griffiths, Quinsey, & Hingsburger, 1989) 등을 치료목표로 한 포괄적인 프로그램의 개발이라 할 수 있다. 이 프로그램의 개발자들은 성범죄자들의 사회적, 성적 접촉의 기회가 제한적이었고, 이것이 그들의 부적절한 성적 행동의 원인일 수 있다는 관점을 프로그램의 시발점으로 삼았다. 개발자들은 "부적절한 성행위를 보이는 발달지체인은 자신의 성적 욕구를 표현할 적절한 방법을 모를 수 있으며, 그들을 위한 이전의 치료방법들은 확실히 재활보다는 억제적인 측면이 많았다. 그들이 자신의 성적 욕구를 표현할 적절한 방법을 모른다는 것을 감안할 때, 그들의 행위에 대한 처벌은 그들을 성적인 진공상태(sexual void)에 놓이게 할 수도 있는 것이다."(p. 11)라는 의견을 피력하였다. 또한 사회적 그리고 성적인 측면을 광범위하게 다루는 재활에 초점을 둔 프로그램이 이런 내담자들을 위해서 필요하며, 이 프로그램은 대인관계를 유지하는 기술과 부적절한 또한 일탈적 성적 기호를 교정하는 것을 동시에 모두 다루어야 한다고 주장하였다.

이 연구자들은 참가자 각각의 성적 지식, 생활상황 분석, 역할극과 녹화를 포함하는 대인관계 평가, 성적 기호 분석 등을 실시하였다. 이 과정을 통해 그들은 다양한 측면을 다루는 치료 계획을 개발하여 위험환경을 점검하고, 대인관계를 증진시키고, 성적 측면을 다루도록 하였다. 구체적으로 보면 성교육, 사회기술 훈련, 대인관계 형성훈련, 대처 기술, 자신의 삶에 대한 책임감, 그리고 필요할 경우 부적절한 성적 기호에 대한 치료적 개입을 했는데, 여기에는 혐오치료와 적절한 자위행위를 하도록 이끌어 주는 것이 포함되었다. 지적장애 범죄자를 치료하는 초기 단계에서도 보호적 재발방지 프로그램(protective relapse prevention)을 포함시켰다. 이 절차는 1단계로 현재 사례 관리, 그리고 2단계로 동기 강화와 활동 고무를 위한 회기나 계속적인 토의와 같은 적극적 개입을 통한 재발 방지를 포함하였다. 3단계는 내담자가 부정적 감정 상태를 보이기 시작하며, 자기조절이 흐트러지고, 자신을 고립시키거나, 인지적 왜곡을 보이기 시작할 때 실시한다. 이 단계에서는 재범 방지를 위한 치료적 개입에 내담자의 관리자도 같이 참여하게 하여서 내담자가 겪는 어려움을 극복하도록 돕는다. 4단계에서는 내담자에게 필요한 것들에 대한 전반적인 재평가, 관리감독의 강화, 가능할 경우 부적절한 성행위를 방지하기 위한 치료적 개입의 재개, 치료의 여러 가지 측면의 재조정 등을 하게 된다. 연구자들은 그들의 방식을 도입하여 재범이 나타나지 않고 성공적이었던 30개의 실제 사례에 대해서 보고하였다.

필자는 지금까지 지적장애 범죄자에 관련된 워크숍이나 강연에서 치료 프로그램과 그 지원 팀 간의 의사소통의 중요성을 늘 강조해 왔다. Griffiths, Quinsey와 Hingsburger(1989)는 프로그램의 초기 단계에서의 의사소통에 대해 구체적으로 언급하면서 여러 가지 측면을 검토해 보는 것은 그만한 가치가 있다고 지적하였다. 관련 문헌에서 이런 점들이 언급된 적은 거의 없지만, 필자는 워크숍 등에서 의사소통의 중요성을 세 단계로 나누어 강조해 왔다. 첫 번째는 사례 회의에 관한 것으로 해당 지적장애인의 관리와 밀접한 관련이 있다. 최근 영국에서 열린 MAPPA 모임에서 전체 범죄자들과 관련하여 이 같은 거시적 차원의 의사소통이 법적인 시스템 안에 포함되도록 하였다. 두 번째 단계의 의사소통은 내담자를 매일 치료하고 관리하는 일을 하고 있는 사람들이 그들이 책임지고 해야 할 일이 무엇인지를 확실히 알 수 있도록 하는 것이다. 이러한 형태의 의사소통은 치료가 어떻게 되고 있는지에 대한 진행 상황을 잘 알고 있어야 가능하다. 이러한 형태의 의사소통은 내담자가 상주하면서 치료를 받을 때는 일상적인 것이라고 볼 수 있으나, 성범죄자의 경우는 모든 경우에 이러한 의사소통이 가능하여야 하며, 혼자 독립적으로 살고 있는 내담자들의 경우에도 마찬가지다.

세 번째 단계의 의사소통은 내담자의 생활에 관련된 사람들 간의 미시적 차원의 정보 교환이다. 내담자의 일상에 변화가 있을 때, 특별한 이유 없이 결석할 때가 중요하다. 이런 경우 적합한 조치를 취하여 그 내담자의 일상을 관련된 사람들이 알 수 있도록 하는 것이 중요하다. 내담자가 집을 떠나 치료를 받는 장소나 직장으로 떠났을 때 가족이나 관리직원이 그곳에 전화를 해서 지금 집을 떠났으니, 예를 들어 약 20분 정도 후면 거기에 도착할 것이라고 알려 주는 것이 필요하다. 내담자가 그 지정 장소에 도착했을 때 그쪽에서 관리직원에게 도착하였다고 알려 주면 관계자 모두가 이 내담자가 원래 정해진 일정대로 움직이고 있다는 것을 알 수가 있다. 만약 원래의 일정에서 벗어나는 것이 있다면, 그로 인해 여러 가지 일들이 발생할 수 있다. 통상 그럴 필요는 없지만, 심각하게 여겨진다면 경찰에게 통보하면 된다. 내담자가 원래의 일정에서 벗어나는 행동을 했을 때 치료 회기에서 그것에 대해 언급하여 자기조절의 중요성을 다시 한 번 그 내담자에게 명확히 인식시킬 수 있다. 보호관찰 중이거나 치료를 위해 기관을 다니는 내담자들에게는 이런 일들이 흔하게 일어난다.

Griffiths, Quinsey와 Hingsburger(1989)는 아마도 가장 포괄적인 행동주의적 관리방법들을 개발하였다고 할 수 있다. Plaud와 동료들(2000)은 이 방법들이 성범죄자 치료에 대해 가장 포괄적인 심리치료 방법이라고 주장하였다. Haaven, Little과 Petre-Miller(1990)는 포괄적인 치료 프로그램의 구성내용으로 대인관계 훈련, 성교육, 자기조절 촉진 등과 같은 치료요소들에 대해서 설명하였는데, 주로 입원 내담자를 치료하기 위한 치료요소와 그에 관련된 치료 프로그램들이었다. 이 연구자들은 주로 아동을 대상으로 성범죄를 저지른 성범죄자 27명을 대상으로 한 연구에 대해 언급하였다. 그들의 보고서에는 범죄자의 치료에 사용된 치료 프로그램에 대한 상세한 설명이 제시되어 있다. 이 프로그램은 "개별 내담자들에게 완전한 변화를 일으키는 개별화된 치료 계획"(p. 21)을 표방하는 포괄적인 치료 프로그램이었다. 이 치료 프로그램은 치료적 공동체, 개별화된 치료방법, 집단 회기와 광범위한 과도기를 위한 조치들, 지역사회 적응 등의 치료 요소들로 이루어졌다. 이런 면들을 볼 때 Griffiths, Quinsey와 Hingsburger(1989)가 개발한 이 프로그램은 행동주의적 방식으로 구성되어 있긴 하지만 각 내담자의 실제 삶의 방식, 전반적인 대인관계에 개입을 하고 있다. 이를 통해 지적장애 성범죄자를 대상으로 하는 치료 프로그램은 초기 단계에서부터 개인적 어려움과 관련된 범죄 유발 원인뿐만 아니라 그들의 삶의 방식에도 초점을 맞추고 있다는 것을 보여 준다.

포괄적인 면에서는 덜하지만 다른 행동주의적 관리 프로그램들도 사용되었다. Grubb-Blubaugh, Shir와 Balser(1994)는 성범죄자나 성학대자 집단원들의 적절한 사회성을 진작시키기 위해 행동주의적 관리방법과 폐쇄형 집단 내에서 동료평가를 사용하였다. 그들은 개별 내담자의 행동에 대한 동료의 긍정적 또는 부정적인 평가를 보여 주는 동료평가로 이루어진 배심원 제도를 개발하였다. 이 연구에는 12명의 성인 남성이 참가하였는데 그들에게 다음과 같은 권장 사항을 제시하였다. 하루 동안 집단원들 알기, 쇼핑과 전화 통화 기회 박탈하기, 공동체 봉사 시간, 개인 TV와 단순한 경고 없애기. 이런 동료평가와 여기서 권고되는 사항들은 비순응적, 공격적, 그리고 성적으로 부적절한 행동들을 많이 감소시켰다. 이런 시스템들이 폐쇄형 집단 내에서 실시되었다. 연구자들은 이러한 방식의 적용을 통한 행동의 향상을 보고했지만, 실제로 외부에서 개개인이 이런 향상된 측면을 보여 줄 기회는 거의 없었다.

많은 지적장애 성범죄자들은 치료가 끝난 뒤 몇 년간 도움과 관리를 받는데 이것은 치료의 효율성을 평가하는 것을 어렵게 만드는 요소라고 할 수 있다. 실질적으로 볼 때 내담자들이 계속해서 관리를 받을 수 있는 것은 상당히 좋은 점이라고 할 수 있다. 그러나 관리의 효과를 치료적 개입의 효과에서 분리시켜 평가하는 것은 불가능하다고 볼 수 있다. 이런 어려움은 현재에도 계속되고 있으며, Craig, Stringer와 Moss(2006)의 6명의 성범죄자를 대상으로 한 치료 프로그램에 대한 연구에서도 나타난다. 성교육, 인지적 왜곡, 범죄 주기, 재범 방지를 포함하는 7개월간의 치료 프로그램 실시 후에도 연구자들은 성 지식을 포함하는 평가 항목에서 유의미한 치료 효과를 발견하지 못하였다. 그러나 이처럼 치료 효과가 나타나지 않았음에도 불구하고 12개월의 추후조사 기간 동안 그들은 재범을 저지르지 않았는데, 그 이유는 개별 참가자들은 12개월의 추후조사 기간 동안에 24시간 관리감독을 받았기 때문에 재범할 기회가 거의 없었다고 볼 수 있다. 치료의 성과가 부족하였다 해도 지속적인 관리감독으로 인해 평가 결과가 중간 정도로 나올 수 있었다는 해석도 가능하다. 이와 같이 관리감독이 지속적으로 될 경우 치료의 효과에 대한 추후평가의 해석이 어려울 수밖에 없다.

Plaud와 동료들(2000)은 혐오치료와 자위 재조건화를 면밀하게 검토하였다. 혐오치료는 내담자의 일탈적 성적 흥분에 관련된 생각이나 행위를 본인이 혐오할 만한 이미지나 사건과 연관시키도록 유도하는 것으로, 내담자에게 혐오적인 사건이나 이미지는 일탈적 성적 자극에 부정적인 반응을 일으킨다. 혐오적인 자극은 촉각과 후각 그리고 행위에 관한 상상들이다. 이 치료의 목적은 내담자의 범행 의도를 내담자가 상당히 꺼리거나 싫어할 만한 부정적인 결과와 연합시킴으로써 자기조절이나 통제를 하도록 유도하는 것이다. Lindsay(2004)는 이런 치료방법을 치료에 성공적으로 활용한 사례를 들었다. 그 사례는 8세 소녀에게 성범죄를 저지른 남자에 대한 것이다. 이 남자는 이전에 인터넷에서 수많은 아동의 사진을 다운로드 받았고, 치료 중에도 공원에서 사춘기 이전의 어린 소녀 사진을 보면서 자위행위를 한다고 털어놓았다. 치료자는 이 남자에게 자기가 실제로 공원에 있는 것처럼 상상하게 하고, 그 시점에서 그가 아주 싫어할 자극을 그 상황에 포함시켜 상상하도록 유도하였다. 첫 번째 자극은 그가 여자 아이를 쳐다보는 도중에 경찰관이 그의 어깨를 치면서 이름을 묻는 것을 상황 속에 포함하도록 하였다. 그가 이름을 말하고, 성범죄자임이 밝혀져 결국은 경찰서까지 가게 되는 상황을 상상하게 한다. 이 상황에서 두 번째 자극은 체격이 큰 젊은 남자 두 명이 그가 여자 아이를 물끄러미 바라보고 있는 것을 수상히 여겨 그를 비난하기 위해 그에게 접근하는 상황이다. 이 두 가지 상황을 치료 기간 동안 그 내담자가 종종 반복해서 재연하도록 하였으며, 이것이 그의 일탈적 성적 흥분을 감소시키는 데 효과적이었다고 나타났다. 일반 성범죄 관련 문헌에도 이런 치료과정에 대한 연구가 많이 등장하기는 하지만(Marquis, 1970; Marshall, 1969), 지적장애 성범죄자에게 이 방법을 사용하는 것에 대한 체계적인 연구는 없었다. 혐오치료는 개인이나 집단 회기 상황에서 쉽게 사용될 수 있기 때문에 연구할 가치가 있다고 할 수 있다. 추가적인 예들은 성적 상상을 다루는 부분에서 소개될 것이다.

앞에서 일반 성범죄자에 대한 문헌을 언급할 때 지적한 것처럼, 이 분야에서 지난 20년간 가장 의미 있는 성과물이라고 한다면 인지적 그리고 문제해결 기술에 관한 것이라 할 수 있다. 일반 성범죄자의 치료에서 이 기술들은 상당히 정교한 수준으로 개발된 상태다. 인지치료에서 기본 전제는 성범죄자들은 성에 대해 많은 인지적 왜곡을 가지고 있으며, 그것으로 자신의 성범죄를 합리화하는 경향이 있다는 것이다. 인지적 왜곡은 다음과 같이 여러 가지 유형이 있다. 책임의 부인이나 경감, 피해자가 받은 피해의 부정 등, 범죄 의도의 부정이나 경감, 자신의 행동을 당연시함, 우울이나 만취 상태 등의 상황을 핑계로 책임의 경감 시도, 범죄 사실에 대한 부정. 지적장애 성범죄자들의 치료에 이런 인지적 과정을 고려하는 내용들이 다수의 보고서에서 발견되었다. O'Conner(1996)는 13명의 성인 남성 성범죄자를 대상으로 하는 문제해결 치료 프로그램을 개발하였다. 이 프로그램의 참가자들에게 범죄 위험성이 높은 상황들이 제시되고, 참가자들은 그 상황을 해결할 방법을 생각해 내야 한다. 연구자는 이 문제해결 치료가 긍정적인 결과를 가져왔으며, 참가자들의 경우 지역사회와의 접촉이 더 증가되었음을 보고하였다. 그러나 지역사회와의 접촉이 어떻게 관리되었는지에 대해서는 언급되지 않았다.

일련의 사례 연구(Lindsay et al., 1998a, 1998b, 1998c; 1999)에서 아동 성범죄를 저질렀거나, 노출증 또는 타인을 계속 따라다니는 스토커 성향이 있는 사람들의 치료가 다루어졌다. 이 치료에서는 인지적 치료가 실시되고, 이 과정에서 성범죄자들이 가지고 있는 범행을 축소하거나 부정하는 성향들이 계속해서 도전을 받게 된다. 이 사례 보고서에서는 세 가지 뚜렷한 특징이 나타났다. 첫째로, 각 회기마다 내담자들이 범한 범죄와 관련해서 그들의 태도를 평가하였다. 이 시기에 필자와 동료들은 QASCO(2장과 20장에서 광범위하게 다루어짐)를 개발하고 있는 중이었기에, 각 회기의 내용들을 인지적 왜곡에 미친 영향과 연관시킬 수 있었다. 두 번째 특징은 모든 참가자가 지역사회에 거주했고, 일상생활에서 여가시설 이용, 직장, 이동, 가게, 유흥 등 많은 면에서 제약을 받지 않고 지내는 상태였다. 이런 이유로 이 보고서는 지속적인 관리감독으로 인해 이전의 연구들이 보였던 문제점을 피할 수 있었다. 세 번째 특징은 추후조사 기간이다. 필자와 동료 연구자들은 참가자들이 치료를 받은 후 적어도 4년 정도의 기간이 지나기 전에는 자료를 공개하지 않았다. 추후조사 기간이 7년 정도 되는 참가자도 여러 명이 있다.

사례 연구들을 통해서 명확해진 것은 인지적 왜곡의 어떤 측면들은 다른 측면보다는 변화시키기가 쉽다는 것이었다. 피해자도 성범죄 사건에 대해 어느 정도는 잘못이 있다고 생각하는 내담자의 뿌리깊이 박힌 인지적 왜곡보다는 성인으로 인정하는 연령과 같이 사실에 입각한 정보들에 대한 인지적 왜곡이 훨씬 빨리 수정되었다. 흥미롭게도, 성범죄자 관련 문헌에서 발견되는 특정한 태도들은 변화되지 않았다. 이런 태도들은 성범죄는 그것이 성과 관계된 것 이상으로 힘(지배욕구와 폭력)과 관련이 있다고 보는 견해와 연관이 있다. 대부분의 참가자는 성추행을 한 목적은 그 피해자에게 힘을 행사하려고 하기보다는 성적 즐거움을 얻기 위해서였다고 말하였다. 그 상황에서 힘의 불균형이 있긴 해도, 목적은 주로 성적인 것이었다고 진술하였다. 이 글을 쓸 무렵에, 참가자들은 지역사회의 활동이 자유로웠음에도 불구하고 아동 성범죄 재범은 단 한 건만 발생했으며 노출증의 경우 재범이 없었다. 아동 성범죄는 비교적 경미한 것이었고, 그 범죄자는 다시 치료에 의뢰되었다. 그러나 미행하거나 따라다니는 스토킹 행동의 경우는 이전보다 더 심각한 재범이 연달아 발생하였다. 이 사례 연구는 지속적인 관리감독 그리고 짧은 추후조사 기간과 같은 이전의 연구들이 가진 방법론상의 문제점이 없었다는 점에서 치료에 대한 어느 정도의 희망을 보여 주었다. 그러나 이 연구들은 다른 종류의 치료를 받거나 치료를 받지 않는 통제집단이 없었다는 점이 문제점으로 지적될 수 있다.

Courtney, Rose와 Mason(2006)은 9명의 남성 지적장애 성범죄자에 대한 질적 연구를 통해 범행과정에서 인지적 왜곡이 중요한 역할을 하는 것을 발견하였다. 이론상의 기술들을 사용하여 인터뷰와 그 내용을 분석하면서 연구자들은 범죄 행위의 모든 측면이 그 범죄자의 태도와 평소의 사고방식(타인을 비난하기, 범행의 부정, 자신을 피해자로 여김, 사람과의 만남을 시작하는 적절한 기술이 없다고 주장함)과 연관되어 있음을 발견하였다. 연구자들은 "그것은 마치 사회적 대인관계에 참여하는 것을 부정하고 자신들을 격리시키려는 시도 같았다."(p. 185)라고 말하였다. 이렇게 남을 비난하는 것(책임의 경감), 자신을 피해자로 보는 것(상황이나 좋지 않은 신체 상태 등의 이유로 책임 경감시키기), 범죄의 부정과 같은 요인들은 일반 성범죄자 문헌에 광범위하게 등장하였다. 범행의 기억을 완전히 부정하는 시도를 Lindsay와 Smith(1998)는 연구에서 발견하였는데, 일부 지적장애 성범죄자는 자신의 범행이 결코 일어난 적이 없었던 것처럼 보고할 정도로 계속 부정하였다. 그들은 마치 그들이 하지 않았다고 계속 말하고, 자신의 가족과 관리감독자들이 사건을 언급하지 않았다면 그것이 일어나지 않은 것이 되는 어떤 마술과 같은 상태가 오기를 열망하는 것 같다고 연구자들은 논평하였다. 이런 점에서 치료에서는 그들이 부인하는 것들을 심도 있게 다루어야 하며, 자신의 범행을 자세히 설명하게 하는 부분도 있어야 하며, 다른 중요한 인지적 왜곡도 깊이 있게 다루어져야 한다.

다른 치료자와 연구자들은 지적장애 성범죄자 치료 프로그램을 더 체계적으로 평가하는 방법들을 개발하였다. Rose 등(2002)은 5명의 지적장애인에 대한 16주 집단치료 프로그램에 대해 보고하였다. 집단치료에서는 성교육, 적절한 적극성, 위험성이 있는 상황에서 벗어나기와 같은 주제와 함께 자기조절 과정, 피해자에게 범죄가 미치는 영향 생각하기, 자신이 느끼는 감정 파악하기 등의 주제도 다루었다. 참가자들은 통제 소재(locus of control), 성적 행위와 법, 그리고 피해자에 대한 공감, QACSO 척도들을 사용하여 평가하였다. 사전-사후 치료 효과 분석에서 유의미한 차이를 보인 척도로는 통제 소재 척도가 유일하였는데, 치료 후 내담자들은 외적 통제 소재가 높아졌다. 연구자들은 성범죄자 치료 기간이 일반적으로 1년에서 18개월 정도가 걸리는 것을 감안할 때, 이 경우에는 치료의 기간이 짧았음을 인정하였다. 그러나 1년의 추후 기간 조사에서 재범은 없었다고 보고하였다. Rose와 동료들은 후속 연구(Rose et al., 2007)에서 지역사회에 성범죄자 치료 프로그램을 실시한 이후 통제 소재의 변화가 있었음을 발견하였다. 이 프로그램은 두 가지 흥미로운 점들을 보여 주었다. 첫째로, 이 경우에는 참가자들이 프로그램에 강제적으로 참여하지 않았다. 다른 프로그램의 경우는 종종 치료 프로그램을 법원의 명령으로 참여하거나, 보호관찰 수강명령, 집행유예 조건들이 많았다. 둘째로 연구 참가자들 대부분은 지능이 60에서 75 정도였다. Rose와 동료들(2007)의 경우는 참가자들의 지능이 49에서 70 정도로 평균 지능이 57이었다. Lindsay와 동료들(1998a, 1998b, 1998c, 1998d)의 사례 연구의 경우 참가자들은 지역사회 활동에 제약이 없었으며, 여행도 자유로웠고 자신의 가족과 함께 살고 있었다. 이 프로그램에서 동기부여, 피해자 공감을 증진시킬 수 있는 방법들이 사용되었고, 인지적 왜곡과 재범 방지도 함께 다루어졌다. 이 프로그램은 이전에 설명되었던 프로그램들보다 더 광범위하며, 인지적 접근에 기반한 치료 프로그램이라 할 수 있다. 참가자들은 QACSO와 Nowickie-Strickland의 통제 소재 척도를 통해서 평가되었다(Norwicki, 1976). 6명의 참여자가 이 프로그램을 끝까지 수료하였으며, 그들은 두 가지 척도에서 상당한 향상을 보였다. 이 연구에서 흥미로운 것은 왜 통제 소재 척도가 더 외적 통제로 변화되는 것인가에 관한 것이다. 연구자들은 치료 후 지적장애 성범죄자들은 자신들이 생각했던 것보다 더 많은 외부적 감독과 관찰하에 있음을 깨닫게 될 수 있다고 느꼈다. 연구자들은 또한 지적장애 성범죄자들이 광범위한 치료 프로그램 참가 후 자신들이 생각했던 것보다 자신들에 대한 통제나 감시가 덜하다고 느낄 수도 있다고 가설을 설정하였다. 이 연구의 참가자들은 프로그램 참여 기간 동안 지역사회의 출입이 자유로웠지만, 16개월의 기간 동안 재범을 저지르지 않았다. 연구자들은 재범을 계속 줄이기 위해서는 재범방지 프로그램(Keeping Safe Plan)이 성범죄자와 관리감독자에게 중요하다고 주장하였다.

인지행동치료의 중요성은 Lindsay(2005)의 이론적 모형에 반영되었다. 그는 지적장애 성범죄자 집단의 치료는 두 가지 구성요소를 가지고 있어야 한다고 주장하였다. 하나는 범행과 관련된 측면들, 즉 성적 기호나 인지적 왜곡에 대한 치료적 개입이며 다른 하나는 그들의 사회적 접촉을 촉진시키고 사회적 관계를 활성화하는 치료적 개입이다. 이에 대한 이론적 패러다임은 이후의 장에서 자세하게 다뤄질 것이다. Rose와 그의 동료들(2007)은 그들의 연구를 세부적으로 분석하였다. 이들은 참가자들이 그들의 직업, 여가 선용 활동, 사회적 활동 등 자신의 삶의 질을 유지하기 위해 행하는 일상생활의 모든 부분에 계속적으로 관련된 상태를 유지해야 한다고 강조하였다. 그들은 이런 두 가지 방향, 즉 성범죄에 관련된 치료적 개입과 사회적 참여, 책임의식을 강조하는 Lindsay(2005) 모델을 지지한다고 서술하였다.

인지행동적 치료 접근에 대한 보다 체계적인 치료 효과 비교 연구가 있었는데, 안타깝게도 이 세 연구 모두 무작위 표집과 무선 배치와 같은 실험적 연구방법의 조건을 충분히 충족하지 못하였다. 따라서 이러한 연구들이 수행되었음에도, 연구방법상의 제한점이 있었음을 인식해야 할 것이다. 우리가 이러한 제한점을 인식하고 있는 것이 매우 중요하지만, 이러한 유의미한 연구방법론적 결점을 주지하고 있는 경우는 드물다. Lindsay와 Smith(1998)는 2년 혹은 그 이상의 기간 동안 치료를 받은 7명의 참가자와 1년 미만 치료를 받은 7명의 참가자를 서로 비교하였다. 이 비교는 치료가 법원에서 명령한 보호관찰 기간 동안 이루어졌다는 장점이 있으나 참가자들이 무선적으로 배치되지 않았고 사례 수도 적었다. 그러나 범죄의 유형과 그 범행의 강도라는 측면에서 두 집단 사이에 유의미한 차이는 없었다. 1년 미만의 기간 동안 치료를 받은 집단은 2년 이상 치료를 받은 집단에 비해 개선의 정도가 적었으며,

재범의 가능성도 더 높았다. QACSO로 평가했을 때, 2년 이상 치료집단에서 더 좋은 결과가 나왔으며, 집단 간의 유의미한 차이가 나타났다. 2년 이상 치료집단의 경우 단 한 사람도 재범을 하지 않은 반면에 1년 미만 치료집단의 경우는 2/3가 재범을 하였다. 연구자들은 지적장애 성범죄자 집단의 경우 치료 기간이 짧을수록 치료 효과가 제한적이라는 결론을 내렸다.

두 번째 비교 연구는 Keeling, Rose와 Beech(2007b)가 수행한 것이다. 연구자들은 11명의 특정 장애를 가진 범죄자와 11명의 일반 범죄자를 대상으로 위험성, 피해자, 성관계, 범죄 유형과 연령 변인을 두 집단 간 대응을 통해 통제하였다. 11명의 특정 장애를 가진 성범죄자 집단은 연구집단, 일반 성범죄자 11명은 비교집단으로 설정하였다. 이 연구는 많은 문제점을 가지고 있는데 그중의 하나가 '특정 장애를 가진 집단' 을 대상으로 한 연구 결과를 지적장애 집단에 일반화하려는 것이다. 즉, 특정 장애를 가진 집단은 지적장애 집단과 동질적인 집단으로 볼 수 없다. 특정 장애를 가진 집단의 평균 지능은 71이었으나, 그중 한 사람의 경우 '평균 하' 수준의 지능이었지만 문맹이라는 이유로 장애 집단에 포함되었으며, 또 경계선 수준에 해당되는 지능을 가진 2명은 뇌손상 병력이 있다는 이유로 장애 집단에 포함되었다. 연구에 사용된 측정도구 또한 장애 집단의 특성을 고려해 변형되었기 때문에 치료와 평가 결과를 직접적으로 비교하는 데 어려움이 있었다. 이 연구에서 두 집단 간에 차이는 거의 없었다. 그러나 주목할 사실 중의 하나는 16개월간의 추후조사에서 특정 장애를 가진 집단원 모두가 교도소에서 출소한 후 치료 기간 동안 성범죄를 저지르지 않았다는 것이다. Murphy와 Sinclair(2006)는 경도의 지적장애를 가진 성범죄자 남성 52명을 대상으로 실시된 인지행동치료 결과를 보고하였다. 치료를 받은 집단 구성원은 1년 이상 치료에 참가하였다. 치료 후 평가에서 이 집단은 성 지식, 피해자에 대한 공감, 그리고 인지적 왜곡에 있어서 상당한 개선을 보였다. 또한 6개월 후의 추후조사에서도 성학대 행동이 감소한 것이 나타났다. 한편 연구자들은 재범을 저지른 사람의 경우 자폐 스펙트럼 장애(autistic spectrum disorder)를 훨씬 더 많이 가지고 있었다는 것을 발견하였다. 이 연구의 제한점은 여러 가지 행정상의 문제로 엄격하게 통제된 비교집단을 두지 않았다는 것이다.

수년 동안, 필자는 동료들과 함께 다수의 범죄자 관리감독 기관의 임상적 효율성에 대해 평가해 왔다. Lindsay와 동료들(2004b)은 성범죄나 성학대 사건을 저지른 106명의 남성과 다른 종류의 범죄나 심각한 사건을 저지른 78명의 남성을 비교 조사하였다. 재범률은 비성범죄자 집단(51%)이 성범죄자 집단(19%)보다 유의하게 높았다. 추후 이루어진 포괄적인 조사에서, Lindsay와 그의 동료들(2006c)은 121명의 성범죄자를 다른 유형의 범죄를 저지른 105명의 범죄자, 그리고 21명의 여성 범죄자 집단과 비교하였다. 본건 범죄(index offence) 후 약 12년 동안의 재범률을 비교해 본 결과, 지능에 따른 집단 간 유의미한 차이는 없었고, 연령에서 성범죄자 집단이 다른 두 집단보다 유의한 차이가 발견되었다. 또한 정신질환 비율은 남성 범죄자 집단이 약 32%로 여성 범죄자 집단보다 더 높았다. 세 집단의 재범률은 남성 성범죄자 집단 23.9%, 여성 범죄자 집단 19%, 그리고 다른 유형의 범죄를 저지른 남성 범죄자 집단이 59%로 재범률에 있어 집단 간 유의미한 차이를 보였다. 첫해를 제외한 매년의 추후조사에서 이러한 차이가 뚜렷하게 나타났다.

위 연구 결과에 대해 여러 가지 추후 논의가 있었다. 첫째로, 남성 성범죄자 집단의 23.9%라는 재범률은 일반 범죄자들의 기저 재범률(base rate recidivism)보다 높았다(Hanson et al., 2002). 사실 남성 범죄자의 다른 유형의 범죄 재범률 59%라는 수치는 범죄자 치료기관 신설을 위한 사회적 여론 형성에 별 도움이 되지 않는다. 연구자들은 재범자의 재범 횟수를 치료 받기 2년 전에 발생한 범죄와 비교해 보았다. 이 비교과정에서 발견한 것은 일부 범죄자의 경우 치료에 의뢰되기 전에 저지른 범행이 너무 많았기 때문에 이것이 통계적으로 치료 후의 범행의 감소를 지지하는 자료에 영향을 줄 수 있다는 것이다. 이런 이유로 범행 횟수에 상한선을 두어서 15회 이상은 포함시키지 않기로 정하였다. 한 예로, 자신의 친척 여성에게 약 400건의 성학대 범죄를 저지른 사람이 있었는데, 이런 숫자들이 치료 효과를 지지하는 연구 결과를 심각하게 오염시킬 수 있다는 것이다. 사실 치료를 받은 후 저지른 범죄에서 가장 많은 재범 횟수는 13회로 모두 비성적 범죄였다. 재범한 사람들을 대상으로 치료 전과 치료 후의 범죄율을 비교해 보면, 치료 2년 전 기준으로 235회에서 치료 후 12년 기준으로는 68회였다. 이것은 재범이 약 70% 정도 감소한 것을 의미하며 재범률이 상당히 감소한 것이라고 볼 수 있다. 재범을 하지 않은 사람의 수까지 포함시키면 치료 2년 전의 범죄는 879건이 되며, 이것을 치료 12년 후의 범죄 수 68건에 적용하면 재범이 92% 정도 감소한 것이 된다. 이것은 대단히 큰 폭의 재범률 감소라고 볼 수 있다. 이런 수치들은 치료적 개입이 재범률을 상당히 감소시킨다는 것을 보여 주는 증거라고 볼 수 있으며, 재범이 일어나더라도 더 작고 경미하게 발생한다는 것을 알 수 있다. McGrath, Livingston과 Falk(2007)는 지적장애 범죄자 103명을 조사하였다. 이 연구는 5.8년의 추후조사 기간을 두고 조사한 결과 재범률이 10.7%로 불과 20건 정도의 재범이 발생했음을 발견하였다. 이 조사의 참가자 중 몇 명이 24시간 관리감독을 받았는지는 확실하지 않았다. 이 연구를 통해 우리는 치료 효과가 긍정적이었다는 것을 알 수 있으며, 지적장애 성범죄자를 대상으로 하는 전문적인 치료기관 설립과 치료적 개입의 중요성에 대한 인식을 가질 수 있다.

## 결론

이 장에서는 일반 성범죄자와 지적장애 성범죄자의 치료가 어떻게 발전되어 왔는지 살펴보았다. 이 분야에서 가장 두드러진 발전 중의 하나는 인지행동치료 접근을 기반으로 한 성범죄자의 치료라고 볼 수 있다. 그러나 지적장애 성범죄자의 치료는 그 시초부터 단순히 범행 자체에 집중하기보다는 훨씬 더 광범위한 요소들을 치료 모듈에 포함시켜 왔다. Quinsey와 Hingsburger(1989)는 성적 행동에 대한 개입과 함께 사교 기술, 문제해결, 대인관계 형성, 그리고 직업 관련 문제들과 같은 전반적인 사항을 치료 프로그램 모듈에 포함시켰다. Rose와 동료들(2007)은 치료 프로그램이 성에 관련된 문제뿐만 아니라 삶의 방식에 대한 문제도 다루어야 하며, 치료적 개입은 지역사회와 연결되어야 하며 동시에 일탈적 성행위를 다루어야 한다고 주장하였다. 치료는 치료기간이 길수록 더 효율적인 것으로 나타났다. 그 이유 중의 하나는 지적장애인이 가지고 있는 지적 제한 때문이다. 여러 연구자가 치료의 반복성에 대해서 언급하였고(예: Rose et al., 2007) 이런 반복과 연습은 상당한 시간을 요구한다. 지적장애인은 지적인 제한이 있으므로, 치료에서 사용되는 조금 복잡한 내용들과 접근방식 등을 고려할 때 반복이 필요할 수밖에 없다. 두 번째 결론은 지적장애 성범죄자의 경우보다 광범위한 치료적 개입이 효과적이라는 증거들을 무시할 수 없다는 것이다. 연구들에서 광범위한 치료적 접근이 내담자에게 지역사회 활동을 촉진시켰고, 개인의 삶에 긍정적인 영향을 미친 것으로 나타났다. 세 번째 결론은 이 분야의 연구 결과물들을 신중하게 검토하라는 것이다. 연구에 참여한 범죄자들은 치료 프로그램과 함께 지역사회 기관으로부터 보통 2년 이상 관리감독을 받기 때문에 범죄에 노출될 가능성이 낮아지며, 실제 재범률에 영향을 미치게 된다. 따라서 치료 효과의 평가에 있어 치료적 개입이 재범률에 영향을 미쳤는지 아니면 관리감독이 영향을 미쳤는지 명확하게 결과를 해석하는 데 어려움이 있는 것이 사실이다. 이러한 문제점에 대해 Craig, Stringer와 Moss(2006)가 명확하게 지적하였는데, 그들은 치료 프로그램 사후평가에서 사전평가와 유의미한 차이를 보이지 않았으나 12개월 동안 관리감독을 받은 모든 내담자가 재범을 하지 않았다고 보고하였다. 우리는 이 연구 결과에 대해 단순한 형태의 관리감독이 재범을 예방한 것이라고 하기보다는 치료의 효과라고 말할 수도 있다. 이 분야의 치료 효과 연구의 대부분이 심각한 연구방법론상의 문제를 가지고 있기 때문에 우리는 연구 결과를 신중하게 고민할 필요가 있다. Rose 등(2007)과 Lindsay 등(2006a)의 연구에서는 지역사회에서 관리감독을 받지 않는 대상자의 재범률 자료를 제시하였기 때문에 치료가 재범률 감소에 영향을 미친다는 것이 설득력을 가진다.

제5장

# 성범죄 이론과 지적장애

범죄 행위에 대한 이론적 모델들은 범죄행동학 분야에 많은 발전을 가져왔다. 이론적 모델은 현상을 설명하고 예측하는 기능을 가지므로, 범죄 행동 분야에서도 이러한 모델 연구가 많이 이루어졌다. 이론적 모델에 대한 한 가지 예로 유전학에 기초한 이론적 모델을 들 수 있는데, 이 모델은 유전의 영향으로 인한 생물학적인 기제가 범죄 행동을 얼마만큼 촉발시키는지에 대한 연구들이다. 이 모델에서는 아동의 반사회적 행동, 성인기의 범죄 행동이 범죄자의 부모에게 어느 정도 나타났는지를 주로 연구한다. 그 결과 부모가 한 번이라도 교정시설에 구금된 경우 자녀가 반사회적 그리고 범죄 행동을 할 가능성이 아버지가 범죄자가 아닌 아동의 경우보다 5배 높은 것으로 나타났다(Kandel et al., 1988). 쌍생아 집단 연구 결과도 이 모델에 많은 영향을 미쳤다. Christiansen (1977)은 3,586쌍의 쌍생아를 조사한 결과 일란성 쌍생아에서 범죄 행동의 발현 일치도가 52%였으나, 이란성 쌍생아에서는 22%로 그 일치도가 뚜렷하게 낮음을 발견하여 범죄의 유전적 영향을 확실하게 보여주었다.

여러 사회학 이론은 범죄자 관리 및 처우에 관한 정책과 연구방향에 영향을 미쳐 왔다. 몇몇 이론에서 청소년들의 주류사회(mainstream)나 하위문화적 가치(subcultural value)를 집중적으로 조명하였다. Cohen(1955)은 청소년들이 자신의 하위문화의 기대에 부응하고 또래 집단의 지지를 얻기 위해 비행을 하게 된다고 주장하였다. 이에 의하면 소년들의 직업적 · 경제적 성취에 대한 미래의 바람은 중산층 지향적이다. 사회경제적 지위가 낮은 집단 출신의 소년들은 중산층이 되기 위한 기술을 학교에서 배우는 경우가 적고, 미래의 바람을 이루기 위한 경쟁에서 불리한 위치에 있게 되는 경우가 많다. 따라서 소년들은 적법하게 자신들의 미래 목표를 성취할 가능성이 낮을 때, 자신들이 바라는 것을 얻기 위한 한 가지 수단으로 하위문화적인 비행을 저지를 가능성이 높다. 이 이론에 대한 비판 가운데 하나는 비행과 범죄는 사회적 관습을 지키지 못하는 데서 발생하는 것이지 미래에 중산층이 되고자 하는 열망과 자신의 실제적 잠재력의 괴리에서 오는 것은 아니라는 것이다. 비행을 저지른 사람은 열망이 작아지며, 자신이 사회에 가졌던 환상에서 깨어나고, 결국 더 이상 이런 열망을 가지지 않게 된다(Gibbons & Krohn, 1969). Hirschi(1969)는 낮은 사회경제적 지위와 높은 범죄율 간의 상관관계에 근거하여 통제이론(control theory)을 제시하였다. 그의 통제이론은 하위문화 범죄와의 연관을 통한 적극적인 범죄 행위 학습과 적절한 사회화 학습을 통한 자기통제의 발달에 주목하였다. Hirschi는 사회화 훈련의 성공은 사회와 연관된 애착(attachment), 사회 관습의 준수(commitment), 관여(involvement), 신념(belief)의 네 가지 요인에 달려 있다고 주장하였는데, 이에 대한 자세한 내용은 이 장 후반부에서 다루어질 것이다.

여기서 간략하게 제시된 서두의 요점은 이론적 모델이 연구와 범죄자 처우 및 관리 관련 정책을 더욱 발전시키는 데 중요하다는 것이다. 이것은 성범죄에 있어서도 마찬가지다. 이 책에서는 성범죄 관련 이론들을 다룰 것이며, 이것이 성범죄에 어떤 영향을 미치는지를 살펴보고자 한다. 이 장은 성범죄 관련 이론을 체계적으로 소개한 문헌, 성범죄 이론(Ward, Polaschek, & Beech,

2005)의 내용을 중심으로 기술한다.

## 가성 일탈 가설

지적장애인의 범죄 발생 원인을 설명해 주는 체계적인 이론은 없지만, 그들의 부적절한 성적 행동이나 성범죄가 왜 발생하는지를 설명해 주는 이론이 있다. 가성 일탈 가설(counterfeit deviance hypothesis)은 Hingsburger, Griffiths와 Quinsey(1991)가 제안한 것으로 지적장애인이 왜 부적절한 성적 행동을 보이는지를 설명하고자 하였다. 그들은 지적장애인이 종종 적절한 이성교제, 성적 발달 그리고 성에 대한 지식 습득을 하기 힘든 환경에 처해 있음을 주목하였다. 실제로 필자를 포함하여 이런 환경 속에 있는 이들과 접촉해 본 경험이 있는 연구자들은 그들의 성적 발달이 흔히 무시되거나 소홀하게 취급된 경우가 많음을 인식하고 있다. 이런 이유로 이 집단의 많은 구성원은 성에 대한 여러 가지 문제에 대해 배울 기회가 거의 없으며, 그들의 성장과 환경에 관련된 여러 가지 요인이 부적절한 성적 행동의 유발을 더 촉진시키고 있는 것이다. 당연히 이 분야의 연구자들은 실제 그들이 가지고 있는 성적 일탈성의 존재를 완전히 부정하지는 않는다. 연구자들은 지적장애인 집단의 일부가 당연히 일탈적 성적 기호를 가지고 있다는 것을 인정하지만, 지적장애인이 보이는 일탈적 성행위가 실제 성적 일탈성에서 기인된 것인지 혹은 가성 일탈에서 비롯된 것인지를 구별하는 것이 중요하다고 주장하였다. 또한 연구자들은 이유가 무엇이든 간에 부적절한 성적 행동이 피해자에게 미치는 영향에 대해서도 인정한다. 피해자의 입장에서 볼 때, 행동의 원인보다는 그 행동이나 사건 자체가 중요하다. 그러나 성범죄자 관리와 치료의 입장에서 볼 때는 이론적인 관점에서의 원인과 그 경로가 무엇보다 중요하다고 볼 수 있다.

가성 일탈 가설은 지적장애와 성범죄에 관련된 문제들을 통합적인 관점으로 인식한다. 연구자들은 실제 성적 일탈(real sexual deviance)이 범죄에 미치는 영향을 인정하지만, 변태성욕자 중 일부는 오히려 그 증상이 심하지 않음에 주목하였다. 지적장애가 없는 집단에서도 일탈적 성행위에 매력을 느끼는 사람이 있으나, 이러한 일탈적 성적 욕구를 공개적으로 표현하지 않을 경우 큰 문제가 되지 않는다. 연구자들은 일부 남성의 경우 이러한 욕망을 자위행위를 통해서 사적으로 해결하는 것에 주목하였다. 그들의 논문은 인터넷을 통한 포르노물이 발달하기 전인 1991년에 발표되었다. 인터넷을 통해 일탈적인 음란물에 대한 접근이 용이하게 되면서 소아성애자가 상당히 빠른 속도로 증가하였다. 인터넷이 발달되기 이전에도 자신의 욕망을 사적으로만 해결했을 것 같지는 않으나, 소아성애자들은 인터넷의 포르노물을 통해서 자신의 행동을 공개적으로 표현하는 경우가 많아졌다. 지적장애인의 경우는 인터넷의 발달과 상관없이 그들의 욕망을 일반 사회 구성원처럼 사적으로 해결하지는 못하였다. 왜냐하면 지적장애인은 보통 그들을 보살피는 도우미가 그들의 침실에 들어가기도 하고 아니면 몰래 감추고 있는 부적절한 성행동을 밝혀내고 제한하기 위해 사적인 시간을 허용하지 않기 때문이다.

Hingsburger, Griffiths와 Quinsey는 이 분야의 전문 문헌에 상당한 지면을 할애하여 매우 포괄적인 이론을 제시했는데, 이 이론은 지적장애인의 부적절한 성적 행동은 성 지식의 부재, 사회적 관습에 대한 이해 부족, 적절한 성적 표현의 기회 부족에 기인한 것이라는 주장에 기반을 두고 있었다. 성적 일탈 또는 변태적인 행위들은 폭력이나 아동에게 비정상적으로 느끼는 성적인 흥분으로 일어나기보다는 성장 · 발달과 환경적인 문제에서 파생한다는 것이 이 이론의 핵심적인 내용이다. 이 책에서는 가성 일탈 가설이 먼저 다루어질 것이다. 이 이론은 여러 가지 측면에서 성범죄에 관한 다른 이론과도 연관성이 있으며 지적장애 성범죄자들에게 적용될 수 있는 부분도 많다.

Hingsburger, Griffiths와 Quinsey는 진성 성적 일탈(true sexual deviance)과 가성 일탈(counterfeit deviance)을 구별하는 것이 중요하다고 강조하였다. 또한 성적인 욕구를 적절히 표현할 기회를 가지지 못해서 일어나는 구조적인 문제들을 단순히 일탈이라고 규정하면 안 된다고 강조하였다. 같은 맥락에서 이런 구조적인 문제로 인해 나타나는 성적 행동들을 약물치료로 해결하려고 하면 안 된다는 것이다. 마지막으로 그들을 정확하게 분류하는 작업은 치료자들이 보다 더 효율적이며 적합한 치료 프로그램을 만드는 데 도움이 될 것이다.

열한 가지의 세부적인 하위가설(sub-hypotheses)이 등장하게 되는데, 이 가설들은 성범죄의 경로를 다루고 있으며, 모두 가성 일탈로 볼 수 있으며 성적 일탈과 관련이 없다고 볼 수 있다. 이는 환경과 관련된 것, 이성관계, 발달과정 그리고 의학과 관련된 것으로 나눌 수 있다. 환경과의 관련성을 주장하는 첫 번째 가설은 구조적 환경가설(structural hypothesis)이라 불린다. 이 가설은 적절하게 성적 표현을 할 수 없는 외부적 환경을 강조한다. 지적장애 남성과 여성이 이런 환경에 처해 있고, 여기서 사적인 성적 표현이 존중되지 않는다면 그들은 다른 장소에서 성적 표현을 갈망하게 된다. 필자를 포함해 이 분야에 종사한 경험이 있는 연구자들은 이러한 환경적 요인을 이해하고 있으며, 그들의 성행위가 창고나 차고 뒤, 화장실 등과 같은 개방되어 있지만 타인이 잘 볼 수 없는 장소에서 흔히 일어난다는 사실을 잘 알고 있다. 이런 행동들은 비장애 사춘기 청소년의 경우 성장과정상의 경험으로 간주되지만, 지적장애인의 경우 이러한 행동에 대해 비난을 받게 되는 경우가 흔하다. 이러한 이유로 지적장애인은 자신을 돌보는 부모 혹은 직원이 자신을 발견하기 어려운 사적인 장소를 찾으려고 한다. 지적장애인의 이러한 행동은 행동가설(behavioral hypothesis)과 그 맥을 같이한다. 행동가설에 따르면 보통 관리직원은 지적장애인이 보이는 성행동이나 표현에 많은 관심을 가지며 성적행동의 표현을 막으려 하거나 다른 방향으로 관심을 전환시키려 한다. 하지만 이런 방식의 관리직원의 노력은 지적장애인에게 더 많은 성적행동을 유발시키는 원인이 될 수도 있다. 지적장애인의 부적절한 성행위를 평가할 경우, 그 행동이 어떤 상황에서, 언제부터, 얼마나 오랫동안 지속된 것인지를 고려하여야 한다. 구조적 환경과 관련된 세 번째 가설은 홍분유지 가설(perpetual arousal hypothesis)로서, 공공장소에서 빈번하게 자위행위를 하는 사람은 성적인 각성과 홍분에 대한 만족도가 높다는 가설이다. 그러나 이 가설에 대한 필자의 견해는 지적장애인이 적절한 성적 표현을 할 수 있는 기회와 사적인 장소의 부족은 공공장소에서의 자위행위를 더 자주 하게 만드는 원인으로 작용한다는 것이다. 그리고 관리직원들은 지적장애인이 사적인 장소에서 자위행위를 하는 보통 사람들보다 자위행위하는 것을 더 빈번하게 목격하기 때문에 보통 사람들보다 자위행위를 더 많이 한다는 믿음을 가지는 경우가 많다. 구조적 환경과 관련된 또 다른 가설은 모델링 가설(modeling hypothesis)이다. 이 가설은 지적장애인을 돌보는 가족이나 직원들의 행동에 초점을 두고 있다. 그들은 보통 사람들이 볼 때에도 적절하지 못한 방식으로 지적장애인을 대하는 경우가 있다. 외부 사람들이 볼 때는 가족이나 지적장애인을 돌보는 사람(도우미)이 지적장애인의 옷 입기나 목욕을 돕는 행동이 도가 지나친 것으로 보일 수 있다. 가족이나 도우미는 지적장애인의 알몸을 볼 때가 많을 것이며, 장애인을 돕는다는 명분으로 정도가 지나칠 정도로 그들의 몸을 만지는 경우도 있다. 가족과 장애인 도우미의 이 같은 행동이 지적장애인에게는 '이렇게 행동해도 된다'는 그릇된 인식을 심어 줄 수 있다. 이러한 방식으로 그들이 도우미나 가족의 행동을 모델링할 경우, 그들을 잘 이해하지 못하는 타인에게는 지적장애인의 행동이 일탈적으로 보일 수밖에 없다.

Hingsburger, Griffiths와 Quinsey는 지적장애인의 대인관계 곤란에 주목하고 이와 관련된 몇 가지 가설을 제시하였다. 지적장애인은 '평생 동안 어린아이(eternal children)'로 보호되어야 한다는 인식 때문에 적절한 사교 기술이나 대인관계 형성 기술을 습득할 수 있는 기회가 부족할 수 있다. 이러한 지적장애인의 대인관계 측면을 다룬 것이 파트너 선택 가설(partner selection hypothesis)인데, 이 가설에 따르면 지적장애인이 자신과 비슷한 또래 연령의 파트너를 만나 교제할 수 있는 기회가 부족할 때 자신의 도우미나 직원 혹은 아동에게 관심을 갖게 되고, 이후 그들을 상대로 부적절한 행동을 보일 수 있다는 것이다. 필자를 포함하는 이 분야의 연구자들은 지적장애인이 자신의 거주시설에 외부인이 방문하면 지나칠 정도로 친밀감을 표현하는 것을 많이 보았다. 관련된 또 다른 가설은 부적절한 구애 가설(inappropriate courtship hypothesis)이다. 지적장애인은 대인관계 경험이 부족하고, 장기적 대인관계 유지에 필요한 기술을 학습한 경험이 부족하다. 이런 이유로 그들은 부적절하며 상당히 강제적인 방법으로 대인관계를 형성하려고 한다. 이 과정에서 그들에게는 어떤 관계가 성적인지 혹은 성적이지 않은지를 구분하는 것이 어려울 수 있으며, 적합한 행동과 적합하지 않은 행동을 구분하는 것에 곤란을 겪을 수 있다.

발달과정 측면의 또 다른 가설은 성지식(sexual knowledge)가설이다. 성지식 가설은 다음의 두 가지 사실을 전제로 한다. 첫째는 지적장애인 개개인이 성 지식을 습득할 경험이 부족했을 수 있다는 것이고, 둘째는 인생의 성장과정을 통해 배울 수 있는 기회가 주어졌지만 그들이 가진 지적장애라는 특수성, 즉 학습의 어려움으로 기회나 경험을 통해 적절한 성 지식을 습득할 수 없었다는 것이다. 지적장애인의 성 지식에 대해 1980년대와 1990년대에 걸쳐 많은 연구가 이루어졌다(Bender et al., 1983; Lindsay et al., 1992). 포괄적인 성 지식 관련 프로그램들이 있었지만 그것들만으로 성장과정에서의 성과 대인관계 기술에 대한 실제적인 지식을 대신할 수는 없었다. 결론적으로 볼 때, 지적장애인은 이성관계 상황에서 성에 대한 지식을 어떻게 적용해야 하는지에 대한 부적절한 성 지식을 가지고 있다고 볼 수 있다.

성지식 가설에 추가적인 두 개의 가설이 있는데, 첫 번째가 학습내력 가설(learning history hypothesis)이다. 이 가설은 보호시설에서 양육된 남아에 대한 연구 결과에 기초하고 있다. 관련 자료에도 잘 나타나듯이 남아만을 보호하는 시설에서 자란 청소년에게는 동성애 행동이 더 많이 나타난다. 남아만을 보호하는 시설에서 성장한 남성은 성장과정에서 오직 남성만을 오랜 기간 대해 왔기 때문에 남성과 관계를 맺을 수 있다고 생각할 수 있다. 한편 학습내력 가설은 다른 가설과 관련성을 가지기 때문에 신중한 접근이 필요하다. 다행스럽게도, 동성연애자라는 문화적 맥락은 Hingburger, Griffiths와 Quinsey가 이 가설의 기초를 마련한 이후 많은 진전을 가져왔다. 그러나 앞서 언급되었듯이 이 가설은 다른 가설과 연결되었을 때 그릇된 가정으로 인해 잘못된 결과를 도출할 수 있다는 사실을 인식해야 한다. 이성 간의 관계도 마찬가지다. 이 가설은 이성 간의 관계에 있어서 지적장애인은 남성이든 여성이든 간에 적절하고 책임감 있는 교제 및 대인관계 방법을 습득하지 못한 상태라고 가정하기 때문이다. 사실 이성에게 부적합하게 접근하는 것도 성범죄의 일종이다. 발달과정과 관련된 마지막 가설은 도덕적 진공 가설(moral vacuum hypothesis)이다. 이 가설은 사회적 조망수용(perspective taking) 능력의 발달에 필요한 경험과 배움의 중요성을 강조한다. 발달과정상 다양한 경험을 통해 보통의 사람들은 타인에 대한 자신의 행동이 타인에게 어떠한 영향을 미치는지를 배우게 된다. 그러나 지적장애인의 경우 지적 능력의 제한으로 인해 대인관계 상황에서 타인의 상태를 잘 이해하지 못하는 등의 적절한 사회적 조망수용 능력을 발달시키지 못하는 경우가 많다. 사회적 조망수용 능력이 부족할 경우 이들은 피해자의 입장을 잘 이해하지 못하게 된다.

일탈적 성행동을 설명하는 마지막 주제는 의료적 변인인데, 여기서는 두 개의 가설을 다룰 것이다. 첫 번째는 의료적 가설(medical hypothesis)이다. 이 가설은 의사소통의 어려움으로 인해서 자신의 신체적 상황을 타인에게 적절하게 표현하지 못할 경우 마치 그것이 성적인 행동과 관련된 것처럼 보일 수 있다는 것이다. 예를 든다면, 방광염이 발병했음에도 이 사실을 주변 사람에게 알리지 못하고 적절한 치료를 받지 못해 성기 주변을 계속해서 만지게 되는 경우로, 이러한 행동은 사실 성적 행동과는 무관하다. 다음은 약물 부작용 가설(medication side effect hypothesis)인데, 이 가설은 일부 의약품이 성기능의 저하나 성기능에 부작용을 야기한다는 사실에 초점을 두고 있다. 지적장애인은 의약품의 부작용에 따른 신체적 변화를 잘 이해하지 못하며, 부작용에 대한 적절한 관리가 이루어지지 않게 될 경우 분노나 좌절감을 경험하게 되고, 이러한 약물 부작용을 성적 만족으로 보완하고 대처하기 위해 부적절한 행동을 할 가능성이 있다.

지금까지 소개한 가성 일탈에 포함된 가설들은 성범죄 발생에 각각 단독으로 작용하기도 하고 두 가지 이상이 서로 결합된 형태로 성범죄 발생 경로가 되기도 한다. 그 범죄 경로가 어떠하든 간에 그들이 보이는 성범죄는 당연히 일탈되고 변태적으로 보인다. 성범죄는 단순히 한 가지 요인에 의해서 발생하기보다는 범죄자의 환경, 발달 내력, 대인관계, 의료적 변인 등이 복합적으로 작용하여 발생된다고 할 수 있다. 이러한 관점에서 지적장애인의 성범죄가 표면적으로 일탈되고 변태성욕처럼 보이지만 그들에게 실제 일탈적 변태성욕이 없다는 것이다. 이것이 바로 가성 일탈 가설이다.

## 평가

가성 일탈 가설은 지적장애와 관련된 변인들을 잘 설명해 주며, 이 가설에 포함된 11개의 하위가설은 지적장애인이 가진 제약과 약점을 잘 보여 준다. 지적장애인이 가진 이러한 제약은 타인과의 의사소통에 어려움을 야기하고, 발달과정에서 경험을 통한 다양한 지식의 습득을 어렵게 한다. 가성 일탈 가설에서는 지적장애인의 문화적 기회 제한도 함께 설명해 주고 있으며, 이러한 제약으로 인해 그들이 사교 기술을 습득하거나 대인관계와 이성관계를 맺을 기회가 줄어들게 됨을 언급하고 있다. 또한 이 가설에서는 지적장애인의 주거환경이나 보호기관의 특성상 왜곡된 경험을 할 가능성을 지적하고 있다. 탈시설화(deinstitutionalization)가 진행되기 이전에는 지적장애인을 그저 보호기관에 수용한 것이 부작용을 초래한 측면이 없지 않다. 그러나 Sturmey, Taylor와 Lindsay(2004)는 최근 들어 지적장애 범죄자 관련 시설에 대한 수요가 증가하고 있음에 주목하였다. 지역사회 행정당국의 담당자는 법 정신의학 관련 사건들을 지역사회 외부에 있는 중도 보안기관으로 의뢰하는 사례가 상당히 증가하고 있다. 특히 법 정신의학 사건들은 법정 전문기관에 의뢰되는 경우가 많은데, 이는 지역사회 시설에 종사하는 직원들이 범죄자의 재범이나 위험성에 대해 전문적으로 개입할 수 있는 능력이 부족하다고 인식하기 때문이다. 이 같은 현상으로 지적장애인 관련 중도 보안시설에 대한 수요가 증가하고 있다.

가성 일탈 가설은 1980년대에 제시된 것으로 사회 법률이나 관습에 대한 이해를 강조하지는 않는다. 그러나 지적장애인이 지역사회의 접촉이 많아지면 그들 중 소수가 범죄를 저지르게 된다. 따라서 필자는 지적장애인이 사회적 관습이나 가치체계를 철저하게 이해하고 습득하는 것이 매우 중요하다고 생각한다. 지적장애인의 경우 제한되고 왜곡된 성장환경으로 인해 사회적 관습이나 가치체계에 대한 이해와 습득이 부족할 수 있다. 가성 일탈 가설은 성장과정상의 문제를 자세히 다루고 있으나 상대적으로 사회문화적 측면, 특히 법과 관련된 부분은 다루지 않았다. 도덕적 진공 가설에서는 피해자에 대한 이해와 공감, 사회적 조망수용 능력의 발달과 관련된 주제를 다루고 있으나, Hingsburger, Griffiths와 Quinsey는 도덕적 이해를 그 사회의 법과 관습이라는 측면과 연결시켜 이해하는 것이 중요함을 강조하지 않았다. 이 부분에 대해서는 이 장의 후반부에서 다시 언급될 것이다.

성범죄 관련 연구가 진척되면서, 지적장애인의 성적 일탈성 가설을 검증하는 연구들이 다수 이루어졌다. 한편 Lindsay(2005)는 성적 일탈성 가설의 검증이 복잡하거나 크게 어려운 연구 주제가 아님에도 불구하고 이 가설을 직접적으로 검증하는 연구가 없었다는 사실이 놀랍다고 한 바 있다. 성적 일탈성 가설은 성 지식의 부족, 대인관계 및 이성교제 기술의 부족, 제한적인 성관계 기회 등이 성범죄를 유발시키는 요인이라고 보고 있다. 이러한 관점에서 볼 때, 부적절한 성행위를 한 지적장애인의 경우 그렇지 않은 경우에 비해 위에서 언급한 관련 기술들이 낮아야 할 것이다. 2장을 보면 다수의 연구자가 이 가설을 검증한 것을 볼 수 있다. 연구 결과를 간략하게 요약하면, 지적장애 성범죄자와 지적장애가 있지만 성범죄를 저지르지 않은 집단 간에 유의미한 차이는 없다는 것이다(Talbot & Langdon, 2006). 더욱이 Michie와 동료들(2006)의 연구에서는 비교집단보다 지적장애 성범죄자가 성 지식의 수준이 더 높음을 발견하였다. 또 이들 연구자는 비교집단의 경우 성 지식이 지능과 상관을 보였지만 성범죄자 집단의 경우 성 지식과 지능 간에 상관이 없음을 발견하였다. 성범죄자의 경우 성 지식이 지능보다는 그들이 가진 성적 기호나 성욕구에 더 많이 좌우됨을 발견하였다. 이상의 연구 결과들은 가성 일탈 가설을 지지하고 있지 않다. Lunsky와 동료들(2007)은 성범죄자를 일탈적/지속적(deviant/persistent) 양상의 범죄자 집단과 순진한/부적절한(naive/inappropriate) 양상의 범죄자 집단으로 구분하여 두 집단을 비교한 결과 일탈적/지속적 범죄자 집단이 다른 집단보다 성 지식 수준이 높았다. Lunsky 등(2007)은 자신의 연구 결과를 바탕으로 가성 일탈 가설은 일탈적(deviant) 성행위를 저지른 범죄자보다는 부적절한(inappropriate) 성행동을 보이는 지적장애인에게 적용 가능하다고 주장하였다. 앞서 언급한 바와 같이 Hingsburger, Griffiths와 Quinsey는 지적장애 성범죄자 중 소수의 범죄자가 실제 일탈적 성행위에 대한 갈망이 있음을 지적하였다. 전반적으로 볼 때, 가성 일탈 가설은 지적장애 성범죄 중 특정 하위집단에 한해 적용 가능한 가설로 평가된다.

필자는 이 장의 끝 부분에 다시 가성 일탈 가설의 수정과 개발에 대해서 언급할 것이다. 필자는 이 가설을 이 장에서 자세히 소개하고자 하는데, 그 이유는 이 가설이 지적장애 남성과 관련되는 부적절한 성적 행위를 다루기 때문이며, 또한 성범죄와 관련하여 지적장애인이 경험하는 과정들을 다루고 있기 때문이다. 다음에 다룰 이론들에서 이미 언급된 과정들도 함께 다룰 것이다.

## Finkelhor의 아동 성범죄 전제조건 모델

Finkelhor(1984)의 아동 성범죄 전제조건 모델(precondition model of child sexual abuse)은 성범죄 관련 초기 이론 중 하나다. 이 이론은 1990년대 성범죄자 치료 프로그램 개발에 상당한 영향을 끼쳤다. Finkelhor의 이론에서는 성범죄자가 아동을 대상으로 성범죄를 저지르는 이유에 관한 변인들과 성범죄 발생과정을 설명하고 있다. Ward, Polatchik과 Beech(2005)는 Finkelhor를 성범죄 발생을 단일요인이 아닌 다요인적 측면에서 접근한 초기 연구자 중 한 사람으로 보았다. 초창기 성범죄자 치료는 성적 흥분이라는 단일요인에 초점을 두고 자위 재조건화(masturbatory reconditioning), 자극 용암(stimulus fading), 혐오치료 등의 기법을 주로 사용하였다. 이러한 치료 기법의 기본 전제는 부적절한 성적 흥분이라는 한 가지 위험요인이 제거되면 성범죄 문제가 해결될 수 있다는 것이다. 그러나 Finkelhor(1984)는 성범죄는 단일 차원에서 접근할 것이 아니고 치료 시에 다양한 관련 변인을 다루어야 한다고 주장하였다. 그의 이론은 포괄적인 분석을 적용한 최초의 이론이며, 이후의 이론들도 그 영향으로 환경, 성장 그리고 개인에 관련된 변인을 다루기 시작하였다.

아동 성학대에 관련되어 이론화된 네 가지 요인은 다음과 같다. 첫째, 일부 남성은 아동에게 성적 흥분을 느낀다는 것이다. 둘째, 일부 남성은 아동과의 성행위에서 성인과의 성행위보다 정서적으로 더 만족감을 얻는다는 것이다. 그들은 아동에게서 정서적 일체감을 느낀다고 볼 수 있다. 셋째, 일부 남성은 여러 가지 이유로 성인과 성적인 관계를 가질 정도로 친밀한 애정관계를 맺지 못하고, 아동에게 부적절한 방법으로 그들의 성적 욕구를 해소하려 한다는 것이다. 이 세 가지 요인은 일탈적인 성적 욕구를 설명해 준다. 마지막 요인은 이런 성적 욕구가 성적 학대 행위로 나타날 수 있다는 것을 보여 준다. 넷째, 이 남성들은 자신의 욕망이 이끄는 대로 그동안 억제했던 행동을 아동에게 하게 된다는 것이다. Finkelhor는 이런 요인들이 연합되면서 성적 학대 행위를 하게 된다고 주장하였다. 이 요인들 중 하나라도 활성화되지 않거나 나머지 세 가지와 상충하게 되면 성학대 행위는 일어나지 않는다.

성학대와 연관된 네 가지 전제조건은 동기, 내적 억제 극복, 외적 억제 극복, 아동의 저항 억누르기다.

### 성범죄 동기

Finkelhor는 성범죄 동기를 세 부분으로 나누었다. 첫 번째, 남성은 아동에 대한 성적 흥분이나 성적 기호를 가지고 있어야 한다는 것이다. 성범죄자 집단은 일반 남성 집단과 비교했을 때 아동기 성학대 경험 비율이 더 높았다(Briggs & Hawkins, 1996; Dahawan & Marshall, 1996). 아동기에 개인이 경험한 성학대의 기억은 성인과 아동 간의 성관계에 대한 심적 억제를 와해시키는 역할을 할 수 있으며 아동에 대한 성적 반응을 조건 형성시키는 학습의 계기가 될 수도 있다. 즉, 이런 경험을 통해 아동을 성적으로 대상화하는 성향이 발현될 수 있다는 것이다. 이러한 성장 · 발달상의 성학대 경험은 아동에 대해 성적 흥분을 유발하는 원인이 되기도 한다.

두 번째 아동 성범죄 동기요인은 일부 남성은 여러 가지 이유로 인해 아동과 정서적 일체감을 느끼게 된다는 것이다. 그들은 타인과의 관계에서 자신이 더 힘을 가진 위치에 있음을 느끼고 싶어 할 수 있으며, 아동과의 관계는 이런 욕구를 충족해 준다. 또한 아동과의 관계는 자존감 측면에서 더 안전하다고 느낄 수도 있다. 또 다른 측면은 이런 남성들은 어린 시절 정서적으로 왜곡된 발달을 경험하면서 성인보다는 아동과의 관계를 더 편안하게 느끼게 되었을 수도 있다는 것이다. 이런 욕구는 아동과의 접촉에 의해 강화되는데, 이는 아동들이 성장과정에서 지속적인 학습으로 인해 성인에 비해 상대적으로 낮은 힘의 위치에 있다는 것에 사회문화적으로 익숙해지도록 훈련되었기 때문이다.

세 번째 동기부여 요인은 '차폐(blockage)' 라고도 불린다. 이 경우 그 남성은 어떤 이유로 인해서 성인과는 성적인 만족감을 느낄 수 없게 되는데, 성장과정에서 친밀한 대인관계를 두려워하게 된다거나 이성과의 사교 기술이 상당히 부족한 것도 차폐를 유발할 수 있다. 또한 현재 결혼생활이나 교제가 잘못되었을 수도 있다. 이런 차폐 상황에 직면하면서, 그 남성은 성적인 상황에서 성인 대신 아동을 성적 대상으로 보게 되는 것이다. 전체적으로 볼 때, 이런 상황은 그 남성을 성인과의 성적인 접촉을 회피하거나 단절하고, 아동에게 성적 접촉을 시도하게 만드는 강력한 동기요인이 될 수 있다.

## 내적 억제요인 완화

남성이 아동과 성행위를 원하게 될 때, 그는 당연히 성인과 아동 간의 성행위가 사회문화적으로 허용되지 않는 금기 사항임을 잘 알고 있다. 이 금기 사항을 지켜야 하고 이를 깨뜨리면 안 된다는 내부적 생각을 잠식시키는 요인이 있다. 예를 들면, 어떤 남성이 아동기 때 성학대 경험이 있었다면, 그 남성의 인지 구조(cognitive framework)에서 아동-성인 성행위에 대한 억제는 일정 부분 약화되었다고 볼 수 있다. 내적 억제를 완화하는 것을 도와주는 즉각적 억제 극복요소들도 존재한다. 가장 흔히, 성학대를 합리화하는 요인은 인지적 왜곡이다(예: Ward et al., 1977). 또, 즉각적 억제 완화 요인 중 하나는 과도한 음주다. 정상적인 성관계에 문제가 생겼을 때, 아동과의 성관계를 합리화하는 방식으로 사고하는 것을 인지적 왜곡이라 볼 수 있다. 예를 들어 자신과 사귀는 사람과 장기적인 다툼이 있었거나 관계가 깨어져 성행위가 제한된 남성의 경우, 이러한 상황을 아동과의 성행위를 하게 되는 이유로 돌릴 수 있는 것이다. 이런 식으로 자신과 사귀는 사람이 자신과의 성행위를 거부했기 때문에 아동과 성행위를 하게 되었다고 과거에 사귀었던 사람을 비난하는 것은 억제 완화 요인에 해당되는 인지적 왜곡이라 할 수 있다. 이런 방식으로 남성들은 자신의 내적 억제요인을 완화하고 아동에 대한 성적 접촉을 합리화하는 것이다.

## 외적 억제요인 극복

전제조건 모델은 성범죄자 치료 프로그램 개발에 상당한 영향을 끼쳤다. 성범죄를 저지르는 상황, 관계, 그리고 성범죄 대상을 미리 물색하는 것을 '사전준비(grooming)' 라고 부른다. 이 용어는 성범죄자 치료와 평가에 흔히 사용되고 있다. 계획은 범죄자의 일상생활 패턴과 직간접적으로 연관을 맺고 있다. 이것은 범행을 가할 대상들이 있을 만한 곳을 조사하거나, 아이들의 호감을 얻을 만한 행위나 물건 등을 이용하거나, 아동의 가족과 신뢰를 쌓는 것 등이 될 수 있다. 또는 아동이 가입할 만한 운동교실이나 사교단체 등에 관련을 맺는 것 같은 장기적인 계획도 포함된다. 그러나 외적 억제요인을 극복하는 것이 꼭 장기적 또는 중장기적 계획만을 의미하는 것은 아니다. 그들은 예상치 못한 곳에서 아동과 마주칠 수 있으며, 그 상황을 잘 이용하여 은밀히 성학대 행위를 자행할 수도 있다. 즉, 이런 남성들은 상황을 조작하여 외적 억제요인을 적절하게 완화시킬 수도 있는 것이다.

### 아동의 저항 억제하기

지금까지 전제조건들이 상당 부분 충족되면 가해자는 범행을 저지를 충분한 준비가 된 상태라고 볼 수 있다. 그들은 아동에게 성범죄를 저지르는 것을 억제하는 요인들을 잘 통제한 상태에 이르게 된 것이다. 그들은 상황을 유리하게 조작하고 외부적인 통제를 완화시켜 범행을 저지를 수 있는 상태를 만든다. 마지막으로 그들이 통제해야 할 요인은 아동의 저항이라고 볼 수 있다. 아동을 성행위로 유인하기 위해 성범죄자들은 각기 다른 방법을 쓴다. 그들은 아동과 같이 노는 것처럼 행동하다가 점차 성적인 접촉을 증가시키거나, 음란물을 사용하여 아동의 흥미를 자극시켜 성적 행위로 유도하기도 한다. 이런 행위가 가진 성적인 상황을 아동이 인지하고 있다기보다는 아동이 가지고 있는 자연스러운 호기심을 최대한 자극하여 성범죄자들이 그것을 성적인 것으로 연결시키려고 하는 것이다. 또한 그들은 아동과의 성행위를 하기 위해 아동에게 협박이나 폭력을 쓸 수도 있다. 부모나 선생님 또는 다른 어른이 지금 일어나는 일을 알게 되면 큰일난다며 겁을 줄 수도 있다. 가장 흔하게 쓰이는 방법 중의 하나는 달콤한 음식이나 어른스러움을 보여 줄 수 있는 담배나 술 같은 유인물을 사용하는 것이다. 술을 아동에게 마시게 함으로써 아동의 인지적 능력과 저항을 약화시킬 수 있다.

## 평가

Finkelhor의 이론은 성범죄 발생의 다요인성을 다루고 또한 치료자가 구체적인 특정 요인에 대해 개입할 수 있게 해 주었기 때문에 성범죄자 치료 프로그램 개발에 큰 영향을 미쳤다고 볼 수 있다. 대부분의 성범죄자가 시간적인 순서를 따라 범죄를 저지르긴 해도, 그들의 개별적인 성향에 따라 범죄요인은 다르게 활성화된다. 이런 점에서 치료는 성범죄자의 개별적인 성향과 성범죄 동기요인, 그리고 범죄를 저지를 때 나타나는 개별적 특성을 가지는 범죄 경로 등을 다룰 수가 있게 되는 것이다. 중요한 것은 이 이론이 다양한 측면을 다룰 수 있는 상황을 제시해 준다는 것이다. 예를 들어, 치료자는 개별적으로 범죄자들이 자신의 억제요인에 어떻게 대응했는지에 초점을 맞출 수 있으며, 그들이 외부적 장애나 억제요인들을 극복하거나 피하기 위해서 상황을 어떻게 계획하였는가에 초점을 맞출 수도 있다. 성범죄자 개개인은 자신만의 방법으로 아동을 유인하고 그들의 저항을 통제한다. 이 이론은 성범죄자 개개인의 범죄 경로를 치료 프로그램에 반영할 수 있게 할 뿐 아니라 개별 접근방식에 있어서의 공통점들도 프로그램 구성에 반영할 수 있도록 한다. 또한 치료자와 범죄자들의 범죄 주기에 있어 가장 외현적인 원인과 심층적인 원인을 볼 수 있도록 해 준다.

지적장애라는 관점에서 볼 때, 이 모델은 성범죄 영역의 많은 분야에 반향을 준다. 전제조건 중 성범죄 동기에 영향을 주는 세 가지 요인 모두 일정 부분 지적장애 영역에서 고려되었던 것들이다. Finkelhor는 어떤 남성들은 아동에게 성적으로 흥분하며, 그것은 아동기 경험과 연관이 있다고 언급하였다. 일반 성범죄자 연구에서 많은 연구자가 부적절한 성적 기호와 성충동을 주된 성범죄 동기요인으로 제안하였다(Blanchard et al., 1999; Harris et al., 2003). 이전 장에서 언급했듯이 이 연구들은 확실히 지적장애의 영역까지 확장되었고 성범죄자들의 다수가 기소가 된 적이 있거나 범행에 대한 공식 기

다. 심각한 정서 조절의 문제나 이런 문제들을 개선해 줄 만한 타인과의 적절한 대인관계 부족으로 인해 사회로부터 점점 더 고립되게 된다. 이런 고립으로 그들은 타인과의 접촉이 부족한 상태에서 세상에 대한 자신만의 특이한 인식과 인지적 도식을 만들어 간다. 또한 대중매체나 음란물에 몰두하면서 일탈적인 성적 상상을 가지게 되고 자위행위를 통해 왜곡된 인지가 더욱 강화된다. 성적인 대처(sexual coping)는 중요한 개념으로서, Marshall과 Barbaree는 남성은 정서적 문제나 대인관계 곤란을 적절한 성적 접촉을 통해 해결한다는 이론을 주장하였다. 그러나 적절한 성적 상대가 없을 경우, 자신의 삶에서 직면한 여러 가지 상황을 극복하기 위해 성적으로 부적절한 방법을 취할 수 있다.

성범죄 가능성이나 실제로 범죄를 저지르는 것은 스트레스나 음주 같은 부가적인 억제 완화로 더욱 촉발될 수 있다. 스트레스 요인의 경우, 대인관계의 단절, 정서적 곤란, 외로움, 타인으로부터의 거부 등의 상황을 적절하게 대처하는 능력이 부족한 사람들이 흔히 경험한다. Marshall과 Barbaree는 남성이 이런 상황을 극복하기 위한 수단으로 성을 사용하는 것으로 인식하였다. 또한 성행위와 공격적인 행위를 담당하고 있는 중뇌에 신경학적 이상이 있을 수도 있다. 이 연구자들은 스테로이드 성 호르몬이 성행동과 공격성을 활성화한다는 증거를 제시하였다. 청소년기에 일부 남성은 성충동을 적절히 구분해 내는 능력을 가지지 못하게 되고, 이것은 결국 성과 공격성이 결합된 행동을 유발하게 한다. 청소년기에 남성 호르몬이 대량 방출되고 그것이 적절히 통제되지 못하면 아동과 여성을 대상으로 한 범죄를 저지르는 성향으로 발전되는 것이다.

## 평가

Marshall과 Barbaree의 통합이론은 아동기와 청소년기를 통한 성장과정상의 문제에 초점을 두고 있다. 사춘기 이전에 일어나는 심리적/사회적 발달과정을 통하여 소년은 자신에게 일어나는 생물학적 · 사회적 변화에 대응하는 기술을 가지게 된다. 이러한 적응과정에서 문제가 있을 경우 개인의 성적 적응에 부정적인 영향을 미치게 되고, 추후 성범죄를 저지를 가능성을 가지게 된다. 여러 가지 면에서 이 이론은 청소년기와 성인기를 통해 적절한 사회적 · 성적 관계를 형성하게 해 주는 성장과정의 중요성을 강조한다는 면에서 Finkelhor의 전제조건 모델과 유사한 측면이 있다. 성장과정에서 기술 습득의 문제가 있을 때 성범죄를 저지르게 하는 왜곡된 성범죄 동기가 유발된다. 이런 점에서 두 이론 모두 성범죄를 유발하고 발전하게 만드는 요인에 초점을 두고 있다. Marshall과 Barbaree는 자기조절 기술(self-regulation skill)의 결핍을 좀 더 중요하게 인식하였다. 또한 이 이론들은 대인관계, 사회적 그리고 성장과정상의 문제, 호르몬과 생물학적 문제들의 상호작용에도 주목한다. 남성이 사회적 관계와 성적인 관계를 형성하는 적절한 기술이 부족하여 계속 고립된다면, 이런 고립을 통해서 그들은 자신만이 이해할 수 있는 세상에 대한 왜곡된 시각과 인지적 도식을 형성할 수 있다. 사회적인 대인 접촉이 없게 되면 왜곡된 인지적 도식의 변화 가능성도 줄어들게 된다.

통합이론의 또 다른 중요한 측면은 남성은 성행위를 통해서 자신이 원하는 여러 가지를 충족한다는 것에 주목한 점이다. 남성은 자신이 원하는 것을 정상적으로 충족할 수 없으면 비정상적인 방법으로 그것을 충족하려고 시도하게 된다. 이것은 전제조건 이론과도 일치되는 부분인데, Finklehor의 동기 경로를 보면 어떤 남성이 아동에게 성행위를 하려고 시도한다면, 이것은 그 남성이 다른 성인과 적절한 성관계를 가지는 것이 차단되어 있음을 의미한다. 통합이론의 큰 장점은 성인과 아동을 포함하여 모든 유형의 성범죄에 대해 그 유발 동기를 설명하려고 한 것이다.

지적장애 성범죄자라는 관점에서 볼 때, 전제조건 모델에 관련된 연구의 많은 부분이 통합이론과도 연관된다. 지적장애인이 아동기 성장과정상의 문제를 겪을 때 그것이 성인이 되고 나서 겪게 되는 다양한 정신건강상의 문제와 어떻게 연결되는지를 밝히는 연구가 있다. 지적장애 아동의 개별 요인인 문제해결 능력 부족, 정서 조절의 곤란, 의사소통의 어려움 같은 문제들은 그들이 세상과 소통하는 것을 더 어렵고 힘들게 만들고 있다. 107명의 지적장애 성인을 대상으로 한 연구에서 Nezu 등(1995)은 인지적 변인과 우울 사이에 상관이 있음을 발견하였다. 이 연구에서 우울 증상은 무력감과 정적 상관을 보였고, 부정적 사고의 증가와 낮은 자기강화(self-reinforcement) 간 상관을 보였다. 자기강화와 부정적 사고의 대처 기술은 청소년기와 성인기에 발생하는 여러 가지 문제를 완충시켜 주는 데 중요한 역할을 하는 기술이다. 여러 연구자(예: Dagnan & Lindsay, 2008)는 사회적 경험을 통해 다양한 역할을 수행해 보는 것이 중요함을 강조했는데, 이는 이런 경험이 사회에서의 부정적 비교와 성인이 되었을 때 발생되는 정신건강상의 문제들에 대한 완충 역할을 하기 때문이다. 지적장애인의 사회적 경험의 범위가 협소할 때 그들이 사회에서 수행해 보았던 역할의 범위 또한 제한되었을 가능성이 많으며, 이는 심리적 완충 역할을 할 수 있는 기회가 더 적었음을 의미한다. 문제해결 기술의 부족, 정서 조절 곤란, 의사소통의 어려움 등의 개인별 요인들은 지적장애인에게 통상적으로 발견되는 문제들이며, 이런 결함들은 자기보고 우울 증상과 상관을 보였다(Payne & Jahoda, 2004). 지적장애 아동의 애착관계 경험에 대한 연구들이 최근 보고되고 있으며, 당연히 예상되는 것처럼 애착관계의 곤란은 이후의 삶에 대단한 영향을 미친다는 것을 보여 주었다(2장).

두 번째 사회적 요인은 개인적 학대의 경험, 부정적인 기대, 학교에서의 괴롭힘 등과 연관이 되며, 이 모든 것은 일상적 생활에서 경험하는 것들에 대응하는 적응 기술의 발달을 저해하며 자신과 세상에 대한 부정적 이미지를 가지게 한다. 이미 언급된 것처럼 많은 연구자가 자존감, 사회적 비교, 부정적인 자기평가, 낙인찍기 경험과 같은 요인들의 상호연관성을 언급하였다(Dagnan & Waring, 2004; Szivos-Bach, 1993).

지적장애를 가진 성인(성범죄자 포함)을 대상으로 가장 빈번히 조사되는 것이 애착관계의 어려움이다. 지적장애인에게서 성적 · 신체적 학대가 높은 비율로 나타나는 것을 다수의 연구가 보여 주고 있다. Sequeria와 Hollins(2003)는 지적장애인이 성학대로 인해 정신병적 증상, 행동상의 문제를 보인다고 언급하였다. Beail과 Warden(1995)에 따르면 성학대로 인한 결과가 보여 주듯이 지적장애인은 전반적으로 애착관계에 있어서 심각한 손상이 있는 경우가 많다. Lindsay 등(2006c)은 성적 · 신체적 학대가 모든 유형의 범죄자들에게 많이 발견된다고 언급하였다. 심리적 발달과정은 통합이론에서 강조되고 있는데, 위의 연구 결과들은 지적장애인의 심리적 발달과정에도 일반적으로 심각한 손상이 발생한다는 것을 보여 주고 있다. 또한 가성 일탈 가설은 지적장애를 가진 남성들이 적절하게 성적인 표현을 할 수 있는 기회가 제한적임을 보여 준다.

지적장애인에 대한 연구와 통합이론에서 제안된 그들의 심리적 · 사회적 활동기제 사이에 일관성이 있는 것은 인정하지만 동일한 유형의 연구는 문제의 소지가 있다. 많은 연구가 동일한 유형의 표본집단을 대상으로 조사를 하였고, 지적장애인은 정신건강과 타인과의 관계에서 문제를 발생시키고 이러한 결손과 성인기 정신병리는 서로 연결되어 있음을 보여 주었다. 그러나 이 집단 전체가 성범죄를 저지르는 것은 아니라는 것 또한 확실하다. 소수가 이런 문제점을 가지게 되고 범죄에 이르게 되는데, 성범죄를 저지르지 않는 이들이 있는 반면 이 같은 발달경험을 가진 이들이 성범죄를 저지르는 이유가 명확하지는 않다. 자기조절 경로(self-regulation pathway)에 대한 연구를 보면 지적장애 성범죄자의 절반 정도가 능동적 조절전략(active regulation strategy)을 가진 접근 경로형으로 나타났다(Keeling, Rose, & Beech, 2006; Langdon, Maxted, & Murphy, 2007). 이 결과로만 본다면 통합이론에서 가설로 제시된 자기조절의 결손은 타당하지 않은 듯하다.

통합이론의 관점에서 설명하기 어려운 다른 측면은 성범죄자들이 기관에 의뢰되었을 때 다른 유형의 범죄자들보다 나이가 많다는 것이다(Hogue et al., 2006; Lindsay et al., 2006c). 다르게 보면 그들의 문제는 청소년기의 여러 성장과정상의 문제에서 비롯되기 때문에 부적절한 성행위는 젊었을 때부터 나타날 수 있다. 확실한 것은 성범죄자들이 기관으로부터 의뢰되었을 때의 나이가 다른 유형의 범죄자들보다 많다는 주장에 대한 합리적인 설명이 없다는 것이다.

이런 논리적인 제한점은 통합이론에만 한정되는 것은 아니고 성장과정상의 결손을 인과적인 변인으로 규정하는 모든 이론에 적용된다. 이런 점에서 성범죄에 대한 이 같은 설명들이 가지고 있는 제한점은 성학대에 대한 설명에도 적용된다. 앞서 언급된 것처럼 지적장애를 가진 성범죄자와 다른 유형의 범죄자들에 대한 조사에서는 성범죄자의 40% 정도가 어린 시절에 신체적인 학대를 경험했음을 보고하였다. 그리고 다수라고 할 수 있는 60% 정도가 아동기의 성학대 사실을 알리지 않았다. 이런 사실을 놓고 볼 때, 아동기의 성학대와 성범죄를 연결시키는 데 있어서 상당한 논란이 있을 수 있다. 또한 그들 중 5~10% 정도는 다른 유형의 범죄를 저질렀는데, 그들도 아동기에 성학대를 경험한 적이 있다고 보고하였다. 그러나 그들은 성인이 되어서 성범죄를 저지르지는 않았다. 이런 점을 볼 때, 아동기 애착관계의 결손과 성인기의 성범죄를 연결하는 데 논리적 일관성이 부족해 보인다. 일부 연구자는 이런 연구 결과들을 보면서 성범죄에 대한 사회심리적 접근에 대해 회의적인 시각을 가진다(Quinsey, 2004). 그러나 다양한 성범죄자 집단을 대상으로 한 다수의 연구가 아동기의 성학대 경험을 보여 주었다. 이것은 애착관계 관련 요인들이 어느 정도는 작용하고 있음을 의미한다. 이런 이유로 통합이론은 적어도 일부 지적장애 성범죄자에게 적용될 수 있음을 보여 준다.

## Hall과 Hirschman의 4부 모델

Ward, Polaschek과 Beech(2005)는 발전 가능성이 있으나 주목을 받지 못했던 이론으로 4부 모델(quadripartite model)을 언급하였다. Hall과 Hirschman(1991, 1992)은 이 모델을 두 가지 유형(version)으로 만들었는데 하나는 강간, 다른 하나는 아동에 대한 범죄에 관한 것이었다. 이 연구자들은 성범죄의 발생에는 복잡한 여러 가지 원인이 있음에도, 성범죄 이론들은 한두 가지 정도의 원인적 변인의 연구에만 집중하는 것이 문제라고 언급하였다. 그들은 다양한 유형의 성범죄 발생의 원인으로 네 가지 요인을 제시하였다.

첫 번째 요인은 성범죄자는 부적절한 자극에 대해 성적 흥분을 느낀다는 것이다. 그들은 폭력이나 아동을 접하면서 흥분의 느낌을 가지게 되고 이런 자극들은 그들에게 지속적으로 흥분을 느끼게 된다. Hall과 Hirschman은 신체적 자극을 요인의 하나로 설정함으로써 남성의 부적절한 성적 취향에 대한 많은 연구(예: Quinsey & Chaplin, 1988; Harris et al., 1996)에 관심을 보이면서 동시에 Finkelhor나 Marshall과 Barbaree 같은 학자들이 강조한 논점과는 상당히 다른 방향에서 모델을 제안하였다. 두 번째 요인은 2장에서 광범위하게 다루어진 인지적 왜곡이다. 인지적 왜곡을 통하여 남성은 범죄를 하도록 자기 자신을 심리적으로 허용하게 되고 자신의 성범죄 행위를 정당화하게 된다. 이런 인지적 왜곡은 성인과 아동에 대한 폭력과도 관련이 있다. Hall(1996)은 이런 태도는 범행을 저지를 때 어느 정도 미리 계획을 세운 것과도 밀접한 연관이 있다고 주장하였다. Hall은 상당수의 아동 성범죄자는 충동적으로 범죄를 저지르지 않으며 사전 계획과 인지적 왜곡이 결합된 상태에서 범행을 한다고 보았다. 중요한 것은 이 모델은 성범죄자들이 자신의 성적 취향을 만족시키기 위해 미리 계획을 할 수 있는 사고력이 있으며, 자신의 범죄를 정당화하며, 그 행동에 따르는 처벌이 무엇인지 알고 있다는 것이다.

세 번째 요인은 정서 경험의 문제다. 이 요인은 성적 욕망을 제어하는 억제 요인들은 약화시키는 측면들에 대해 설명해 주고 있다. Hall과 Hirschman (1991, 1992)은 성범죄자들도 범죄행위 전에 어느 정도의 불안감이나 걱정을 가지게 되고, 부적절한 성행위를 하게 될 경우 양심의 가책을 경험한다고 언급하였다. 이러한 요인들은 그들의 행동을 통제하게 만든다. 범죄가 일어나기 위해서는 이 정서적 요인들이 약화되어야 하며 이것은 여러 가지 방식으로 일어난다. 성범죄자는 자신의 욕망을 통제하는 데 있어 비효율적인 전략을 쓰는 경우도 적지 않다. 이런 비효율적인 전략의 대표적인 두 가지 예는 자위행위나 술을 통해 욕망을 조절하려는 시도들이다. 또 다른 예는 정서적 불안이나 우울 등의 문제로 인하여 그 당사자가 이전에 자신이 어느 정도 통제할 수 있었던 감정을 통제하지 못하고 성충동대로 행동하게 되는 경우다. 범죄자들은 범죄를 저지르기 전이나 혹은 치료나 재발방지 프로그램에 참여할 때에도 정서적 문제가 있는 경우 이로 인해 자신의 감정을 조절하지 못할 수 있다. 정서적 문제로 인해 범죄가 발생하게 되는 또 다른 예는 외로움, 성적 욕망 같은 정서 상태를 잘못 인식하고 있을 때다. 소외감이나 사회적 접촉이 결핍되었을 경우 자신에게 감정적으로 어려운 문제들이나 성적 욕망과 같은 문제들에 집착하게 되고, 이 집착 속에서 자신의 성범죄 행위가 가져올 처벌에 대한 두려움 같은 정상적인 억제요인이나 피해자가 입을 피해에 대해 둔감해지게 된다.

4부 모델에 포함된 네 번째 요인은 성격요인들이다. 여기에는 애착관계, 신체적 또는 성적인 학대와 같은 성장과 관련된 다양한 문제가 포함되어 있는데, 이것은 성장과정상의 문제에 주로 초점을 둔 통합이론에서 이미 다루어진 요인들이다. 성장상의 문제들은 성격상의 문제로 연결되며, 결국 반사회적 성향을 높여 사회적 관습이나 규범을 역행하게 만든다.

Hall과 Hirschman은 누구든 두드러지는 요인을 갖고 있으며 그것이 범죄를 저지르게 되는 주요한 원인으로 보았다. 또한 누구나 자신의 성적 행동을 완화하거나 조절하게 하는 '위험 역치점(threat threshold)'을 가지고 있다고 주장하였다. 범죄의 동기를 부여하는 요인들이 이 위험 역치점을 넘어가게 되면 범죄의 발생 가능성이 높아지게 된다. 또한 위험 역치점이 어떤 상황에서 낮아진다면 범죄가 발생할 가능성은 높아지게 된다. 상황적인 요인은 주요인에 영향을 줄 수 있고, 이로 인해 그 주요인이 통상적인 위험 역치점에 위치할 수 있다. 결론적으로 부적절한 성적 흥분이 위험 역치점을 넘어서게 되면 범죄가 발생할 가능성은 더 높아지게 된다. 만약에 성범죄자가 피해자도 성적 행위에 동조한다는 식의 인지적 왜곡을 가질 경우, 위험 역치점을 낮게 만들고 범죄 가능성을 높인다. 주요 요인들은 서로 연합하여 위험 역치에 대해 높은 영향력을 행사한다. 이런 이유로 고립이 심해지고 역기능적인 성격상의 특징으로 인해 세상에 대한 반사회적 태도를 가지게 될 때, 이 요인들의 힘은 위험 역치점을 넘어서게 된다. 이런 면에서 다양한 성범죄 동기요인들과 개인적인 성적 욕망에 대한 통제에 집중하는 4부 모델은 성범죄 과정을 역동적으로 개별 분석할 수 있도록 해 주었다고 할 수 있다. 각각의 네 가지 요인은 네 가지 하위유형을 가진 특정 유형의 성범죄자를 구별하는 데 이용될 수 있다. 이 하위유형은 신체적, 인지적, 정서 조절 곤란, 그리고 성격이다. 특정한 한 가지 요인이 범죄의 주원인이 되기도 하지만, 여러 가지 개인적 변인과 위험 역치점과의 상호작용에 의해 성범죄가 유발된다.

## 평가

4부 모델은 다른 모델보다 광범위한 연구들을 설명해 준다. 특히 대규모 연구들에서 지속적으로 밝혀진 부적절한 성적 취향에 관련해서는 더욱 그렇다. 이에 더하여 성범죄 재범 예측에 중요한 요인인 성격적인 측면이 성범죄 동기에 미치는 영향(예: Harris et al., 2003)에도 관심을 가지게 하였다. 성범죄의 발생에 있어서 중요한 이 두 가지 개인적인 요인들 외에도, 이 모델은 다른 유형의 연구들에서 두드러지게 다루었던 인지적 왜곡과 정서적 문제 또한 소홀하게 다루지 않고 동등한 중요성을 부여한다.

이 모델에는 두 가지 측면이 더 첨가되었다. 첫째는 여러 요인이 서로 상호작용하며, 그중 하나가 더 두드러지면서 범죄에 대한 욕구가 범죄를 억제하는 심리적 역치점을 넘게 만든다는 것이다. 결과적으로 아동에 대한 부적절한 성적 기호 자체만으로는 성범죄를 저지르게 만드는 충분조건이 될 수 없다는 것이다. 여러 연구도 이 가설을 지지한다. 연구에 참가한 남성 중 20% 정도가 아동에게 성적 흥분을 보였으나 그들 모두가 범죄를 저지르지는 않았다. Seto와 동료들(Seto, Cantor, & Blanchard, 2006; Seto & Eke, 2005)은 아동 음란물 소지로 기소된 남성의 약 1% 정도만이 실제로 범죄를 저지른다고 하였다. 이 경우 이 남성들은 아동 음란물을 사적인 것으로 여기고 있었고, 상황적인 요인들이 성범죄를 저지르는 것에 대한 위험 역치점을 낮게 하였다고 볼 수도 있다. 그러나 접촉 성범죄를 저지르기 위해서는 다른 주요한 요인들도 함께 작용하여야 하지만, 이 연구에 포함된 다수의 남성에게는 이 현상이 일어나지 않았다고 할 수 있다. 이 모델의 두 번째 혁신적인 측면은 개별적 자기조절을 유도하는 위험을 억제하는 역치점이라는 개념이다. 범죄자가 인식하는 다양한 상황적 요인으로 인해서 이 역치점이 낮아질 수도 있고, 만약 개인적 동기부여 요인들이 강력하게 작용한다면 범죄 욕구가 자기조절 역치점을 넘어설 수 있다는 것이다. 역치점은 확실히 자기조절이라는 개념을 만들어 내었고, 범죄에 있어서 그것의 중요성을 인식하게 해 주었다.

자기조절 역치점이라는 개념은 지적장애 분야에서는 대단히 유용한 개념이다. 지적장애인은 범죄로 기소된다는 것이 무엇을 의미하는지 정확히 모를 수 있으며, 이것은 앞에서 가성 일탈 가설을 다룰 때 논의가 되었다. 일부 지적장애인이 부적절한 성적 행동이 사회적으로 어느 정도 비난받을 일인지에 대해 적절히 이해하지 못한다면, 자신들이 저지를 행동이 가져올 위험에 대해 비현실적으로 인식하고 있을 가능성이 있다. 게다가 그들이 부적절한 성적 행위를 저질렀을 때 타인의 반응이 일관적이지 않을 경우, 예를 들어 그 심각성에 대해 대수롭지 않게 말하거나 아니면 너무 과장되게 말한다면, 그들은 자신의 행동 수위의 경계선에 대해 비현실적인 인식을 가지게 될 가능성이 있다. 위험 역치점이라는 개념은 지속적 논의와 그런 행위의 부적절성의 정도를 보여 주는 것 등을 통해서 치료 전반에 광범위하게 사용될 수 있다. 이 개념은 현재 성범죄자 치료 프로그램에 활용되고 있으며, 이 책의 뒷부분에서 논의될 것이다.

지금까지 성장 · 발달상의 장애가 지적장애인에게 미치는 영향과 그에 관련된 문제들을 전제조건 모델 및 통합이론과 관련지어 논의하였다. 성학대,

신체적 학대, 애착관계의 어려움 그리고 반사회적 태도에 관련된 연구들은 지적장애인도 다른 집단만큼 이런 문제를 경험한다는 것을 보여 주었다. 성격요인에 관한 연구에서도 이런 요인들이 다른 범죄자 집단에 영향을 미치는 만큼 지적장애 집단에도 영향을 미치는 것으로 나타났다(Lindsay et al., 2006c, 2007d; Morrissey et al., 2005). 이 장의 앞부분에서 필자는 정서 조절과 정서 경험 문제가 지적장애 집단에 미치는 영향, 특히 부정적인 사회적 비교와 낙인찍기와 연관해서 그 중요성을 강조하였다. 이러한 측면에서 4부 모델은 지적장애 범죄자들을 대상으로 적절히 활용할 수 있는 이론이라고 볼 수 있다.

## Ward와 Hudson의 자기조절 경로 모델

Ward와 Hudson(1998)은 성범죄 과정을 다룬 네 가지 경로 모델을 제시하였다. 이 모델은 성범죄자 평가와 치료를 개념화하고 개발하는 데 있어서 상당한 영향을 미쳤다. 또한 이 모델과 관련된 연구도 많이 활성화했으며, 그 중에는 지적장애 범죄자에 관한 연구도 있다. 이 모델은 특히 지적장애 성범죄자 분야에 영향을 주었다. 자기조절 경로 모델은 이 책의 여러 부분에서 등장하며, 여기서 그 주요 측면들을 간략하게 소개하도록 하겠다.

Ward와 Hudson(1998)은 재범 방지를 목표로 하는 성범죄자 프로그램에 대해 비판을 제기하였다(Pithers et al., 1983, 1988). 재발방지(relapse prevention: RP) 모델은 알코올 물질의존 치료 분야에서 개발되었다. 이 모델은 범죄자들의 개별적인 스트레스, 무료함, 여가활동, 직업 등에서 외관상 별로 중요하게 보이지 않는 행동이나 결정들에 주목한다. 이런 사소하거나 중요하게 보이지 않는 행동이나 결정들을 모두 모아서 보면 그것이 어떤 주기를 형성하고 있으며, 재발 또는 성범죄에 있어서는 재범의 경로로 작용할 수 있다. 이런 주기에 치료적으로 개입함으로써 범죄자들이 자신의 상황에 대해 인지하는 방식을 수정하거나 그들이 하려는 행동을 변경하거나 피할 수 있도록 해 주는 능력이나 지식을 가지게 도울 수 있다. Ward와 Hudson(1998)은 RP 모델이 성범죄자 치료 모델로 대단한 가치가 있었음을 인정했지만, 중독분야의 대상자가 증상이 악화되거나 재발을 반복하는 것과는 달리 단 한 번의 재범만 있어도 치료의 실패로 인식되는 성범죄 분야에서는 RP가 개념적으로 동일하게 적용될 수 없다고 비판하였다. 또한 만족 효과(gratification effect)를 위반 효과(violation effect)와 유사한 개념으로 보는 등 개념 정립에도 어려움이 있었다. 또한 이 모델은 성범죄에 있어서 단일한 개념의 모델만 제시하였고, 재범에 대해서도 부정적인 생활사건, 부족한 대처 전략, 부정적인 정서 상태 등을 능력의 부족이라는 단순한 원인을 가지는 과정으로 보았다. RP 모델은 전반적으로 자기조절의 실패라는 측면을 주로 다루었지만 Ward와 Hudson(1998)의 경우 일부 범죄자는 자기조절을 잘 하면서 범죄를 위해 구체적으로 계획을 세우는 것에 주목하였다. 이런 점에서 그들의 주장은 4부 모델의 Hall과 Hirschman이 범죄자 중 충동성이 낮고 의도적으로 범행을 계획하는 사람들이 어느 정도 있다고 언급한 점과 유사하다고 할 수 있다. 이런 점에서 Ward와 Hudson은 자기조절이라는 개념에 초점을 두었고 자기조절에 있어서 유형이 다를 경우 범죄 경로도 달라진다는 것을 보여 주었다.

Ward와 Hudson은 인정받은 이론들을 적용하여 성범죄자들의 범행과정에 특정한 패턴이 있는지를 연구하였다. 이 패턴은 범죄로 향하는 네 가지 경로로 세분화되었으며, 이 경로들은 범죄상의 목표를 달성하는 과정에서 나타나는 두 가지 서로 구별되는 방식(접근 또는 회피)과 두 가지 자기조절 전략(능동 또는 수동)으로 구체화되었다.

Ward와 Hudson은 남성은 부적절한 성행위를 하고자 하는 욕망을 가지고 있음을 인정하였다. 또한 남성들은 그들이 생각하는 성적 행위가 어느 정도까지 용인되는지 알려고 한다. 그리고 그들이 원하는 성행위가 어느 정도까지 받아들여질지를 스스로 평가하는데, 이것은 그들이 접근형 아니면 회피형 목표를 세우는 데 큰 영향을 미친다. 접근형 목표를 세운 경우는 자신의 성적 욕망을 성공적으로 충족하는 데 관심이 있으며, 회피형 목표를 가진 경우는 성적 욕망을 억제하려고 하며 성범죄를 저지를 가능성을 줄이려고 한다.

자기조절 유형은 능동과 수동의 두 가지로 분류되며 이것을 통해 네 가지 경로가 결정된다. 이 경로들은 앞서 2장에서 소개된 바 있다. 첫 번째는 접근/명확 경로로, 가해자가 자신의 범죄를 성공적으로 수행하기 위하여 적극적으로 계획을 하는 경우다. 두 번째는 접근/자동 경로로, 가해자가 자신의 욕망을 충족할 만한 인지적 · 행동적 대본(cognitive and behaviour script)을 숙련된 상태로 실행하는 것이다. 이 두 경로의 경우 가해자는 자신이 저지른 행위에 대해 긍정적인 평가를 할 가능성이 있다. 성범죄를 피하기 원하는 성범죄자의 경우 부적절하거나 역효과를 일으키는 전략을 사용할 가능성이 있다. 마지막으로 회피/수동 경로는 부적절한 성적 행동을 나타내지 않으려고 노력하지만 대처 전략이 너무 허술하여 범죄를 범하지 않도록 하는 효율적인 전략을 생각해 내지 못하는 경우다.

## 평가

지적장애 범죄자 분야에서도 자기조절 경로 모델은 범죄자 평가와 치료에 있어서 연구와 변화를 이끌어 내는 데 기여하였다. Ward와 동료들은 평가(Ward et al., 2004)와 치료(Ward, Yates, & Long, 2006)에 있어서 주목할 만한 두 권의 저서를 출간하였다. Keeling과 Rose(2005)는 지적장애 범죄자들은 낮은 자존감, 부정적인 사회적 비교, 낙인 경험, 허술한 대처 전략, 사회적 · 성적인 영역에서의 제한된 상호작용 등과 같은 요인으로 인해 범죄 시 회피/수동 경로를 택할 가능성이 많다고 주장하였다. 그러나 앞에서 언급된 것처럼, 3개의 연구에서 지적장애 성범죄자 중 접근/명확과 접근/자동 경로를 선택하는 비율도 일반 범죄자와 거의 비슷한 것으로 나타났다(Keeling, Rose, & Beech, 2006; Langdon, Maxted, & Murphy, 2007; Lindsay, Steptoe, & Beech, 2008). 이런 면에서 자기조절 경로 모델이 지적장애인에게 적용될 수 있겠지만 이런 연구 결과를 실제 지적장애 범죄자에게 적용하는 데에는 보다 많은 주의가 필요하다.

## 범죄자 재활을 위한 좋은 삶 모델

좋은 삶 모델(Good Lives Model: GLM)은 Ward와 Stewart(2003)가 처음 제안하였고, Ward와 동료들이 상당히 발전시켰다(Ward & Gannon, 2006; Ward & Marshall, 2004). GLM은 범죄자들의 균형 잡힌 사회적 정체성 형성의 중요성을 강조한다. 이것은 범죄자가 가진 기술, 태도 그리고 신념과 같은 내적 능력의 개발과 사용 그리고 범죄자에 대한 지지나 그들에게 기회를 주는 것과 같은 외부적인 조건을 고무시키는 것을 통해 이루어진다. GLM은 인간이 기본적 욕구를 추구하는 것은 당연하며 성범죄자의 경우 이런 기본적 욕구 충족이 여러 가지 이유로 왜곡되어 왔다고 주장한다. GLM에서는 범죄 발생적 요인(criminogenic factor)과 동적 위험요인(dynamic risk factor)이 왜곡된 결과를 유발하는 요인들이며, 이것은 부정적인 삶의 모델을 제시하며 결국 성범죄로 연결되게 만든다. 이 경우 범죄자들은 만족스러운 삶을 살기 위해 반사회적 목표를 정하고 이를 성취하는 과정에서 부적절한 수단을 사용하게 된다. 적응적이고 사회적인 방식으로 삶의 욕구들을 성취하기 위해 필요한 내적 · 외적 조건들을 조성하는 과정에서, 범죄자들은 타인이나 자기 자신에게 해로운 행동을 덜 하게 된다. 이런 면에서 볼 때 치료는 범죄자들이 사회적으로 허용되는 방식으로 자신의 욕구를 충족하는 방법을 찾을 수 있도록 유도하는 것이 중요하다.

GLM은 성범죄의 동기요인들, 병인학적 관점, 성범죄자의 치료와 재활 등에 관계된 문제들을 모두 통합하며, 위험요인뿐만 아니라 범죄자의 인간적 욕구들까지 모두 고려하는 포괄적인 이론이라 할 수 있다. Lindsay 등(2007d)은 GLM의 경우 광범위한 재활 관점을 다루고 자기조절 경로는 개인별로 다른 범죄의 과정과 평가 및 치료를 구체적인 측면에서 다룬다는 점에서 서로 잘 부합된다고 하였다. Ward와 Gannon(2006)은 GLM의 기본적인 전제들과 사람이 추구하는 중요한 욕구들에 기반을 두고 이 모델을 발전시켰다. 그들은 사람들이 성취하려는 것들을 건강하고 적응적인 삶, 지식, 일과 취미활동에서의 탁월함, 추진성의 뛰어남(자기 방향성), 내적 안녕(스트레스와 정서적 조절 능력), 우정(친밀함 그리고 가족관계), 공동체, 영적 생활(삶의 목적), 행복감 그리고 창조성으로 분류하였다. GLM의 기본 전제는 성범죄는 범죄자 나름대로 자신의 인간적 욕구를 충족하기 위한 잘못된 행동 전략의 결과이며, 이런 잘못된 전략은 범죄자의 주거환경과 정신건강 상태와 연관되며, 보다 적응적인 대처 기술로 수정되어야 한다는 것이다. 구체적인 GLM 프로그램은 범죄자 개인별 장점, 취향과 주거환경 등을 고려하여야 한다. Ward와 동료들은 일련의 병인론적 가정, 범죄자들의 범죄 동기를 유발시키는 명확한 경로, 일련의 치료 원칙과 전략, 인간적 욕구 충족을 위해 필요한 내적/외적 조건, 치료 형성과 계획에 있어서 기본적인 토대로 작용하는 재활과 관련된 요소들과 같은 요인들을 서로 연결할 수 있는 이론적인 토대가 있다고 언급하였다.

GLM에서는 일반인들과 마찬가지로 성범죄자들도 삶의 좋은 가치들을 추구함을 인정한다. 그들은 그 가치를 얻기 위해 사회적으로 허락되지 않는 방식으로 그것을 성취하려 하는 것이 문제이지만, 기본적인 과정은 사회적으로 인정된 방식으로 그것을 성취하려고 하는 일반인들과 다르지 않다. 우리가 추구하는 좋은 삶을 위해서는 자존감과 개인의 정체성 확립 등이 중요하다. 이런 점을 볼 때 성범죄 과정을 다룬 다른 이론적 모델에서도 다루어진 성장과정상의 문제들이 다시 중요하게 대두된다. GLM은 치료 프로그램의 목표를 설정하는 방식에 대해서도 실질적으로 제안할 것들을 제공한다. 인간적인 좋은 가치와 욕구들을 실현하고 충족하는 과정이 치료 프로그램에 포함되어야 한다. 또한 이런 프로그램들은 범죄자들이 개별적으로 필요한 것들과 그들이 실제 경험할 가능성이 있는 상황들을 고려하여 만들어져서, 자신이 경험하는 상황에서 프로그램에서 배운 대처 기술을 적용할 수 있게 해야 한다. 결론적으로 치료 프로그램은 한편으로는 인간적인 욕구를 충족하는 과정에서 생기는 문제들에 집중하며 다른 한편으로는 이런 인간적 욕구들을 충족할 수 있는 대체적, 친사회적 그리고 사회적으로 허용되는 방법에 초점을 두어야 한다.

## 평가

GLM은 대단히 진보된 성범죄 재활 프로그램이라고 할 수 있다. Ward와 Gannon(2006)은 개별 동적 위험요인을 제거함으로써 재범을 줄이는 방법을 강조한 RP 모델을 비판하였다. 그들은 이것을 '바늘겨레 모델(pincushion model)' (p. 79)이라고 부르며 각각의 위험요인을 바늘겨레에 꽂힌 핀에 비유하면서, 개개인에게 적응적, 친사회적 기회를 주기보다는 개별 위험요인의 제거에만 초점을 둔 것을 비판하였다. GLM은 성범죄의 전체적인 재활 모델을 고무시킴으로써 이런 약점들을 보완하려 하였다. GLM은 적절한 애착관계, 사회적 교제, 일상생활과 직업에의 적응과 같은 친사회적 방법으로 인간적 욕구를 충족할 수 있는 방법을 고무시킴으로써 성범죄자 치료 프로그램에 지대한 영향을 미쳤다. 성범죄 분야에서는 GLM의 많은 요소가 이전에 보지 못한 혁신적인 것들로 볼 수 있지만, 삶의 질(Quality of Life: QOL)이라는 관점에서 탈시설화(deinstitutionalisation)와 지역사회 참여(community involvement)에 대한 연구가 진행되어 왔던 지적장애 분야에서는 GLM적 관점이 사실 혁신적인 것은 아니다.

GLM의 많은 특징은 삶의 질(QOL)에 대한 연구와 관계가 있다. 건강한 삶, 일, 여가활동, 사회적 교제, 우정, 영적 생활, 지역사회 참여 등은 GLM에서 추구되는 좋은 인간적 가치 또는 욕구들이며 지적장애와 삶의 질 분야에서 오랫동안 연구되었던 것들이다. 이 연구들은 많은 연구자(Ager, 1990; Bonham et al., 2004; Cummins & Lau, 2003a; Emerson & Hatton, 1994)의 탈시설화에 대한 연구와 관련되어 있다. 이 연구들은 지적장애인 집단의 삶의 질에 대한 평가를 위한 신뢰할 만한 평가도구 개발과 이 집단이 기관에 수용되었다가 각 지역사회 공동체로 보내지면서 그들의 삶의 질에 향상이 있는지를 조사하였다.

지적장애 분야에서의 연구들은 삶의 질에 대한 연구를 통해 단순히 시간적으로만 GLM에 앞선 것이 아니다. 지적장애인의 성격평가에 대한 연구들은 대부분 지적장애인이 자신들의 환경에 반응하는 정도에 영향을 미치는 요인들에 대한 연구였다. 이 연구들을 통해 개인적인 동기부여 요인에 근거한 성격에 대한 개념도 정립되었다. 본질적으로 GLM은 중요한 인간적 욕구들은 모든 사람이 추구하는 것이라는 점에서 동기부여에 기초하는 모델로 볼 수 있다. 지적장애 분야의 연구에서 출발점은 대부분 성장과정에 관한 것으로 성장과정상의 경험들이 지적장애인 개개인의 성격에 어떤 영향을 미치는지를 조사한다. 더불어 성격적인 요인들은 지적장애인이 주변 환경과 상호작용하는 방식의 기본 토대를 형성한다고 여겨진다. Switzky와 동료들(Switzky, 2001)은 아동에 관한 일련의 연구를 하였는데, 내적으로 동기부여가 된 아동들과 외적으로 동기부여가 된 아동들을 비교했을 때 내적 동기부여된 아동들이 선생님의 칭찬이 부족해도 맡겨진 일을 더 열심히, 더 지속적으로 잘 수행하는 것으로 나타났다. 반면 외적 동기부여된 학생들은 선생님의 감독이 있는 상황에서 맡겨진 일을 더 잘 수행하는 것으로 나타났다. 연구자들(Switzky & Haywood, 1991, 1992)은 지적장애인이 통제가 덜한 상황에서 독립적인 삶을 살게 되는 경우 자기조절은 중요한 성격상의 특징이라고 보았다. 그들은 동기부여의 방향성(내적/외적)이 지적장애인의 성격 발달에 있어서 중심적인 개념이라고 보았다.

Reiss와 Havercamp(1997)는 GLM과 상당히 유사한 이론적 모델을 통해 지적장애인을 포함하는 모든 사람에게 동기를 부여하는 16개의 기본적인 가치를 제시하였다. 그들은 이런 가치들을 평가할 도구를 개발했고(Reiss & Havercamp, 1998), 요인분석 연구에서 기본적인 가치들에 순응되는 15개의 해결요인을 발견하였다. 그들은 또한 지적장애가 없는 사람이나 있는 사람 모두 기본적인 가치들을 추구하는 욕구는 동일하다고 하였다. 즉, 지적장애인이나 그렇지 않은 사람 모두 사회적 접촉, 호기심, 명예, 가족, 독립, 권력, 질서, 이상주의, 역할, 복수, 사랑, 운동, 허용, 평온, 먹는 것과 저축하는 것 등의 가치를 추구하는 욕구는 같다는 것이었다. 저축은 요인분석에서 드러나지 않은 유일한 항목이었다. 주변의 환경이 일상적인 욕구와 정신적 욕구를 충족해 주지 못할 때 성격상 어려움이 생기게 되고 일탈적인 동기화(지나치게 많은 긍정적인 보상을 추구하는 마음)는 성격의 왜곡을 불러올 수 있다. 발달과 동기 관련 이론은 성격에 대한 관점을 광범위하게 넓혀 주며, GLM보다 이전에 등장했지만 확실히 유사한 점들이 있다. GLM에서 제시된 기본적 가치들과 Reiss와 Havercamp의 성격 모델에서 제시된 그에 상응하는 가치들이 〈표 5-1〉에 제시되어 있다.

Reiss의 성격과 동기에 대한 모델이 GLM과 정확히 일치하지는 않지만, 개념적으로 상당히 유사한 것은 분명하다. 두 모델은 모두 사람들이 기본적인 욕구들(GLM) 또는 가치들(Reiss 모델)을 개별적으로 추구한다는 기본적인 입장을 취하고 있다. 언급된 것처럼, 지적장애인의 동기적 요인에 관한 연구들(예: Switzky, 2001; Reiss & Havercamp, 1997)은 왜곡된 환경에 있는 사람은 자신의 욕구나 가치를 충족하는 방법도 왜곡되어 있다고 보았다. 비정상적인 성격상의 특징(예: 지나친 외적 동기부여)을 가진 사람들은 비정상적인 방법으로 자신의 욕구를 충족할 가능성이 높은 것이다.

지적장애인의 삶의 질에 관한 연구에서는 다음과 같은 성격과 동기적 요인을 다룬다. 첫째, 비정상적 욕구와 이 장에서 이미 광범위하게 논의된 성장과정상 문제를 가진 성범죄자들의 경우 자신의 인간적 욕구를 왜곡된 방식으로 충족할 가능성이 있다. 이 왜곡된 방식의 충족 욕구는 성적 행위로 나타날 수 있다. 둘째로 지적장애 성범죄자 치료에 대한 윤곽이 처음 잡혔을 때(Lindsay, 2005), 삶의 질은 전반적 치료라는 측면에서 중심적인 개념이었으며, GLM과는 독립적으로 개발되었으며, 시간이 지나면서 이 모델은 지적장애 범죄자의 성범죄, 삶의 질, 성격과 동기적 요인들의 범위를 벗어나게 되었다. 그러나

〈표 5-1〉 GLM과 Reiss & Harercamp 성격 모델 비교

| 좋은 삶 모델 | Reiss 모델 |
|---|---|
| 일과 취미활동에서 뛰어남 | 권력/위치 |
| 내적 평화 | 평온 |
| 지식 | 호기심 |
| 추진력의 뛰어남(자신의 방향성) | 명예/지위 |
| 우정 | 사회적 접촉/ 가족/허용 |
| 공동체 사회 | 사회적 접촉/허용 |
| 영적 생활 | 이상주의 |
| 행복 | 질서/평온 |
| 창조성 | 호기심 |
| | 독립성 |
| | 복수 |
| | 사랑 |
| | 운동 |
| | 절약 |

결론적으로 보면 GLM과 상당한 유사성을 가진다. 이 모델은 다음 장에서 구체적으로 설명될 것이다. 이 모델은 일반 성범죄자와 관련된 이론적 모델, 지적장애인 성격과 삶의 질 관련 연구 결과들을 많이 반영하고 있다.

# 제6장

# 지적장애인의 성범죄 과정과 치료 모델

필자는 지적장애 성범죄자 치료 모델에 대해 집필하면서(Lindsay, 2005) 지적장애 범죄 분야와 일반 성범죄에 대한 연구들이 상당히 많이 융합되는 것을 보아 왔다. 이러한 경향들은 앞 장에서 다루어졌으므로 이 장에서는 다양한 실험적인 결과를 통합하여 그것이 지적장애 성범죄 이론 형성에 미친 의의를 논의하고자 한다. 또한 이론적 구조의 특징과 지적장애인에 대한 이론의 적용 가능성도 함께 논의할 것이다. 병인학적 관점들, 범죄 동기, 범죄 시 행동 전략, 범죄학 이론, 그리고 다양한 정보를 통합하여 치료 프로그램을 지지하는 이론적 모델을 도출하는 과정을 제시하고자 한다.

## 부적절한 성행동과 성범죄를 저지르는 이유

성범죄란 용어를 법적인 관점에서 정의하는 것은 어렵지 않지만 부적절한 성행위라는 용어는 정의하기가 더 어렵다. 그럼에도 불구하고 지적장애 성범죄를 논의하는 데 있어서 용어의 정의는 중요하다. 앞 장에서 지적장애인 집단의 부적절한 성행동은 많은 부분 신고되지 않는다는 것을 언급하였다. 부적절한 성행동은 일반 성범죄에서도 충분히 있을 수 있는 일이지만, 지적장애 범죄자의 경우 그들의 행동이 가까이에서 관찰되는 경우가 많기 때문에 그들의 부적절한 성행동은 더욱 현저하게 드러나게 된다. 그러므로 그들의 행위가 사회적 외부환경에서 표출되거나 또는 그들을 보호하는 그룹홈이나 보호시설의 범위를 벗어나서 발생한다면 성범죄로 기소될 수 있다는 것을 보여 주는 객관적인 증거도 있어야 한다. 그러나 여러 가지 이유로 그들의 행위는 신고가 되지 않는다. 경찰은 당사자가 이미 감독을 받는 상황에 있고, 기소가 된다고 해서 어떤 결과의 차이나 상황의 진전이 있을 것 같지 않기에 법적 절차를 더 진행시키는 것이 무의미하다고 생각할 수도 있다. 보호자는 지적장애인의 지적 능력을 고려할 때 그들을 정식재판에 회부하는 것이 불평등한 일이라고 생각할 수도 있으며, 또한 부적절한 성적 행위가 자신들이 담당하는 곳에서 일어났다는 것을 알리고 싶지 않을 수도 있다. 이런 경우 사건을 알리는 대신 보다 더 엄격한 관리를 하게 된다. 이런 여러 가지 이유로 사건의 목격자가 있지만 사건이 실제로 보고되지 않는 경우가 많다. 이런 점들을 고려할 때 부적절한 성적 행위를 처음부터 정의해 두는 것이 중요하다. 부적절한 성적 행위는 아동을 대상으로 한 강압적이고 폭력적인 성행위(강간 또는 추행), 몰래 따라다니기, 신체 부위 노출, 수간 등이 해당된다. 성범죄, 성도착자, 부적절한 성행위 그리고 이런 범위들 간의 차이 등에 대한 상세한 정보는 Griffiths 등(2007)을 참고하기 바란다.

## 부적절한 성적 욕망

1970년대 성범죄에 대한 치료와 원칙들은 변태적인 성적 기호와 아동이나 폭력 등 부적절한 대상에 성적 흥분을 느끼는 것에 대처하는 모델을 주로 사용하였다. 성기의 크기 변화를 측정하는 연구들에서 상당수의 남성 참가자가 부적절한 성적 자극에서 성기 발기반응을 보였다. 통상 이런 연구들은 성인 여성, 남성, 소년, 소녀 그리고 폭력을 수반하는 성적 상황과 관련된 사진자극을 참가자들에게 보여 주고 사진 자극에 성기 크기의 변화가 나타나는지 측정한다(Quinsey & Chaplin, 1988). 이런 자극들을 응시하는 시간의 차이를 조사한 연구도 있었는데 그 결과는 유사하였다(Harris et al., 1996).

성기 크기 변화를 집단 분류의 준거로 하여 Blanchard와 동료들(Blanchard et al., 1999, 2008; Cantor et al., 2005)은 지능과 같은 여러 변인과 성적 기호의 관계를 조사하였다. 그들은 첫 번째 연구(Blanchard et al., 1999) 결과에서 자신보다 나이가 어린 아동이나 청소년에게 성범죄를 저지른 남성 집단이 성인에게 범죄를 저지른 남성 집단보다 지능이 유의미하게 낮았다는 것을 발견하였다. 그들의 평균 지능은 비록 지적장애에 해당되는 지능보다는 훨씬 높았지만 이 집단의 지능이 많이 낮았다는 것은 관심을 가질 만한 사항이다. 여러 가지 성범죄로 인해 임상적 평가를 받은 454명의 남성을 조사한 연구에서 Cantor 등(2005)은 피해자의 수, 나이, 성행위에 동의한 성관계 파트너의 수 그리고 성기 크기의 변화검사(음경체적변동계) 결과 등을 조사하였다. 이 연구에서 지능이 낮을수록 아동 피해자의 수가 많아졌고 지능이 높을수록 성행위에 동의한 성관계 파트너의 수가 많은 것으로 나타났다. 성기 크기의 변화도 지능이 낮을수록 아동 자극에 반응하는 정도가 높았고 지능이 높을수록 성인 자극에 반응하는 정도가 높았다. 아동에게 반응을 보인 집단의 평균 지능은 89.5였고, 이것은 지적장애의 기준보다는 확실히 높은 수치다. 성인에게 반응한 집단의 평균 지능은 97.8이었으며, 두 집단 사이에는 10점 정도의 지능 차이가 있었다. 후속 연구에서는 아동에게 성범죄를 저지른 3,187명의 범죄자, 성인에게 범죄를 저지른 302명의 범죄자, 다른 범죄로 기소된 1만 6,222명의 범죄자들을 조사하였다. Cantor 등(2005)은 아동을 대상으로 범죄를 저지른 집단이 다른 유형의 범죄를 저지른 집단보다 지능이 훨씬 낮았으며 성인에게 성범죄를 저지른 집단의 경우 평균 정도의 지능을 보였다는 것을 발견하였다. 또한 소아성애자의 경우 오른손잡이가 아닌 경우가 다른 집단보다

거의 3배 정도 많았다.

이들 연구에 대한 비판 중의 하나는 이런 결과들이 의뢰 경로상의 편향에 기인할 수 있다는 것이다. Green, Gray와 Willner(2002)는 지적장애 성범죄자를 회부하는 패턴을 조사하였고 심각한 범죄나 아동을 대상으로 범죄를 저지른 지적장애인의 경우 정식 형사사법 경로로 회부될 가능성이 높았고, 범죄의 정도가 심각하지 않거나 성인을 대상으로 범죄를 저지른 지적장애인의 경우 회부가 되지 않는 경우가 많음을 발견하였다. 이런 결과를 기준으로 보면 회부과정상 범죄자 편향으로 인해 아동을 대상으로 범죄를 저지른 지적장애인의 수가 더 많아 보일 수 있다는 것이다. 사실상 관계기관이나 직원들은 자신들이 돌보고 있는 지적장애인이 아동에 대한 성적 기호를 가지고 있다면 더 염려를 하게 된다. 이로 인해 아동에게 성범죄를 저지르지는 않았지만 아동에게 성적 기호가 있는 지적장애인의 경우 전문치료 및 평가기관으로 보내질 가능성이 더 높아진다. 이런 측면을 고려할 때 Blanchard와 동료들의 연구결과는 회부되는 경로상의 편향문제를 가질 수 있다.

Blanchard 등(2008)은 치료기관에 의뢰된 832명의 성인 환자의 성적 기호와 이 환자들의 회부 경로에 어떤 편향이 있는지 조사하였다. 구체적으로 이 연구자들은 지능, 손잡이(handedness), 그리고 성적으로 흥분을 일으키는 연령 간의 관계를 조사하였다. 소아성애자의 평균 지능은 90.75, 청소년 성애자(사춘기 소년이나 소녀 선호)는 97.72, 그리고 성인성애자(성인 남성 이나 여성 선호)는 100.1이었다. 여기에서 아동을 좋아하는 소아성애자와 성인 성애자의 경우 지능이 10점 정도가 차이가 났으며 이것은 주목 할 만한 결과다. 그러나 소아성애자의 평균 지능도 지적장애인의 일반적인 지능보다 훨씬 높다. 연구자 들은 유사한 또는 다른 의뢰 경로의 회부 자료들에 대한 조사에서도 유사한 결과를 확인했으며 지능상의 차이는 회부 경로상의 편향 때문은 아니라고 결론지었다. 2장에서도 언급한 바와 같이, Cantor 등(2005)은 '제 3변인', 즉 태어나기 이전의 또는 아동기 대뇌 발달상의 문제로 그 원인을 가설화하였고, 소아성애자와 그들의 낮은 지능도 이 방향으로 원인을 연결시켰다.

Blanchard는 논리적인 연구를 통해 지적장애와 왼손잡이가 유의미하게 관련되어 있음이 뚜렷하게 밝혀졌지만(Grouio et al., 1999), 결과적으로 이들 변인에 대한 연구는 성적 기호가 지적장애 성범죄자의 평가와 치료에서 중요한 고려사항이라는 것을 환기시키고 있다. Blanchard의 연구에서 지능이 차지하는 변량이 크지 않았고 연구자 자신도 성범죄의 병인적 관점에서 심리사회적 요인의 중요성을 인식하였다. Blanchard의 연구들은 성범죄의 병인학적 관점에서 심리사회적 요인은 중요한 요소임을 알게 해 준다. 이런 연구들은 성적 취향이 지적장애 성범죄자의 평가와 치료에 있어서 고려할 중요한 요인이라는 것을 알려 준다. 이런 결과는 Hall과 Hirschman(1992)의 4부 모델에서 다룬 성적 흥분 요소도 일부 지적장애 성범죄자의 성범죄에서는 중요한 요인이 될 수 있다는 것과 정확히 일치한다.

## 성격

일반 범죄자의 경우 임상적으로 측정된 반사회성의 정도가 성범죄를 포함한 범죄와 높은 연관성을 가지는 것은 확실하다. Hall과 Hirschman(1992)은 성범죄에 있어서 성격문제는 중요한 요인이 된다고 언급하였다. 그들은 성장과정에서의 역기능적 경험과 반사회적 생활양식으로 나타나는 특징도 언급하였다. Harris 등(2003)은 정신병리 평가(PCL-R, Hare, 1991)와 성기 크기 변화 검사는 성범죄 재범에 높은 예측력을 가진다고 주장하였다. 성격장애와 반사회성을 포함하는 위험성 평가도구들은 지적장애 범죄자의 폭력 범죄의 재범 가능성을 예측하였는데, 이 결과는 일반 범죄자의 경우에도 동일하였다(Harris & Tough, 2004; Quinsey, Book, & Skilling, 2004; Lindsay et al., 2008b). 성격장애 진단분석 연구에서 Lindsay 등(2007c)은 일반 범죄자(Blackburn et al., 2005)와 비범죄자(Morey, 1988)들이 동일한 결과를 보임을 확인하였다. Morrissey 등(2005, 2007a, 2007b)은 PCL-R의 점수가 수용시설의 보안 수준과 상당한 상관이 있었고 지적장애 범죄자의 치료 진척 정도와 부적인 상관이 있음을 발견하였다. 결론적으로 성격 변인은 성범죄자의 평가와 치료에 있어서 중요하며 반사회성이 높을 경우 보다 집중적인 치료를 받아야 한다는 것을 보여 준다. 또한 성격장애는 비교적 지속적이며 안정적인 특징으로 생각되지만, Lindsay (2007)는 지적장애 범죄자 집단의 성격장애를 분류하는 데 있어서 그 성격적인 특징을 일시적인 것으로 간주하여 그 지속성을 평가하기 위해 평가 실시 1년 후에 다시 재평가를 실시할 것을 권고하였다.

충동성은 성범죄자들에게 있어서 고려해야 할 중요한 변인 중의 하나다 (Hanson & Harris, 2000). Glaser와 Deane(1999)은 지적장애 성범죄자와 다른 유형의 지적장애 범죄자들에 대한 연구에서 충동성을 가장 중요한 요인으로 꼽았다. Parry와 Lindsay(2003)는 성범죄자와 다른 유형의 범죄자들에 대한 비교 연구에서 성범죄자의 충동성이 더 낮았다고 주장하였다. 2장에서 이와 관련된 자료들은 충동성과 기회주의를 구별한다는 관점에서 검토되었고, 연구자들은 개인적인 특성이란 측면에서 충동성은 중요한 요인이 될 수 있다고 언급하였다. 결론적으로 성격적인 특성들은 범죄자의 평가, 치료 그리고 관리감독의 측면에서 고려해야 할 중요한 요인이라고 볼 수 있다.

## 심리적/성장과정상의 요인

이 요인들은 여러 연구자나 이론가가 조사한 성범죄의 인과적인 측면에서 반복적으로 등장하였다. 이 책의 앞 장에서 다루어졌던 모델들도 성장과정상의 요인들을 중요하게 다루고 있다. 신경발달과 성적 기호의 관계를 주로 연구한 Blanchard 계통의 학자들(Blanchard et al., 1999, 2008; Cantor et al., 2005) 도 신경발달상의 관점만으로 성범죄를 충분하게 설명하지 못한다는 사실을 인정하였다. 성장과정상의 애착관계 결핍, 아동기 학대 경험, 사회적으로 비교당하고 낙인찍히는 것, 사회적으로 부정적인 비교와 동료관계에서의 어려움으로 인해 발생되는 문제들, 대인관계를 형성하는 것에 걸림돌로 작용하는 사회제도상의 문제들과 같은 요인들은 지적장애인에 대한 연구에서 빈번하게 등장하는 주제다. 앞 장에서 언급한 바와 같이 성범죄의 인과적 관계에서 중요한 역할을 한다고 가설화된 성장상의 문제들은 지적장애인에게도 해당이 된다. 많은 지적장애인의 경우 이런 문제가 범죄 또는 성범죄로까지 이어지도록 발전되지는 않는다. 그러나 이런 문제들이 계속 작용하고 그것이 성격과 성적 기호의 문제와 연관되어 심화될 경우 그 당사자들은 Hall(1996)이 언급한 것처럼 위험 역치점을 넘어서 부적절한 성행위를 하게 된다. 또한 이런 성장과정상의 변인은 지적장애 성범죄자의 재범을 예측할 수 있는 변인으로 나타났으며, 일반적인 범죄 연구에서도 유사한 결과를 보였다. 따라서 성장과정상의 변인은 성범죄의 인과적인 측면에서 중요한 변인이라 할 수 있다.

발달지연으로 인한 중요한 성장상의 경험들은 심리적인 측면에서 지적장애인의 재범 예측요인으로 나타났지만, 정신질환이나 정서적 불안정성 등에 관한 연구에서는 지적장애 성범죄자들은 그 비율이 높지 않은 것으로 나타났다. Lindsay 등(2004b, 2006c)에 따르면 성범죄자의 정신질환 비율은 30% 정도로 다른 유형의 범죄를 저지른 지적장애인과 유사하였다. 이 수치는 Day (1994)의 지적장애 성범죄자에 대한 연구에서 나온 수치와 일치한다. Lindsay와 Lees(2003), Lindsay와 Skene(2007)도 성범죄자들의 불안과 우울 정도는 다른 집단과 비교했을 때 낮았다고 언급하였다. 이런 점들을 고려해 볼 때 성장상의 요인들은 지적장애 성범죄자와 관련이 있는 변인으로 나타나지만, 정신질환이나 정서 조절 곤란 같은 요인들은 인과론적 관점에서 그 관련성이 적은 것으로 보인다.

## 가성 일탈 이론

이 모델에 대해서 고려하던 초창기에(Lindsay, 2005), 필자는 성범죄의 원인론에서의 가성 일탈 이론의 설명력에 대해 그다지 관심을 두지 않았다. 그러나 이후 연구들로 인해 이러한 태도가 바뀌게 되었다. 첫째로, Hingsburger,

Griffiths와 Quinsey(1991)는 성도착증의 다양한 형태를 구분하였다. 그들은 지적장애를 가진 사람들 중 일부만이 공격적이고 위험한 방식으로 성적인 각성을 일으킨다고 보았다. 이에 따라 이들 연구자는 가성 일탈 가설이 일탈적인 성적 기호를 나타내지 않는 성범죄의 경로 범위를 설명하고 있다고 밝히면서, 개인적인 성적 기호의 중요성을 분명하게 강조하고 있다. Lunsky 등(2007)은 '지속적이고 강압적인' 범죄자보다 '부적절한' 범죄자가 낮은 성 지식을 가지고 있다는 것을 발견하였으며, 가성 일탈 가설은 후자에 더욱 부합된다고 결론 내렸다.

Ward와 Hudson의 경로 모델(1998)은 지적장애 성범죄자 연구와 관련해서 특히 더 풍성한 결과를 보이고 있다. Keeling과 Rose(2005)는 이들 집단의 특성과 부합되는 경로에 관한 특정한 가설을 만들었다. 지적장애인은 낮은 자존감, 낮은 자기가치를 갖고 있으며 표현력과 문제해결 기술이 부족하다는 특징을 가지기 때문에, 지적장애 성범죄자는 수동적이고 자기조절에서 자동적 양식을 가지며, 의식적이고 명확한 계획을 필요로 하는 일에 덜 참여한다고 결론지었다. 그들은 지적장애인의 경우 회피/수동 경로 또는 접근/자동 경로가 가장 현저하게 나타난다고 보았다. 그러나 이러한 가설에 기초한 세 가지 연구(Keeling, Rose, & Beech, 2006; Langdon, Maxted, & Murphy, 2007; Lindsay, Steptoe, & Beech, 2008)에서 모두 지적장애 성범죄자가 접근 경로를 사용하는 경향이 있지만, 능동과 수동적 자기조절 전략은 똑같이 절반의 비율로 나뉜다는 것을 발견하였다. 여기에 가성 일탈 가설의 수정을 요구하는 몇 가지 함의가 있다고 할 수 있다.

첫째, 그들 중 대부분이 접근목표를 도입한 것으로 평가되었다는 사실은 그들의 성적 욕구를 억제하려고 능동적으로 시도하는 사람이 거의 없다는 것을 나타낸다. 이러한 사실은 다시 그들의 행동이 사회적으로 허용될 수 없다는 것에 대한 뚜렷한 인식을 가지고 있는 사람 역시 거의 없다는 것이다. 만약 성적 기호와 역기능적 발달 경험이 사람을 이러한 방식에 대처하도록 하는 기호로 이끈다고 본다면, 부적절함의 범위에 대한 이해 부족은 결국 범죄를 회피하고자 하는 그들의 소망까지 감소시킬 것이다. 둘째, Hudson과 Ward(2000)는 접근/명확 범죄자가 높은 재범률을 보인다는 가설을 설정하였다. 그들의 연구에서 Lindsay, Steptoe와 Beech(2008)는 접근/명확 경로 외의 범죄자들은 치료에 따라 유의미하게 낮은 재범률을 보인다는 것을 발견하였다. 이러한 결과는 지적장애인이 그들의 행동이 얼마나 부적절한지에 대한 이해가 부족할 수 있다는 결론을 지지한다. 치료의 기능 중 한 가지는 사회로부터 유죄선고를 받을 수 있는 범위에 대한 인식을 강화하는 것이다. 한번 이러한 현실화가 성취되고 나면 더 강한 자기조절 전략이 강화될 수 있다. 그러므로 지적장애인이 그들의 행동이 부적절하다는 사실에 대해서 전혀 알지 못하지는 않지만, 무엇이 사회의 관습에 대치되는지를 내면화하지 못하는 것이다. 그들은 이전에 성적 기호나 대안적 관계 형성 욕구와 관련된 자기통제에 대한 중요한 욕구를 인식하지 못했다. 이러한 방식으로, 가성 일탈 가설은 지적장애인이 그들의 행동이 수용 가능하지 않지만 사회적 관습을 위반하는 범위에 속하지 않는다고 생각한다는 점을 고려하여 수정되었다.

## 위험 역치점

Hall과 Hirschman(1992), Hall(1996)은 자신들이 제안한 모델에서 위험 역치점(threat threshold)이라는 개념을 사용하였다. 이 모델에 의하면 외부적 위험요소가 낮다고 여겨지면 내부의 중요한 요소들이 활성화되면서 그 당사자는 성범죄를 범해도 될 것 같다는 평가를 하게 된다. 또는 내부적인 중요 요인들이 강하게 활성화되었을 경우, 이 요인들은 위험 역치점을 넘어가게 되고 결과적으로 성범죄가 발생하게 된다. 연구 결과들을 볼 때 위험 역치점이라는 개념은 지적장애 범죄자에게 특히 잘 적용된다고 볼 수 있다. 부적절한 성행위에 대한 비난의 정도를 충분히 인식하지 못했을 경우, 그 당사자들의 위험 역치점은 낮아지게 된다. 성장과정상의 문제와 성충동이 결합될 경우,

위험 역치점을 쉽게 넘어서기 때문에 범죄 발생 가능성이 높아지게 된다. 이 경우 관리감독자나 가족들에게 받는 엄격한 비난과 통제 조치들은 그들이 사회의 관점이 어떻다는 것을 외관상 이해하는 듯 보이게 하는 역할만 할 수도 있다. 그들은 호된 비난과 자신들의 행위에 대한 여러 가지 통제 조치들에 대해 사실 익숙한 경우가 많다. Rose 등(2002, 2007)은 성범죄자 치료 프로그램 실시 후 참가자들은 통제의 외부적 제지에 대한 관념이 증가했음을 밝혔다. 참가자들은 경찰과 법원 등의 형사사법기관들이 시민의 행동을 통제한다는 것을 이해하게 되었으며, 이 기관들이 그들의 행위를 통제하거나 비판할 거라는 것도 더 이해하게 되었다. 이런 측면에서 자기조절 전략의 중요성이 강조된다.

범죄자들이 위험 역치점을 정확하게 인식하면 역기능적인 성장과정상의 경험이나 성격문제로 인해 형성된 자기만의 행동 스크립트나 인지적 자기도식의 진행을 스스로 조절하려고 노력하게 된다. 이런 효율적인 자기조절 전략들은 그들이 이전에 가지고 있던 비효율적인 문제해결 기술들을 대체해 주며, 부적절한 성적 기호를 대처하는 데도 도움이 된다. 지적장애 성범죄자 내부의 많은 요인이 결합되는 방식이 성범죄의 인과관계를 보여 주고 재범에 있어서의 서로 다른 결과들을 설명해 준다.

## 부적절한 성적 행위 동기에 대한 결론

성범죄의 인과적 측면에서 볼 때 이 모델은 Blanchard와 동료들이 연구에서 다룬 부적절한 성적 기호 요인을 지지한다. 성장과정상의 문제들을 중요한 요인으로 지지하는 연구들이 다수 있다. 성장과정상의 문제는 지적장애인 전반에 해당되는 문제이긴 해도 그들 중 소수만이 부적절한 성행위를 하게 된다. 성장과정상의 문제점들을 다룬 연구들 중 아동기 성학대에 관한 연구들이 있는데, 이 연구들을 보면 대부분의 지적장애 성범죄자(60% 정도)는 유년기에 성학대를 당하지 않았다고 말한다. 이런 사실을 볼 때 성장과정상의 문제가 중요하지 않은 건 아니지만 공통적인 특징이라고 단정할 수 없다. 당연히 이런 요인들은 다른 요인들과 연합되어 작용할 것이다. 현재의 정신질환이나 정서 조절 곤란은 개인적으로 중요한 요인들이 될 수는 있으나, 성범죄자 집단과 다른 집단을 비교했을 때 이 요인들의 차이는 두드러지지는 않았다. 일부 연구는 성범죄자 집단이 다른 집단보다 정서 조절을 더 잘한다는 결과도 보여 준다. 이러한 사실에 비추어 볼 때, 이런 요인들은 성범죄의 발생에 있어서 중요한 요인은 아니라고 볼 수도 있다. 성격적인 요인은 치료의 진전과 수용시설의 보안 수준을 일정 부분 예측한다고 볼 수 있다. 성격장애의 특성이 지적장애 범죄자에게 미치는 영향은 일반 성범죄자에게 미치는 영향과 거의 유사하게 나타난다. 이런 특징들은 치료 프로그램을 개발하는 데 있어서 중요한 요소들이라 할 수 있다. 치료자가 범죄자로부터 사교성을 이끌어 내고 반사회성을 완화시킬 수 있다면, 그들은 치료에 더 순응하고 치료의 목적을 더 이해하게 될 것이다. 수정된 가성 일탈 가설에서는 지적장애 성범죄자들은 사회가 자신들의 행위를 어느 정도 비판하는지 완전히 이해하지 못한다고 주장한다. 이런 점들을 계속 보강하고 외부 통제의 초점을 더 이해하도록 함으로써 범죄자는 그들의 행동이 야기하는 위험을 더 많이 인식할 수 있게 된다. 이 모든 요인은 그 개인의 내부적 욕구 간의 관계들, 행동 스크립트, 그리고 성행위와 관련된 인지적 도식, 특히 그들의 행위로 야기되는 사회적인 위험성을 인식하는 인지적 도식에 영향을 미친다.

## 지적장애 성범죄자의 범죄성, 삶의 질, 지역사회 참여에 대한 이론

지역사회 공동체와 사회의 가치에 자신을 일치시키고 참여하는 것은 사회학적 관점에서 오랫동안 범죄이론의 핵심적인 개념이었다. 많은 연구자가 성장 과정상 관계의 단절이나 가족 내 역기능적인 상호작용을 통해 아동은 사회적 가치와 단절되게 된다는 것을 보여 주었고 이런 과정의 구조적 관계를 조사해 왔다. Patterson과 그의 동료들(Patterson, 1986; Patterson, Reid, & Dischion, 1992)은 비행과 범죄적 행위의 시작을 성장과정과 관련시켜 설명하는 모델을 개발하였다. 학습과 강화이론에 기반을 둔 다양한 연구를 통해서 그들은 일부 가족의 경우 이르면 18개월 정도부터 떼를 쓰거나 때리거나 하는 등의 좋지 못한 아이의 행동이 자신의 욕구 충족에 도움이 된다는 것을 학습하게 됨을 발견하였다. 이런 일들이 반복되면 부적응적인 행동들은 더 강화되고 습관화된다. 갈등이 없는 가정에서 자란 아이들은 갈등이 심한 가정의 아이들이 배우는 것과는 사뭇 다른 것들을 배우게 된다. 갈등이 없는 가정에서는 친사회적 행동들이 권장된다. 아이들은 대화나 협상을 통해 갈등을 해결할 수 있음을 배우게 된다. 갈등이 심한 가정에서는 강압적인 행동이 권장되며, 친사회적 행동은 가족 간의 갈등을 종식시키는 데 효과가 없는 경우가 많다(Snyder & Patterson, 1995). 결과적으로 소년들이 자라면서 친사회적 행동, 문제해결을 위한 언어적 기술을 배우지 못하고 반사회적 행동만을 배우게 되는 것이다. 훈육, 긍정적인 부모의 지도, 감독, 문제해결과 같은 중요한 부모의 훈육을 받으면서 아이는 친사회적 행동을 하게 된다. 갈등이 심한 가정의 경우 부모의 훈육은 아이의 강요적인 행동을 강화시키는 역할을 하게 되며, 친사회적이고 교육적인 측면의 해결 기술들은 덜 권장된다. 이런 상태에서 일탈적인 문제해결 방식이 은연중에 학습되고, 이를 통해서 대인관계상의 갈등을 강요적이며 반사회적인 방식으로 해결하려는 성향이 생기게 된다. 가족 내 상호작용이 이런 방식으로 반복적으로 이뤄지면서 그들은 세상에 대한 관점, 인지적 도식 그리고 사회와 공동체에 참여하는 방식을 강요적이며 반사회적인 해결방식으로 고착화하게 된다.

일련의 연구에서 Farrington(1995, 2005)은 청소년의 비행은 그들이 8~10세였을 때 보여 준 문제 행동, 8세 때의 비협조적인 가족, 8~10세 때의 열악한 주거환경, 8세 때의 부모의 역기능적인 양육방식, 8~10세 때의 낮은 지능 등과 연관이 있음을 발견하였다. 즉, 10세 정도의 나이가 되면 비협조적인 가족, 열악한 주거환경 및 부모의 양육방식과 청소년 비행과의 연관성을 알 수 있다는 것이다. 성장과정상의 어려움은 사춘기의 비행과 범죄적 행동에 지속적인 영향을 미친다. Farrington은 사춘기 이후의 범죄와 일탈 행위를 가장 잘 예측할 수 있는 요인은 10세에서 13세 사이의 기소 여부라고 언급하였다. 21세에서 24세 사이의 범죄 기소를 가장 잘 예측할 수 있는 것은 더 이전의 나이에서의 범죄 기소 여부였다. 불안정한 직업 경력, 낮은 가족 수입, 14세 무렵 경찰에 대한 적대적인 태도를 가지는 것 또한 성인기 범죄를 예측하는 추가적인 요인이다. 위험요인(비협조적인 가족, 아동기 행동, 학교 참여 저조)의 수가 많을수록 이후에 비행이나 범죄를 저지를 가능성이 많다는 것이다(Stouthamer et al., 2002). 이 변인들은 앞 장에서 지적장애 범죄자들의 경우에도 연관이 있음이 언급되었다. Patterson과 동료들의 연구처럼 이런 연구들은 성장과정상의 경험, 사회적 · 환경적 요인들, 그리고 범죄성 간의 관계에 대한 가설을 확립시켜 주었다.

Cohen(1955)은 소년들이 범죄 문화와 자신을 동일시하고 그쪽의 기준에 자신을 맞추려는 과정에서 범죄를 저지르게 된다는 가설을 제시하였다. 이 가설은 경제적 빈곤계층에 속하는 소년들은 그들보다 나은 환경에 있는 소년들이 가지고 있는 기술을 배우지 못했기 때문에 자신들이 추구하는 인간적 가치(좋은 삶 모델과 Reiss 모델의 용어 사용)를 충족하고 실현하는 데 있어서 불리한 상황에 있다고 가정한다. Patterson과 그의 동료들은 그들이 제안한 모델에서 이런 기술들이 습득되거나 습득되지 못하는 구조적 경로에 대해 설명하고 있다. 이런 기술을 배우지 못한 소년의 경우 자신의 가치를 실현하기 위해 불법적인 수단에 의존하게 되고 이런 행동은 결국 범죄 문화를 따르게 한다. Cohen(1955)의 가설은 범죄와 비행을 중산층적인 열망과 개인적인 잠재력의 불일치로 인한 결과로 보기보다는 사회의 관습을 준수하려는 의지의 부족이 낳은 결과로 보았는데, 이 점에 대해서 비판을 받았다. 이런 의지의 부족만이 이유라면 비행을 저지른 개개인들은 사회가 인정하는 방식으로 자신의 가치를 충족하려는 열망을 더 이상 가지고 있지 않는 사람으로 인식되기 때문이다.

비행을 저지르는 청소년에게 나타나는 낮은 성취 욕구, 사회에 대한 동경의 부재 등을 다루는 가설들(Gibbons & Krohn, 1986)은 새롭게 등장하는 다른 연구 결과물과 연관되어 범죄성에 관한 중요한 이론들을 도출하게 하였다. 경제적 빈곤층과 높은 범죄율의 관계를 규명하려는 사회학적인 이론들도 등장하였다. 통제이론(Hirschi, 1969)은 범죄 문화에 동화되면서 적극적으로 범죄 행위를 배우는 행동 양식에 주목했지만, 반면 학습, 준법정신, 그리고 인지적 도식을 통한 적절한 사회적 배움을 통해서 자신을 조절하는 능력을 배양하는 행동에도 주목하였다. Hirsch는 사회적 학습은 애착(attachment), 책임이행(commitment), 참여(involvement) 그리고 신념(belief)에 달려 있다고 보았다. 여기에서 애착은 개개인이 사회생활에서 부모나 선생님 같은 사람들이 중요하게 생각하는 가치나 자신들에게 거는 기대에 부응하는 정도를 의미한다. 책임이행은 범죄에서 논리적 측면을 의미한다. 개개인은 자신이 체포되거나 기소될 경우 자신이 잃게 될 것들에 대해서 주관적으로 평가를 하게 된다. 참여는 개개인이 일, 교육 그리고 직업에 관계된 활동에 몰입할 경우 범죄를 생각할 여지가 거의 없어지게 되는데, 이런 몰입의 정도를 의미한다. 그들이 하루하루의 일상에 관여되는 정도가 적을수록 범죄 행위에 빠질 가능성은 높은 것이다. 신념은 개개인이 법과 같은 규범을 공동체의 긴밀함을 유지하기 위한 토대로 어느 정도 인정하는 것인가를 의미한다.

이 가설을 지지하는 증거는 충분히 있다. 학교와 권위에 대한 부정적인 태도는 비행과 반사회적 활동과 확실한 연관이 있었다(Elliot, Huizinga, & Ageton, 1985). 부모, 선생님 등의 권위를 가진 인물들과 아동 간의 애착관계가 결핍되면 그 아동은 결국 부모가 추구하는 가치나 사회적 순응 같은 개념을 내재화하는 데 실패하게 된다. Schuerman과 Kobran(1986)은 특정 도시 지역에서 더 이상 일자리를 찾지 않는 장기적 실업 인구의 증가와 그에 상응해서 단순 노무직이 감소하는 것을 발견했는데, 이것은 그 지역의 범죄가 증가되는 데 중요한 요인이었다. Patterson과 Yoerger는 애착관계에 대한 정교한 분석 결과를 내놓았는데, 여기서 애착관계의 결핍보다는 역기능적인 애착관계가 범죄를 조장하고 반면에 순기능적인 애착관계는 사회적 관습과 법에 따르는 것에 도움을 준다는 것이다(Patterson & Yoerger, 1997).

지역사회 공동체에 대한 참여는 지적장애 관련 문헌에 등장하는 핵심 개념 중의 하나다. 많은 연구자가 사회에서 지적장애인에 대한 편견과 그들을 배제하려는 경향을 언급하였다. 지적장애인에 대한 부정적인 사회적 비교는 이미 문헌상에 잘 나타나 있다. 이런 영향으로 인해 지적장애인의 사회 공동체에 대한 소속감이나 참여도가 개개인에 따라 어느 정도 또는 심각하게 손상을 받는다는 것이다. 지적장애인의 사회 공동체 소속감과 통제이론에 관련된 공동체 통합 모델의 개발에 관한 연구가 다수 있다.

## 통제이론과 지적장애 범죄자

연구자들은 통제이론에 등장하는 개념들을 지적장애 성범죄자와 연관시켜 연구했으며, 이러한 연구를 통해서 공동체 참여, 삶의 질 그리고 사회적 가치들의 내재화 결핍 등에 대해 고찰해 볼 수 있었다.

**애착(attachment)** Hirschi에게 있어 애착은 개개인이 사회생활에서 부모나 선생님 같은 인물들이 중요하게 생각하는 가치나 그들이 자신들에게 거는 기대에 부응하는 정도를 의미한다. 이전의 장들에서 이런 애착이 결핍되는 경우에 대해 언급하였다. 애착 유형이 어떻게 결정되는지에 대한 연구는 많은 이론가가 중요하게 다루었으며 대부분의 변인(예: 아동기의 학대 경험)이 일반인을 대상으로 한 연구 결과와 유사하다. 낙인과 부정적 사회 비교에 대한 문헌들은 애착의 중요성을 다시 일깨워 준다.

통합이론과 4부 이론에서 다뤄진 중요한 변인은 고립이다. 청소년기나 성인 초기 때 대인관계가 결핍되면 그 개인은 대인 접촉을 회피하게 되고 개인적으로 고립되는 결과가 발생한다. 혼자 있는 시간이 길어지면서 그들은 변태적 성적 상상과 비정상적인 성적 도식을 내적으로 발전시키게 되고 이것은 성범죄와 연결된다. 그들이 일상적인 사회적 접촉을 반복적으로 가지게 되면 그들이 가지고 있는 비정상적인 성적 도식이 현실에서 검증되는 효과를 보게 되고(reality check), 일탈적 도식은 타인과의 상호작용 속에서 약화된다. 이런 현실에서의 검증은 무슨 대단한 일에서 일어나는 것이 아니며, 일상생활의 흔한 여러 가지 상황에서 도식의 변화가 나타난다는 것이다. 고립의 기간이 더 길어질 경우 성장 중인 남성은 자신의 기본적인 욕구를 해소하기 위해 더 욱더 애를 쓰게 되는데, Switzky(2001)와 Reiss(2001)가 언급했듯이 욕구 해소를 위해 비정상적이며 반사회적인 또는 비사회적인 방식을 취하게 된다. Garlick, Marshall과 Thornton(1996)의 연구를 보면 부적절한 또는 폭력적인 성범죄를 발생시키는 주요한 원인 중의 하나는 외로움이었다.

이 가설과 관련된 지적장애 범죄자 연구가 있는데, Steptoe 등(2006)은 28명의 지적장애 성범죄자와 28명의 통제집단을 비교한 연구에서 흥미로운 사실을 발견하였다. 이 연구자들은 삶의 질(QOL) 측정(삶의 경험 점검 리스트, Life Experience Checklist: LEC[Ager, 1990])과 중요한 타인 측정(중요한 타인 척도, Signigicant Other Scale [Power, Champion, & Aris, 1988])을 통하여 지적장애 집단의 대인관계, 삶의 질, 공동체 참여 등을 조사하였다. 그 결과 성범죄자 집단은 통제집단과 같은 기회를 제공받았지만 통제집단보다는 그 기회를 덜 사용하는 것으로 나타났다. 그들의 삶의 경험 점검 리스트(LEC) 상의 점수에서 여가와 대인관계 점수는 통제집단의 점수와 비슷했으나 이런 기회에 몰입하는 정도는 덜한 것으로 나타났다. 이러한 결과는 그들의 고립 정도가 통제집단보다 높다는 것을 보여 준다. 또한 중요한 타인 척도(Significant Other Scale) 측정 결과 그들의 사회적 관계는 통제집단의 사회적 관계보다 상당히 빈약한 것으로 나타났다. 그러나 자신들이 가진 제한된 관계에서 상당히 만족하고 있는 것으로도 나타났다. 이 결과는 지적장애 성범죄자들이 일반 지적장애인보다 더 외롭고 고립되어 있는 것처럼 보여도 그들이 비교적 독립적이며 자급자족적인 방식으로 삶의 욕구를 해결하고 있음을 보여 준다.

Cummins와 동료들(Cummins & Lau, 2003a, 2003b)은 사람이 성장과정과 환경에서 어려움에 직면할 때 자신의 주관적 안녕감을 유지하는 것에 대해 연구하였다. 그들의 연구를 보면 사람들은 적절한 주관적 안녕감(subjective well-being: SWB)을 유지하기 위해 노력한다는 것을 알 수 있다. 부정적인 것이든 긍정적인 것이든 간에 인생에서 중요한 일들이 발생하면 그것은 주관적 안녕감에 영향을 미치게 된다. 이 과정에서 사람들은 변화되는 상황에 적응하면서 자신의 주관적 안녕감의 항상성을 유지하고자 한다. Cummins와 Lau(2004)는 여러 가지 증거를 통해서 다음과 같은 결론을 도출하였다. 지적장애인이 시설에서 지역사회 내 가정으로 주거를 바꾸면 삶의 질이 향상되고 주관적 안녕감이 단기적으로 증가한 후 다시 주관적 안녕감이 70~80% 정도의 수준으로 돌아오게 된다. 외부적으로 열악한 상황에 처할 때도 유사한 현상이 나타난다. 외부적 상황이 항상성을 파괴할 정도로 나쁘지 않을 경우 그 상황에서 주관적 안녕감은 적정선인 70~80% 정도로 다시 돌아가게 된다. 이 결과는 지적장애 분야 삶의 질 관련 연구자들이 발견한 것인데, 지적장애인도 고립에 비교적 빨리 적응하며, 결과적으로 부적절한 성충동과 비정상적 성장과정을 거치면서 일탈적인 성적 도식을 고착화하며, 그것을 통해 자신의 욕구를 충족하려는 것을 보여 준다. 이런 측면에서 볼 때, 사회와의 단절이 반드시 주관적 안녕감을 감소시키지는 않는다는 것을 알 수가 있다.

**책임이행(commitment)** 책임이행은 범죄자가 체포되거나 범죄로 기소될 때 자신이 상실하게 될 것들에 대해 스스로 이성적으로 평가해 보는 것과 관련이 있다. 이것은 4부 모델과 함께 앞에서 많이 언급된 위험 역치점의 개념과도 관련된다. 사회의 법에 대한 잘못된 인식이나 그것을 지키려는 의지가 부족하면 범죄가 유발된다. 책임이행(실천의지)이라는 개념은 개인 스스로가 인식하는 손실의 정도와 연관된다. 대인관계가 거의 없는 상대적으로 열악한 환경에서 살고 있을 때 그 사람은 자신이 잃게 되는 것이 상대적으로 더 적다고 생각할 수 있다.

**참여(involvement)** 사회참여는 통제이론의 중요한 부분 중의 하나다. 실업 상태가 지속되고 관계 지속의 의지가 부족해지면 범죄 행위가 발생할 가능성이 높아진다. 이것은 특히 지적장애 범죄자에게 두드러지는 요인이다. 지적장애인의 경우 낮은 취업률, 사회적 박탈, 일반적인 사회활동에서의 차별 등이 두드러지기 때문에 취업 지원에 관한 안내서 등이 많은 편이다(Emerson, 2007). 대부분의 지적장애인에게 실업이 걸림돌이나 범죄를 유발시키는 요인이 되는 것은 아니다. 그러나 이런 요인이 성충동, 낮아진 위험 역치점, 성장과정에서의 문제, 불안정한 관계와 같은 변인들과 결합될 때 문제가 발생한다. 그들이 친사회적 행동을 하고 있지 않다면 반대적인 행위를 할 가능성이 있다는 것은 지역사회 법정 서비스(forensic service) 기관이 가지고 있는 기본적인 철학이다. 사람에게 할 일이나 집중해야 할 무엇인가를 제공하는 것은 중요하다. 일자리를 지원해 주거나 하루 동안 수행할 일을 주거나, 다른 사회적인 활동을 할 수 있도록 지원해 주는 것이 중요하다.

**신념(belief)** 통제이론에 의하면 대부분의 사람들은 사회 공동체를 유지하는 데 법이 필요하다는 인식을 갖는다. 이런 이유로 사람들은 사회가 기능할 수 있도록 법률을 준수한다. Cummins와 Lau(2003a, 2003b)의 이론 모델은 사람들이 이런 신념을 자신으로부터 분리할 수 있음을 보여 준다. 주관적 안녕감(SWB)을 유지하기 위해서 사람들은 인지적 완충기(cognitive buffering system)를 사용한다. 인지적 완충은 개별적으로 인식하는 자신에 대한 통제감, 자존감과 긍정적 생각 유지로 이루어진다. 개개인은 자신의 주관적 안녕감을 유지하기 위해 자신의 성장상 경험과 환경적 상황에 이런 요소들을 적용한다. 지적장애인이 자신의 완충기를 역기능적으로 활용하는 경우가 있는데, 그들이 환경적, 성장상의 어려움에 직면했을 때 그 사회의 법체계나 사회적 관습을 잘 지키지 않는 방식으로 자신의 주관적 안녕감을 유지할 수도 있다. 성범죄 상황에서 보면 이런 사고방식은 그들의 위험 역치점에 대한 인식에 영향을 미치게 된다. 지적장애인과 관련이 있는 이런 개념들은 지적장애인의 대인관계와 부적절한 성행동의 측면에서 그들의 일상적 행동, 인지적 도식에 영향을 미치게 된다.

## 지역사회 공동체 참여와 삶의 질

통제이론은 사회적 결속, 의무, 참여, 그리고 사회적 가치들을 성범죄를 포함하는 모든 범죄자 치료의 기본 방향으로 잡아야 한다는 것을 강조한다. 이런 이유로 자기조절을 위한 전략들을 연구하며 범행 주기 시점에서 범죄자의 자기통제와 인지적 재구조화를 위한 광범위한 기술들을 개발하는 것도 중요하지만 사회적 의무에 순응하고 사회참여를 권장하는 것도 그만큼 중요하다. 지적장애 분야에서 사회적 의무와 참여의 개념은 이미 많이 적용되고 있다. 다양한 분야에서의 지지, 여가 선용 및 취업 지원 등에 관한 문헌도 쉽게 찾아볼 수 있다. 연구자들은 이런 환경을 최대한 활용하여 성범죄자의 치료에서 사회적 참여가 구체적인 이론과 실천 방안이 될 수 있도록 노력해야 한다. 사회적 참여를 권장하는 방안들은 이미 사회적으로 많이 행해지고 있지만 Lindsay(2005)의 논문이 나오기 전까지는 그 중요성이 이론적으로 명확하게 설명되지는 않았다. 또한 일반 성범죄자의 경우 인간적 가치와 삶의 질(QOL)의 이론적인 중요성은 좋은 삶 모델(GLM)의 형태로 명확히 제시되었다. 범죄자의 삶의 질은 치료에 있어서 핵심 요소가 되어야 한다. 이러한 이론적 모델을 근거로 할 때 개인의 삶의 질이 열악하고 타인과의 관계가 나쁘며, 사회적 접촉과 공동체 참여도 미약하고, 주거환경도 좋지 않다면, 성범죄나 재범의 가능성이 높아진다고 볼 수 있다. 이런 환경들은 사회와의 관계 단절을 촉진시키고 사회의 법과 관습에 대한 준수를 경시하게 만든다. 이러한 상황에서 개인은 자신의 주관적 안녕감을 유지하기 위한 인지적 완충을 통해 역기능적인 인지 도식, 성충동, 성장과정상의 부정적 경험이 결합된 성적 상상을 발전시키게 된다.

위의 내용에서 파생된 중요한 논점은 사람들을 사회로부터 격리하여 보호구금 시설에 보내는 것은 잘못된 선택이며, 이것은 결국 사회적 기능, 활동, 관습으로부터 사람을 분리시키는 역할을 할 뿐이다. 보호구금 시설에 있게 되면 그 내부에서 특유한 문화가 형성되며 이것은 기존 사회의 일상적인 가치와 관습으로부터 사람들을 더 멀어지게 하는 역할을 한다. 가성 일탈 가설의 맥락에서 볼 때, 시설에 수감된 사람들은 그들이 공동체사회에 적응할 수 있게 도움을 주는 인지적 능력과 행동적 기술의 발달이 어려워진다. 애석하게도 법의학적인 문제를 가진 사람들을 보호기관에서 보호구금 시설로 보내면서 이런 현상들이 증가하고 있다. 이러한 접근의 치료방식이 억제적인 측면에서 유용할 수는 있지만, 격리는 사실 사회적 참여/삶의 질이라는 치료적 요소와는 대치되는 개념이다. 소수의 경우 그들의 범죄가 심각하고 지속적이며, 적절한 사회 적응 가능성이 희박한 경우 격리가 불가피한 선택일 수는 있다.

그러나 이 장에 제시된 수정된 치료 모델(revised treatment model)이 제안한 것처럼 격리가 가지고 있는 치료의 역기능적 측면을 반드시 인식하고 있어야 한다. 또한 이 모델에서는 지적장애 성범죄자 치료가 효과를 보이기 위해서는 삶의 질이 중요한 요소임을 보여 준다. 삶의 질은 신체적 · 물질적인 관점에서만 파악되어서는 안 되며(물론 이 관점들이 중요하긴 하지만; Emerson & Hatton, 1994) 사회 지향적인 영향과 공동체로의 편입이라는 관점에서 다루어져야 한다. 공동체로의 편입, 공동체와의 연결, 그리고 주관적 안녕감은 지적장애 성범죄자의 치료와 평가에서 중요한 개념이다. 지적장애 범죄자에게 주요한 자기인식 변인들은 우정, 직업, 여가생활에의 몰입도, 자신이 공동체 일원으로서 존중받는 느낌, 그리고 일상적인 사회적 관계를 지속적으로 가지는 것과 연관이 되어 있다. 따라서 지적장애 범죄자 자신이 소속된 지역사회 공동체는 그 사회가 추구하는 가치와 함께 일상적인 부분이 되어야 한다.

지적장애 성범죄자의 치료에 있어 중요하게 고려해야 할 점은 주관적 안녕감의 항상성이 깨지는 경우다. Cummins와 Lau(2004)는 외부적인 원인으로 인해 주관적 안녕감의 항상성이 무너지게 될 때 개인은 인지적 완충을 통해서

적절한 주관적 안녕감 수준을 다시 유지하려고 한다. 필자의 경험으로 볼 때 성범죄자가 체포되어 재판을 받게 되면 그들의 주관적 안녕감은 급격한 수준으로 저하된다. 필자가 체포된 사람들에게 간편 증상 질문지(Brief Symptom Inventory)를 실시한 결과 그들의 우울감은 상승한 상태였다. 그들은 사법 절차를 겪으면서 부정적인 감정이 생기는 것을 경험하게 된다. 그들이 겪게 되는 이런 정서적 경험은 치료에 활용될 수 있다. 필자는 추후 치료 회기에서 그들이 이런 감정을 느꼈던 상황을 다시 언급하면서, 내담자들이 당시 감정을 다시 느껴 보도록 이끈다. 이런 과정은 치료를 받는 범죄자들이 자신의 주관적 안녕감이 손상되는 경험을 피하고 범죄를 하지 않는 삶의 방식을 택하도록 동기를 부여해 준다. Commins와 Lau(2003a, 2003b)의 연구를 보면 사람은 주관적 안녕감을 다시 회복시키고 유지하기 위해서 자신이 느꼈던 부정적인 감정과 그것이 자신의 정신건강에 미친 영향 등을 기억에서 지우려 한다는 것을 알 수 있다. 이런 면을 고려할 때 치료자는 범죄자에게 이 기억들이 생생하게 되살아나도록 계속 언급을 해 주는 것이 중요하다. 범죄에 대한 재판과정은 치료에 활용될 수 있는 좋은 예가 된다. 먼저, 재판과정을 통해 범죄자가 자신의 범죄가 사회에서 얼마만큼 비난받는 일인지를 알게 되어 실질적인 위험 역치점을 갖게 만든다. 둘째, 이 과정을 통해서 그들은 주관적 안녕감의 항상성이 무너지는 경험을 하게 되는데, 이것을 추후 치료 장면에서 치료 동기를 강화시키는 데 활용할 수 있다.

3장에서 설명한 삶의 질을 포함하는 포괄적인 치료방식과 관련된 연구들이 좋은 결과를 보여 준 경우들이다. Griffiths, Quinsey와 Hingsburger(1989), Haaven, Little과 Petre-Miller(1990)는 재범을 억제하는 포괄적인 치료방법에 대해 보고하였다. 직업과 교육적인 배치와 더불어 성범죄에 대한 인지행동치료를 실행한 필자와 동료들의 연구보고서(Lindsay et al., 2002, 2004b, 2006c)에도 사전-사후 치료 효과를 비교하였을 때 범죄의 발생률이 유의한 수준으로 감소한 것으로 나타났다. Sturmey(2004, 2006)는 이러한 개입의 비특정성(non-specific aspect)이 재범의 감소를 설명해 준다고 볼 수 있다고 언급하였다. 현재의 이론적 모델에 의하면 치료방법에 맞추어서 내담자들의 직업 교육적 배치를 구체화할 때 이론적으로 사회에 대한 참여와 몰입이 가능하고 치료적 효과도 기대할 수 있다.

## 결론

필자는 지금까지 일반 성범죄자에 대한 이론을 인과적 동기요인들과 개개인의 사회적 참여에 영향을 주는 심리사회학적 요인들을 포함하는 포괄적인 이론적 모델과 연결시켜 왔다. 이 모델은 지적장애 성범죄자들에 대한 연구, 일반 성범죄자에 대한 연구, 그리고 성범죄에 대한 이전의 연구 결과를 참고한 것이다. 이 모델은 대규모 연구들에서 나온 성충동, 부적절한 성범죄에 대한 결과들 그리고 4부 모델에서 제시된 개념들을 수용하고 있다. 필자는 전제조건 모델, 4부 모델, 그리고 통합 모델의 핵심 개념이자 지적장애 분야에서 지속적인 연구가 진행되어 온 성장과정상의 역기능적인 경험에 대해 언급하였다. 또한 4부 모델과 지적장애에 대한 연구에서 제시된 위험 역치점 개념, 가성 일탈 가설, 통제이론, 주관적 안녕감과 그 항상성 유지의 실패에 관련된 연구 등을 언급하였다. 4부 모델에서 언급된 성격적 요인들은 일반인뿐만 아니라 지적장애인 연구에도 중요한 것으로 드러났다. 전제조건 모델에서 언급된 외부적 · 내부적 억제요인들도 지적장애 성범죄자 연구에서 중요하며 위험 역치점과 구체적인 관련성을 가진다. 정서 조절과 충동성 또한 지적장애 집단에게 중요한 요소이며, 고립과 연관될 때 이 요소들에서 인지적 완충 작용이 나타나며, 이 과정에서 성적 상상이나 역기능적인 성적 도식을 통해서 주관적 안녕감을 유지하려는 시도가 나타난다. 지적장애 성범죄자의 치료에서 이 모든 요소를 다루는 것은 중요하며 이를 위한 구체적인 방법을 제시하는 것도 중요하다. 이 방법들은 다음 장에서 다루어질 것이다.

치료에서는 범죄와 구체적으로 관련된 문제들이 다루어진다. 또한 성범죄자들이 사회에 참여하는 방식과 자신의 삶의 환경과 삶의 질에 영향을 주기 위해 실천해야 할 노력이나 시도도 다루게 된다. 필자는 사회에의 참여와 일체감이 치료의 중요한 부분이며 성범죄자들이 타인과 맺고 있는 관계와 그들의 삶의 질을 다시 한 번 평가하도록 하는 것이 치료의 또 다른 중요한 부분이 되어야 한다고 생각한다. 이런 면에서 직업, 교육 그리고 여가활동이 권장되어야 한다. 이런 활동을 조직하여 범죄자들이 친구나 주변 사람들을 만날 수 있게 하는 것은 결코 쉬운 일이 아니다. 이런 활동은 사회참여라는 측면에서 많은 도움이 되며 개인적 삶의 질 향상이 치료 프로그램을 통해서 일어날 수 있는 것이다. 내담자들에게 타인과의 관계, 취미 등을 지속시키도록 권유하면서 이를 통해 자기조절, 인지적 왜곡 수정하기, 범행 주기의 중요한 순간을 포착하기와 같은 활동을 권장할 수 있다. 치료에 있어서 이 두 가지 방향은 서로 잘 연결된다. 성적 · 사회적 행동에 있어서의 변화는 삶의 질과 참여를 더 향상시키고 또한 범죄를 저질렀을 때 보다 더 나은 삶을 유지하는 것에 어떤 영향을 미칠지를 생각함으로써 범죄를 저지르지 않게 동기를 부여할 수 있다. 이런 개념들은 이론적으로 쉽게 느껴지지만 실제에서는 여러 분야에 걸쳐서 상당한 노력이 필요한 일이다.

지적장애 성범죄자들을 사회에 더 참여하도록 권장하는 데 있어서 조심해야 할 것은 먼저 사회가 이런 성범죄자들을 잘 관리함으로써 사회가 그들로부터 피해를 입지 않도록 해야 한다는 것이다. 즉, 치료자로서 내담자들의 사회참여를 증진시키도록 노력은 해야 하지만, 또한 그것이 가져오는 위험성에 대해서도 반드시 인식을 하고 있어야 한다는 것이다. 이것은 비단 지적장애 성범죄자에게만 국한된 것이 아니며 일반 성범죄자와 좋은 삶 모델(GLM)에 대한 연구에도 해당되는 것이다(Lindsay, Ward, & Morgan, 2005; 18장). 범죄자들이 자신을 조절하도록 교육시키는 것과 타인의 안전을 도모하면서 동시에 그들에게 인간적 권리를 허락하는 것은 상당히 균형 맞추기가 힘든 일이다. 그들이 사회와의 일체감을 가지도록 돕는 노력과 함께 항상 안전하고 적절한 보호감독이 병행되어야 할 것이다.

# 제2부 치료를 위해 고려해야 할 것

# 제7장

# 치료 프로그램 소개

이 프로그램은 이전 장들에서 다루어진 다양한 이론을 참고하여 수년 동안 개발되어 왔다. 다양한 이론이나 원리는 이 프로그램을 만드는 데 핵심적인 역할을 하였으며 프로그램의 지속적인 효과성 검증에도 큰 공헌을 하였다. 이 프로그램의 기반이 되는 원리들은 이미 논의가 되었으며, 다음에 제시된 나머지 요소도 프로그램과의 관련성에 따라 차례로 언급될 것이다.

- 범죄 주기
- 범죄 경로
- 인지치료를 통해 개발된 접근방식
- 동기부여의 중요성
- 관점 이해와 피해자에 대한 감정이입
- 자기조절과 자기통제
- 재범 방지
- 좋은 삶 모델(Good Lives Model)과 삶의 질(Quality of Life)

내담자 집단에 맞추기 위해 치료방식은 다양한 변화를 거쳤지만 그 기본 원리들은 동일하였다. 이 프로그램은 지역사회 공동체 환경에서 실시할 수 있도록 만들어졌으며, 성범죄나 성학대 범죄자의 치료 의뢰자가 많은 경우에도 임상 팀이 실시할 수 있도록 되어 있다. 또한 엄격한 관리감독과 통제가 이루어지는 기관에서도 사용될 수 있도록 안배되었고 주립병원에서도 사용될 수 있도록 그 유용성을 검증받았다. 결론적으로 이 프로그램은 다양한 환경에서 사용될 수 있도록 만들었다.

## 시작

필자의 경험으로 볼 때, 치료 프로그램의 시작 단계는 그 프로그램의 진행자에게는 보통 어렵게 느껴지는 시기다. 집단을 구성하는 각 개인들이 정말 치료 프로그램에 적합한 사람인지 회의가 들기도 하고, 이 집단의 치료가 잘 진행될지, 가장 중요한 것은 진행자로서 우리가 진실하게 프로그램을 수행할 지식과 역량을 가지고 있는지에 대한 걱정이 들기도 한다. 프로그램을 시작하기 전에 염두에 둘 것이 두 가지 있다. 첫째, 진행자는 성범죄자 치료에 대한 지식이 충분해야 하며 지적장애인에게 그것을 응용할 수 있어야 한다. 필요한 정보들은 학술 저널이나 이 책에 치료방식의 형태로 제공되어 있다.

두 번째로 치료 팀 중 적어도 한 사람은 지적장애인에 대해 상당히 잘 알고 있어야 한다. 치료에 쓰이는 모든 언어와 개념은 내담자들의 이해나 참여를 위해서 쉽게 단순화되어야 한다. 이렇게 하는 것은 전혀 어렵지 않다고 생각할 수 있으나, 치료자가 자신에게 익숙한 통상적인 스타일의 언어표현 방식을 내담자 위주로 바꾸는 것은 상당히 어려운 일이다. 필자는 20년 정도의 경험을 가진 치료 진행자도 자신의 말이 정확히 내담자들에게 이해되었는지를 확신하지 못하는 경우를 본 적이 있다. 내담자들이 이해를 하지 못하여 프로그램에 참여하지 못한다면 프로그램을 실시할 이유가 없으며 이런 견지에서 내담자와의 의사소통은 대단히 중요하다.

자신이 하는 말을 계속 관찰하는 것은 어렵지만 중요한 일이다. 어려운 단어는 피하고 개념을 단순화하는 것은 언제나 명심해야 할 사항이다. 진행자는 스스로 설명을 하기보다는 토론을 진행시키고 집단의 결속을 유도하도록 노력해야 한다. 필자는 다른 프로그램의 회기에 초대받아, 치료 진행자가 어떤 개념에 대해 플립차트를 사용하며 5분간 설명하는 것을 들을 기회가 있었다. 사실 내담자 중 읽을 줄 아는 사람은 소수였기 때문에 그 설명에서 언급된 5~6개의 핵심 사항을 알아들을 사람이 거의 없다는 것은 명백하였다. 설명이 끝난 뒤, 필자는 내담자에게 "마지막 5분은 무엇에 관한 것이었죠?" 또는 "핵심 내용을 말해 줄 사람이 있나요?" 와 같은 질문을 했고 한두 사람만이 질문에 대답할 수 있었다. 약 2년간 필자가 참가했던 한 집단에서 "이 모임은 왜 모였나요?" 라는 질문을 한 적이 있고 8명의 참석자 중 2명만이 자신들은 성범죄자 집단이며 성범죄에 관련된 내용을 배웠다고 답하였다. 이런 예들을 통해 효율적인 의사소통이 없으면 참가자들은 그 진행과정에 완전히 참여할 수 없다는 것을 확실히 볼 수 있다.

성범죄자 집단의 치료는 통상 일주일에 1~2회씩 18개월에서 2년 정도 하는 것이 권장된다. 회기를 매주 2회씩 하게 되면 프로그램을 마치는 전체 기간은 상당히 줄어들 것이다. 초기 연구(Lindsay & Smith, 1998)에서 우리는 1년간의 보호관찰 기간 동안 치료를 받은 사람들과 2년 또는 3년의 보호관찰기간 동안 치료를 받은 사람들을 비교하였다. 사실 1년간 치료받은 사람과 2년간 치료받은 사람을 비교한 것으로 볼 수 있다. 표본 크기(각 집단별 7명)가 작다는 것을 감안해야겠지만, 1년간 치료를 받은 집단의 경우 치료 직후 평가와 2개월 후 추후 평가에서 상대 집단보다 치료의 효과가 유의하게 낮았다. 이후에 유사한 결과들을 검토하면서 필자는 1년간의 치료는 시간 낭비라는 결론에 도달했고 그 이유는 Lindsay 등(1998b)에 자세히 서술하였다. 치료의 첫 몇 주나 몇 달 동안 내담자의 저항이 심한 것은 흔한 일이다. 이 이슈는 동기부여에 관한 부분(6장)에서 다루어질 것이다. 보통 첫 3개월은 저항하는 내담자를 다루면서 보내는 경우가 많다. 이후 5~6개월 정도는 치료가 양호하게 이루어지며 이 기간 동안 속마음 드러내기, 범죄 주기와 인지적 왜곡 등의 조사가 이루어진다. 그러나 치료가 9개월 정도 진행되고 나면 내담자는 자신이 치료에 참석하기만 하면 자신의 보호관찰이나 다른 계약적 조건을 이행하고 있는 것을 알게 되고, 이때부터 치료 참여에 대한 의욕이 저하되기 시작한다. 결과적으로 마지막 3개월은 의욕의 상실로 인해 유명무실한 기간이 되는 경우가 많다. 이런 점을 감안할 때 1년의 치료는 사실상 6개월 정도의 치료가 되는 셈이다. 치료 기간을 늘리게 된다면 내담자가 치료에 몰입하게 되는 기간이 늘어나며, 이 기간 동안 가성 일탈 가설과 연관시켜 자기조절이나 통제를 강조하는 것은 대단히 중요하다.

## 기본 진행방식

### 의사소통의 단순화

효율적인 의사소통은 치료에서 대단히 중요하다. 각 집단 회기마다 의사소통이 잘되는지 확인해 보는 것은 중요하다. 진행자는 자신이 전달하려는 메시지에 대해 생각해야 하며 그것을 전달하는 방식에 대해서도 고민해 보아야 한다. 이 모두를 준비하는 것이 치료의 첫 시작 단계에서 쉬운 일이 아니지만, 실천을 함으로써 더 용이해진다.

이해를 쉽게 만드는 중요한 방법 중의 하나는 치료적 개념들을 집단의 반응을 통해서 전개시키는 것이다. 이를 위해서는 소크라테스식 문답법을 많이 활용하여야 하는데, 이는 후반부에 더 설명될 것이다. 사실 내담자들이 복잡한 개념을 가진 단어를 쓰는 경우가 드물지는 않다. 예를 들어, 내담자가 "우리는 단지 우리의 범죄를 정당화하고 있는 것입니다."라는 말을 했을 때, 진행자는 "정당화, 그것 좋은 말이네요. 이 단어의 뜻에 대해 말해 볼 사람 있어요?" 라는 식으로 응답할 수 있다. 한두 사람 정도 정당화라는 단어의 뜻에 대해 말하게 한 후 진행자는 다시 "Brian 씨가 범죄에 대한 정당화라는 말을 했을 때 무슨 뜻으로 그 말을 썼을까요?" 라고 물어본다. 이런 식으로 집단이 단어를 정의하면, 다른 집단원도 더 참여하게 된다. 이를 통해 성범죄 관련 인지적 왜곡 등의 주제를 논의할 때 이 단어가 쓰이게 된다.

## 주인의식

성범죄자 프로그램의 기본적 목표 중의 하나는 집단원이 주인의식과 연대감을 가지도록 하는 것이다. 주인의식을 고무시키는 방법 중의 하나는 프로그램을 처음 시작할 때 집단 구성원들 스스로가 규칙, 형식, 일정 등을 정하게 하는 것이다. 진행자는 구성원들이 직접 각 회기의 내용을 기록하도록 권장해야 한다. 이런 과정을 거치면서 구성원들은 자신의 집단에 대해 나름대로 주인의식을 가지게 되며, 이 프로그램이 자신들이 이전에 들었던 직업 관련 프로그램 또는 훈계적인 내용이 많은 성교육 프로그램 등과는 다르다는 것을 알게 된다. 집단 구성원들이 자신들의 회기를 직접 기록한 예가 [그림 7-1]에 제시되어 있다.

## 집단 규칙

규칙을 정하는 데도 고려해야 할 점들이 있다. 내담자들의 지적 능력을 고려할 때 규칙은 아주 단순해야 한다. 이런 점에서 규칙은 출석과 비밀보장의 두 가지 측면에 초점을 둔다.

**출석** 뒷부분의 동기부여에 관한 부분에서 보게 되겠지만, 집단 구성원들이 프로그램 참여를 원해서 오는 경우는 거의 없다. 출석에 대한 거부감은 거의 모두가 가지고 있으며 출석하도록 요구받았기 때문에 여기에 왔다고 말

[그림 7-1] 집단 규칙의 예시

을 한다. "이번에 여기 오긴 했지만 별로 마음에 안 들면 다신 오지 않을 겁니다."라거나 "몇 번 정도만 참가해 볼까 해서 왔어요. 뭐 더 이상은 아니고." 같은 말을 한다. 이런 태도는 걸림돌이라기보다는 좋은 점으로 보는 것이 좋다. 일반적인 지적장애 분야에서 출석에 대한 강한 저항을 보인다는 것은 어떻게 보면 건강한 감정상의 반응으로 볼 수 있다. 진행자는 치료 프로그램을 진행시키면서 감정적으로 강한 반응들을 치료에 활용할 수 있다. 앞에서 언급되었듯이 치료는 적어도 2년 정도는 지속될 가능성이 많으며 출석은 양보할 수 없는 중요한 원칙이다. 내담자들이 프로그램의 시작부터 장기적인 출석 방침에 따를 수 없다고 말할 경우, 진행자는 즉시 출석이 주는 혜택과 결석이 가져오는 결과에 대해서 자세히 설명해 주어야 한다. 구성원들이 이러한 논의들을 출석의 이점과 결석의 나쁜 점으로 나누어서 직접 플립차트에 기록하게 하는 것도 좋다. 기록을 할 때 글씨 대신에 그림으로 하는 것도 전혀 문제가 없으며, 사실 이렇게 하는 것이 더 좋을 수도 있다. 출석의 이점으로는 집에 거주하는 것, 지역사회 내 생활에서 허용되는 자유, 클럽에 출입할 수 있는 것, 직업과 교육에 관련된 프로그램을 들을 수 있는 것과 같은 것들이다. 결석이 주는 결과로는 주거지에서 계속 보호감독 받는 것, 보호관찰 조건의 불이행으로 인해 법정에 다시 서야 하는 것, 교육을 받을 기회가 없어지거나 가정에 거주할 기회를 박탈당하는 것 등이다. 집단 구성원들이 출석의 이점과 부정적 결과에 대해 개인적으로 더 말할 경우 그것들도 기록하면 된다.

논의가 끝날 때쯤이면 통상 출석을 하는 것이 좋다는 쪽으로 결론이 나게 된다. 논의에서 중요한 것은 개개인이 자신의 의견을 피력할 수 있게 해 주는 것이다. 다른 과제들의 경우에도 구성원이 친사회적인 결정을 할 경우, 진행자는 그들이 사회나 공동체가 기대하는 것들과 일치하는 방향의 결정을 한 것에 대해 칭찬과 격려를 해 주어야 한다.

**비밀보장** 비밀보장은 두 가지 이유로 강조된다. 첫째, 비밀보장은 심리치료의 전제조건 중 하나다. 둘째가 더 중요한 이유다. 지난 20년 동안 부적절한 성행위나 성범죄를 비판하는 경향이 더 커졌고 이에 대한 사회적인 감시나 경계성 활동이 더 일반화되었다. 만약 어떤 빌딩 안에서 성범죄자들이 월요일 오후에 모인다는 것을 누군가 알게 된다면, 무리를 만들어 건물 바깥에서 성범죄자들을 기다렸다가 그들에게 위험한 행동을 할 수도 있는 것이다. 다른 목적으로 건물을 이용하는 사람들도 성범죄자로 오인되어 위험한 행동에 피해를 입을 수도 있다. 이런 감시 경계성 활동은 잘못된 정보하에 시작되는 경우도 많기 때문에 무고한 타인이나 직원들에게 언어적 · 신체적 폭력이 가해질 수도 있는 것이다. 또한 집단원이 회기가 아닌 다른 상황에서 다른 구성원에 대한 말을 한다면 그것으로 인해 그 사람이 위험한 상황에 놓이게 될 수도 있다. 이런 이유로 비밀보장은 대단히 중요하다. 모든 정보는 구성원들에게 소크라테스식 문답법 형식으로 제시되어야 한다. 구성원들 중 일부는 일반인들의 감시 경계 행위를 직접 경험한 적이 있고, 자신들의 경험을 다른 구성원들에게 자발적으로 이야기해 주려고 한다. 이런 방식으로 비밀보장의 중요성은 진행자보다는 그 집단 구성원들이 강조해야 한다. 사람이 직접 경험한 것을 이야기할 때 그것은 더 뚜렷하고 명확하게 다른 사람에게 전달되는 법이다.

집단 구성원들이 원한다면 규칙이 좀 더 추가될 수도 있다. 필자는 위의 두 가지 중요한 규칙 외에도 꼭 필요한 경우 규칙을 추가하는 편이다. 그러나 진행자는 끼어들지 않기, 고함치지 않기, 욕하지 않기, 타인을 비난하지 않기, 딴전 피우지 않기, 일어서지 않기, 말싸움 하지 않기 등 너무 많은 것을 규칙으로 정하는 것은 막아야 한다. 적절하고 정중한 행동을 하게 하는 것은 당연하나 지나치게 많은 규칙은 혼동을 가져오며 정말로 중요한 규칙들의 중요성을 경감시키기 때문이다. '욕하지 않기' 정도를 규칙에 넣어주면 되고, 규칙이 되어야 할 이유가 확실히 있을 때만 그것을 규칙으로 정해야 한다.

집단 구성원들은 대개 자신들이 제안한 집단의 규칙과 진행방식을 잘 지킨다. 그들은 성적인 문제들을 다루는 것이 중요하다는 것을 알고 있으며, 피해자의 감정도 이해하는 것이 중요함을 알고 있다. 성에 대해 생각하고, 자신을 범죄로 이끈 요인들, 미래에도 범죄의 여지가 있는 상황에서 어떻게 행동할 것인지를 생각하며, 이런 것들은 치료에서 다루어져야 한다. 집단원 중 자신의 약점을 은폐하기 위해 터무니없는 규칙을 제안하는 사람이 있다. 이런 경우 진행자는 집단원들은 계획이나 일정 등을 제안하는 데 있어 모두가 집단적인 권위가 있음을 다시 일깨워 주어야 한다. 특정한 사람이 계속해서 자신의 제안을 강요한다면, 이런 행위는 모임을 통해 모두가 주인의식을 가지게 하는 것에 역행하는 행위이며 집단의 지도자가 개입하여 한 개인이 자기 마음대로 전체 집단의 원칙을 변화시킬 수 없다는 것을 확실히 해 주어야 한다. 예외적인 특수한 경우를 제외하고는 이런 경우는 허용되어서는 안 된다. 필자의 경험으로는 극단적인 형태로 이런 일이 발생하지는 않았다.

사실 필자는 집단 구성원들이 이 '주인의식' 이라는 말의 이면을 이해하지 못할 거라고 생각할 정도로 순진하진 않다. 그들도 집단의 환경 설정 자체가 기본적으로 참여자의 주인의식을 약화시키는 역할을 한다는 것을 알고 있다. 집단을 구성하고, 주제를 정하고, 시간적 순서, 주별 시간과 장소를 정하는 사람은 집단의 책임자이며, 성범죄자 치료의 원칙에 대해서도 사전 지식이 있음을 알고 있다. 사실 여기서 하는 모든 것은 구성원들에게 일종의 통제의식을 고무시키기 위함이라고 볼 수 있다. 진행자가 집단을 이끄는 방식이 훈계방식을 취하지 않고 소크라테스식 문답방식이 되도록 신경 써야 한다. 초기 회기에서 구성원들은 다음과 같은 말을 할 수도 있다.

> "규칙이 어떤 것들인지 내가 어떻게 알겠어요. 규칙은 진행자가 만드는 것 아닙니까."
>
> 또는 "이 집단에서 우리가 뭘 해야 하는지 모르겠어요. 얘기를 해 주실래요?"

집단 구성원들이 만든 규칙은 [그림 7-1]에 그 예가 제시되어 있다. 이것은 구성원들이 첫 회기 때 만든 플립차트를 줄여서 복사한 사본이다. 기록에는 글자와 그림이 사용되었다. 그림을 사용한 것은 읽기를 못하는 구성원들이 그 내용을 이해하는 데 도움을 준다. 출석과 비밀보장이라는 중요한 두 가지 규칙도 이 안에 포함되었다.

## 소크라테스식 문답법

발달과 지적 측면에서 장애가 있는 내담자의 치료에서 중요한 기본 원리 중의 하나는 교훈적 또는 훈계적인 방식으로 프로그램을 진행하지 않아야 한다는 것이다. 진행자는 일방적으로 말하기보다는 내담자들로부터 정보를 도출하기 위해서 소크라테스식 문답법을 사용해야 한다. 이런 과정을 통해 내담자들은 스스로 적절한 정보를 도출하고 또한 그것을 기억하게 된다. 치료 초기에 내담자들은 집단의 진행자가 절차, 방식, 규칙 등에 대한 윤곽을 알려 줄 것이라고 기대하기 때문에, 진행자가 이 방식을 적용하는 것은 대단히 어려운 일이다. 일부 내담자는 실수를 하거나 '오답을 말하거나' '엉뚱한 짓을 하거나' '자신을 바보로 만들까 봐' 걱정한다. 문답법은 진행을 돕는 방식으로 사용되어야 한다. 진행자들은 결국 회기를 훈계적인 방식으로 진행할 것이라는 내담자들의 예측에 부합되게 행동해서는 안 된다. 치료 초기에 이 같은 방식이 확립되어야 효과를 이룰 수 있다.

소크라테스식 문답법을 통해 내담자들은 토의에 계속 참가하면서 제시되는 증거의 부분부분을 점검하게 된다. 내담자들은 이런 귀납법적인 사고방식을 통해 문제점들에 대해 사고하게 되고 그 과정을 통해서 사회화된 인지 또는 원칙을 가지게 된다. 이런 과정을 통해서 내담자는 자신이 다루었던 정보를 더 잘 기억하고 내재화하게 된다. 그들은 사회화된 원칙, 사회화된 인지, 사회화된 규칙적 행동 등에 대해 알게 될 뿐만 아니라 왜 이런 원칙이나 인지 방식들이 다른 방식들보다 더 바람직하고 적응력이 있는지를 스스로 깨닫게 된다. 이런 문답방식이 일회성으로 사용되면 그 효과가 거의 없지만 몇 주, 몇 달씩 반복적으로 사용되면 다음의 두 가지 치료적 효과를 가져오게 된다.

- 첫 번째 효과는 인지치료다. 집단 구성원들은 자신들이 외부에 대해 가지고 있는 인지적 도식과 가정을 돌아보고, 그에 의해 파생된 자신만의 생각과 인지적 왜곡도 보게 된다. 제시된 증거를 반복적으로 검토하고

질문하는 과정을 통해서 그들은 이전에 자신들이 가졌던 인지적 도식과 그에 기반하여 가졌던 생각이나 가정들이 자신이 저지른 범죄를 정당화하는 역할을 했음(뒤에 예가 제시됨)을 이해하게 된다. 그들은 자신이 가진 인지적 왜곡을 옳은 것으로 여겼고 그것은 그들의 범죄 경로나 범행주기 형성에도 도움이 되었다. 구성원들은 자기들 스스로 소크라테스식 문답법 형식으로 이런 깨달음을 도출해 내면서 자신들이 깨닫게 된 메시지를 더 잘 내재화하게 되며, 사회화되고 적응적인 인지 도식과 인지방식에 적응하게 된다.

- 두 번째 치료적 효과는 구성원들이 자신이 가진 관점과 동기에 대해 의문을 제기하는 습관을 가지게 된다는 것이다. 재범이 일어날 수 있는 일상생활에서 이런 습관은 치료자들이 원하는 것이라고 할 수 있다. 소크라테스식 문답법의 예는 이 책에서 계속 등장할 것이며, 집단 규칙과 주인의식을 고양하기 위한 절차를 만드는 과정에서도 이미 소개되었다. 성범죄자 치료 프로그램을 시작하기 전에 진행자는 역할극을 통해서 문답법을 연습하는 것도 좋다.

## 역할극의 활용

지적장애인은 역할극에 잘 몰입하는 편이다. 진행자는 역할극에서 강한 정서적 · 행동적 반응이 나올 수 있다는 것을 먼저 인식하고 있어야 한다. 그 예로, 음주에 대한 치료 상황에서 역할극을 하기 위해 술집 분위기를 만들고, 한 사람이 비알코올 음료를 주문하는 상황을 연출하게 하였다. 술집을 연상시키는 테이블과 잔들이 있고 뒤에는 바텐더가 있다. 이 상황에서 필자는 비알코올 음료를 주문하면서 굉장히 창피스러워하는 참가자들을 본 적이 있다. 그들은 창피한 느낌에 역할극을 거부하거나 비알코올 음료를 주문하면서 땀까지 흘렸다. 또 다른 경우에, 분노치료 프로그램에서 분노를 일으키는 상황이 역할극을 위해 설정되었고 참가자는 그 상황에서 굉장히 화를 내었다. 실제 상황이 아닌 역할극에서 이런 반응들을 보면서 진행자는 상당히 놀랄 수 있다. 그러나 역할극은 이처럼 상당히 극적인 반응을 보여 줄 수 있다.

역할극은 성범죄자 치료에서 빈번히 사용되고 있다. 역할극은 공식적 또는 비공식적 방식으로 활용된다. 이 책에도 공식적 · 비공식적 유형의 역할극이 소개되어 있다. 비공식적 역할극은 그 상황에서 자연스럽게 행해지는 것이다. 이 경우에 자주 행해지는 것이 국가기관인 행정부 역할을 맡아서 해 보는 것이다. 보통 행정부는 주거도움 위원회, 가석방 위원회, 병동 임상 팀 등으로 이루어진다. 이제 치료를 받는 집단의 구성원 중 한 사람이 자신을 돌봐 주는 사람이 자신이 어떤 행동을 할 수 있도록 허락해 주지 않는 것에 불만을 가지고 있는 상황이거나, 또는 행정부가 자신의 생활환경에 변화를 주는 것을 지연시키는 것에 대해 불만을 가지고 있는 상황이라고 하자. 치료 프로그램 진행자는 모든 단계에서 결정이 내려질 수 있도록 상황을 조절하고 불만을 제기한 그 구성원을 행정부의 의장 역할을 맡게 하거나, 아니면 각 집단 구성원들의 성격에 따라서 적합한 사람을 그 위원회의 의장을 맡게 할 수도 있다. 불만을 제기한 그 구성원이 자신에 대한 결정을 내릴 수 있는 힘을 가진 사람의 역할을 맡는 것은 도움이 된다. 집단 구성원들이 복지기관 직원, 지역사회 간호사, 심리학자, 심리치료사, 또는 다른 관련 직업의 역할을 맡도록 한다. 진행자가 불만을 제기한 구성원의 역할을 맡음으로써 다른 구성원들에게 심리적 안정감을 줄 수 있다. 논쟁과 문제점들은 의장이 처리를 하게 된다. 위원들은 논의가 되고 있는 어떤 활동에 관련해서 또는 그 구성원의 생활환경에 관련해서 그 구성원이 위험 상태에 있다고 간주할 수 있다. 어느 쪽이든 위원들은 의장에게 그 구성원의 미래를 위해서 나름대로 권고안을 제시할 것이다. 이 경우 의장은 위험 가능성에 관련해서 제시된 여러 가지 평가안을 참고하여 결정해야 한다. 다른 구성원들은 아마도 위험 가능성을 가장 줄일 수 있는 쪽으로 결정할 것이다. 진행자는 구성원들 한 사람 한 사람에게 불만을 제기한 구성원에 대해 어떤 결정을 내렸는지 물어보면 된다.

진행자: John은 사회복지 직원으로서 Alex가 나이트클럽에 자기 마음대로 가도록 허락해 주어야 되는지에 대해 결정을 내려야 합니다. Alex가 이전에 신체를 노출한 전력이 4번 있고, 또 나이트클럽에서 여성의 몸을 더듬었다는 말을 한 것도 들어서 알고 있죠. Alex는 9개월째 치료 프로그램에 참여하고 있고 이젠 자기 마음대로 나이트클럽에 가고 싶어 합니다. 어떤 조치를 취해야 좋겠습니까?

Alex: 아직까지는 자기 맘대로 나이트클럽에 가도록 허락되어선 안 된다고 생각합니다. 재범 가능성이 있습니다.

진행자: 9개월간 치료 프로그램에 출석을 했는데 어느 정도 나아졌다고 생각하나요?

Alex: 어느 정도 나아지긴 했죠. 그렇지만 그걸로 충분치 않아서 재범할까 걱정됩니다.

진행자: 자, Peter는 Alex의 집에서 2년간 관리를 했는데, Alex의 행동이나 자기관리가 어떻습니까? Alex가 오늘밤 나이트클럽에 가고 싶어 합니다. 어떤 일이 일어날지 생각을 얘기해 주시기 바랍니다.

Peter: 지금까지 잘해 왔고 집에서도 특별한 문제는 없었어요. 근데 어제 저녁엔 술을 한잔했고, 아무래도 나이트클럽 같은 곳을 가기에는 좀 더 기다려야 할 것 같습니다.

비슷한 정보들이 역할을 맡은 다른 구성원들에게도 전달이 되고, 결국 좀 더 엄격한 권고가 의장에게 전달된다. 의장은 이 사람에게 나이트클럽에 가는 것을 허락할지에 대한 결정을 내려야 한다. 이 경우 의장은 나이트클럽에 가는 것을 허락하는 위험요소가 높은 결정을 할 수도 있다. 이때 진행자는 의장이 사회적 의무를 가지고 있으며 만약에 내담자가 재범을 할 경우 거기에 책임을 져야 한다는 것을 상기시켜 주어야 한다. 또한 관리자로서 성공은 긍정적인 결과가 나오는가에 달려 있고, 이런 이유로 그들이 위험성이 있음을 알면서도 결정을 한 것이라면 자신들의 결정으로 인해서 자신의 직업을 유지 못하는 상태가 올 수도 있다는 것도 알려 줘야 한다.

이런 역할극에서는 의장이 난감한 상황에 처하는 경우가 많다. 의장은 나이트클럽에 갈 수 있도록 허가를 해 주고 싶지만 다른 위원들이 그런 결정을 유보하게 하는 결정을 한 것을 알게 된다. 역할극의 효과는 다양하다. 첫째로, 역할을 맡은 당사자는 자기의 관점 외의 다른 관점에 대해 생각해 볼 기회를 가진다. 두 번째로, 집단원들은 모두 다른 관점에 대해 이해할 기회를 가진다. 자신이 관련된 일에 다른 사람들도 의견을 피력한다는 것을 알게 되는 것이다. 그들은 이런 타인의 의견을 기반으로 해서 의견을 내야 한다. 타인의 견해를 들음으로써 피해자에 대한 공감이 가능해진다. 역할극의 또 다른 장점은 재미있고 즉흥적이란 점이다. 역할극의 두 번째 유형인 공식적 유형의 역할극은 사전에 미리 계획을 해서 진행된다. 치료 프로그램의 피해자에 대한 인식을 다루는 부분에서는 일련의 역할극이 진행된다. 이 역할극들에서 구체적인 논점이나 경험이 다루어진다. 이 활동의 장점은 집단원들이 역할극에서 다루어지는 논점에 대해 어떤 깨달음을 가질 수 있다는 것이다.

역할극은 집단의 치료 책임자나 구성원들에게 뭔가 부끄럽고 위협적으로 느껴질 수 있다. 따라서 진행자와 같은 책임자들이 회기 시작 전 역할극을 연습해 보는 것이 좋다. 진행자가 프로그램을 소개하는 회기를 시작하기 전에 행정적 역할에 대한 역할극을 미리 연습해 보는 것은 좋은 생각이다. 이런 사전 연습을 통해 진행자는 역할극에 더 편해지며, 그 진행과정에 대해서 나름대로의 아이디어를 가질 수 있게 된다. 결론적으로 진행자가 역할극에 대해서 광범위한 경험과 지식을 가지는 것은 도움이 된다.

## 비유의 사용

심리치료에서 특정한 논점을 보여 주기 위해 비유가 자주 사용된다. 집단 구성원들은 해당 당사자에게 공격적으로 느껴질 수 있는 심리적인 문제들과 그에 관련된 행동 원칙에 대한 언급을 비유를 통해서 논의할 수 있다. 비유는 실제 사건이 아닌 예를 사용하여 그것을 추상적으로 검토하고 분석하는 것이다. 실제로 일어난 것은 아니지만 실제 상황과 직접적으로 관련이 되고 논의되는 원칙이나 논점들이 그대로 적용된다. 현재의 성범죄 치료 프로그램에는 이 방식이 포함되어 있다. 구성원들이 기소된 범죄가 아닌 다른 예를 통해서 그들의 인지적 왜곡, 가정과 인지 도식, 범죄 주기, 반복되는 행동, 신체적 흥분이나 자극과 같은 것들을 훨씬 쉽게 이끌어 낼 수 있다. 절도나 알코올 및 약물 남용 같은 범죄에서도 위와 같은 요소들을 이끌어 낼 수 있다. 진행자들은 제시된 예를 귀납적 추리과정을 통해서 도출하려는 원칙에 잘 접근시켜야 한다. 이런 방식으로 원칙들이 덜 위협적인 분위기에서 도출되고 그것들이 일반적인 성범죄와 각 구성원들의 범죄 경력에 어떻게 연관되는지가 논의된다.

치료 프로그램이 전개되면서, 구성원들은 비유를 사용한 예가 실제 기소된 사건과 상당히 유사하다고 느낄 수 있다. 가상의 상황은 실제로 일어난 범죄의 상황과 유사해진다. 그러나 이 상황들은 가상이며 예시적인 것이기 때문에 집단 구성원들은 그것을 논의하는 것에 대해 여전히 안전한 느낌을 가지게 된다. 만약 집단 구성원들이 특정 구성원의 범죄에 대해서 논의하는 방식을 취한다면 인지 도식, 왜곡된 인지적 구조, 성충동에 대한 해석 등의 도출은 상당히 공격적이며 대치적이 될 수 있다. 가상적인 상황을 제시함으로써 이런 논의가 더 용이해지는 것이다. 논의가 진행되면서 특정 구성원이 제시된 가상의 예가 자신이 저지른 범죄와 유사하다고 느끼면서 그에 대한 논의를 불편하게 느낄 수 있다. 가상의 예가 특정 내담자의 범죄와 아주 유사하다고 생각되면 제시된 예는 더 이상 가상의 것이 아니라 실제적인 사건이라고 인식된다. 그렇다 하더라도 그것이 기본적으로 가상적 예이기 때문에 관련된 원칙들이 특정 구성원의 저항 없이 도출될 수 있다.

## 일반적 예시(비유)에서 구체적인 범죄로 옮겨 가기

이 방법은 인지적 왜곡을 볼 수 있게 하고, 행동 스크립트(behaviour script)

와 범죄 주기를 식별하고, 인지적인 도전을 권장하기 위하여 빈번히 사용된다. 진행자는 각 구성원의 범죄 경력을 잘 알고 있어야 하며 치료 프로그램을 확실하게 이해하고 있어야 한다. 인지적 왜곡을 드러내기 위하여 가상적인 사건과 문제해결 시나리오를 논의하는 것은 일반적으로 각 구성원들이 자신의 기소 범죄와 그와 관련된 다른 범죄에 대해 말하는 단계 이후에 이루어진다. 진행자는 이런 귀납적 과정을 통하여 일반적 범죄와 관련되며 또한 구성원의 특정 범죄와 관련되는 일련의 원칙을 정립하는 쪽으로 회기를 진행해야 한다.

이 집단은 가상적인 상황에 대해서 논의를 해 오고 있는 중이다. 상황은 술집에서 자신의 인생(세부 사항은 집단 모임에서 이미 논의되었음)에 대한 불만으로 술을 마시고 취한 한 남자에 대한 것이다. 그는 성적으로 흥분한 상태였고 술집에서 술을 많이 마시고 있는 한 여성에게 매력을 느낀다. 그는 그녀가 가는 길을 따라가서 그녀를 성추행한다. 이 상황의 세부적 내용들은 훨씬 더 자세히 집단 모임에서 이야기되었고, 이 상황은 집단 구성원 중의 한 사람(Bill)이 저지른 범죄와 유사하다.

David(구성원 중 한 사람): 그 남자는 아마 집에서 나올 때부터 성행위를 하고 싶었지만 그럴 용기가 없었던 것 같아요.

진행자: 술집에 도착하기 전 이미 성행위를 생각하고 있었다고 생각하는 것이 흥미롭네요, David.

David: 아마 거기서 누군가와 대화라도 해 보고 싶었겠지만 자신이 없었을 거예요. 그래서 다른 방법으로 여자를 얻으려고 시도한 거죠.

진행자: 왜 술집에 갔다고 생각하나요?

David: 거기 가면 아마도 술에 취한 여성이 있을 거라고 생각했을 거고, 자기도 용기를 내기 위해서 한잔하고, 그러곤 여자를 추행하려고 나간 거라고 생각해요.

진행자: 그걸 뭐라고 부르면 될까요?

David: 그게 무슨 말이죠?

진행자: 집에서 이미 결심을 했던 건가요? 그러니까 미리 성범죄까지 하려고 결심을 하고 있었냐는 거죠.

다른 구성원: 자신이 속으로 한 결정에 대해 Bill은 말을 애매하게 하는 것 같은데요.

진행자: 그건 무슨 말인가요?

다른 구성원: 자기가 원래 그런 마음을 먹은 건 아니고 여자들이 있을 만한 술집을 가려고 생각하면서 그런 마음을 먹게 된 거라고 말하는데요.

진행자: 그런 식으로 결심을 하게 되는 것을 뭐라고 부르죠?

다른 구성원: 일종의 설정이죠. 그래요, 이런 걸 설정이라고 부르지 않나요?

진행자: 상황을 설정하는 것이라고 할 수 있겠네요.

David: 여성을 공격할 가능성이 있는 상황에 자신을 있게 하였다는 거죠. 거기에 여자가 올 거라는 걸 미리 알고 있었던 거예요.

다른 구성원: 여성에게 말을 걸거나, 결국엔 여성을 추행하거나 강간을 하게 되는 거죠.

진행자: 맞습니다. 그런 것 같아요. 지금 우리가 이야기한 내용이 Bill이 한 것과 비슷한 것 같습니다. Bill, 술집에서 술을 마시다가 한 여성을 발견하고 그 여성이 귀가할 때 따라가서 성추행을 하지 않았나요?

Bill: 그런 일이 있긴 했지만, 전 여성을 보지도 않았고 그리고 성추행하겠다고 속으로 작정하지도 않았습니다. 제 경우는 이것과 다릅니다.

진행자: 여성을 보지도 않았고 성추행하려고 계획한 것도 아니기 때문에 다르다는 거죠. (플립차트를 가리키면서) 그런데 여기 보면 이 남자는 집을 나설 때 여자를 이미 원하고 있었다고 하는데, 어떤가요? 집을 나설 때 그런 생각을 했나요?

Bill: 아뇨. 그냥 어쩌다 보니 일이 그렇게 되어 버렸어요.

진행자: 다른 사람은 어떻게 생각하는지 궁금하군요.

추측할 때에도 마찬가지다.

- 이전 회기를 기록한 플립차트는 구성원들로 하여금 이전 회기의 내용을 기억하도록 할 때 사용할 수 있다. 플립차트를 앞에서 뒤로 넘기면서 구성원에게 이전 회기의 내용을 기억하는지 물어볼 수 있다.

## 형식에 대한 정리

각 치료 모듈(module)은 여러 개의 연습활동(exercise)으로 나누어진다. 연습활동이라는 단어가 회기라는 단어보다 선호되어 사용되는 이유는 각각의 연습활동에 걸리는 시간이 다르며, 꼭 한 회기 내에 한정되지 않기 때문이다. 하나 또는 둘 정도의 활동들은 집단 전체 인원이 다 해도 30분 정도의 시간만 걸릴 정도로 짧을 수 있고 어떤 연습활동들은 한 사람당 한 회기 정도의 시간이 걸릴 수도 있다. 한 주에 한 회기 정도 한다고 가정할 때, 모든 치료 모듈을 마치는 데는 보통 18개월에서 2년 정도 걸린다. 한 주에 회기가 두 번 있을 경우 시간은 더 줄어들겠지만, 한 단위를 마치는 데 정확히 어느 정도의 회기가 필요할 거라고 단정할 수는 없다.

진행자가 더 노련해지면, 앞으로 실시할 모듈과 이미 실시한 모듈을 혼합하여 특정 회기에 실시할 수도 있다. 다른 모듈을 실시하면서 동시에 관계와 태도에 대해서 활동을 하는 것도 연관성이 있으며 적절하다고 볼 수 있다. 범죄 행위의 개방(disclosure)을 다루는 특정 모듈이 있기는 하지만, 필자는 진행자가 늘 각 구성원의 범죄 행위에 대해 검토를 하고 있다고 생각하며, 범죄와 연관된 인지적 왜곡이나 행동 스크립트에 대한 정보를 얻을 경우 다른 모듈의 한 부분으로서 범죄의 개방을 다시 다루어야 한다. 이런 이유로 회기를 시작하기 전에 전체 프로그램을 먼저 이해하는 것이 중요하다. 그래야만 미래의 모듈에서 다룰 측면들을 필요가 있다고 생각되면 그 이전의 회기에서도 반영할 수 있고 그 반대의 경우도 가능한 것이다.

이런 치료 프로그램은 진행자가 일일이 따라 할 수 있도록 가이드라인의 역할을 할 수도 있으며 진행자가 경험이 풍부한 경우 어느 정도의 틀을 제공하는 역할을 하게 된다. 성범죄 집단치료의 형식에 있어서 모든 것을 여기서 지시된 대로 하도록 하는 것은 필자의 의도가 아니다. 진행자의 경험이 많아지면서 자신의 집단원들에게 맞는 활동을 추가하게 된다. 또한 그 집단원들이 처한 상황은 지역사회 공동체, 지역 공동체의 집, 지원받은 주거 형태, 낮은 수준의 보안시설, 보호관찰 상황 등인데, 각각의 상황에 맞게 진행자는 활동을 추가하게 된다. 이런 현상은 당연한 것이며 여러 가지 맥락을 고려하여 이루어져야 한다. 진행자는 치료 프로그램의 일부 측면이 자신의 집단원들에게 적합하지 않다고 여길 수 있으며, 그런 이유로 일련의 연습활동을 제외할 수 있다. 그러나 진행자로서 주의해야 할 것은 특정 활동을 하는 것이 불편하기 때문에 그것을 제외하면 안 된다는 것이다. 성적인 측면, 역할극, 범죄 사실 개방 등에 관련된 활동은 불편하고 개인적으로 부담스러울 수 있다. 진행자는 개인적으로 성범죄 치료 프로그램을 불편하게 느낄 수 있으며, 이것은 진행자들을 지지해 주는 치료자 모임 등에서 공개적으로 논의되어야 한다. 이에 대해서는 뒤에서 자세하게 다룰 것이다.

### 개방 순환 프로그램(open rolling program)

지난 15년 동안 필자는 치료 프로그램에 개방 순환형 방법을 사용해 왔다. 이 방법을 사용하면 성범죄자 프로그램은 중단 없이 계속해서 진행될 수 있다. 성범죄자들은 평가를 받은 후 프로그램에 합류하게 되고 개별적인 치료 목적이 달성되고 임상 팀이 동의하면 프로그램을 종료할 수 있게 된다. 내담자가 보호관찰 기간에 있는 경우 통상 그 기간이 끝날 때 프로그램을 종료한다. 개방 순환형 방식은 내담자별로 다양한 치료적인 충족 사항을 수용할 수 있으며 집단 역동의 측면에서도 장점을 가진다. 첫째, 내담자들은 대기자 명단에 오른 채 새로운 프로그램이 시작할 때까지 오랫동안 기다릴 필요가 없다. 그들은 초기 평가가 끝나면 치료를 시작할 수 있다. 평가는 물론 지속적으로 행해지지만, 초기 평가의 경우 배경 정보 인터뷰, 위험성 평가, 그리고 심리평가 등으로 이루어지는 확실한 단계들로 이루어진다.

이 방식의 장점은 집단 치료를 오랫동안 받아 온 구성원들이 새롭게 시작하는 참가자들을 도와줄 수 있다는 것이다. 자신의 범죄를 공개하는 단계가 오면, 기존의 집단원들이 새로운 참가자가 그것을 힘들어할 때 심정적으로 도와줄 수 있다. 그들은 "우리도 우리가 한 일을 말해야 할 때는 정말 힘들었어요." "그래도 말하고 나면 기분이 훨씬 나아집니다." "모두 다 힘들어했고, 나도 말할 때는 정말 화가 났어요." "나도 그냥 잊어버리고 싶은 일들을 다시 말하는 것이 싫었는데 하고 나니까 기분이 괜찮아지더군요."와 같은 말을 해준다. 필자는 그들의 이런 말들이 자신의 범죄를 공개해야하는 단계에 있는 새로운 참가자들에게 큰 도움이 된다고 느꼈다. 프로그램이 몇 주 혹은 몇 개월 정도 지났는데도 자신의 범죄에 대해서 말하기를 거부하는 구성원들이 있다(Lindsay et al., 1998b). 이 경우 치료를 먼저 시작한 집단원들의 격려나 지지가 진행자의 도움보다 훨씬 효과적이다. 필자의 경우 지난 10년을 볼 때 자신의 범죄를 공개하는 것을 2주나 3주 이상 거부한 사람은 없었다. 진행자가 치료를 시작하면, 한두 번의 회기를 거치면서 공개를 하는 것에 대한 심적 저항은 극복이 된다. 기존 집단원이 보다 늦게 새로운 참가자에게 주는 도움의 효과는 대단하다고 볼 수 있다.

개방 순환형 프로그램은 긴급한 문제에 대한 반응을 높일 수 있다. 삶의 방식이나 성범죄적 측면에서 문제가 있을 때 그런 문제들이 회기에서 다루어지며, 새로운 참가자들은 기존의 집단 구성원들이 피해자에 대한 인식 또는 범행 주기 같은 문제들을 어떻게 생각하는지를 관찰할 수 있다. 그들은 필요할 때 관련된 정보를 조직화하는 방법을 자연스럽게 배우게 되며, 이것은 치료 프로그램의 진행을 도와준다.

필자가 개방 순환형 방식의 집단치료를 시작했을 때, 진행자와 집단원들이 염려했던 것은 새로운 구성원이 들어올 때였다. 즉, 진행자와 집단원들 간에 형성된 신뢰나 결속감이 새로운 참가자에 의해서 손상될 수 있다는 것이었다. 또한 진행자가 해 오던 치료의 흐름이 새로운 구성원 때문에 방해를 받을 수 있으며, 기존의 구성원들과 새로운 구성원을 치료하는 데 필요한 방법들이 다를 수 있고 그것이 부담이 될 수 있다는 것이다. 실제로 필자가 치료 프로그램을 진행하는 데 어려움을 느낀 경우는 많지 않으며, 그것은 주로 새로운 참가자가 느끼는 불안감에 기인한 것이었다. 새로운 참가자가 기존의 집단원들을 만나는 것에 대한 심적 부담감이 너무 커서 대체적인 방안을 강구했던 적이 있었다. 그 새로운 참가자를 집단치료에 넣지 않고 진행자와 개별적인 회기를 갖게 하면서, 점진적으로 집단치료에 참가하도록 유도하였다. 또한 새 구성원이 집단에 소개될 때는 개인적인 정보는 논의되지 않는다고 확신을 주었다. 이로 인해 새로운 구성원이 다른 집단원들과 함께 통합된 구성원이 되기 전에 다른 구성원에 대해 비밀스럽고 개인적인 정보를 알게 될 가능성은 없었다. 치료의 초기 단계에 새로운 참가자가 치료의 전반적인 과정에 적응하기 위하여 진행자와 개별적인 회기를 가지는 것은 흔한 일이다. 어떤 경우에는 기존의 구성원이 진행자와 같이 새로운 참가자를 도와주는 일도 있었다.

앞서 언급되었듯이 치료 프로그램은 연중 계속 진행되며, 집단원들은 모든 회기에 출석을 해야 한다. 이런 요구 사항을 통해서 집단원들은 자신이 성범죄를 저질렀기 때문에 자신이 누리는 자유의 일부가 제한된다는 것을 깨닫게 된다. 물론 그들이 기관에 수용되었더라면 더 많은 자유가 제한되었을 것이다. 또한 이런 경우들을 통해서 그들은 자신의 자기조절, 위기관리라는 측면에서 자유가 제한되는 것을 알게 된다. 즉, 초등학생들이 귀가할 때 대중교통수단을 이용하지 않거나 술이 제공되는 파티나 공원 등에 가는 것을 피하기 등이 제한되는 자유의 예라고 할 수 있다. 일반적으로 프로그램 진행자들은 휴일이나 휴가 시, 참가해야 할 모임이 있는 때라도 치료는 지속적으로 진행시킨다. 크리스마스나 새해 휴일을 제외하면 프로그램이 쉬는 경우는 거의 없다. 사실 연말과 새해 휴일은 파티나 술을 마실 위험성이 더 커지기 때문에 필자의 경우 가능하면 크리스마스와 새해 휴일 사이에 회기를 두어서 치료를 지속시킨다.

내담자들은 보통 치료자가 치료의 목표를 달성하였다고 느끼거나 보호관찰 기간이 끝날 때까지 계속 치료 집단에 있도록 권장된다. 보호관찰 기간은 보통 3년이며, 이정도 기간의 치료는 적합하다고 볼 수 있다(4장 참고; Lindsay & Smith, 1998). 임상 팀이 그 팀이 맡은 내담자가 치료의 목적을 달성하였다고 해도, 특별한 이유가 없는 한 치료 집단에 계속 남아 있으라고 권고하는 것이 점점 늘어나는 추세다. 내담자가 다른 주거환경으로 옮기는 경우는 그들의 인생에 다른 이유로 인한 변화와 연관된 경우가 많다. 개방 순환형 치료 프로그램은 성범죄자 치료를 다양한 상황에 맞추어 진행할 수 있도록 해 준다.

## 직원(스태프)의 지원

성범죄자 치료에서 고려되어야 할 가장 중요한 것 중의 하나는 정기적인 직원의 지원과 감독이다. 치료가 진행되면서 아동이나 성인에 대한 성학대의 내용들이 계속적으로 공개되며, 그 내용은 상당히 사적이며 구체적이어서 진행자나 치료사가 듣기에 매우 거북하고 분노를 느낄 수 있다. 필자의 경우도 수십 년이 지났지만 여전히 기억하는 거북한 내용의 이야기들이 있다. 이런 이유로 진행자가 어떤 감정 상태에 있는지를 규칙적으로 관찰하는 것이 필요하다. 치료 프로그램을 통해서 범죄자가 사건을 공개하거나, 피해자에 대한 공감, 범행 주기에 대한 활동 등이 다뤄지고, 성적 상상 또는 음란물에 대한 논의가 있을 때 진행자는 이런 내용들에 대해서 반응을 하게 된다. 필자의 경우 회기 때 다루어진 내용물들에 대한 점검, 회기 때 개인적으로 민감하게 받아들여진 부분, 집단원들이 회기에 몰입한 정도 등을 논의하기 위해 주기적으로 모임을 가진다. 이런 부분들도 중요하지만, 진행자 자신이 회기에서 다루어지는 내용들에 대해서 어떤 반응을 했는지도 아주 중요하다. 진행자가 개별적으로 상담자와 상담을 통해서 회기에서 다뤄진 내용들에 대해 자신이 어떻게 느꼈는지를 논의하는 것도 가능하다. 모든 기관에서 다 필요하진 않겠지만, 이런 상담은 여러 곳에서 활용되고 있다. 진행자는 상담자를 2개월에 한 번씩 만나거나 아니면 만나지 않거나 상황에 맞게 조절할 수 있다.

직원들이 치료 상황에서 느끼는 감정들을 잘 극복할 수 있을 것이라고 막연히 기대를 해서는 안 된다. 어떤 사람들은 성범죄에 대한 이야기가 대단히 불쾌하게 느껴지고 이것으로 인해 자신의 일에 집중을 못하게 된다. 필자의 지인 중 두 사람은 성범죄자를 치료하는 일을 시작했지만 심리적 압박감을 극복하지 못하였다. 자신이 이런 감정들을 극복하지 못했음을 표시하지 않고 다른 분야의 일로 이직하는 경우도 많다. 이런 종류의 일에 원래 맞지 않는 사람들도 있는 법이다. 6개월 정도 일하면서 일이 불편하지 않고 이런 일의 필요성도 이해한다고 말은 했지만, 장기적으로 일하는 것은 원치 않고 다른 일을 하게 되었을 때 그것을 반가워하는 경우도 많다. 이것은 충분히 있을 수 있는 일이다. 필자는 직원들 자신이 느끼는 감정을 숨기기보다는 솔직히 말해 주는 것을 원한다. 어떤 진행자들은 4년에서 5년 정도 임상 팀에서 열심히 활동하다가 어떤 한 시점에서 더 이상은 못할 것 같다고 말하는 경우도 있다. 더 지속적으로 일하기를 바라기보다는 5년 정도 이 분야에서 활동하였다면 상당한 시간 동안 일한 것이며 공헌도 많이 하였다고 인정해 주어야 한다. 중요한 것은 이 일은 사람을 탈진시킬 정도로 힘들다는 것이다. 서로 도와주고 정기적인 모임을 가지는 것이 힘든 시점을 넘기는 데 대단히 도움이 되며, 이 일을 장기적으로 계속 해 주기를 바라지는 말아야 한다.

최근에 직원들의 안녕과 소진(Skirrow & Hatton, 2007)에 관한 논문들이 증가하고 있다. 직원들의 안녕감은 그들이 범죄자를 돌보고 치료할 때 그 효율성에 영향을 준다(Hastings, 2002). 이런 이유로 성범죄자와 같은 범죄자들을 상대하는 직원들의 안녕감과 정서를 고려하는 것은 중요한 일이다. 문헌상에서 가장 많은 스트레스와 소진을 보이는 직원은 폭력과 공격성을 보이는 범죄자를 상대하는 직원들이다(Taylor, 2002). 주거형 환경에서 지적장애 범죄자를 돌보는 직원에 대해서, Rose와 Cleary(2007)는 직원들이 폭력적인 행동에 노출되었다고 해서 직업에 관련되어 발생하는 폭력을 더 두려워한다는 것을 입증하는 지속적인 증거는 없다고 언급하였다. 그러나 직원들이 느끼는 소진은 그들이 폭력에 노출되었다는 것과 관리부서 지원의 부족과 관계가 있다(Hastings, 2002). 직원이 지적장애인을 다루는 환경에서 폭력에 노출되었지만, 그들이 성적 학대자의 특징에 대한 정보를 잘 아는 것은 아니다. 이런 면에서 치료 진행자 집단은 지적장애를 다루는 직원 집단 내에서 독특한 위치를 가지고 있다고 할 수 있다. 성범죄자 치료 프로그램에서 그들은 성인과 아동에 대한 성학대 이야기를 접하게 되며, 폭력과 지원의 부족이 직원들의 소진을 발생시키듯이 지원의 부족과 성학대 관련 이야기에 노출되는 것이 동반될 경우 이것이 소진과 사기 저하를 시킬 것이라는 유추가 가능하다. 이런 이유로 성범죄 치료 프로그램 진행자들에 대한 지원을 고려하는 것은 중요한 일이다.

성범죄자 치료 프로그램이 만들어질 때, 필자는 진행자들 서로 간의 토론과 지원에 대한 논의가 반드시 있어야 함을 강조하고 싶다. 이런 토의나 논의를 통해서 진행자들은 치료에서 다루어질 내용에 대해서 알아가고 그것을 어떻게 감당해 나갈 것인지를 생각할 수 있다. 또한 그들은 다룰 내용들을 서로 점검하고, 내담자들의 반응과 그들이 나아지는 정도에 대한 관찰, 추후 회기에 대한 생각 등을 나눌 수 있다.

직원 지원에 대해서 광범위하게 다루는 것은 이 책의 목적은 아니며, 이 문제에 대한 정보를 제공하는 책이나 자료들은 다수 있기에(예: Perini, 2004; Mosher, 2009) 관심이 있는 독자는 그것들을 읽어 보면 도움이 될 것이다.

# 제8장

# 동기 강화

동기 강화는 치료를 구성하는 특정한 개별 치료 모듈은 아니다. 치료 진행자들 또한 동기 강화만을 위해 여러 회기를 할애하지는 않는다. 치료적 동기부여는 치료 프로그램 전반에 걸쳐서 행해진다고 보면 된다. 필자를 포함한 치료 진행자들은 항상 치료 중 사회화를 통한 동기부여를 위한 적절한 시점을 찾는다. 치료에 의뢰된 내담자들은 치료에 호응하는 것은 말할 것도 없고 출석할 의욕도 전혀 없는 사람들이 대부분이다. 이것은 지적장애 성범죄자에게만 국한되는 현상은 아니다. 지적장애인을 대상으로 한 심리치료에서 내담자가 무엇인가 변화하고자 하는 의욕이 거의 없다고 볼 수 있다. 내담자들은 내적으로 보다는 외적으로 동기부여가 된 경우가 많다. 그들은 주변 환경의 변화, 금전적 조건 또는 복지기관 직원들로부터 간섭받지 않는 것 등 외적인 것에 관심이 많다. 내담자들이 자신의 정신적인 어려움의 원인을 분노조절 훈련 등을 통해 내적으로 통찰해 내는 경우는 드물다. 내담자들이 치료에 의뢰되었을 때 그들이 치료를 받겠다는 의욕이 있을 것이라고 가정해서는 안 된다. 그러나 그들이 잘 출석하도록 이끌면서 치료에 대한 동기를 더욱 증진시킬 수 있다.

지적장애 범죄자에 대한 심리치료의 이론적인 기본 조건에 대한 논의에서 Lindsay(2005)는 동기 강화의 원리에 대해 언급하였다. 6장에서 치료를 지탱하는 두 가지 원칙이 언급되었다. 인지적 왜곡, 범행 주기, 피해자 공감과 같은 성범죄와 관련된 심리적인 요인들을 다루는 것이 그 첫 번째다. 두 번째는 사회적 영향, 사회에 대한 신념들, 직업적 활동 등과 같은 사회 지향적인 활동에 대한 것이다. 동기부여의 면에서 볼 때는 후자가 더 중요하다. 지적장애 성범죄자들을 상대할 때 필자는 종종 Bob Dylan의 노래 Like a Rolling Stone: 'When you ain't got nothing, you've got nothing to lose'를 생각한다. 내담자의 사회참여를 더 유도하고, 그들이 범죄를 저지르지 않고 지역사회 공동체와의 유대를 지속함으로써 얻게 되는 가시적인 이득을 통해 그들의 삶을 더 풍성하게 할 수 있는 것이다. 그러나 이런 시도들이 늘 잘 진행되지 않는다는 것도 인정해야 한다. 어떤 내담자는 교육 및 직업 등의 사회적 활동을 거부한다. 중요한 것은 지방대학의 특수교육 관련 과목이나, 지역사회 장애인 고용센터 같은 적절한 기관을 찾아 그들과 연계해 주는 것이다. 이런 식의 신중한 관리를 통한 동기 강화 활동으로 인해 내담자는 치료 기간 동안 더 높은 질적 삶을 경험할 수 있으며, 이런 사회화 경험을 통해서 내담자가 범죄를 저지르지 않도록 동기부여를 할 수 있는 것이다. 이것은 5장에서 논의되었던 좋은 삶 모델(Good Lives Model)의 방향과 일치한다고 볼 수 있다.

진행자가 동기부여를 위한 좋은 기회를 포착할 때 사용할 수 있는 방법은 다양하다. 집단의 지도자들은 이런 활동을 상황에 따라 융통성 있게 운용해야 한다. 지역사회 공동체 환경에서 치료받는 집단의 경우 대부분의 구성원은 보호관찰 상태에 있으며, 병원 같은 보호감호 시설에 있는 집단의 경우 구성원들은 정신건강법(Mental Health Legislation)이나 보호명령(Guardianship Orders)의 규정에 해당되는 경우가 많다. 정상적으로 기능하지 못하는 범죄자들이 있는 교도소의 경우 석방 후 보호감독을 받는 일이 많으며 개개인의 형량이 다른 경우가 많다. 즉, 동기 강화 활동은 다양한 집단적 특성에 맞게 차별화된 방식의 접근을 통해서 이루어져야 한다. 진행자는 활동들을 그 집단의 특수한 상황에 맞게 변화시킬 수 있어야 한다.

## 활동 1: 법적인 제재 수단 검토하기

필자가 자문위원으로 관여했던 기관에서는 범죄 행위가 있었을 경우 이에 대한 적절한 법적 절차를 통해 재판을 받도록 신경을 썼다. 이것은 치료의 맥락과 동기부여에 도움을 준다. 사건이 법정 절차를 통해 처리될 때, 치료 프로그램은 사회적인 맥락을 가지게 된다. 사건은 법정을 통해 사회적 차원에서 조사가 진행되고 판결을 받게 되며, 범죄자는 보통 보호관찰과 치료명령을 받게 된다. 이 과정을 통해서 치료 진행자는 법원과 계약을 체결하고 치료를 하게 된다. 즉, 치료자와 내담자는 치료를 하고 받겠다는 약속을 사회에 하게 되는 것이다. 이런 이유로 내담자는 치료를 받아야 하는 것에 대한 불평을 치료자에게 할 수 없게 되며, 치료자 또한 불평은 사회나 법원에 해야 한다고 말할 수 있다. 그리하여 치료는 사회적 맥락과 가치를 갖게 된다.

내담자가 정신건강법에 따라 치료를 받게 되면 담당하는 전문의나 임상 팀이 내담자의 출석을 요구할 수 있는 핵심 기관이 된다. 이 경우 치료 진행자는 단순히 계약을 이행하는 역할에서 내담자의 삶에 변화를 이끌어 내는 기관의 한 사람으로 인식된다. 다음의 대화는 그 예를 보여 준다.

내담자: 언제 이 규정이 해제가 됩니까?

진행자: 상태가 호전되었을 때입니다.

내담자: 전 이미 좋아졌는데요!

진행자: 그건 담당 의사인 William 씨에게 직접 확인해 보세요.

내담자: 제가 좋아졌다고 느끼면 그렇게 말하면 된다고 그분이 말씀하셨는데요.

진행자: 충분히 나아진 건 아닌 것 같아요.

내담자: 아뇨, 전 충분히 나아졌다고 보는데요.

진행자: 아뇨, 아직까진 아닙니다.

내담자: 하긴 재범을 안 하기 위해선 더 나아져야 하는 것이 확실하긴 해요.

치료를 사회적 맥락에서 볼 때 치료 출석에 대한 개념을 확실히 다르게 규정할 수 있다. 동기부여 활동을 하면서 진행자는 법정과의 계약의 한 부분으로서 치료를 제공하겠다고 약속했다. 이 약속이 이행되지 않으면 진행자는 계약을 이행하지 못한 것이 되고, 내담자도 다시 법정에 회부되어야 한다는 것을 명백히 말해 줄 필요가 있다. 즉, 출석은 이런 법적인 계약 이행의 한 부분임이 인식되어야 하는 것이다.

공동체 환경에서 진행되는 성범죄자 치료에서, 적당한 시점마다 집단의 진행자들이 각 집단원들의 출석 상태를 알려 주는 것은 동기부여에 큰 영향을 미친다. 집단의 반 정도는 보호관찰 중에 있고 보호관찰관이 치료 프로그램에 함께 출석하는 것은 보호관찰 대상자 관리에 도움이 된다는 말을 듣고 출석한 경우다. 그들은 치료 회기 중에 법적 재판을 거치지 않은 다른 구성원들에게 굉장히 운이 좋았다는 말을 하게 될 것이며, 만약 범죄 개방 이후에 이러한 회기가 행해진다면 서로의 범행을 비교해 보고 어떤 범죄들은 그 심각성으로 볼 때 당연히 법정에 회부될 정도라고 자신들의 의견도 피력하게 된다. 치료진행자들은 이런 시점을 범죄를 저지르지 않는 것이 얼마나 중요하며 재판을 피할 수 있는 것이 얼마나 다행한 일인지를 주지시키는 기회로 삼아야 한다. 집단원 중 일부는 교도소 수감생활을 경험하게 될 것이고, 또 일부는 경찰서 유치장 생활을 경험하게 될 수도 있다. 보호관찰과 집단치료를 받는 것과 교도소 수감생활의 제약들을 서로 비교해 볼 수도 있다. 이런 비교의 목적은 다음과 같다. 내담자들은 치료를 받으면서 출석을 꼭 해야 하며, 치료의 여러 가지 과정을 따라야 하는 등 자신의 자유를 제약하는 점을 감수해야 하지만, 대부분의 경우 그 안에서 자신의 삶을 유지할 수 있다. 그러나 그들이 수감생활을 하게 되었다면 그들은 훨씬 더 많은 제약을 경험하고 삶의 질도 더 좋지 않았을 것이다.

## 활동 2: 교도소 수감생활과 보호관찰 비교하기

### 준비물: 플립차트와 펜

이 방법은 좀 더 공식적인 방식의 점검활동이다. 플립차트의 각 페이지는 두 면으로 나뉘어 있고 한 면은 교도소, 다른 면은 보호관찰을 위해 할애된다. 집단원들은 다음과 같은 질문을 받는다. "교도소 수감생활의 좋은 점은 무엇입니까?" "보호관찰의 좋은 점은 무엇입니까?" 두 번째 지면에서는 다음과 같은 질문이 있다. "교도소 수감생활의 안 좋은 점은 무엇입니까?" "보호관찰의 안 좋은 점은 무엇입니까?" [그림 8-1]은 이런 질문의 답에 대한 예를 보여 주고 있는데, 왼쪽이 교도소 수감생활과 보호관찰의 좋은 점을 적은 것이며 오른쪽이 수감생활과 보호관찰의 좋지 않은 점을 적은 것이다.

집단원들은 보호관찰과 같은 비수감형 사회 내 처우의 가치를 잘 이해하고 있는 것으로 보인다. 그림에서 그들이 적은 '도움을 받는다; 상황에 대해 이야기한다; 생각하고 배우게 된다' 와 같은 말들은 그들이 보호관찰과 치료 프로그램이 가진 상담 기능과 자기개발 측면들을 이해했음을 알 수 있다. 또한 '자유를 더 많이 가진다; 갇혀 지내는 건 아니니다; 집에 갈 수 있다' 라는 표현들은 그들이 이런 조치들이 자유를 유지하게 해 준다는 것을 알고 있음을 보여 준다. '말썽을 부리지 않아야 한다'와 같은 말에서는 그들이 자기조절의 필요성을 인식하고 있음을 알 수 있다. 집단원들이 수감생활의 좋은 점에 대해 전혀 언급을 하지 않았다는 것은 진행자에게 좀 놀랄 만한 일이었다. 다른 집단에서는 수감생활에 대해 형량이 더 짧은 편이고 '조금만 참으면 금방 지나간다'는 말을 하였다. 최근의 형량 기준에서의 변화들이 교도소 수감생활

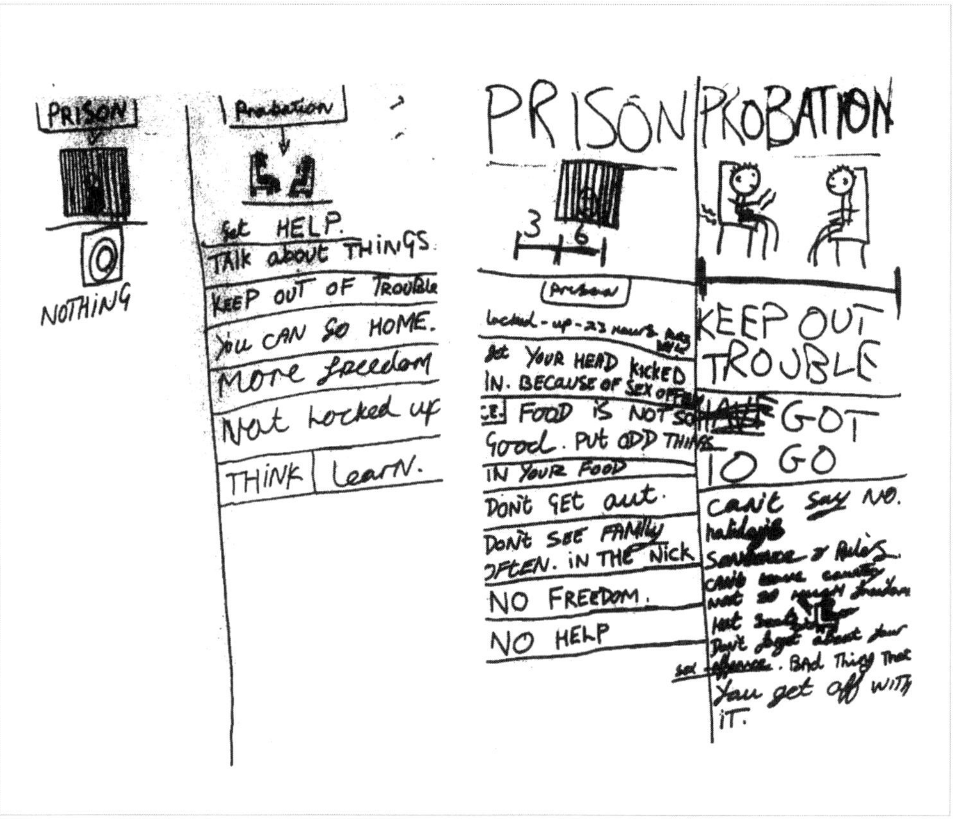


[그림 8-1] 교도소와 보호관찰의 비교활동

에 대한 인식을 바꾸게 하였을 가능성도 있다.

교도소나 보호관찰의 나쁜 점에 관한 질문에서 일부 집단원들은 수감생활의 나쁜 점에 대해서 뚜렷하게 의견을 표시하였다. 그들은 '23시간 동안 갇혀 있었다; 밖에 나가지 못한다; 자유가 없다' 등의 말을 적었다. 또한 자경활동(vigilante activity)의 염려도 '성범죄 때문에 사람들에게 구타를 당할 수 있다'는 말 속에 나타난다. 이렇게 지적장애인을 포함하는 성범죄자들은 성범죄에 대한 사회의 부정적인 태도를 잘 이해하고 있음을 알 수 있다. 또 집단원들은 '음식이 좋지 않다 음식에 이상한 것을 넣는 것 같다'와 같은 말을 통해 수감생활의 어려움을 표현하였다. 또한 '가족을 자주 보지 못한다'는 말을 통해 가족이나 사랑하는 사람과의 접촉 제한을 표현하였다. 수감생활은 보호관찰과 비교될 때 지원도 없으며 치유적인 면도 없다는 언급도 하였다. 성범죄자들은 짧은 수감생활을 하게 될 경우 성범죄 관련 치료를 받을 가능성이 희박하다. 이 집단의 경우 보호관찰의 좋지 않은 점에 대해 언급했는데 다음과 같은 말들을 통해 의견을 피력하였다. '출석을 해야 한다; 별로 자유가 없다; 휴일(보호관찰관에게 보고하지 않고는 휴일을 즐길 수 없다); 규칙(준수해야 할 규칙들이 있다)' 치료를 받는 과정에서 느끼는 어려움도 '난감한 상황이 많다, 성범죄를 늘 기억하고 있어야 한다'와 같은 말에서 표현되었다. 집단 구성원들은 자신의 범죄를 공개해야 하거나 자신의 사고방식에 대한 도전적 질문을 받거나, 사건 피해자의 감정을 이해하는 활동 등에 대해 '난감한 상황' 이란 표현을 사용하였다. 이 집단의 경우는 보호관찰 중에 있다는 것이 그나마 다행이라는 의견을 피력하였다. 즉, 그들은 보호관찰을 교도소 수감생활보다는 더 관대한 처분으로 인식한다는 것이다.

전체적으로 볼 때 이 활동은 앞으로 범죄를 저지르지 않도록 하는 동기부여 차원에서 보호관찰의 이점을 강조해 준다.

## 활동 3: 지역사회의 반응 검토하기

이 활동은 토론이나 개인적인 경험을 플립차트에 쓰면서 할 수 있다. 이 활동을 통해 내담자들은 성범죄에 대한 지역사회의 반응은 늘 부정적임을 인식하고, 자신의 일상과 타인과의 관계에서 사회성을 유지함으로써 이런 부정적인 경험을 피할 수 있다는 동기부여를 경험할 수 있다. 집단 구성원들은 정도의 차이는 있지만 자경 집단으로부터 제재 조치를 경험한 경우가 많다. 길거리에서 '짐승' 또는 '변태' 라는 말을 듣는 것도 그런 경험 중의 하나다. 이 경우는 심한 편은 아니며, 그들에게 상당한 공포감을 주는 심한 행동들도 있다.

치료 회기에서 이런 경험들이 개별적으로 어느 정도의 불안감을 주었으며 사회가 성범죄에 어떻게 반응하는지에 대해 토론하게 할 수 있다. 이런 활동이 치유에 그다지 도움이 되지 않는다고 생각할 수도 있으나, 그것은 있는 그대로의 현실을 반영하고 내담자들을 보호하는 역할을 할 수 있다. 성범죄에 대한 보복적인 반응은 사회에서 더 증가하고 있으며 집단원들은 이것을 인식해야 한다. 이 활동은 집단원들이 이런 경향을 알게 해 줄 뿐만 아니라 그것을 동기부여의 계기로 활용한다. 진행자는 집단원들이 경험한 이런 행위들을 서로 이야기하도록 한다. 다음은 필자의 집단원들이 경험한 것들이다.

- 내담자나 그 가족에게 걸려오는 협박전화
- 내담자의 집 앞면에 붉은 페인트로 '짐승' '변태' 라는 글을 적은 것
- 가족의 차가 파손되는 것
- 길거리 모퉁이로 끌려가 폭행당하는 것
- 자신의 친척들이 공격을 받는 것
- 집에 화염병을 던지는 것

필자는 동기 강화적인 측면을 강조하기 위해 다소 정도가 심한 위와 같은 예들을 제시하였다. 내담자들이 몇 달, 몇 년간 지속적으로 범죄를 저지르지 않으면 이런 일들은 그들에게 더 이상 일어나지 않을 것이다. 이 집단들이 치료를 계속 받으면서 사회나 그들을 욕했던 사람들로부터 인정을 받게 되고, 이런 일들은 변화의 중요성을 더 강조하는 예로 활용될 수 있다.

## 활동 4: 집단 절차를 활용하기

이 활동은 심리치료 집단에서 많이 활용되는 것 중의 하나다. 집단원들은 성범죄에 수반되는 결과를 인식하고 동시에 성문제에 있어서 사회화된 행동과 자기조절이 주는 이득을 인식하게 된다. 내담자가 위험 상황에서 자기조절을 보이거나 위험 상황을 피하기 위한 조치를 취했을 경우, 진행자는 이것을 집단 회기에서 논의하고 격려와 칭찬을 해 줄 필요가 있다. 진행자는 위험 상황을 잘 피한 내담자의 경우와 위험 상황을 잘 피하지 못한 내담자의 경우, 그리고 내담자가 위험 상황에 직면하는 것에 대해 논의를 유도할 수 있다. 좋은 예는 내담자들의 동기 강화를 위해 활용한다. 이 책의 다른 장들에서 진행자가 이런 예들을 내담자의 경험, 범죄, 미래에 처할 수 있는 상황들과 관련지어 논의하는 것을 볼 수 있다. 내담자가 적절한 자기조절이나 위험을 피하려는 노력없이 성범죄와 연결되는 행동을 했을 때도 이런 과정이 적용될 수 있다.

집단원 중 한 내담자가 초등학교 맞은편 버스정거장에서 서성이는 것이 목격되었다는 보고는 좋은 예 중의 하나다. 그 정거장은 치료 프로그램을 운영 중인 기관에 인접해 있으며, 그 집단원이 버스정거장에 가기 위해서는 어느 정도의 거리를 걸어야 가능하였다. 그는 이전에도 그 정거장에 걸어서 온 적이 있었다고 다른 집단의 구성원들이 말하였다. 이 상황을 통해 다음에 소개할 활동이 준비되었고 이것은 다양한 상황에 적용되었다.

## 활동 5: 재범과 연관되는 행동의 결과를 토의하기

한 집단원에게, 어떤 내담자가 초등학교 근처의 버스정거장에서 서성이고 있는 것을 주변 이웃이 본다면 어떤 일이 일어날지 물어보았다. 내담자들은 성범죄와 연관되는 질문을 받으면 화를 내거나 다음과 같은 말로 자기주장을 하는 경우가 많다. “내가 원하는 정거장에서 기다리는 것이 뭐 잘못인가요?” “자기 할 일이나 신경 쓰지 창문으로 왜 남을 지켜보는 거지요?” “난 그냥 버스를 기다리는 것뿐입니다. 무슨 문제를 일으키는 것도 아니잖아요.” 이런 반응은 치료를 하는 데 난점이 아니라 귀납적인 토의 과정을 시작할 좋은 출발점이라고 할 수 있다. 소크라테스식 문답법을 통해서 집단원들은 다음의 과정들을 거치게 된다.

- 만약에 이웃사람이 경찰에 신고해서 어떤 남성이 학교 앞 버스정거장에서 서성거리고 있다고 말한다면 어떤 일이 발생할까요?
- 경찰이 출동하고 그에게 질문을 할 것이다.

이 시점에서도 내담자는 “난 잘못한 것이 없어요. 경찰이 왜 내 일에 끼어드는 겁니까?” “내가 무슨 사고를 저지르는 것도 아는데 경찰이 왜 신경을 쓰죠?”와 같은 강경한 대답을 한다.

- 경찰이 중앙 컴퓨터상에서 그의 기록을 조회하기 위해 이름과 전화번호를 묻는다면 어떤 일이 발생할까요?
- 경찰이 그의 이름과 이전 범죄 경력을 알게 된다면 그가 버스정거장에서 서성이는 것을 어떻게 생각할까요?

이 활동을 통해서 다른 집단원들은 이제 경찰이 성범죄 전력이 있는 사람이 학교 근처의 버스정거장에서 서성거리고 있는 상황을 인지하게 되었고 이 상황에서 내담자가 결론을 도출해 가는 귀납적인 과정에 같이 참여하게 된다. 그들은 이후의 상황, 즉 경찰서로 연행되어 조사를 받게 되는 과정에 대한 그들의 견해를 말하게 될 것이다. 치료진행자는 이 활동의 목표가 사회화된 일상생활과 성충동에 대한 자기조절의 중요성을 부각하는 것임을 잊으면 안 된다. 내담자는 이런 토론이 처벌을 부각시키려는 것으로 생각할 수 있는데, 여기서 강조되어야 하는 것은 대안적인 사회화된 일상생활이 주는 긍정적인 결과와 성범죄와 관련된 행동이 주는 부정적인 결과를 보여 주는 것이다.

## 활동 6: 치료과정과 긍정적 변화 점검

### 준비물: 플립차트와 펜

이 활동은 몇 년간의 시간을 통해 여러 가지 제안을 수용하면서 만들어졌다. 집단 구성원들은 서로가 보기에 치료를 통해 향상된 정도를 1~10까지의 점수로 평가한다. 향상의 정도를 사다리의 계단을 올라가는 것으로 평가하여 열 가지 단계를 정하여서, 가장 밑에 있는 계단은 긍정적 변화가 없는 것이고 가장 위에 있는 계단은 큰 향상이 있는 것으로 설정하였다. 각 구성원의 향상 정도는 다른 구성원들이 평가하였다. 동료 구성원들이 기입한 점수들의 평균이 최종 점수가 되는 것이다. 이런 방식으로 각 구성원은 사다리에 배정된 점수의 한 부분을 차지하게 된다. [그림 8-2]와 [그림 8-3]은 이런 활동의 예를 보여 준다.

[그림 8-2]에는 개별 구성원이 평가한 집단원들의 점수가 적혀 있다. 여기서는 자기가 자신의 점수를 채점하지 않는다. 각 구성원들의 향상과 긍정적 변화가 지난 몇 달 동안 일어난 성공적인 측면과 문제점이라는 관점에서 논의되었다. 각 구성원들이 선호한 것과 동의하지 않았던 점들 또한 이 평가점수에 반영되었을 것이다. 중요한 것은 이 활동의 목적이 어떤 수준의 향상점수에 도달하는 것이 아니고, 동료들과의 토의 속에서 향상된 점에 대해서 생각을 해 보는 것이다. 평가점수를 모두 작성하고 나면 진행자들은 평균 점수의 의미에 대해서 설명을 해 주고 각 구성원들이 평균 점수를 낼 수 있도록 도와주면 된다.

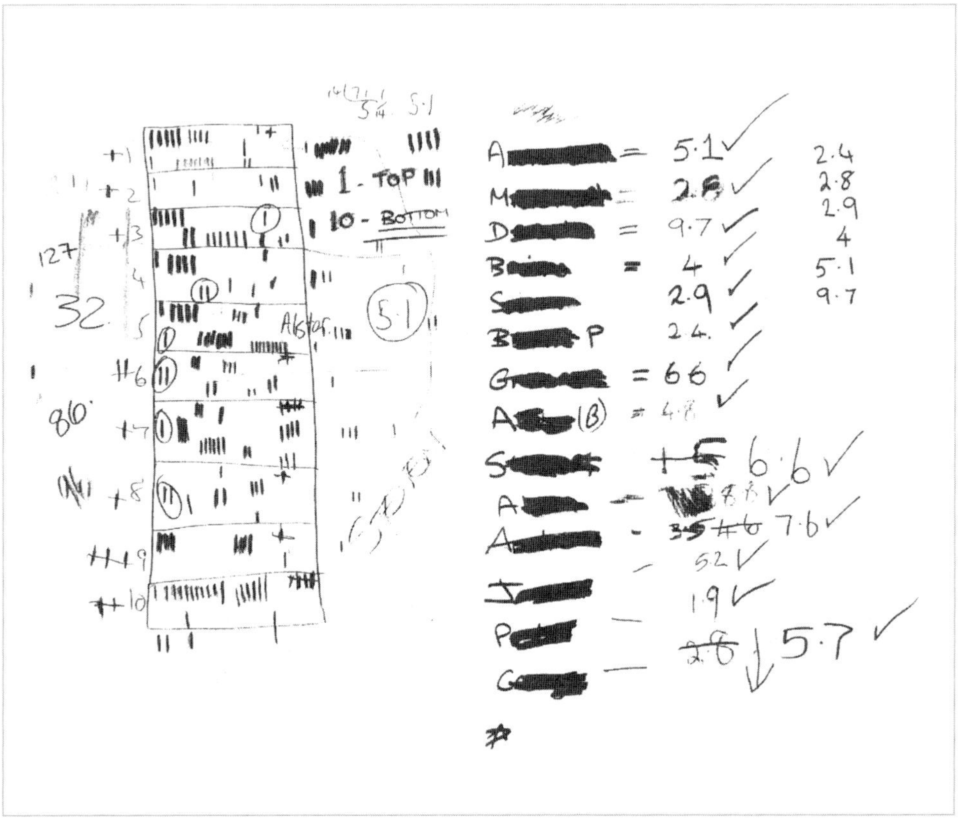


[그림 8-2] 개별 구성원에 대한 집단의 평가의 예

각 집단은 점수에 대해서 논의를 하고, 필요하면 구성원의 점수에 대해서 변화를 줄 수도 있다. 진행자와 집단 구성원들은 왜 어떤 사람들은 점수가 낮고, 점수를 높이기 위해서 무엇을 해야 하는지를 토의할 수 있다.

이 활동은 흥미를 유발시키며 각 구성원에게 현재 자신의 사다리상의 위치를 더 높이도록 동기부여를 할 뿐 아니라 치료에 더 집중하도록 유도해 준다. 이 활동은 이전의 사다리상의 위치를 언급하면서 적당한 간격을 두고 계속 실시할 수 있으며, 이 과정에서 집단원들의 향상과 퇴보가 드러난다. 여기에 제시된 그림의 사다리 모양은 이 집단원들이 만든 것이며, 다른 집단원들에

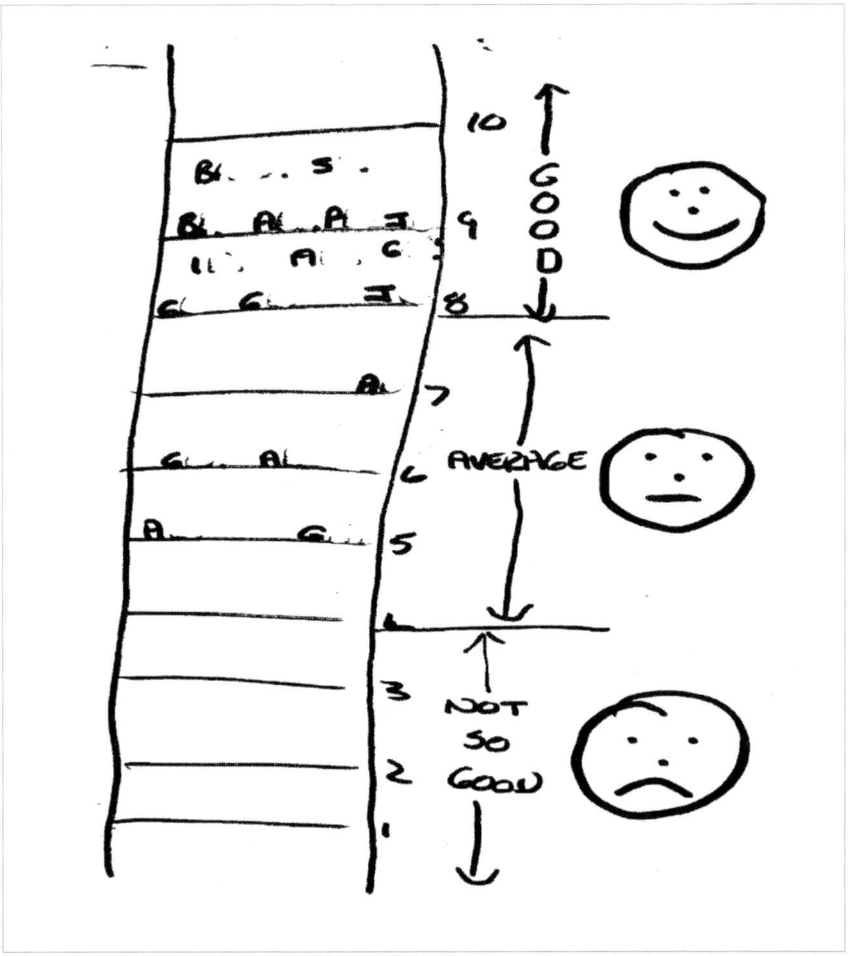


[그림 8-3] 비교와 토의를 위해서 개별 구성원의 점수가 사다리상에 표시되어 있음

게 이 활동이 실시되면 다른 형태의 모양이 나타날 수도 있다. 이 활동의 방식과 그 결과는 20장에서 다루어진다.

## 활동 7: 특별한 이벤트

동기 강화와 사회화의 목적으로 필자는 적절한 시기에 집단원들과 점심을 함께 하는 등의 특별한 이벤트를 하였다. 이런 이벤트적인 행사는 보통 치료를 제일 먼저 시작한 내담자가 그의 보호관찰을 성공적으로 잘 종료하였을 때 실시하였는데, 그 효과는 매우 긍정적이었다. 내담자들이 타인과의 교제가 거의 없었기에 이런 행사는 집단원에게 상당한 관심을 유발시킨다. 행사에 참가하려면 깨끗하게 씻고 복장도 단정하게 하여야 하기에 그렇지 않은 사람은 행사에 참가할 수 없다는 사실을 필자는 강조하였고, 내담자들의 반응도 놀라울 정도로 좋았다.

실질적 차원에서 볼 때 이런 행사에는 동행하는 직원, 적어도 남자 직원이 1명 정도는 있어야 한다. 식사를 위해 보통 식당을 가게 되는데 이때 동행하는 직원이 집단원들이 화장실 가는 것까지 따라가서 관리 감독할 필요는 없지만, 직원들은 집단원들이 화장실을 가려고 하면 같이 따라 움직이는 경우가 많다. 필자의 경험으로 볼 때 집단원들은 대부분 적절하게 행동을 하며, 이런 행사가 있을 시 필자는 그들의 행동 하나하나에 민감하게 신경을 쓰는 편이다.

이런 행사들은 치료적인 측면을 가진다. 집단원들은 치료가 끝나면 같이 소풍을 가자고 말도 하고, 집단 회기를 할 때 소풍 가서 먹을 음식에 대해서도 열심히 이야기한다. 이 모든 과정은 치료에 더 집중하도록 동기를 강화해 주며 그들의 자존감도 향상시켜 준다.

## 내담자에게 중요한 사람이나 친척 활용하기

이 방법은 치료 프로그램에만 국한되는 것은 아니다. 치료에서 친척들이 내담자의 출석을 권장하고 동기부여를 해 주는 것은 중요하다. 또한 내담자의 친척이나 돌보는 사람은 내담자에게 위험한 상황이 어떤 것인지 잘 인식하여 그 상황을 피할 수 있도록 도와주는 것 또한 중요하다. 친척이나 가족이 내담자의 치료를 완강하게 거부하는 경우도 있다. 성범죄를 저질렀다는 명백한 증거가 있음에도 어떤 부모들은 다음과 같은 말을 한다. "Alex가 좋은 아이라는 걸 저는 압니다. 그 아인 절대 그런 짓을 할 아이가 아닙니다." "자기가 그런 짓을 하지 않았다고 저에게 말을 했어요. 그 여자 아이들이 거짓말을 하고 있는 겁니다." 부모의 이런 태도는 성범죄자가 자신이 범한 범죄를 계속해서 부정하게 만들고 치료에도 도움이 되지 않는다. 치료진행자는 사회복지 담당 직원과 지역사회의 학습장애 담당 간호사들과 협조하여 치료의 방향성을 알려 주고 치료를 어떻게 도울 것인지를 알려 준다. 성범죄자의 가족들이 계속해서 범죄를 부인하고 범죄 행위를 심각하게 여기지 않는 태도를 보일 경우, 사회복지 담당 직원이나 학습장애 담당 간호사들이 그런 행동은 집단치료의 효과를 저해하는 결과를 가져온다고 분명히 말해 줄 필요가 있다. 치료활동 시 치료를 지속시키거나 법적 절차를 집행시키는 주체는 치료진행자가 아닌 사회나 법원이며 이 주체가 결정한 사항들은 준수되어야 함을 재차 강조해야 할 필요가 있다.

## 활동 8: 뉴스 활용하기

집단원들은 성범죄와 관련된 뉴스나 소식들에 민감하게 반응한다. 이런 자료들은 이전에 지역사회의 반응이나 범죄를 재범했을 때 그 결과를 다루었던 것과 같은 방식으로 치료에 활용할 수 있다. 집단원 중 누군가가 성범죄와 관련된 뉴스를 회기에 가져오는 것은 드물지 않은 일이며, 이 경우 그 사건에 관련된 법적 절차나 결정에 대해서 토의하면 된다. 이것은 성범죄가 초래하는 결과에 대한 비유나 예로써 활용되며 집단원 개개인이 저지른 범죄와 비교할 수도 있다. 궁극적으로 이런 토의는 범죄를 저지르지 않고 사회화된 생활을 유지해야겠다는 동기를 증진시킨다.

## 활동 9: 삶에서 기회를 얻기

이 활동은 집단원들의 향상과 퇴보라는 치료 성과를 점검해 보는 활동이다. 치료를 1년 정도 받았을 때쯤이면 집단원들은 자신이 더 나아질 수 있는 기회를 접했을 가능성이 많다. 예를 들면 대학의 강좌를 수강하거나, 보호관찰의 관리감독 수준이 더 완화되며, 사교모임의 회원이 되는 것 등이다. 집단원들이 이런 기회에 어떻게 반응했는지를 논의함으로써 기회를 잘 활용한 사람들과 그렇지 못한 사람들에 대해서 알 수 있다. 다음 대화는 이런 활동의 예이다.

진행자: John이 기회를 가졌을 때 어떤 일이 일어났나요?

집단원들: 기회를 최대한 잘 활용했습니다.

진행자: 그렇죠! 기회를 잘 활용하였다고 저도 생각합니다.

집단원들: 네. 그런 것 같아요.

진행자: Ian에게 대학을 갈 기회가 왔을 때 어떤 일이 벌어졌죠?

집단원들: 그는 사람들에게 말해야 한다는 순간이 왔다는 것을 알았을 때 말없이 화장실로 숨어 버렸어요.

진행자: 그렇죠. Ian은 자신에게 온 기회를 잘 살린 것입니까?

집단원들: 기회를 망쳤다고 봅니다.

진행자: 그렇습니다. 여러분에게 기회가 오면 어떤 일이 나타나겠습니까?

집단원들: 기회를 잘 잡거나 망치거나 둘 중의 하나겠죠.

진행자: 맞습니다. 기회를 잡았을 때 무엇이 중요합니까?

각 구성원의 나아진 정도를 이런 방식으로 토의하면서 진행자는 주어진 기회를 통한 향상의 중요성을 일깨워 줄 수 있다. 이 활동의 목표도 성공적인 결과를 얻고 위험한 상황을 피하는 것에 대한 동기부여를 하는 것이라고 볼 수 있다.

## 결론

동기 강화는 독립적인 모듈로 다루어지진 않으며 치료 프로그램 전반에 포함된다고 볼 수 있다. 프로그램 활동들은 조금씩 변형된 형태로 적절한 시기에 실시하면 된다. 동료평가와 같은 활동들은 일정한 간격으로 정식 회기에 실시하면 된다. 다른 활동들은 상황에 따라 적합하다고 생각될 때 실시한다. 치료 프로그램 진행자로서 집단 내 동기 강화 활동을 이끌어 내어 집단원의 치료동기를 유지시키는 것은 중요하다. 치료 진행자인 필자의 견해로 볼 때 진행자는 늘 동기 강화를 위한 적절한 타이밍을 찾고 있어야 하며 적절한 시점에 내담자에게 사회화된 일상을 유지하고 자신을 변화시키도록 독려하는 동기 강화 활동을 해야 한다.

# 제3부 치료 매뉴얼

# 제9장

# 집단 규칙 정하기와 오리엔테이션

〈명시적인 목표〉

- 모든 구성원에게 내부적 상황 알려 주기
- 모든 구성원에게 집단의 구성 알려 주기
- 집단 구성원 및 프로그램 진행자 소개
- 집단목표 설정
- 집단의 규칙 정하기
- 프로그램 모듈이 어떻게 진행되는지 알려 주기
- 집단의 진행자와 각 구성원에 대한 필요한 사전 정보 알려 주기
- 집단의 목적과 프로그램이 어떻게 진행될 것인지에 대해 알려 주기

〈암묵적인 목표〉

- 집단원이 주인의식을 가지기 위한 원칙들의 확립과 그 실천
- 소크라테스식 문답법과 귀납적 사고 예시

치료 프로그램의 소개 단계는 대단히 중요하다. 초기 단계의 2~3회기가 나머지 회기의 분위기와 과정을 결정한다고 볼 수 있다. 시작 단계에서 진행자가 소크라테스식 질문방식에 대해 익숙하지 않다면, 진행자는 프로그램 시작 전에 연습을 하거나 인지치료에 정통한 동료들에게 도움이나 지도를 받는 것이 좋다. 이 장에서는 소크라테스식 대화방식의 개요와 그 예를 보여 준다. 다른 책들(예: Wells, 1997)에서도 소크라테스식 대화방식의 개념과 예를 다양하게 접할 수 있다.

**회기의 수** 이 책에 제시된 절차들은 회기보다는 활동과 수행 과제로 이루어져 있다. 필자의 경험으로 볼 때 새로운 집단이 시작되고, 서로를 소개하는 단계에서는 보통 2~3회기가 소요된다. 새로운 구성원이 기존의 집단에 들어올 경우, 소개하는 데 걸리는 시간은 한 시간 정도다. 새로운 구성원이 소개될 때, 기존의 모든 구성원과 소개 절차를 가질 수 있게 한다(7장의 순환형 프로그램 내용을 참고할 것). 이 절차가 끝나면 새로운 구성원이 회기 과정을 지켜볼 수 있도록 해 주고, 이때 새로운 구성원이 참여하도록 너무 무리하게 요구하지 않도록 한다. 이렇게 함으로써 새로운 구성원은 집단의 회기가 어떻게 진행되는지를 자세히 관찰하고 과정을 이해하게 된다. 새로운 구성원을 보다 능동적으로 참여시키기 시작할 적절한 시점을 결정하는 것은 집단의 진행자에게 달려 있다. 새로운 집단의 경우 각 구성원의 언어 능력 및 사회 기술 수준 등이 서로 다르다는 것을 감안하면서, 최대한 개별적으로 발표할 기회를 공정하게 가질 수 있도록 한다.

명심할 것은 이 모든 과정은 최대한 소크라테스식 문답법으로 진행되어야 한다는 것이다. 진행자들은 목표를 언급하고 귀납적 방식으로 그 목표에 어떻게 도달할 것인지를 논의하며 치료과정에서의 주인의식을 강조해야 한다. 치료목표가 무엇인지 구성원들에게 먼저 질문하고 그 대답을 플립차트에 쓰도록 한다. 앞서 언급된 것처럼 목표는 이미 진행자나 외부 기관이 설정한 상태이며 이를 반복하는 과정이 진부하게 느껴질 수 있으나, 이런 과정을 통해서 집단 구성원들은 그 목표가 성범죄를 다루어서 재범을 하지 않게 하는 것이라는 사실을 확인하게 된다. 집단이 고도의 보안환경에서 그보다 낮은 보안시설 그리고 보호관찰로 넘어가면서 각각의 환경에 맞게 집단의 목표가 세워진다. 초기 회기들의 목표는 소크라테스식 문답법과 귀납법적인 추론과정을 보여 주고 치료에 대한 주인의식을 고취시키는 것이다. 이 시점에서 왜 구성원 한 사람 한 사람이 치료에 출석하는 것이 중요한지를 다루는 활동은 하지 않는 것이 좋을 수도 있다. 이 활동을 하면서 개별적으로 노출해야 하는 정보는 상당히 사적이며 그것을 말하는 구성원에게 매우 큰 수치심을 줄 수 있다. 이런 이유로 출석을 해야 하는 이유를 심층적으로 다루는 활동을 하기 전에 구성원들이 치료의 과정에 좀 더 익숙해지도록 여유를 주는 것이 중요하다.

## 활동 1: 집단의 목표 설정하기

### 준비물: 플립차트와 펜

이 활동에서 구성원들은 여러 가지 목표를 제안할 것이며, 진행자는 그중의 일부는 채택하고 나머지는 선택하지 않는다. 구성원들이 제시한 목표가 너무 황당하거나 치료의 핵심 목적에 부합하지 않을 때는 그것을 버리게 된다. 이때 진행자는 이 목표들도 중요하고 치료를 받으면서 성취할 수 있다면 좋겠지만 핵심적인 목표가 아니기 때문에 선택하지 않았다고 말해 준다. 예를 들면, 구성원들은 자신들이 새로운 범죄자 관리 조건에 놓이거나 걱정거리를 줄이고 싶다고 말할 수도 있다. 이러한 내용은 개인적으로 중요한 목표들이지만 성범죄자 치료의 핵심 목표에 해당되는 것은 아니다. 어떤 구성원들은 '말썽을 일으키고 싶지 않다.'는 말을 할 수도 있는데, 이런 말은 구성원들에게 적합한 목표의 하나로 더 세부적으로 논의할 수도 있다.

집단의 목표를 설정하면서 구성원들의 의견을 탄력적으로 수용하는 것은 가능하다. 구성원들이 '사람들과 얘기를 좀 더 쉽게 하고 싶다.' 또는 '사람들을 만날 때 긴장하지 않으면 좋겠다.'와 같은 바람을 말하였다고 하자. 이런 바람은 일상을 사회화함으로써 재범을 방지하는 생활 방식의 측면에서 다룰 수 있다. 진행자들은 구성원들의 제안을 사전에 동의된 치료목표, 즉 성범죄 주기와 재범 방지, 범죄와 연결되지 않는 사회화된 삶의 방식 같은 내용과 접목시킬 수 있다.

## 활동 2: 집단 규칙

이 활동은 7장에서 이미 다루어졌다. 정해진 규칙 중 어떤 것들은 보통 소크라테스식 문답형식을 통해 부각된다. 이전에 언급된 것처럼 다음은 중요한 규칙들이다.

- 비밀보장
- 출석

중요한 다른 규칙들은 다음과 같다.

- 폭력적 또는 공격적 행동 금지
- 참여의 공평성
- 구성원들이 발언할 기회를 줄 것

이 규칙들은 앞의 예([그림 7-1])에서처럼 귀납적 방식을 통해서 도출된다. 집단 구성의 목적이 규정된 것과 같은 방식과 원칙으로 집단도 규칙을 정할 수 있다. [그림 7-1]에서 보는 것과 같이 집단원들이 직접 규칙을 정할 때 그

규칙의 즉각적 실행 가능성이 커지게 된다.

## 활동 3: 프로그램 단위 검토하기

이 활동의 목표는 두 가지다. 첫째는 집단 구성원들이 치료의 전반적 목표에 근접하도록 도와주는 것이며, 두 번째는 프로그램 단위의 성격에 대해서 알려 주는 것이다. 집단치료와 성범죄 치료에 익숙하지 않은 참석자들이 치료에서 앞으로 다뤄질 것들에 대해 생각하는 것은 쉬운 일이 아니다. 그러나 이런 치료에 대해 전혀 경험이 없는 참석자들도 "문제를 일으켜서는 안 될 것 같네요." 또는 "이런 짓을 다시 하지는 말아야겠어요." 같은 말을 나중에는 하게 된다. 구성원들에게 "문제를 일으키지 않기 위해서 해야 할 중요한 일이 무엇이라고 생각하세요?"와 같은 질문을 함으로써 그들의 생각을 유도해야 한다. 이런 과정을 통해 치료에서 다루어질 프로그램 모듈이 분류될 수 있다. 진행자가 보기에 누락된 중요한 내용이 있을 때 그것을 첨가하면 좋겠다고 의견을 내어도 된다. 이 활동에서 중요한 점은 집단원들 간의 논의를 통해 도출된 내용이 프로그램 전체를 구성하게 된다는 것이다. 그러나 이것들을 모두 정확히 다룰 필요는 없다. 프로그램의 전반적 방향은 주된 내용을 전달하는 것이며 진행자는 구성원들이 다음의 프로그램 단위들에 접근하도록 이끌어 주면 된다.

- 자신의 범죄에 대해 말하기(타인에게 범행의 과정을 공개하기)
- 범죄로 연결되는 과정(범죄 주기)
- 성에 대해서 생각해 보기(인지적 왜곡과 범죄에 관련된 인지적 왜곡)
- 문제를 일으키지 않기(자기조절, 자기통제와 재발 방지)
- 피해자에 끼친 피해(피해자에 대한 감정이입과 관점 이해, 피해자 공감)
- 친구를 사귀고 나쁜 영향을 주는 것들을 멀리하기(적절한 사회적 교제와

반사회적 행동에 영향을 주는 것을 피하기)
- 여자친구를 가지기(애착관계)
- 성에 대해 이해하기(성교육)
- 자신의 아동기에 일어난 일에 대해 이해하기(학대 경험)

## 활동 4: 소개/초기 개방

이 활동은 진행자가 집단 구성원들에 대해서 서로 알아보는 시간을 가지자는 말을 하면서 시작된다. 구성원들이 각자에 대해 제공받은 정보들은 서로에 대한 아주 기본적인 것들, 즉 태어난 곳, 출신, 지금 사는 곳(괜찮다면), 다닌 학교 같은 것들이다. 각 구성원은 자신에 대한 기본적인 정보를 플립차트에 쓴다. 이때 정보의 양은 한 페이지 정도로 한정함으로써 구성원들 중 어떤 사람은 반 페이지, 어떤 사람들은 몇 페이지 정도의 정보를 쓰는 것을 방지한다. 진행자는 특정 구성원이 분위기를 주도하지 않도록 조심해야 한다. 이것은 사람 간의 성격 차이로 인해서 발생하게 되는데 활동이 진행되면서 특정인이 주도하게 될 여지가 없도록 해야 한다. 활동이 끝날 무렵 각 구성원은 자신의 이름, 나이, 그리고 공개해도 별 문제가 없다고 생각한 정보들을 적게 된다. 소수의 경우 그럴 수도 있겠지만, 이 단계에서 그들은 자신의 범죄를 공개할 필요는 없다. 또한 성범죄 이외의 다른 범죄도 공개할 필요가 없다. 진행자는 구성원들이 어디 출신인지, 가족이 몇인지, 이전 직장이 어떤 곳인지, 취미나 관심사는 무엇인지, 주말이나 휴일은 어떻게 보내는지 등에 관한 정보를 구성원들이 말하도록 유도한다. 이 활동의 주목적은 각 구성원이 자신에 대한 정보를 드러내고 그것을 플립차트에 써 보는 경험을 하는 것에 있다. 이 단계에서 공개된 정보는 그리 중요하지는 않다.

# 제10장

# 범죄 개방

## 목표

- 치료 프로그램에서 참고될 정도로 범죄 사실에 대해 구체적으로 진술하기
- 범죄와 관련된 사건에 대한 정보 얻기
- 이전의 범죄 경력에 대한 정보 얻기
- 개인별 범죄 패턴과 경로에 관련된 문제점 파악하기
- 성욕, 인지, 행동 스크립트(behavioral scripts), 행동 간의 연결점 파악하기

## 주의 사항

치료 프로그램 참가자는 프로그램 시작 시 조바심을 내면서 기다리는 경우가 흔하다. 그들은 자신의 범죄를 다른 참가자들에게 개방해야 한다는 것을 알게 되고, 치료에 의뢰되면서부터 자기개방을 두려워한다. 따라서 전체 치료 프로그램에서 범죄 개방 부분을 최대한 빨리 다루어 주어 내담자의 걱정

과 두려움을 털어내 주는 것이 중요하다. 치료 집단이 8~9명 정도일 때는 집단원 모두가 자신의 범죄 사실을 공개하는 데에 6~8주 정도의 시간이 소요된다(한 회기에 한 사람씩 개방한다고 가정할 때). 진행자는 내담자 중 범죄 개방을 하면서 지나치게 걱정하거나 불안해하는 사람이 있는지 세심하게 관찰하여야 한다.

이 기간 동안 구성원들이 화를 내는 경우를 드물지 않게 볼 수 있다. 이런 감정은 걱정, 부끄러움, 자신의 삶이 제약받는 것에 대한 분노, 그리고 다른 구성원들의 비난에 대한 두려움 등의 감정이 섞인 상태로 표출된다. 이런 이유로 규칙을 정할 때 욕하는 것, 폭력 행사, 분노 표출에 대한 규정이 언급된다. 진행자는 구성원들이 화를 낼 때, 다른 사람들의 반응에 대해 걱정하는 것은 당연하고, 나름대로 감정 조절을 잘 하고 있는 것이라고 말해 준다. 상황이 진행되면서 구성원들은 서로에게 더 직접적인 표현도 하고 또 서로를 더 이해하려고 노력하게 된다. 개방 순환 집단(open rolling group)에 새로운 참가자가 들어오고, 그 참가자가 범죄 개방을 할 시점이 오면, 기존의 구성원들이 "우리도 해 봤기 때문에 힘들다는 걸 알아요." 또는 "힘들지만 일단 하고 나면 기분이 나아져요."와 같은 격려의 말을 해 줄 수 있다. 진행자가 기존 구성원에게 "Albert, 다른 사람에게 자신의 범죄를 공개할 때 어느 정도 힘들었는지 말해 줄 수 있나요?"와 같은 질문을 통해 격려의 말을 유도할 수도 있다.

진행자가 주의해야 할 또 다른 점은 구성원들이 자신의 범죄는 다른 사람의 범죄보다 덜 심각한 것이니 자신에게 좀 더 배려가 있어야 한다고 생각을 하게 만들면 안 된다는 것이다. 그런 태도의 조짐이 보인다면, 여기 모인 모든 사람은 성범죄를 저질렀으며 사회는 어떤 성범죄도 용납하지 않는다는 것을 주지시켜 주어야 한다. 회기가 진행되면서 특정 구성원이 다른 구성원을 성범죄의 경중 차원에서 비난하는 경우가 생긴다. 예컨대, 성인에게 성범죄를 저지른 구성원이 아동에게 성범죄를 저지른 구성원을 비난하는 경우가 있다. 이럴 때 진행자는 "이 중에 천사가 될 만한 사람이 누구죠?"와 같은 질문을 한다. 이 경우 대부분이 '없다'고 대답하지만 간혹 "그래도 전 이 정도로 나쁜 짓을 하지는 않았어요."와 같은 대답이 나오기도 한다. 다음의 대화는 그 예시라 할 수 있다.

구성원: 정말 나쁜 짓을 했네요. 전 그 정도로 나쁜 짓은 하지 않았어요.

진행자: 여기 모인 모든 사람은 모두 성범죄를 저지른 사람들이죠.

구성원: 맞아요, 그러나 제 경우는 여기의 성범죄들과 전혀 다릅니다.

진행자: 다른 사람들의 생각은 어떨까요? 성범죄 중 괜찮은 성범죄가 있나요?

다른 구성원: 아니요. 범죄는 모두 나쁜 겁니다. 우리 모두는 다 잘못을 했고요.

진행자: 저도 그렇게 생각합니다. 여러분 모두는 같은 이유로 이 자리에 있는 것입니다.

구성원: 네, 같은 이유로 모인 건 맞습니다. 우리 모두 성범죄를 저질렀어요.

진행자: 그럼 여기 천사로 볼 만한 사람이 있습니까?

구성원: 없습니다. 그렇지만 제 경우는 그리 심각한 범죄가 아닙니다.

진행자: 범죄 중에 허용할 만한 범죄가 있습니까?

구성원: 범죄는 다 나쁘고 허용할 만한 범죄는 없습니다.

진행자: 여기 모인 사람은 다 같은 이유로 이곳에 온 것이 맞지요?

구성원: 맞는 것 같아요. 다들 성범죄를 저질러서 여기에 온 것입니다.

진행자: 맞는 말입니다. 즉, 여기에 천사는 없다는 거죠.

이 대화에 등장한 구성원은 성범죄를 범하였다면 그에 상응하는 취급을 받게 된다는 것을 잘 받아들이진 못했지만, 그런 원칙이 대화에서 강조되었음은 알 수 있다.

## 활동 1: 단계적 개방

### 준비물: 플립차트와 펜

새로 시작하는 치료 집단이 있을 때는 '단계적 개방'을 활용하는 것이 바람직하다. 이 방법은 구성원들이 자기 자신을 소개하는 단계에 이어 진행된다. 단계적 개방을 활용하는 이유는 다음과 같다. 6명으로 구성된 완전히 새로운 집단이 있다고 할 때, 그중 5명은 자신의 범죄에 대해 상세하게 진술하였고, 나머지 한 사람은 끝까지 진술을 회피하였다고 하자. 이 경우 개방을 하지 않은 구성원이 집단 밖의 외부인에게 자신이 들은 것을 발설할 경우 자신의 범죄에 대해 말하지 않았기 때문에 비교적 부담감 없이 말할 수 있다. 단계적 개방을 통해 구성원들이 처음에는 부담 없이 밝힐 수 있는 정보(이름, 사는 곳, 일했던 곳, 현재 일하는 곳 등)에서 시작하여 점점 범죄와 관련된 정보를 공개할 수 있도록 한다. 다음은 공개되는 정보의 내용들이다.

- 범행을 저지른 시간
- 범행이 일어난 곳
- 피해자의 나이
- 피해자의 성별
- 사건이 발견된 경위
- 사건을 조사한 사람
- 경찰이 개입되었는지의 여부
- 형사사법 절차가 어느 단계까지 진행되었는지의 여부

이런 정보들은 조금씩 범죄의 중심으로 주제를 옮겨 가게 만든다. 각 구성원이 이런 정보들을 공개하면, 그들은 대부분 서로에 대해 비슷한 정도의 배경지식을 갖는다. 이런 정보들이 공개가 된 후에야 진행자들은 그들이 기소된 범죄에 대해서 구체적이고 세부적인 정보를 얻을 수 있게 된다. 이런 방식을 통해 구성원들은 서로를 기준으로 삼기 때문에 특별히 자신의 범죄에 대해 더 적게 개방하는 사람도, 더 많이 개방하는 사람도 없게 된다.

[그림 10-1]은 이 예를 보여 준다. 6명으로 이루어진 모임의 참가자들은 그

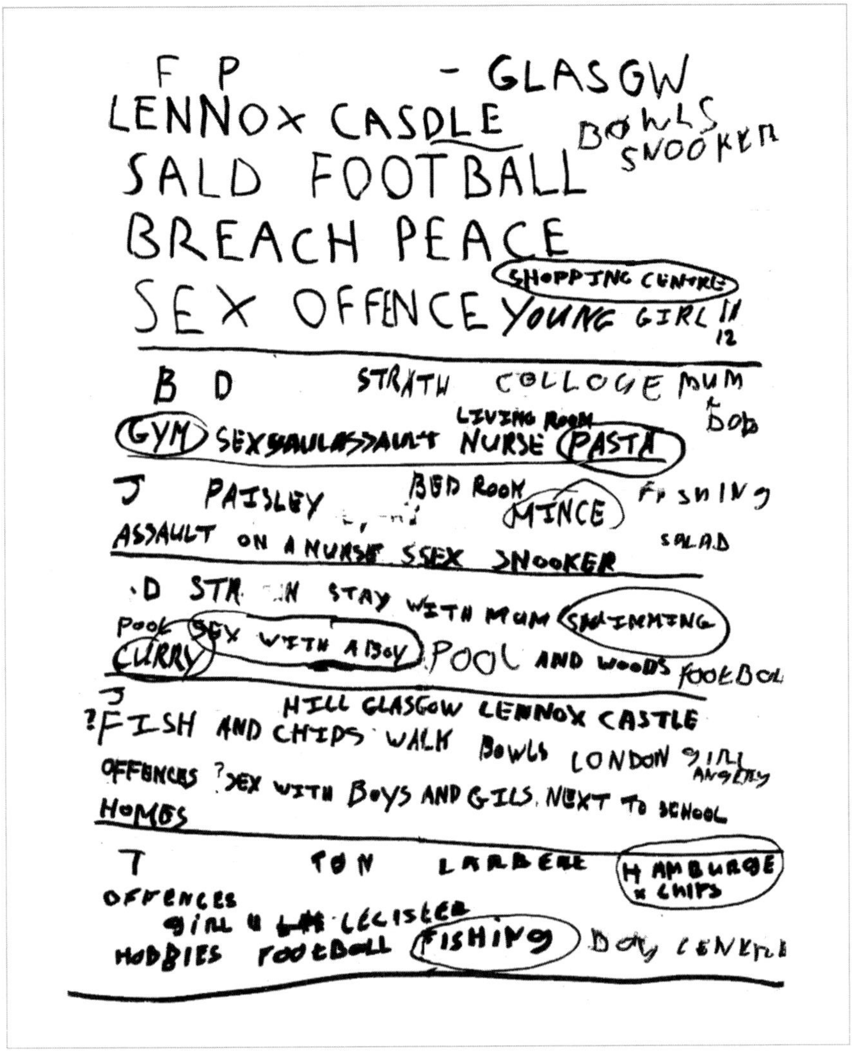


[그림 10-1] 단계적 개방활동의 시작

들의 거주지, 출신 학교, 나이, 사건이 일어난 장소, 피해자의 나이와 성별 등을 플립차트에 기록하였다. 모든 구성원은 그들이 머무른 곳, 그들이 다닌 학교 등을 기록하였고 활동이 진행되면서 그들 중 4명은 아동에게, 2명은 성인에게, 5명은 여성에게, 2명은 남성에게 성범죄를 범했음을 공개하였다(남성과 여성 모두를 대상으로 성범죄를 저지른 경우도 있음). 그들은 성범죄가 일어난 장소도 기록하였다. 아직 성범죄의 구체적인 세부 사항이 드러나지 않았지만, 이 활동에서 범죄와 관련된 정보가 상당히 공개되었다. 특정 구성원이 더 이상의 정보를 공개하는 것을 거부해도, 진행자는 이 단계적 개방활동을 통해서 그 구성원의 범죄에 대한 정보가 이미 적지 않게 공개되었음을 알 수 있다.

## 활동 2: 범죄에 대한 진술

### 준비물: 플립차트와 펜

구성원들은 자신이 저지른 범죄에 대해 최대한 상세히 설명해 주어야 한다. 플립차트에 글을 쓰거나 그림을 그려 자신의 범죄를 진술하게 한다. 진행자는 그 당사자가 범행에 이르는 과정, 범행 시 일어난 일, 범행 후에 일어난 일 등을 자세히 설명하도록 해야 한다. 이런 정보들은 뒤에 범죄 경로나 주기에 대한 활동에 유용하게 쓰인다. 각 범행의 단계에서 감정적 · 인지적 측면이 반영되도록 진행자가 "술집에 있을 때 기분이 어땠나요?" 또는 "술집에 있을 때 무슨 생각을 하고 있었나요?" 등과 같은 질문을 한다. 감정의 네 가지 경로(행위와 행동, 신체 상태, 정서, 인지)에서 정보를 얻을 수 있도록 한다. 즉, 사건의 발생 경위와 그에 수반한 행동들, 그 행동 시 유발된 정서, 성욕이 고조된 시점, 감정과 행동에 수반한 인지적 사고들이 고려되어야 한다.

이 시점에서 그 상황들을 자세히 말하게 하는 것은 가능하지 않을 수 있으며, 또한 당사자의 감정이나 인지에 대해 문제 제기를 하는 것은 부작용을 발생시킬 수 있다. 예를 들어, 구성원이 "그 여자가 저한테 한 행동에 저는 화가 나 있었고 그래서 공격을 했어요." 또는 "그 여자의 엄마에게 저는 굉장히 화가 났지만 때리고 싶진 않았어요. 그래서 대신 그 딸에게 좀 앙갚음을 해 주었어요."와 같은 말을 한다. 이런 말들을 보면 확실히 자신의 범죄를 경감시키려는 의도와 책임을 피해자에게 전가하려는 의도를 볼 수 있다. 책임을 그들의 인지적 왜곡이나 변명에 대해 약간의 언급을 할 수는 있다. 그러나 그들의 인지적 왜곡에 놀라거나 분노하여 그에 대해 최대한 빨리 문제 제기를 하고 싶어져도, 이 단계에서는 인지적 왜곡에 대한 집중적인 문제 제기는 나중으로 미루는 것이 좋다. 이 단계의 중요한 목표는 범죄가 일어난 상황을 자세히 파악하는 것이다. 구성원들이 치료 초기부터 압박받는 느낌을 받는 것은 좋지 않으며, 진행자가 해야 할 일은 그 범죄 행위에 수반되는 그들의 인지적 구조와 도식을 파악하는 것이다.

인지적 왜곡과 범죄 주기를 다루는 치료의 후반부에서 인지, 정서, 신체적 느낌, 그리고 행동 간의 관계가 다루어진다. 이 시기에는 그 당사자의 인지, 변명들을 검토하고 그것들에 문제 제기를 하는 데 많은 양의 시간이 할애된다. 그러나 치료의 초기 단계에서는 범죄가 벌어진 경위를 파악하는 것이 중요하다. 이 활동은 구성원 한 사람당 적어도 한 회기 정도가 소요된다. 지난 일을 다시 기억해야 하는 어려움 등의 문제로 당사자는 자신의 범죄의 세부사항들을 드러내는 것을 꺼리며, 모든 필요한 정보를 다 얻기까지 두세 번 또는 그 이상의 회기가 필요할 수도 있다. 진행자는 이런 것들을 통해 범죄 주기와 관련된 정보를 얻어 낼 수가 있다.

이런 활동을 할 때 규칙적으로 다른 구성원들을 초대하여 그들의 견해도 말하게 하고, 그들이 놀랐거나 아니면 더 자세히 다루었으면 하는 문제들도 알아본다. 자신의 범죄를 공개하도록 하는 회기에서 중요한 것은 특정한 사람이 시간을 너무 많이 쓰면 안 된다는 것이다. 특정 구성원이 자신의 범죄를 공개하는 데 시간을 너무 많이 쓰게 되면 다른 구성원들은 계속 집중을 하기가 어려워진다. 진행자는 범죄가 공개될 때 그것을 듣는 다른 구성원들이 그것에 대해 질문을 하고, 필요하면 정보의 확인도 요구하고, 추가 정보도 요구하는 등 상황에 집중할 수 있도록 신경을 써야 한다. 구성원들은 각자가 공개한 범죄에 대해 질문이 있을 경우 진행자에게 질문을 할 때가 많다. 그들이 질문을 하도록 더 격려해 주고, 진행자에게 한 질문을 당사자에게 직접 해 보도록 한다. 다음의 대화는 그 예시다.

Alex: 그가 남아 있었던 이유는 그 여자에게 접근하기 위한 것이라고 생각하나요?

진행자: 좋은 질문입니다, Alex. 근데 나도 잘 모르겠는데 직접 한번 물어보죠?

Alex: 거기 남아 있었던 이유가 그 여자에게 접근하기 위한 것이었나요?

구성원: 아니요.

진행자: Alex 생각은 어떤가요? 왜 이 질문을 한 거죠?

Alex: 저는 그 여자에게 접근하기 위해서 기다렸다고 생각하기 때문입니다.

진행자: 그럼 직접 물어보세요!

Alex: 그 여자에게 접근하려고 기다리고 있었나요?

구성원: 아니라고 말했잖아요.

이 대화는 진행자가 무엇을 권장해야 하는지를 보여 준다. 진행자는 구성원들이 자신의 범죄를 공개할 때 그 범죄의 여러 가지 상황에 대해 서로에게 질문을 함으로써 정보를 얻을 수 있도록 유도해야 한다. 이 대화에서 진행자는 이야기를 듣고 있는 구성원들의 질문을 중요하게 여기고 지지해 준다(그 질문이 적절한 경우). 대화를 보면 자신의 범죄를 공개하고 있는 구성원은 질문에 대한 대답을 퉁명스럽게 하고 있으며 아마도 짜증이 난 것처럼 보인다. 그래도 진행자는 질문자를 지지해 주어야 한다. 이런 진행자의 태도는 치료 프로그램 내내 유지되며, 구성원들은 자신들이 범죄를 공개하면서 질문에 화를 내거나 공격적 태도를 보여도 그것이 통하지 않을 것이라는 느낌을 받는다. 이런 인식이 퍼지면 더 많은 질문이 나오게 된다. 범죄를 공개하면서 당사자가 지나치게 화를 낼 경우, 진행자는 다른 사람들에게 왜 그가 그렇게 화를 내는지를 묻는다. 당사자는 자신의 범죄를 공개하는 것이 싫기 때문에 그렇게 화를 내는 것이라는 답이 나오게 된다. 이런 진행방식은 집단이 결속되도록 도와주며 집단원들이 각자의 범죄에 대해서 논할 수 있고 또한 그것이 적극 권장된다는 것을 보여 준다. 집단원들이 범죄를 공개할 때 진행자가 다루고 싶은 부분이 있을 때는 나중에 언급하기 위해 표시를 해 두면 된다. 두세 명의 집단원이 성범죄를 저지르기 전에 분노를 느꼈다고 말하고, 이어서 또 다른 사람이 자신도 성범죄를 저지르기 전에 분노를 느꼈다고 말할 때, 진행자는 여기에서 어떤 공통점을 다음과 같은 방식으로 찾아낼 수 있어야 한다.

구성원: 전 그 아줌마가 저에게 한 짓에 화가 났어요. 그래서 그 사람들이 집에서 나갈 때까지 기다렸다가 그 딸에게 보복을 좀 해야겠다고 생각했지요.

진행자: 왜 그 아줌마에게는 아무 행동도 하지 않았나요?

구성원: 제가 여자를 때리진 않거든요! 전 폭력을 싫어하기 때문에 그런 짓 하지 않습니다.

진행자: 그런데 왜 그 딸에게 그랬죠?

구성원: 딸을 공격하면 그 아줌마에게 보복을 하는 셈이 되니까요.

진행자: 정리하자면 그 아줌마에게 화가 나서 그 딸을 공격해서 보복한 것이네요.

이 시점에서 세부 사항을 알기 위해 시간을 좀 더 할애해도 된다. 진행자는 범죄 전에 그 당사자가 느낀 감정을 이제는 알게 되었고 공통점을 도출해 내기 위해서 토의를 좀 더 확장시켜도 된다.

진행자(다른 구성원에게): 호스텔에서 그 여성을 공격하기 전에 어떤 기분이었나요?

다른 구성원: 전 그 여자에게 성적으로 끌렸는데 그녀는 저에게 관심이 없어서 화가 났어요.

진행자: 그쪽도 여성을 공격하기 전에 화가 나 있었나요?

구성원: 네! 제가 같이 데이트 하자고 했는데 저보고 꺼지라고 했거든요.

진행자: 여기서 말을 상스럽게 하면 안 됩니다. 근데 그 여성이 정확히 그렇게 말을 했나요?

구성원: 처음엔 관심 없으니 가 달라고 했어요. 그다음엔 그렇게 말을 했어요.

진행자(다른 구성원에게): 그 버스 운전기사를 공격하기 전에 어떤 기분이었나요?

구성원: 그 여자를 죽이고 싶었어요. 정말 화가 나 있었죠.

진행자: 그 버스 운전기사를 공격하기 전 상당히 화가 나 있었군요.

구성원: 네. 그 여잘 죽이려고 작정했으니까요.

진행자(다른 구성원에게): 그 여성을 뉴타운까지 미행하기 전 어떤 기분이었나요?

구성원: 그 여자와 성행위를 하고 싶어서 따라갔어요.

진행자: 그 클럽에 있었을 때 기분이 어떤 상태였습니까?

구성원: 화가 났죠! 제가 같이 한잔하자고 했는데 저리 가라고 했으니까요.

진행자: 그 여성과 춤을 췄다고 했죠. 그리고 같이 술 한잔하자고 몇 번 정도 말을 했죠?

구성원: 몇 번 얘기했죠. 그러자 꺼지라고 하더군요.

진행자: 클럽 밖에서 기다리면서 어떤 기분이었나요?

구성원: 계속 화난 상태였죠.

진행자: 그럼 그 여자를 뉴타운까지 따라가면서 어떤 기분이었습니까?

구성원: 화가 나 있었고 성적으로 흥분한 상태였어요.

진행자: 지금까지 다룬 사건들의 공통점이 무엇입니까?

이런 방식으로 구성원들은 범죄 시 분노가 동반되는 경우가 많다는 것을 깨닫게 된다. 분노는 범행에 수반되는 감정이거나 행동을 실행시키게 하거나, 범행 동기를 유발하는 원인이 될 수 있음을 알 수 있다. 중요한 것은 범죄 시 분노가 생긴다는 것이다. 위의 경우를 보면 이것이 인지적 왜곡 또는 변명의 역할을 한다는 것을 알 수 있다. 앞의 구성원의 경우 그 아줌마에게 화가 났다는 것을 그 딸과 성행위를 한 것에 대한 변명으로 사용하고 있다. 이런 식으로 이 사람은 '난 아동 성추행자가 아니다.' 라는 생각을 가짐으로써 스스로 자신을 보호하고 있다.

## 사례

여기서는 두 가지 사례를 통해 범죄가 발생하는 과정을 살펴보도록 하겠다.

〈Alfred의 사례〉

Alfred는 자신이 한 일을 밝히는 데 2회기가 걸렸는데 [그림 10-2]가 그것을 보여 준다. Alfred는 나이트클럽에서 한 여성에게 춤을 같이 추자고 청했고 이 부분은 그림의 (A)에 해당한다. 그 여성은 노골적으로 거절을 한다. 이에 격분한 그는 클럽 밖에 있는 가게의 문틈에 숨어 그녀가 나오기를 기다렸다(B). 그녀가 기차를 타자, 같은 기차를 탄다(C). 그녀는 앞쪽에 탔고 그는 그녀가 모르도록 뒤쪽에 탔다(D). 그는 화가 나 있었고 성적으로 흥분한 상태였고 그녀의 집까지 뒤따라갔다(E). 그는 밤새 밖에서 기다렸고, 아침에 그녀가 집을 나서자 그 집에 잠입하여 자위행위를 하기 위해 비디오테이프(F)와 옷(G) 등 몇 가지 물건을 훔친다(F). 그는 다음 날 저녁에 그녀를 보고 자위행

[그림 10-2] Alfred의 범죄과정 공개

위를 하기 위해 그녀의 집에 다시 나타났고, 밤에 그녀에게 전화까지 하였다(I). 그는 다시 잠입하여 몇 가지 물건을 더 훔쳤다. 그는 추후에도 이런 행동을 했고 결국에는 경찰에 체포되었다. 그림을 보면 그는 자신이 그 여성과 연인 사이로 발전할 것이라는 생각도 했음을 알 수 있다(J). 나중에 Alfred는 그 여성이 자신에게 전혀 매력을 느끼지 않았음을 알게 되었다(K). 이 모든 것은 상세히 묘사되고 기록되었다. 이 기록은 나중에 범죄 주기와 인지적 왜곡에 대해 다룰 때 사용되었다.

〈Brian의 사례〉

Brian의 사례는 [그림 10-3]에 제시되어 있다. 그는 셋집에서 살았는데 한동안 집주인(여성)과 사이가 좋지 않았다(A). 어느 날 저녁 일을 마치고 술집에서 친구들과 맥주를 마셨다(B). 집에 돌아오니 집주인 여성이 자기 남자친구와 나이트클럽에 갔다 올 동안 자기 딸을 좀 봐 달라고 부탁을 하였다(C). Brain은 TV를 보면서 돌아올 때를 기다리다가(D) 자꾸 화가 나기 시작했고, TV에서 포르노 같은 것을 보고 있어서 성적으로 흥분되었다. 밤이 깊어지자 이층으로 올라가서 잠자고 있던 9세 된 집주인의 딸을 강간하였다(F). 그는 침대 시트에 사정을 했고(G), 그 후에 집 밖으로 나가 버렸다. 나중에 집주인 여성이 돌아오고 그는 강간혐의로 체포되었다. 범죄의 세부적 내용은 이후의 회기에서 자세히 다루어졌다.

8명 정도로 구성된 집단의 경우 이런 활동은 약 8~12회기가 소요된다. 참가자들이 자신의 범죄에 대해 말하면서 이 과정에 대해 더 편안하게 느끼게 되고, 뒤에 하는 사람들이 좀 더 많은 부분에 대해 말하게 된다. 진행자는 이런 분위기를 활용하여 앞의 사람들에게 질문을 하여 더 많은 정보를 이끌어 낼 수 있다.

로에 관계되는 인지적 왜곡도 분석될 수 있다.

인지적 왜곡에 관하여, Abel 등(1989)은 Abel과 Becker 인지척도(Abel and Becker Cognition Scale)에서 6개의 인지적 왜곡을 발견하였다.

- 성범죄가 피해자에게 도움이 된다.
- 피해자가 사건이 일어나는 원인 제공을 하였다.
- 가해자는 구체적인 이유가 있기 때문에 범죄를 저질렀다.
- 피해자가 가해자와의 성행위를 원하였다.
- 가해자는 그들이 피해자에게 피해를 끼치는지, 그리고 그 피해가 계속될지를 알 수 있다.
- 상황에 따라서는 우리 사회도 아동 성범죄를 이해해 줄 것이다.

이러한 관점들은 인지적 측면에서 비교적 복잡하고 인지 도식적 측면에서 뉘앙스의 차이가 있기 때문에 앞에서 언급된 범죄 개방을 통한 공통점 발견 활동 시 잘 드러나지 않는다. 이 관점들을 염두에 두면서, 추후의 회기에 이 관점들이 나타나면 그때 다루어 주도록 한다.

인지적 왜곡에 대한 요인분석 연구에서(Lindsay et al., 2008b), 필자와 동료들은 두드러진 두 가지 요인을 발견하였다. 첫째는 범죄의 최소화 시도다. 이것은 별로 큰 피해를 끼친 것은 아니고, 상황상 그런 행동을 할 수도 있고, 피해자도 그 상황을 웃어 넘겼으며, 사회도 이런 상황이라면 이해할 것이라는 식의 생각 속에 드러난다. 다른 한 가지는 쌍방책임(mutuality)이다. 피해자가 사건을 유발시켰고, 또한 피해자도 그 상황을 즐겼고, 그 사건을 통해서 뭔가 얻은 것이 있을 수도 있다와 같은 생각이 그것이다. [그림 10-4]는 한 치료 집단에서 범죄에서의 공통점을 기록한 것이다. 참가자들은 꽤 날카로운 관찰로 유사점들을 발견했으며, 다음의 내용은 집단원들이 발견한 것이다.

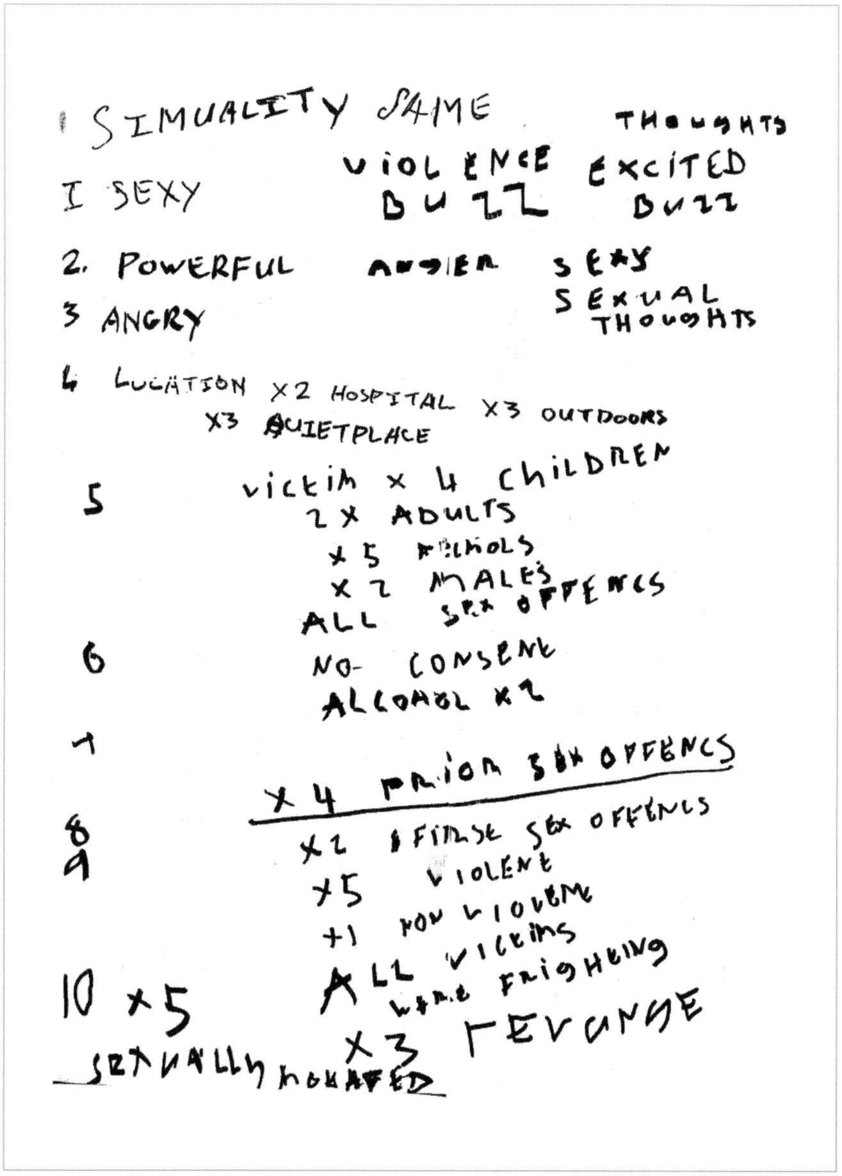


[그림 10-4] 범죄 개방에서 드러난 유사점

- 폭력
- 성적 흥분
- 분노
- 성적인 생각
- 성범죄를 저지르는 동안에 자신이 힘이 있다고 느끼는 것
- 합의의 부족
- 피해자에 대한 두려움
- 범죄가 조용한 장소에서 일어났다는 것
- 범죄 중 일부는 복수심 때문이었다는 것

이 유사점들은 뒤의 회기에서 범죄 주기와 범죄 동기 파악이란 내용으로 다루어진다. 이렇게 앞서의 활동 내용을 뒤의 활동에 연결시키는 것의 좋은 점은 구성원들이 스스로 자신들의 범죄에 대해 그 당시의 동기, 감정, 신체적 상태, 그리고 다른 변인에 대해 생각하게 한다는 것이다.

## 활동 4: 범죄 개방으로 돌아가기

이것은 활동이라기보다는 치료 프로그램이 진행되면서 추가적인 사실의 토론, 역할극, 그리고 다양한 활동이 있을 것이라는 것을 알려 주기 위함이다. 이런 정보들은 이전에 범죄 개방을 통해서 드러난 정보에 더해지게 된다. 이런 이유로 진행자는 범죄 개방에서 나온 정보가 충분하지 못하다고 너무 염려할 필요는 없다. 추가적 정보는 종종 구성원들이 무심결에 하는 말들에서 나온다. 새로운 정보가 드러날 경우 집단 토론에서 적절한 시점에 그 내용을 다루면 된다. 이 정보를 진행자가 이미 알고 있는 것과 함께 배치한다. 진행자는 이 활동의 목적은 범행이 어떻게 이루어졌는지를 명확히 파악하고 그것에 관련된 다양한 측면은 무엇인지 인식하는 것이라고 강조한다.

# 제11장

# 범죄 경로에 따른 범죄자 분류

앞의 장들에서 살펴보았듯이 성범죄와 재범의 경로에 대한 현재의 연구물들은 지적장애를 가진 범죄자에게도 적용되고, 주된 영역에서 치료에도 도입되고 있다. 그러나 그들의 지표(index)범죄 및 기타 범죄들에 대한 상당량의 유의미한 정보를 얻기 전에 범죄 경로에 따라 그들을 분류하는 것은 어려운 일이다. 따라서 범죄 개방의 과정을 거쳐 어느 정도의 정보를 수집하였을 때 진행자들은 치료적 차원에서 부분적으로는 치료 회기 외적인 영역에도 초점을 두면서 범죄 경로에 따른 개별 범죄자의 분류를 고려할 수 있다. 이는 진행자가 프로그램 과정에서 얻은 정보를 통해 개방된 정보를 자세하고 구조화된 방식으로 다룰 수 있도록 한다.

Ward와 Hudson(1998)은 범주화할 수 있는 성범죄에 대해 네 가지의 기본 유형을 제시했다. 이 유형들은 두 개의 접근형 경로와 두 개의 회피형 경로로 나뉜다. 첫 번째 유형은 '접근/명확 경로(approach/explicit pathway)'로, 범죄자가 성범죄에 대한 명확하고 적극적인 욕망과 함께 실행을 위한 뚜렷한 계획과 절차를 가진 경우다. 두 번째 유형은 '접근/자동 경로(approach/automatic pathway)'로, 범죄자가 성범죄로 귀결되는 보다 수동적인 일련의 과정을 야기하는 과잉-학습 행동 양식(over-learned behavioral scripts)에 몰입하는 경우다. 세 번째 유형인 '회피/능동 경로(avoidant/active pathway)'는 범죄자가 성범죄로 귀결되는 생각과 행동을 적극적으로 통제하려고 하나 그 통제 전략이 효과적이지 못하며, 도리어 그 역효과가 성범죄를 저지를 위험성을 높이는 경우다. 네 번째 유형인 '회피/수동 경로(avoidant/passive pathway)'는 범죄자가 성범죄나 학대범죄를 저지르지 않으려고 애쓰지만 그러한 범죄의 유발을 미연에 방지할 대처 기술이 결핍된 경우다.

다음의 구체적인 사례는 지적장애를 가진 범죄자들을 이상의 서로 다른 범죄 경로에 따라 분류한 것이다.

## 회피/수동 경로 사례: Colin

지적장애를 가진 성범죄자들을 범죄 경로에 따라 분류한 앞선 장들의 연구에서 '회피/수동 경로'에 해당하는 사례는 많지 않았다. 다음에 등장하는 Colin은 회피/수동 경로에 속하는 것으로 판단된다.

Colin은 가족과 함께 어려움 없이 무난하게 지내왔으며, 최근까지 부모와 함께 살아왔다. Colin은 68의 지능(WAIS-III UK)을 가진 28세의 남성이며, 지적장애 특수학교에 다녔고 조용한 성격을 지녔다. 그는 부모와 함께 외부와의 교류가 거의 없는 생활을 했고, 방과 후에 지적장애인을 위한 기관에 다닌 적도 없었다. 그는 아버지를 통해 짧게나마 직장을 두 번 얻은 적이 있지만 작업 속도가 느리고 직무에 대한 이해도가 낮아 몇 개월 이상 일하지 못했다. 그의 어머니는 전업주부이며, 그의 아버지는 10년 가까이 실직 상태였다. 그들은 해안 마을 근처에 캠핑카를 가지고 있었고 그 안에서 여가를 보내곤 했다. Colin의 사회적 접촉은 집이나 캠핑카에서 그의 부모와 함께 시간을 보내는 것으로 한정되었다. 캠핑장에서 접촉할 수 있는 또래라곤 휴일을 즐기러 온 어린 십 대들이 고작이었고, 그 밖에 그가 만날 수 있는 사람이라곤 한동안 머무르기 위해 캠핑장을 찾은 은퇴한 노부부들뿐이었으므로 그의 사회적 접촉의 기회는 부족하였다.

Colin은 여자친구를 사귄 적이 한 번도 없었고 자신의 성적 접촉의 결핍을 매우 걱정하기 시작했다. 그가 보이기 시작한 성적 환상은 소년을 연상하는 일을 부추겼고, 이러한 상상은 그를 매우 괴롭혔다. Colin은 소년을 성적인 대상으로 상상하는 일을 멈추려고 노력했지만 매우 힘든 일이었다. 25세쯤 되었을 무렵 그는 집과 캠핑장이 있는 마을을 다니며 소년들을 쫓아다니기 시작했다. 각 일화에 따른 그의 진술은, 끔찍한 기분이 들었고 자신이 '진짜 나쁜 무언가' 를 하고 있다는 생각이 들었다는 것이다. 그러나 이러한 행동은 더 잦아졌고 그는 소년들을 지켜보면서 자위행위를 하기 시작했다(범행이 전개됨에 따라 이 행위는 수십 번에 달했을지도 모른다). 그는 소년들 가까이 다가가 "손으로 날 흥분시켜 줄래?" "너 매일 그 짓 하는구나." "너 나한테는 그런 거 안 해 주지만, 다른 데 가서는 다른 사람한테 막 해 주지?" 같은 매우 음란한 말들을 하기 시작했다. 이러한 음란한 표현들은 그가 자신에 대해 가지는 혐오감과 무력감을 드러내는 것일 수 있다. 그가 이러한 행동을 한 지 4년쯤 되어서야 그의 행동 중 하나가 목격되어 경찰에 신고되었고 그는 기소되었다. Colin은 비록 혐오감 때문에 자위행위를 하지 않으려 노력했지만, 그러한 행동에 대한 환상에 젖어 그 행위를 계속 했다. 그는 학교를 졸업한 후 지적장애인을 위한 기관과 접촉한 적이 없다.

## 회피/수동 경로

'회피/수동 경로' 는 자기절제의 부족함과 성범죄를 피하려고 하지만 그것을 미연에 방지할 수 있는 대처 기술이 부족함을 특징으로 한다(Ward et al., 2004). 당사자는 자신에 대해 부정적인 평가를 하는 것으로 보이며, 범죄를 피하고 싶은 바람을 표출하지만 그것을 가능하게 할 기술과 전략을 습득하는 것은 힘들어 보인다. 이 경로에 해당하는 사람들은 적절한 기술의 습득이 힘들기 때문에 Keeling과 Rose(2005)는 지적장애를 가진 성범죄자가 대부분 이 경로에 해당한다는 가설을 제시했다. 그러나 앞선 장들에서 기술한 바와 같이 이 가설을 지지하는 실증적 연구는 많지 않다. Colin은 분명하게 통제의 상실을 경험하고 있는 것으로 보였으며, 이러한 통제의 상실에 따라 상당한 탈억제를 경험하고 있는 것으로 보였다. 일련의 사건이 부정적 평가를 수반했고, 그 자신의 부적절한 감정과 부정적인 자기평가, 행동 통제에 대한 뚜렷한 장애로 말미암은 것이라는 점을 고려하여 Colin은 회피/수동 경로로 분류되었다. 그가 집이나 캠핑카 근처로 산책을 나갔을 때 소년들을 찾기 위한 적극적인 전략을 구사했다고 볼 수도 있지만, 그의 해명에 따르면 그는 산책을 하러 나갔을 때 과거에 했던 것처럼 소년들을 좇아가지 않겠다고 결심한 자신을 스스로 속이고 있었던 것으로 보였다. 역시나 그는 예외 없이 소년들을 좇아가고 성적인 흥분을 경험하는 행동 양식에 빠져들었다.

Colin의 사례와 결부하여 위험요인을 고려해 보면, Colin은 Static-99에 의거하여 중(中)위험군에 속하는 것으로 나타난다. 그는 아무 관계가 없는 상대, 낯선 남성을 대상으로 성범죄를 저질렀다. 그러나 그는 과거에 기소되거나 유죄판결을 받은 적이 없고, 25세가 넘었으며(Static-99에서 그의 위험요인이 감소됨) 폭력을 사용하지 않았다. 지적장애를 가진 성범죄자의 경우 타인과의 교제를 6개월 이상 지속한 경험이 있는 사람은 거의 없으며, 그 이유 또한 성적인 문제가 아니라 지적장애 때문이었다는 점을 고려하면 Colin이 타인과 교제를 한 경험이 없었다는 점이 점수에 영향을 줄 가능성은 크지 않다. 지적장애 성범죄자와 다른 유형의 지적장애 범죄자들을 비교한 일련의 연구에서, Lindsay 등(2004b, 2006c)은 교제하는 사람과 중단기적으로 함께 살며 관계를 유지하는 지적장애인조차 극히 드물다고 기술했다. 그러나 Colin이 기소되지 않은 유사한 범행들을 이전에도 수없이 저질렀음을 인정했다는 사실을 적시해야 했다. 경찰은 몇몇 경우에만 그를 체포했고, 대부분 그를 그의 부모에게 돌려보냈다. Colin이 정상적인 지능을 가졌더라면, 아마 경찰은 그의 범죄를 기소하였을 것이다.

Colin에게도 다수의 동적 위험요인이 분명히 존재한다. Colin이 보이는 친밀감/대인관계 결핍, 일탈적인 성적 욕구, 사회적 외로움, 자신에 대한 부정적 감정을 다루는 기술의 문제 같은 것이 이러한 일반적 요인들과 관련이 있다. 또한 Colin은 성생활, 특히 자신의 성적 접촉의 결핍과 관련하여 높은 수준의 분노감을 가지고 있었고, 극도로 낮은 자존감을 가지고 있었다. 후자는 특히 성범죄에서 동적 위험의 변수로 여겨진다(Thornton, 2002). 성범죄에 대한 태도 설문지(QACSO)의 평가를 보면, Colin은 소년이나 여성과의 성행위에 있어 높은 수준의 인지적 왜곡을 가지고 있음을 알 수 있다. 이러한 인지적 왜곡에 대한 더 자세한 연구들은 그것이 이성과의 사회적/성적 접촉의 결핍에 대해 Colin이 가지는 분노감과 관련된다는 점을 보여 주었다.

이런 독특한 공식화된 특성은 우리로 하여금 Colin에게 특화된 집단 회기의 일부와 추가적인 과정에서 다룰 수 있는 치료목표를 수립할 수 있도록 한다. 지적장애 성범죄 남성의 치료를 분석한 연구에서, Lindsay(2005)는 치료는 성범죄 그 자체와 사회 일반에 대한 한 개인의 연관성이라는 두 가지 측면 모두에 초점을 맞추어야 한다고 기술한 바 있다. 명백하게, Colin에게는 대인관계와 외로움, 타인과의 연관성 면에서 특정한 결핍들이 있었다. Colin의 경로 유형에 대한 분석은 성범죄와 관련된 Colin의 태도나 행동을 다루는 일에 더하여 이러한 변인들을 고려하는 것도 매우 중요하다는 점을 시사한다. 명백하게 Colin은 성범죄로 일관되는 자신의 성적 감정과 행동 양상에 대처하는 전략이 부족했다. 평가 시에 Colin은 자신의 행동 양상을 지지하는 인지적 왜곡을 보였다. 실제로 이러한 인지적 왜곡은 성범죄로 일관되는 그의 행동 양상에 대해 동기를 부여하는 것으로 보였다. 치료의 심층적 목표 중 하나는 Colin이 자신의 모든 행동에 결부시키는 부정적인 자기평가를 다루는 것이다. 평가 시에 이 부정적 자기평가는 범행의 반복이 지속되게 하는 방향으로 자신에 대한 무가치함의 감정을 촉진하였다.

## 회피/능동 경로 사례: Darren

Darren은 62의 지능(WAIS-III UK)을 가진 30세 남성이다. 그는 자신의 집에서 복지과 여성 직원에게 난폭한 성폭력을 가한 혐의로 유죄판결을 받았다. 그는 자신의 행동상의 문제들을 다루지 못하는 혼란스러운 가정환경에서 매우 불우한 어린 시절을 보냈다. 어릴 적 그는 여러 해 동안 지적장애를 가진 아동과 청소년을 위한 기숙학교나 시설에서 지냈다. 학교를 떠날 무렵, 자신의 동네로 옮겨져 청소년 지적장애인을 위한 집단 거주시설에 배치되었다. 상태가 호전된 그는 2년 동안의 개별 거주를 허락받았지만 행동적/성적 문제들을 보이기 시작했고, 그는 다시 현재의 집단 거주시설로 옮겨져 3년을 지내온 상황이었다. 그곳 분위기는 서먹하였고, Darren은 줄곧 행동적/정서적 어려움을 드러냈다. 그는 몇 번이고 정신과적 진단과 심리치료에 의뢰되었고 다양한 전문가를 만났다. 그는 네 차례 실제적 성행위로서의 이성애적 관계를 경험한 적이 있다. 이러한 관계들 중 하나는 그의 마지막 학교에서 일어난 것이었고 약 9개월쯤 계속되었다. 첫 번째 집단 거주시설을 떠나 개별 거주지로 옮긴 이후 그는 5~6년 동안 사람들과 관계를 맺지 못했다.

사건이 발생하기 5년 정도 전에, Darren은 인기 있는 랩/힙합 가수와 자신을 강하게 동일시하기 시작했다. 그는 그 가수와 관련된 옷이나 기념품 등을 수집하기 시작했고, 그의 침실을 사진과 티셔츠, 기타 의상과 관련된 물건들로 꾸몄다. 그는 늘 그 힙합 가수와 관련된 셔츠와 재킷을 입고 다녔다. 지난해부터 그는 가수와 관련된 옷을 입고 복도를 왔다 갔다 하며 큰 소리로 폭력적인 노래를 부르기 시작했다. 그는 이런 노래가 자신에게 힘과 자신감을 주었다고 인정했다. 또한 이 시기에 그는 성관계를 가지는 것에 대해 고민하기 시작했다. 그는 성적인 환상이나 음란물, 이전의 성관계 경험의 회상을 통해 자위행위를 하기 시작했다. 그는 하루에 열 번까지 자위행위를 하기도 했고 이성애적 관계를 얻지 못한 것을 걱정하고 있었다. 그는 자신의 성적 감정을 통제하려고 노력하는 중에 자신의 성적 환상과 지나친 자위행위에 대해 걱정하기 시작했다. 또한 다른 미국 래퍼들의 노래와 격렬한 음악을 들으면서 자신의 정력과 힘의 기운을 끌어올렸다. 어떤 면에서 보면 그는 랩과 레이브(rave)음악, 음란물 등을 통해 감정을 활성화하는 것처럼 보였다. 다른 면에서 그는 이러한 자극들로 자신의 성생활과 성적 느낌을 통제하는 것처럼 느꼈다. 이 기간 동안 그는 몇몇 여성에게 끌리게 되었는데, 그중 하나가 복지과 직원이었다. 성폭행을 저지르던 그날, Darren은 복지과 직원이 자신과 랩 음악을 함께 즐기는 관계라는 지속적인 환상을 갖기 시작했다. 성적인 좌절감과 랩 음악으로 충만된 힘, 관계에 대한 갈망은 시간이 지날수록, 그리고 그가 자위행위를 하던 저녁 동안 증폭되었고, 그는 복지과 직원을 성폭행하기로 결심했다. 그는 주간 휴게실에서 그녀를 마구 폭행했고 몇 명의 직원이 투입되고서야 그를 저지할 수 있었다.

## 회피/능동 경로

'회피/능동 경로' 는 부적절한 자기조절 전략으로 특징지어지며, 이 유형에 속하는 사람은 자신의 성적인 욕망을 음주나 자위행위 같은 부적절한 수단을 통해 조절하려고 한다. 이러한 전략들은 대개 효력이 없으며 성적 좌절감이나 위험을 증대시키는 역효과를 내기도 한다. 성범죄의 위험을 유발하는 상황 속에서 이러한 전략들을 사용하다가 범죄 가능성을 더 높이게 될 수도 있다. 명백하게 Darren은 자신의 성적 욕망과 성적 좌절감을 극단적인 자위행위로 조절하려고 했다. 또한 비교적 최근에 나타난 랩/힙합 가수와의 동일시 경향은 적응 가능한 방식으로 자신의 감정에 대처할 수 있게 하는 성적 관계의 대체물일지도 모른다. 그러나 이러한 동일시 경향은 강한 힘에 대한 감정을 늘려 그의 성적 좌절감과 권리감(entitlement)을 증대시키는 결과를 초래하였다. 따라서 Darren의 경우 여성과의 강제적인 성적 접촉을 피하기 위해 능동적인 전략을 구사했다고 할 수 있다. 사건발생 후, 체포되어 경찰서로 연행될 때에도 Darren은 자신의 분노를 조절하지 못했다. 그러나 아침이 되자 그는 자신이 저지른 일이 매우 끔찍한 것이었음을 깨달았고 왜 자신이 그런 식으로 행동했는지 이해할 수 없다며 깊이 뉘우쳤다. 그 후 몇 달이 지나는 동안 줄곧 Darren은 그것이 '끔찍한 짓' 이라는 걸 안다고 진술했다. 그의 진술은 분명 깊은 상심에서 나온 것이었고 다른 성범죄자들이 자신의 범죄에 대해 가지는 부정적인 연상과는 달라 보였다.

## 위험성 평가

Darren은 이전에도 여성에게 모욕적인 말을 내뱉는 등의 범죄를 두 차례 저지른 적이 있다. 이 사건들은 당시에는 성범죄로 간주되지 않았으나 성범죄 치료 기간 동안에 재검토될 필요가 있었다. 그는 성범죄를 저지를 때뿐만 아니라 자신과 관련이 없는 사람들에게도 폭력을 보였다. 그의 아동기와 청소년기에는 혼란스러운 관계/행동상의 문제들이 존재했다. 네 차례에 걸친 이성애적 관계에도 불구하고 그에게선 가족간 친밀감 결핍의 흔적이 보였고, 최근에는 또래와의 관계에서도 마찬가지였다. 따라서 Darren의 경우 상당한 정도의 정적 위험요인이 있고, 이로써 향후 범죄를 저지를 가능성으로 보면 Darren은 중(中)위험군 범주에 속한다. 동적 위험요인을 보면, 그는 권한(empowerment)과 권리(entitlement)에 대한 감정에 결부된 성적 좌절감을 드러내 보였다. 명확하게 이 경우는 한 개인에게 여러 동적 위험요인이 혼재한 상황이다. 그러나 QACSO상에서 여성이나 아이들에 대한 범죄와 관련한 그의 인지적 왜곡은 매우 낮은 수준이었다. 사실 QACSO의 하위척도 점수들이 범죄 경력이 없는 지적장애인의 평균 수치보다 낮았다. 다양한 정신의학적 평가에서 그는 양극성 장애를 가진 것으로 진단되었고, 약물치료로써 이를 적절하게 조절하고 있었다(이 진단은 사건이 발생하기 2년 전에 내려진 것이며 그의 정신장애는 약물치료를 통해 잘 조절되고 있었다).

Darren의 범죄 경로와 위험성 평가를 통해 그에게 알맞은 치료목표를 설정할 수 있었다. 또한 이를 통해 향후 그의 치료와 관리에 고려되어야 할 특수의 위험요소들도 파악할 수 있었다. 이성과 성관계를 가지는 것에 대한 과다한 염려나 성적 좌절감에 결부된 지나친 자위행위, 과시적 권력감(feelings of empowerment), 소유적 권력감(feelings of entitlement) 같은 요소들도 전체 과정의 일부로서 성범죄 치료에 반영되어야 했다. 이 책의 후반부에서 다루어질 애착과 대인관계에 대한 부분도 Darren의 치료에 중요한 부분이다. 또한 치료에는 그가 자신의 범행을 후회한다는 점과 성범죄를 두둔하려는 태도나 인지적 왜곡을 딱히 보이지 않는다는 점도 고려되어야 했다. 이러한 점을 볼 때 그의 행동, 힘과 권리에 대한 감정들, 여성과 아동에 대한 비교적 사회화된 태도 같은 요소들 간의 충돌에 초점을 맞추는 것이 가능하다. 일반적인 지적장애 성범죄자들(동기에 관한 이전 장에서 살펴본 바와 같이)과 달리 Darren은 치료에 참가하는 데 꽤 열심이었다.

## 활동 1: 범죄 경로의 시작

### 준비물: 플립차트 용지와 펜

이것은 개별적 치료 참가자의 범죄 경로를 검토하기 위한 간단한 시작 활동이다. 이 활동은 인생지도 만들기와 재발 방지 계획(19장에서 살펴볼 것이다)에 대한 최종 활동의 예비적 단계라 할 수 있다. 치료 참가자들이 저마다 인생에서 겪었던 좋은 일과 나쁜 일의 목록을 작성하는 것으로 시작한다. 지면을 반으로 나누어 왼쪽에는 좋은 일을, 오른쪽에는 나쁜 일을 나열하는 방식으로 손쉽게 할 수 있다. 두세 명의 진행자의 도움으로 참가자들은 같은 시간 안에 이를 끝낼 수 있을 것이다. 각각의 참가자가 자신의 목록을 보여 주면 진행자들은 다른 참가자들에게 "이 목록에서 무언가 빠졌다고 생각하는 사람 있나요?" "당신은 이 목록에서 가장 중요한 것이 무엇이라고 생각하나요?" "이 목록에 없는 것을 자신의 목록에 적은 사람이 있나요?" 같은 질문을 던진다.

[그림 11-1]은 Fred(다음 절에 등장한다)가 자신의 인생에서 일어난 좋은 일과 나쁜 일을 적은 목록이다. 이는 손쉽고 의미 있는 방식으로 참가자들에게 성범죄 경로를 소개하는 인생지도 활동의 시작 시 진행자가 활용할 수 있는

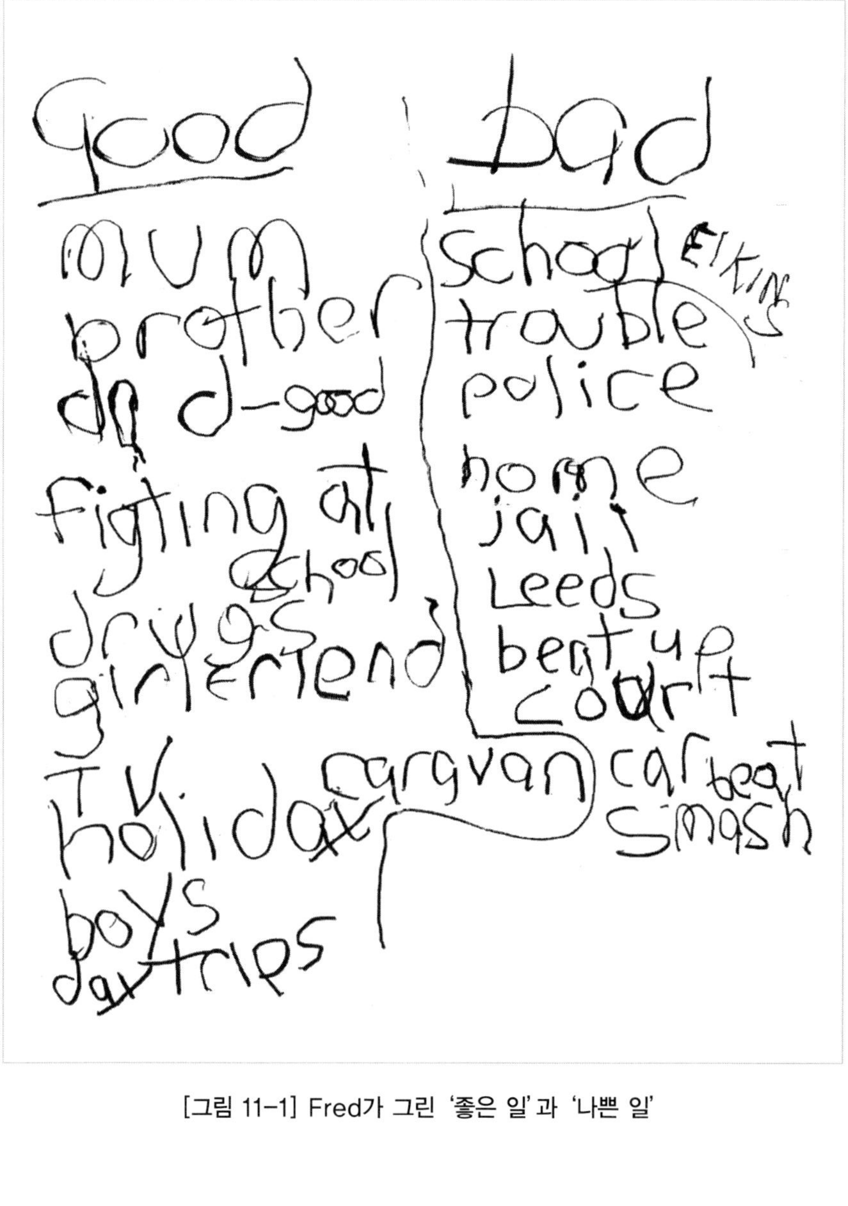


[그림 11-1] Fred가 그린 '좋은 일'과 '나쁜 일'

몇 가지의 기준점을 제시한다. 참가자들은 대개 자신의 성범죄 혹은 다른 범죄 행위에 대한 사실을 '나쁜 일' 목록에 적을 것이다. 그러나 이 시점에서 중요한 것은 그들이 범죄에 끌리게 된 까닭이 당시 그들의 삶에 존재하던 인간적인 욕구를 충족하는 데 있었다는 사실을 규명하는 것이다. 실제로 성범죄 치료를 통해 이러한 인간적 욕구가 다루어지지 않는다면 이러한 욕구를 충족하려는 행동은 계속될 것으로 보인다. 따라서 진행자들이 이러한 욕구를 친사회적이고 용인 가능한 방식으로 충족하도록 도와줄 수 있고, 범죄자들은 그 욕구를 조절하기 위한 대안적인 자기조절 전략을 써야 할 것이다. 이는 '좋은 삶 모델(GLM)'에 등장하는 매우 실용적인 접근법으로, 이어지는 장들에서도 자주 언급된다.

## 활동 2: 범죄 경로 탐색하기

### 준비물: 가로로 누인 플립차트와 펜

참가자들이 목록으로 작성한 몇몇 중요한 사건을 활용하여 이 활동을 시작한다. 진행자의 분석을 통하여 주된 위험요인과 기본적인 범죄 경로가 이미 드러난 상태다. 이제 주된 위험요인과, 지표 성범죄나 다른 성범죄의 범죄 경로에 대한 상세한 기술을 포함하는 시간적 전개과정을 구성할 수 있다. [그림 11-2]는 범죄 개방활동 후에 Darren이 작성한 범죄 경로의 단면을 보여 준다. 이는 정적/동적 요인을 포함해, 확인된 모든 위험요인과 함께 그것들이 그의 회피/능동 범죄 경로로 수렴되는 양상을 명확히 보여 준다. 이는 그의 지표 범죄의 세부 사항과 관련된 정보 역시 부가해 준다.

그림을 보면 Darren이 랩 음악, 랩 의상, 음란물, 격렬한 음악 등을 힘이나 분노에 대한 감각과 성적인 흥분을 유발하는 자극제로 인식했음을 알 수 있다. 이는 결과적으로 '과도한 자위행위'를 초래하는, '여성을 생각하고' '혼

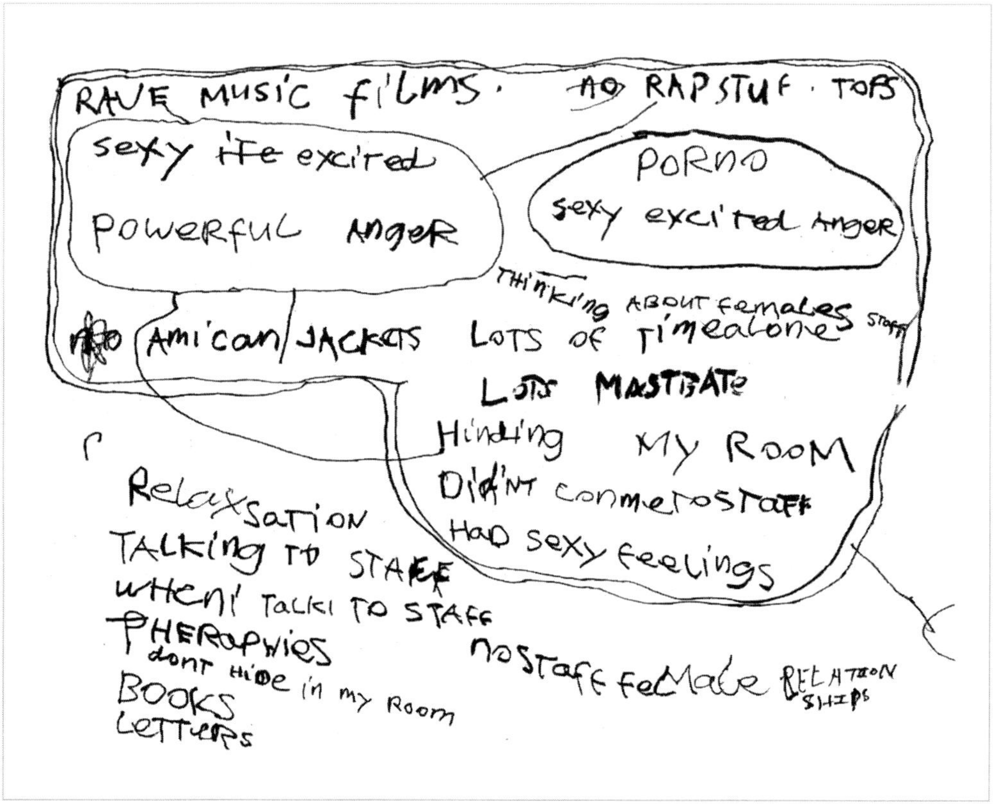


[그림 11-2] Darren이 그린 회피/능동 경로

자 있는 시간이 많고' '방 안에 틀어박혀 있는' 상황들을 동반하였다. 이런 방식으로 Darren은 자신을 범죄로 이끄는 변인들에 대해 매우 적절하고 정확하게 공식화할 수 있었다.

## 접근/자동 경로 사례: Edward

서두에서 언급한 것처럼 연구 결과는 접근형 경로가 지적장애 성범죄자들에게서 보다 흔히 발견된다는 사실을 보여 준다. Edward는 65의 지능(WAIS-

III UK)을 가진 28세의 남성이다. 지방의회 사무실 직원 중 한 명에게 음란한 내용의 편지를 쓴 후 공무집행방해로 기소되었을 때 처음으로 그는 지적장애 관련 법의학 기관의 관심을 끌게 되었다. 그는 1년간의 보호관찰 명령을 받았고 짧은 기간 동안 치료를 받았다. 그 후 얼마 지나지 않은 어느 날 저녁에 그는 집으로 가고 있던 동네 식료품점 여성 점원을 쫓아가다가 신고되었다. 그때 그 여성이 몸을 돌려 그와 정면으로 마주하자 그는 달아났다. 그러나 경찰이 이 사건을 수사하였고 그는 보호관찰 명령에 대한 경고를 받았다. 보호관찰 기간이 끝난 후에도 그는 관음증적 목적으로 끈덕지게 여성들을 쫓아다녔다. 그는 치료에 참석하는 것을 극도로 꺼렸고 자신이 여성을 직접 만진 것은 아니기 때문에 그들을 쫓아가는 것으로는 해를 끼치지 않았다고 생각했다.

Edward는 열악한 환경 속에서 어머니에 의해 양육되었다. 아버지는 세상을 떠난 상태였고, 그의 어머니에겐 보육시설에 맡겨진 다른 두 자녀가 있었다. Edward는 지적장애를 가진 아동·청소년을 위한 지역 학교에 다녔고 행동상에 아무런 문제가 없었다. 그는 꽤 재능 있는 편이었고 졸업할 때쯤에는 임차인 계약을 맺고 집을 마련하기도 했다. 그는 그곳에서 친구나 주변 사람들의 방문 없이 혼자 지냈다. 첫 번째 범행 이후 그는 관련 기관에 알려지게 되었지만, 늘 바쁘다는 말을 핑계로 그들과 관계하는 것을 매우 꺼렸다. 낮 동안 그는 늦게까지 잠을 잤고 오후에는 음란물과 텔레비전을 시청했으며 저녁이 되면 밖으로 나가곤 했다.

첫 번째 보호관찰 명령을 받은 지 1년 후에 그는 여성을 쫓아다니는 매우 유사한 범죄로 치료명령을 받게 되었다. 이때의 치료는 보다 집중적이었고, 그가 일면 폭력적이기도 한 다양한 성적 환상을 가지고 있다는 사실이 밝혀졌다. 흔히 그는 집에서 일반적인 텔레비전 프로그램을 시청하다가 텔레비전 프로그램의 여성에 대해 성적 환상을 가지게 되면 밖으로 산책을 나가곤 했다. 걷는 동안 호감이 가는 여성을 발견하면 뒤따라가기 시작했다. 2년의 보호관찰이 끝난 후 그는 또 다른 여성을 쫓아가다가 다시 한 번 붙잡혔고, 기소되어 3년의 추가적인 보호관찰 명령을 받게 되었다. 그의 행동 양식과 과정을 보면, 그는 대체로 오후 일곱 시에서 오전 대여섯 시 사이에 외출을 하곤 했다. 그는 밤새도록 영업하는 차량 정비소나 24시간 슈퍼마켓, 아침 일찍 문을 여는 신문 가판대 등, 자신이 좋아하는 여성이 있는 곳이라면 어디든 찾아가기 시작했다. 그는 자기도취적인 자위행위에 대한 환상에 젖은 채 무수한 관음증적 접촉을 시도했다. 자기조절에 대한 그의 무의식적 본능은 행동 양식상의 유사성과 지속성을 분명히 보여 준다. 그러나 최근에는 그의 야간 외출이 더욱 적극적인 양상을 띠어, 그는 경찰이 CCTV를 통해 자신을 포착할 수 있다는 걸 깨닫게 되었다. 그는 카메라가 설치된 지역을 기록했고, 그렇게 파악한 지역은 피해 다니기 시작했다. 그의 행동 양식은 그가 처한 저하된 사회적 삶에 지장을 주기 시작했다. 그는 더 이상 오지 말라고 언급한 여러 정황이 있었음에도 삼촌의 집을 방문하기 시작했다. Edward의 방문이 계속되자 그의 삼촌으로부터 연락받은 경찰은 그에게 방문금지 명령을 내렸고 경고를 주었으며, 이는 그의 보호관찰에도 좋지 않은 영향을 미쳤다.

## 접근/자동 경로

Edward는 관음증적 성범죄로 일관되는 과잉학습 행동 양식을 가지고 있었다. 이러한 행동 양식들과 관음증적 범죄들은 그의 성적 환상을 키웠고, 역으로 이러한 성적 환상은 그의 행동 양식을 강화하고 그 빈도를 증가시키는 결과를 초래했다. 비록 그 자신의 통제 아래 있는 것 같기도 하지만, 낮 시간 동안의 텔레비전 시청 같은 활동에 대한 그의 반응은 습관적이고 무의식적이었으며, 저녁 시간에 집에만 머무르도록 조치되었을 때에 부르짖고 화를 내는 모습을 보였다. 그의 행동 양식과 관련하여 단순한 텔레비전 시청, 관음증적 성적 흥분과 이에 부응한 향후 행동들 외에 더 높은 차원의 목표는 없어 보였다. 그의 범행에는 계획이 거의 없는 듯했고, 길을 걷다가 호감이 가는 여성을 발견하면 쫓아가기 시작하는 식이었다. 그렇지 않으면 여성 직원들이 밤새워 근무하는 상가나 사무실을 발견하곤 했다. Edward는 자신의 관음증적 행동과 관련하여 부정적인 영향은 없다고 했지만, 사실 이면으로 해당 사항이 있었다. 그는 자신이 이러한 행동들을 '즐겼다' 고 했으며, 성적 흥분의 감정을 통제하거나 억누르려는 바람도 없었음을 드러내 보여 주었다. 그는 치료참여 권유에 다루기 힘들 만큼 저항하였다. 사실 그는 3년의 거의 모든 치료기간 동안 참가하는 데에 불만을 토로하였다.

## 위험성 평가

Edward는 이전에 상당수의 성범죄를 저지른 적이 있고, 기소 건수도 많았으며, 비접촉 성범죄로 유죄판결을 받은 적도 있다. 그는 아무런 관계가 없는 사람을 대상으로 성범죄를 저질렀으며 불특정 다수를 상대로 범죄를 저지른 적도 있어 많은 정적 위험요인을 가지고 있는 것으로 보인다. 또한 이전의 치료에서 실패한 기록도 있다. 학창 시절이나 십 대 청소년 무렵에 행동상의 문제를 보이지 않았고, 폭력적인 행동도 전혀 보이지 않았기 때문에 이 부분에서 위험요인으로 여겨질 만한 것은 없다. 첫 치료 기간 동안, 뚜렷하진 않았지만 그는 양극성 장애를 가지고 있는 것으로 진단되었다. 그러나 이 장애는 적절한 약물로 잘 치료되었다.

뿐만 아니라 Edward는 향후 그의 치료와 관리에 있어 지극히 중요한 상당 수준의 동적 위험요인들도 가지고 있었다. 그는 성적인 행동이나 일반적인 행동의 측면에서 자기조절에 관한 문제점을 가지고 있었다. 그는 단짝 친구가 전혀 없었으며 친밀감과 대인관계 형성에 있어서의 결핍이 계속되어 왔다. QACSO상의 평가를 보면 그는 성인 여성에 대해 관음증, 노출증, 데이트 폭력, 스토킹 등 성범죄와 많이 연관되는 태도를 보였지만 아동에 대해서는 그렇지 않았다. 아동 성범죄에 대한 그의 점수는 범죄 경력이 없는 지적장애인의 평균점수와 비슷하였다. 추가적으로 이러한 긍정적 자기평가와 치료 중재에 대한 저항은 그가 자신의 관음증적 행동에 대해 권리감을 갖고 합리화하고 있음을 보여 준다. 또한 치료 참가에 대한 그의 저항은 그가 긍정적인 사회적 영향을 피하고 있다는 사실을 반영한다.

이러한 정보를 통해 Edward에게는 성범죄에 일관된 그의 태도에 초점을 맞춘 강도 높은 치료와, 피해자에게 끼친 영향과 그 자신의 권리감을 다루는 것을 목표로 한 과정들, 낮에는 깨어 있고 밤에는 잠드는 식으로 밤낮을 바꾸어 그의 일상생활을 방해하는 절차들을 관리하는 것, 친사회적인 영향과 공동체로의 연결망을 확대하는 것, 그의 일반적인 자기조절과 자기통제력을 길러 주는 것 등이 필요함을 알 수 있다. Edward는 치료에 참석하지 않기 위해 핑계를 대고 고집스레 치료를 꺼리며, 자신이 지닌 문제점과 자신의 행동이 타인에게 피해를 줄지 모른다는 사실을 받아들이지 않는 등, 여전히 치료 동기가 없는 상태이기 때문에 치료가 어려울 것으로 보인다.

## 접근/명확 경로 사례: Fred

Fred는 66의 지능(WAIS-R)을 가진 24세의 남성이다. 그는 소년들을 대상으로 한 여덟 건의 성범죄로 유죄판결을 받았다. 그의 성장환경은 비교적 안정적이었고, 어린 남동생, 여동생과 함께 어머니와 아버지 밑에서 자랐다. 그의 아버지는 그 지역에 있는 회사에서 배달일을 하고 있었다. 그는 그 지역의 일반 학교에 다녔지만 학습 면에서는 줄곧 도움을 받았다. 행동상의 문제점에 대한 기록은 없었지만 Fred 자신은 중학교 시절 몇 번의 동성애 관계를 경험한 적이 있다고 말했다. 그는 또한 십 대 후반에 자신이 성매매에 관여한 적도 있다고 했다. 그는 열 살, 열한 살 된 세 명의 소년을 대상으로 한 성폭행으로 처음 체포되어 기소되었다. 그는 저녁이면 어린 십 대들이 서성거린다는 사실을 알고 그의 아버지 회사의 창고로 가곤 했으며, 소년들로 하여금 자신에게 자위행위와 구강성교를 하도록 유도했다. 그 소년들 중 하나가 이 사실을 자신의 부모에게 알렸고 이어 다른 두 소년들도 제보를 하게 되었다. 그는 이러한 일련의 범행으로 보호관찰을 받게 되었는데, 그로부터 1년 후 비슷한 연령의 소년들을 대상으로 한 다섯 차례의 동종 범행으로 또다시 기소되었다.

평가를 받는 동안 그는 자신이 저녁이 되면 성적 흥분을 느꼈고 자신과 성행위를 할 소년이 있는지 알아보기 위해 창고가 있는 산업 지역에 내려가기로 마음먹었다고 말했다. 이후 치료가 진행되는 동안, 성행위를 하기 위한 유인물로서 소년들에게 그가 담배와 술, 돈 등을 제공했음이 드러났다. 기소된 범죄에는 누락되었지만, 그의 진술에 따르면 어떤 경우에는 성관계를 갖기 위해 소년들에게 물리력을 행사하기도 했다. 치료기관에 다니기 시작한 때에도 그가 종종 다른 남성들과, 때로는 여성들과 성행위를 할 기회를 찾고 있었음이 명백해졌다.

## 접근/명확 경로

성행위를 갖기 위한 Fred의 자기조절 전략은 상당히 조직적으로 계획된 것으로 보인다. 자신이 저지른 범죄에 대한 혹독한 비난과 일련의 기소를 남긴 법적 절차에도 불구하고, 그는 소년들과의 성적 접촉을 피하려는 시도를 보이지 않았다. 오히려 그는 계속 직접적이고 지배적인 동일한 범죄 경로에 따라 행동했다. 범죄를 위한 그의 계획은 단순하고 꽤 주기적이었던 반면, 그는 수년의 기간에 걸쳐 성적인 접촉과 만족을 얻기 위해 범죄 대상자들을 조종하는 일을 멈추지 않았다. Fred는 자신의 성범죄에 의해 동기화되고 자신의 행동에 의해 지지된 핵심적인 인지적 도식을 보여 준다. 그가 창고로 간 까닭은 명확하게 소년들과의 성관계를 갖기 위한 것이며 나아가 그는 유인물을 제공하는 등의 매우 분명한 전략을 구사하였다. 또한 그는 주변 지역을 잘 알고 있었고, 어디로 가면 눈에 띄지 않는지도 익히 알고 있었다. 가족과 사회복지사들의 비난에도 불구하고, 그는 성적 접촉과 행동에 대한 권리를 역설했다. 부정적인 영향의 흔적도, 자기 자신에 대한 평가조차도 찾아볼 수 없었다. 평가 단계에서 그가 보인 주된 경향은 몇 주 동안 협조를 거부할 정도로 평가자에 대해 분노와 적대감을 가지는 것이었다. 그는 자신이 잘 알고 있는 소년들이 자주 나타나는 장소와 특히 자신이 알고 있는 접근방법이 성공적으로 들어맞을 수 있을 법한 소년들을 목표로 삼았다. 그는 소년들에 대한 자신의 성적 학대가 나쁜 짓인지 아닌지는 전혀 고려하지 않았다. 대신에 자신의 접근방법이 성공했을 때 기뻐한 것으로 보였고 치료에 의뢰됐을 때에도 그러한 양상을 계속 보였으며, 그것이 줄어들게 되자 분노를 표출했다.

## 위험성 평가

Fred는 이전의 성범죄 기소 경력, 자신과 무관한 남성 피해자, 아동을 대상으로 한 범죄 등을 포함한 다수의 정적 위험요인을 가진다. 이러한 다양한 범죄를 종합하여 볼 때, 그리고 그는 미래 범죄의 가능성에 있어서도 고위험군에 속한다. 동적 위험요인의 측면에서 보면 그는 권리감과 높은 자존감을 수반하여, 피해자에 대한 배려심의 부족을 지속적으로 보였다. 그는 지속적으로 남자 아동에 대한 일탈적인 성적 기호를 보였다. QACSO상의 평가를 보면 그는 다른 모든 피해자 유형에 걸쳐 상당한 무시의 태도를 보이는 등 높은 수준의 인지적 왜곡을 보였다. 비록 여성을 대상으로 한 범죄의 기록은 없었지만, 아동을 대상으로 한 범죄와 마찬가지로 여성을 대상으로 한 강간과 성폭력을 지지하는 인지적 왜곡을 가지고 있었다. 흥미로운 것은 동성애 관계를 경험한 적이 있었음에도 남성에 대한 성폭력을 지지하는 인지적 왜곡 역시 높았다는 점이다. 그의 적대적인 태도 또한 동적 위험요인이다. 첫 번째 성범죄가 드러나 보호관찰 명령을 받았을 때 그가 이행 조건들을 위반하면서 범행을 계속한 사실도 또 다른 동적 위험요인이라 할 수 있다. 이 마지막 부분은 그의 권리감과 자신의 행동을 제한하는 데 따른 분노감이 응축된 것이라 할 수 있다.

치료의 초점은 이러한 위험요인들과 범죄 경로에 맞춰질 수 있다. 피해자에 대한 Fred의 공감 능력 부족과 타인의 관점을 수용하지 못하는 점은 소년과의 성행위가 나쁘지 않다는 그의 생각과 더불어 치료에서 다루어야 할 확실한 목표들이다. 실제로 그는 범죄의 심각성을 완화하거나 피해자들에게 책임을 전가하고 가해 사실을 부정하며 성관계에 대한 자신의 권리를 부각하는 등, 성범죄를 지지하는 다양한 생각을 고수하고 있는 것으로 보였다. 소년들이 흔쾌히 자신과 성관계를 가졌다는 것이 그의 주장이었다. 이러한 핵심적인 인지적 왜곡은 폭넓고 집중적인 치료를 통해 다루어져야 했다. 공동체에 그가 참여하도록 하는 방법 또한 마련되어야 했다. 그는 졸업 후 일을 해 본 적이 없으며 강제성이 없는 정상적인 성관계를 가진 적도 없다. 이러한 친사회적 측면들이 치료 준비에 포함되어야 했다. 그에게서 발견되는 광범위한 인지적 왜곡 역시 치료에서 다루어져야 한다.

Edward와 Fred 둘 다 자신이 저지른 성범죄에 대한 구체적인 내용들을 흔쾌히 언급하지 않았다는 점이 흥미롭다. Ward, Yates와 Long(2006)은 범죄과정의 자기조절 모델에 관한 치료 매뉴얼에서, 접근/명확형 범죄자들은 일반적으로 자신들의 행동을 잘못된 것으로 여기지 않기 때문에 범죄의 구체적 내용들을 거리낌없이 자백하는 경향이 있다고 서술했다. 그러나 위의 두 사례는 범죄의 구체적 내용들에 대한 언급을 주저하거나 꺼리는 양상을 보여준다. 평가자의 관점에서 이는 두 가지 이유에 기인한다고 볼 수 있다. 첫째, 그들은 자신들의 행동이 잘못된 것이라는 사실을 인식했기 때문에 해당 기관으로부터의 견책을 받지 않기 위하여 자세한 언급을 피하는 것이다. 그들이 범행에 대한 자세한 언급을 꺼리는 두 번째 이유는 자신들의 행동이 발각되고 저지된 것에 대한 분노감 때문이다.

Edward와 Fred도, 앞서 소개한 Darren의 것과 동일한 초기 범죄 경로에 대한 활동을 끝마쳤다. 그들은 플립차트 용지 윗부분에는 자신들의 인생에서 좋았던 일을, 아랫부분에는 안 좋았던 일을 적었다. 범행이 있기 몇 주 전과 재범행이 일어난 주에 있었던 일들이 부정적인 것으로 표명되었다. 체포된 것과 보호관찰을 받게 된 것에 덧붙여 관계의 결핍과 성적 좌절감 등이 이러한 부정적인 양상들이었다. 손쉽게 할 수 있는 이 활동을 통해 인생지도의 개념과, 당사자의 과거에서부터 시작하지만 가능한 경로를 통하여 '좋은 삶 모델'로의 통합을 지향하는 미래까지 망라한 시간적 전개과정을 탐색해 볼 수 있다. Edward의 자기조절 경로를 보면, 그 자신이 부정적인 것으로 이해한 상당한 정도의 자기평가가 범죄로 연결된다고 할 수 있다. 범죄를 저지르기 전에 그는 관계의 결핍과 성적 좌절감을 자신의 인생에서 가장 큰 문제로 여겼다. 여기에 Fred의 범죄 경로와의 유의미한 차이점이 있다. 앞의 사례들은 자기조절 경로와 접근/회피 목적에 대한 꽤 복잡한 개념들이 지적장애 성범죄자들에게는 간소화되어 그들의 치료 프로그램에도 적용될 수 있음을 보여 준다.

# 제12장

# 인지적 왜곡과 태도

성범죄를 지지하는 인지적 왜곡과 태도는 범죄자들이 자신의 내면적 억제를 다루는 과정에서 핵심적인 요소로 여겨지며, 이 과정에서 성범죄를 야기하는 행동에 지나치게 관대하고 그에 일관된 일련의 연상을 유발하게 된다.

이 매뉴얼을 통해 다수의 연구 결과와 이론적 모델을 살펴볼 수 있는데, 범죄와 범죄 경로 간의 순환에 내재한 인지적 왜곡의 중요성을 다루고 있다.

## 치료모듈의 목표

- 생각과 감정, 신체적 감각(성적 흥분), 행동 간의 연관성을 규명한다.
- 성범죄 시에 인지적 왜곡이 어떤 기능을 하는지 규명한다.
- 인지적 왜곡의 유형—최소화, 약화, 부정, 권리감 등—을 살펴본다.
- 개인의 범죄 주기에 인지적 왜곡을 적용한다.
- 외견상 관련이 없는 결정들(Seemingy Irrelevant Decisions: SIDs)에 작용하는 인지적 왜곡을 검토한다.

- 인지적 왜곡을 발생케 하는 개인의 사회적 정황들(이를테면 고립이나 반사회적 영향 등)을 살펴본다.
- 인지적 왜곡의 발생을 억제하거나 막는 개인의 사회적 정황들(이를테면 적절한 대인관계나 애착, 친사회적 영향 등)을 살펴본다.
- 개인의 범죄 상황이나 범죄 위험성이 있는 상황에서의 외견상 관련이 없는 결정들을 살펴본다.
- 대안적으로 사회화된 사고와 그것이 범죄 주기, 친사회적 행위, 감정과 생리적 흥분 등에 연관되는 바를 살펴본다.
- 인지적 왜곡을 통해 범죄의 책임이 범죄자에서 타인(피해자 포함)으로 전가되는 방식을 살펴본다.
- 각 치료 참가자들의 범죄 주기에서 인지적 왜곡을 통해 범죄의 책임이 전가된 방식을 살펴본다.
- 가상적인 일반 상황과 개별 참가자의 범죄를 활용하여, 사회화된 생각으로 범죄의 책임을 가해자(개별 참가자)에게 부과하는 방법을 수립한다.
- 이러한 인지적 왜곡과 부적절한 태도에 대한 논박을 지속한다.

이러한 것들이 각각의 범죄자 모두에게 적절한 것은 아니다. 치료활동이나 회기구성 전반에 위 목표 항목들이 포함되는 것이다. 진행자들은 대개 회기 구성방식에 입각하여 프로그램을 전개할 것이다. 그러나 특정 회기들을 다른 회기들과 병합하는 일이 불가능한 것은 아니다. 거듭 강조하지만, 현재 다루고 있는 내용과 관련이 있다면 그것이 다른 회기의 주제와 방법이라 할지라도 사용할 수 있게끔 진행자가 프로그램에 대한 충분한 숙지와 융통성을 갖추는 것이 중요하다. 가령 인지적 왜곡의 유형들을 살펴볼 때, 흔히 적합한 절차에 따라 진행하겠지만, 진행자가 관련이 있고 적절하다 생각한다면 인지적 왜곡이 외견상 관련이 없는 결정들에 미친 영향을 검토해 볼 수도 있는 것이다. 범죄 주기에서 인지적 왜곡이 발생하는 지점을 살펴보거나 외견상 관련이 없는 결정이 작용되고 있는 점을 언급할 때, 미리 이러한 문제들과 관련이 있는 인지적 왜곡을 검토해 보는 것도 적절하다 하겠다. 이러한 방식으로 각 회기의 주제들은 상호 연관될 수 있다.

### 언어에 대한 주석

다음은 내담자들이 사용한 것으로, 치료 회기상의 언어를 단순화하는 데 도움을 준 몇몇 표현들이다.

- 인지적 왜곡: 생각의 실수, 뒤틀린 생각, 잘못된 견해, 잘못된 사고, 광적 사고와 위험한 사고
- 외견상 관련이 없는 결정들: 충동적인 것으로 보이지만 그렇지 않은 것, 계획되지 않았다고 생각했지만 계획되었던 것, 그저 발생한 것이라 생각했지만 내가 계획했을지도 모르는 것
- 생리적 흥분: 몸이 느끼는 방식, 쾌감, 성적인 느낌, 성적인 흥분, 격렬한 흥분
- 정서적 감정: 정서적 감정을 다룰 때, 진행자들은 우울함, 분노, 행복, 좌절감, 긴장감 등의 구체적인 예를 들어 말해야 한다.
- 행동 스크립트(behavioural script): 생각하지 않고 그냥 행동하기, 흔히 무엇을 하고 있는지조차 인식하지 않고 행동하는 것, 그저 무언가를 하고 그것에 대해 생각조차 하지 않는 것. 당신이 진정으로 그것에 대해 생각했다면 당신은 스스로 행동을 멈추었을지도 모른다.

## 활동 1: 생각과 감정, 신체적 감각, 행동 간의 연관성 규명

감정에 대한 연구나 이론을 보면 감정과 감각, 생리적 흥분, 행동 경로 간의 연관성이 잘 드러나 있다. 불안의 경우를 예로 들어 보자면, 불안감은 불

안으로 일관하는 인지적 왜곡과 연관되어 있는 것으로 보인다. 다시 말하면, "이건 가망이 없어. 난 이걸 해내지 못할 거야."와 같은 태도, 생리적 감각(아드레날린의 증가)과 불안으로 일관되는 행동("이런 상황에서 벗어나고 싶어.")과 같은 것이다. 이러한 연관성을 규명하기 위해, 이 활동은 단순한 연상으로 시작하여 그 후 신속하게 성범죄 관련 사례들로 이동해 간다. 인지와 흥분, 행동 간의 부조화는 처음에 지적장애를 가진 참가자들을 혼란스럽게 만들 것이다. 따라서 성범죄와 관련된 사례들을 신속하게 검토하면서 회기를 끝마치는 것이 중요하다.

준비물: 플립차트와 펜

먼저 일상의 상황에서 친숙하게 사용하는 단순한 연상들로 구성한다. 배고픔과 같은 생리적 감각으로 손쉽게 시작한다. 진행자는 "배고프다고 느낄 때 당신은 어떤 생각이 드나요?"와 같은 질문을 던지는 것으로 회기를 시작할 수 있을 것이다. 이는 참가자들로부터 일련의 생각과 행동을 끌어낼 것이다. 이후 진행자는 각각의 의견에 대해 "지금 당신의 대답이 그렇게 생각한다는 것인가요, 아니면 그렇게 행동한다는 것인가요?" 같은 질문을 할 수 있다. 이러한 방식으로 배고픔이라는 신체적 감각과 그러한 감각에 관련된 생각들, 그리고 추후의 행동들이 구분될 수 있다. 여러 다른 감각도 심층적인 서술을 통해 이런 방식으로 다루어질 수 있다. 참가자들이 갈증, 가려움, 고통, 불편함 등에 관한 예를 되도록 많이 도출할 수 있도록 북돋운다. 중요한 것은 인지와 홍분, 행위 간의 연관성을 규명하는 것이다.

특정 감정이나 인지를 신체적 감각이나 행동에 연계하면서 활동을 계속할 수 있다. 진행자는 "화가 나면 당신의 몸에선 어떤 반응이 일어나나요?" 같은 질문을 던지는 것으로 다음 단계를 소개할 수 있다. 다시 한 번 참가자들은 행동과 생리적 감각이 뒤섞인 대답을 할 것이다. 그러면 진행자는 "당신이 느끼는 것인가요, 아니면 행동하는 것인가요?"와 같은 질문을 던질 수 있다. 이로써 생리적 흥분과 감정, 행동 간의 연관성이 또다시 규명된다. 불안, 우울, 좌절, 질투 등의 다양한 감정을 다루는 것으로 이 활동을 계속할 수 있다.

이 활동을 완료하기 위하여, 성적인 생각과 느낌, 행동 간의 연관성이 검토되어야 한다. 진행자가 "성적인 느낌이 들면 어떻게 하나요?"라고 묻는다. 필자의 경험에 비추어 보면, 보다 많은 참가자가 '자위행위' '성행위' 같은 행동에 대한 답변을 할 것이다. 진행자는 "성적인 느낌이 들 때 당신은 무엇에 대해 생각하나요?"처럼 명확하게 질문해야 할 것이다. 여기서 신체적 감각과 생각, 감정, 행동 간의 상호 연관성이 성적 욕망이라는 특정한 주제와 어떻게 관련되는지 드러나게 된다.

## 활동 2: 행동 스크립트

이것은 우리가 무의식적으로 하는 많은 것을 규명하기 위해 고안된 비교적 짧은 활동이다. 진행자들은 우리가 의식적으로 생각하지 않고 하는 것들에 대해 많은 예를 들 수 있을 것이다. 단순하게는 앉아 있는 것부터 문을 연다든지, CD를 튼다든지, 텔레비전을 작동한다든지 하는 복잡한 예까지 다양할 것이다. 보다 복잡한 것으로 자전거를 탄다거나 자동차를 운전하는 등의 예도 들 수 있다. 참가자들 중 운전을 하는 이가 거의 없을 수 있지만, 그들은 아마 이동 중이라는 사실을 의식하지 않고 버스를 탄 채 목적지로 향하는 경험을 해 보았을 것이다.

행동 스크립트는 두 가지 차원에서 우리를 놀라게 한다. 첫 번째는 무의식적인 일상의 행위 속에서 왜 그 행위를 하는지를 망각하는 점과 관련이 있다. 우리는 행위에 대한 본래의 목적을 잊은 채 방 안에 있거나 어떤 장소를 찾고 있는 자신을 발견할지도 모른다. 두 번째는 무의식적인 일상의 행위 속에서 그 행위를 한 사실 자체를 기억하지 못하는 점과 관련이 있다. 우리는 어떤 경로를 통해 이동했는지 기억하지 못한 채 출근을 하거나 마을로 가는 버스를 타는 자신을 발견할 수도 있다. 가장 분명한 예는 운전을 하는 경우지만 운전을 하는 참가자가 거의 없기 때문에 걷기와 자전거 타기, 버스 타기 등이 적절한 예라고 할 수 있다(자동차를 운전하는 것이 능동적인 활동인 반면 버스를 타는 것은 수동적인 활동이기 때문에, 후자는 대강의 예로서만 활용될 수 있다. 다른 예들 가운데도 활용할 수 있는 충분한 유사성이 있다). 이 활동을 통해 프로그램 전반에 걸쳐 활용될 수 있는 개념인 행동 스크립트와 무의식적 일상 행위의 실체를 규명하게 된다.

## 활동 3: 역기능적 연상

이 활동의 일부분은 참가자들이 어렵게 느낄 수 있고, 그들의 기분을 상하게 할 수도 있다. 이전의 활동을 참조하여 생리적 감각과 생각, 행동 간의 기능적 연상을 작성한다.

- 예: 배고픔(생리적 감각), 인지(샌드위치를 먹어야겠다고 생각함), 행동(무엇인가를 먹음). 화장실에 가고 싶음(생리적 감각), 가야겠다(인지), 화장실에 가기(행동)

[그림 12-1]은 두 시간 동안의 단일 회기에서 진행된 위 활동의 세 가지 플립차트 지면이다. 첫 번째 지면에 참가자들은 배고픔과 관련된 다양한 신체적 감각과 인지, 행동을 적었다. 이 모두는 순기능적이고 일관적이었는데, 생리적 감각(배에서 꼬르륵 소리가 남, 뱃속이 요동침), 중간에 오는 인지(생각함-냄새가 좋은 음식), 행동(먹음, 섭식)의 양상을 예로 들 수 있겠다. 두 번째 지면에 참가자들은 화장실에 가는 것과 관련된 다양한 감각과 인지, 행동을 적었는데, 생리적 감각(터질 것 같음, 몸이 움찔함, 더 이상 참을 수 없음), 중간에 오는 인지(가야겠다), 추후의 행동(볼일을 봄, 덤불 속에서 볼일을 봄) 양상을 예로

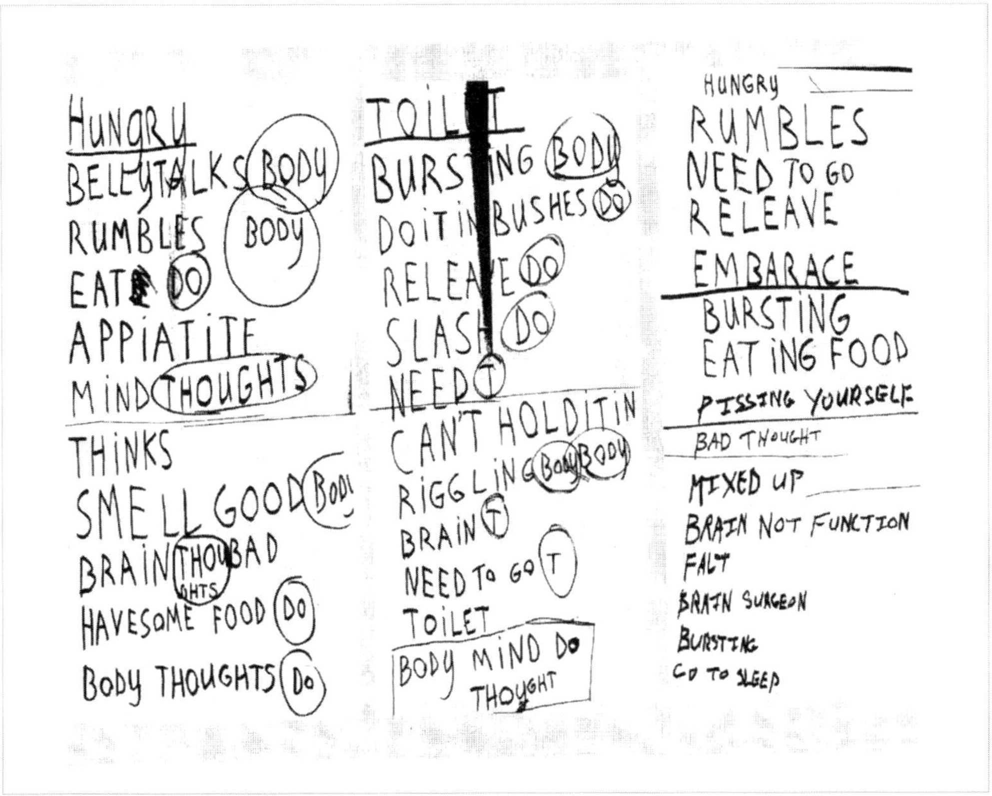


[그림 12-1] 인지와 행동, 생물학적 작용 간의 역기능적 연상에 관한 치료 회기의 플립차트 기록

들 수 있다. 세 번째 지면에서 참가자들은 배고픔과 화장실에 가는 것에 대한 역기능적 인지와 행동을 보여 준다. 몇몇 참가자는 이 회기 동안의 활동이 우스꽝스럽다고 말할지도 모른다. 그들은 신체적 감각에 잘못된 행동을 배치함으로써 혼란스러워하거나 짜증을 낼 수도 있다.

[그림 12-1]의 세 번째 지면은 배고픔과 관련한 역기능적 연상을 보여 준다. 참가자들은 인지(가야겠다)와 역기능적 행동(화장실에 가지 않고 볼일을 봄)에 결부된 생리적 감각(뱃속이 요동침)을 표현했다. 또한 그들은 이러한 역기능적 연상이 자신을 난처하게 만들 것이라고 적었다. 비슷한 방식으로 그들은 화장실에 가는 것과 관련한 역기능적 연상들을 적었는데, 추후의 역기능

진행자: 당신이 딱 맞혔어요. 바로 그겁니다.

참가자 1: 제 생각은 좀 달라요. 저는 여성들이 여전히 화를 자초하고 있다고 생각해요. 그나저나 그녀는 잘 차려입었죠.

진행자: 하지만 성적 느낌이 들었다는 이유로 그녀를 공격하기로 생각하는 것이 분별 있는 행동인가요?

참가자 2: 뭐, 분별 있는 행동은 아니었죠. 하지만 그녀도 분별 있게 행동했다고 생각하지는 않아요.

이러한 사례는 참가자들이 정보를 다른 방식으로 이해할 수 있음을 보여준다. 몇몇 참가자는 역기능적 생각과 성적 느낌 간의 관계를 이해하기 시작함으로써 주어지는 정보를 숙지할 수도 있다. 또 다른 참가자들은 단순히 그들 자신의 기본적인 자기도식에 의문이 제기되고 있는 조짐만 드러낼지도 모른다. 참가자 2의 경우, 비록 성폭력에 관한 자신의 기본적인 도식을 역설했지만, 그가 자신의 추정에 의문을 가지기 시작했다는 건 명확한 사실이다. 이 모든 것이 치료의 초기 단계에서 기대할 수 있었던 점들이다.

## 활동 4: 감정을 인지적 차원에서 탐색하기

이 활동은 행위와 인지, 행동 간의 연계에 내재한 감정의 중요성에 역점을 둔다. 순기능적 연상은 이미 앞서의 활동에서 다루었고, 이번에는 역기능적 인지가 역기능적 행동을 유발하는 신체적 감각과 관련될 수 있음을 살펴본다. 다음은 그 간략한 예이고, 진행자는 집단 참가자들에게 보다 알맞은 예들을 만들어 낼 수 있다. 이 활동은 더 많은 논의와 관심사가 반영된 역할극이 될 수도 있다.

- 예 1: 당신이 가게를 향해 걸어 들어가고 있는데, 다른 손님이 가게를 나

오면서 당신과 부딪혔다. 당신은 역기능적 감정(분노와 짜증)으로 이어지는 역기능적 생각(그가 고의로 그런 것이다)을 한다. 역기능적인 생각과 그에 따라 느끼게 되는 감정은 당신을 일련의 역기능적 행동(그 사람에게 고함을 지르거나 다른 형태의 악담을 하는 것)으로 유도할 것이다. 쉽게 화를 내는 사람의 경우라면, 누군가 우연히 자신과 부딪혔을 때 짜증을 내게 되는 것이 그의 행동 양식이라고 할 수 있다.

- 예 2: 당신이 직장이나 훈련 센터에서 늦게 마치고 집으로 돌아와 피곤한 상태다. 식사를 준비하는 것도 귀찮고 역기능적인 생각(술 한잔이 필요해)이 든다. 이는 역기능적인 행동(술을 마시는 것)으로 이어지고, 결과적으로 역기능적인 감정(피로감을 해소하는 무언가를 하고 있다는 사실에 즐거워함, 이것이 정말 효과가 있다고 느끼고 한잔 더 마시게 됨, 그만 마시려고 애쓰고 있음에도 거듭 술을 마시기 시작하는 자신에 대해 짜증을 느끼게 됨)을 초래한다.
- 예 3: 당신이 꽤 즐거운 마음으로 자신의 업무 공간에서 일을 하고 있는데, 관리자가 나타나 당신이 놓친 무언가에 대해 지적을 한다. 이는 역기능적인 생각(그가 나에게 잔소리를 하고 있군, 내가 하는 게 마음에 들지 않는 거야)으로 이어지고, 결과적으로 역기능적인 감정(짜증이 나거나 관리자에게 화가 남)을 초래한다. 그리고 이런 역기능적 감정은 일련의 역기능적 행동(발끈하고 화를 내게 됨, 업무를 중단하고 관리자에게 짜증을 내거나 소리를 치며 나가 버림)을 야기한다.

진행자가 자신의 집단 참가자들에게 보다 적절하다고 느끼는 게 있다면 다른 활동들을 직접 만들 수도 있다. 또한 역기능적 생각과 역기능적 감정, 부적절한 행동이라는 말을 사용할 때 가장 적절한 표현이 무엇인지도 결정해야 한다. 이 장의 앞부분에서 활용할 만한 표현들에 대한 안내 자료를 볼 수 있을 것이다. 이 활동을 통해 수많은 논의가 발생할 수도 있다.

## 활동 5: 성적 흥분과 역기능적 인지

이것은 앞선 활동에 이어지는 간단한 활동이다. 역기능적 생각과 역기능적 행동의 맥락을 규명한 바 있기 때문에, 역기능적 생각과 역기능적 행동을 성적 흥분의 감정에 연계하는 것은 비교적 쉬운 일일 것이다. 집단 참가자들이 성적 흥분으로 인해 유발되는 얼마간의 역기능적 생각을 하도록 하고, 그 후 역기능적인 생각의 결과로서 유발될 역기능적인 행동을 하도록 한다. 이로써 참가자들은 과거에 자신이 경험했던 것들을 생각하게 될 것이다. 다양한 상황과 예가 〈부록 1〉에 제시되어 있다.

## 제13장

# 문제해결 시나리오와 인지 왜곡에 대한 문제 제기

인지적 왜곡은 성범죄 치료 프로그램에서 핵심적인 요소이며, 대부분의 내용은 자신의 성범죄를 최대한 축소하거나 범죄 책임을 경감시키는 사고방식 또는 태도를 다루고 있다. 이 영역의 치료적 목표는 남성들이 가지고 있는 이러한 인지적 도식을 근본적으로 탐색해 보는 것이다. 여러 가지 관점에서 볼 때, 남성들이 이런 관점을 가지고 있는 것은 충분히 납득할 만한 일이다. 첫째로, 좋은 삶 모델(Good Lives Model: GLM)의 관점에서 볼 때, 우리의 삶을 더 충족하고자 하는 방식으로 삶의 질을 추구하는 것은 인간의 본성이라고 할 수 있다. 우리의 자기개념은 내면적으로 이런 삶의 질을 추구하는 것을 지지하고 있으며 긍정적인 자기상을 유지하기 위해서는 자신의 삶의 질을 추구하는 생각과 태도를 지지해야 한다. 둘째로, 앞의 내용과 유사하게, 누구도 자신을 나쁜 사람으로 생각하고 싶어 하지 않는다. 자신이 도덕적으로 비난받을 만한 성적 행동을 했을 때, 그런 행위의 범죄적 측면을 완화 또는 경감시키는 인지적 태도를 가지게 된다.

이러한 경감은 행위 그 자체(그렇게 심한 것도 아니다)와 관련되거나, 상황

(그런 상황에선 이해가 간다), 또는 사건에 관련된 다른 사람들(그 사람들도 나만큼 책임이 있다), 심각성의 정도(다른 사람이었으면 훨씬 더 나쁜 짓을 했을 것이다), 자기 자신(나는 정말 기분이 좋지 않을 때에만 그런 짓을 한다. 그게 정말 내 모습은 아니다) 그리고 의도(그런 짓을 할 생각은 아니었다)와 관련이 된다. 사실 우리 모두는 어떤 상황에서 정도의 차이는 있겠지만 이런 식의 인지적 왜곡을 가지고 있다. 그 한 예로 사람들은 법적 운전제한 속도를 어겼을 때 자신만의 인지방식으로 자신을 변호하는 경우가 많다. 또 다른 예는 직장에서 허용되는 범위를 넘어서 정보통신 기기를 이용하는 경우다(정보통신 부서의 한 직원이 필자에게 NHS에서 가장 빈번히 방문되는 웹사이트는 eBay이며, 이것은 명확히 업무와 관련이 없다고 말했다). 이런 점에서 볼 때 성범죄자들 또한 예외가 아니며 명백한 부정적 증거에 직면했을 때도 일련의 인지적 왜곡을 통해서 자신의 자존감을 유지하려고 하는 것이다.

많은 저자(Salter, 1988; Marshall, Anderson, & Fernandez, 1999)는 성범죄자가 아동과 여성에 대해서 가지고 있는 인지적 왜곡을 몇 가지 유형으로 나누었다. 이런 인지적 왜곡은 그들의 자존감과 자기 이미지를 유지시켜 주는 역할을 하지만 범죄를 저지르기 전에 느끼는 심리적인 억제감을 줄여 주며, 사건 후 평가에서 사건에 대한 책임감을 경감시키고, 사건을 최소화하려는 경향에 일조하게 된다. 인지적 왜곡의 유형은 다음과 같다.

1. **범죄 부정** 범죄 평가나 치료의 초기 단계에서 범죄 부정은 흔히 일어나는 현상이며 상당히 오랜 기간 동안 지속될 수도 있다. 이 유형의 인지적 왜곡의 경우 범죄자는 자신이 성범죄를 저질렀다는 사실 자체를 부정한다. 명백한 증거가 있음에도 범죄를 부인하는 경우도 있다. 어떤 범죄자는 범죄조사에서 그의 신원이 드러났고 여러 명의 아동 목격자의 증언이 있었음에도 자신의 범죄를 몇 개월 동안 부인했다. 범죄자는 범죄에 관련된 사항 중 자신과 일치되지 않은 사항에 집착하여 자신의 범죄를 부인하는 경우도 있다. 예를 들어, 한 사례에서는 목격자의 진술 중 가해

자가 문신이 있었다는 말이 있었는데 그 가해자는 이 진술을 이용하여 자신은 문신이 없기 때문에 범인이 아니라고 계속 주장했다. 그러나 그가 범인이라는 증거는 이미 상당히 있는 상태였다.

2. **의도 부정** 범죄자가 자신이 성범죄를 범한 것은 인정하나 성범죄를 저지를 의도는 없었으며 다른 활동을 함께 하려고 했다고 주장하는 것이 이 경우에 해당된다. 한 예를 보면, 어떤 가해자는 8세, 12세 된 자신의 조카들을 부모가 외출한 동안 봐 주고 있었다. 그는 침대에 조카들과 같이 누웠고 그 소녀들에게 자신의 성기를 문질렀다. 이 행위에 대한 그의 설명은 아이들이 저녁이 되자 다루기 힘들어졌고, 그렇다고 꾸중하고 때려서 조용하게 하기보다는 재우는 것이 낫다고 생각해서 같이 침대에 올라갔다는 것이었다. 즉, 자신은 성추행을 하려고 한 것이 아니고 시끄럽고 제멋대로 행동하는 아이들을 통제하기 위해 그러한 행동을 했다는 것이었다. 다른 사례에서 손에 관절염이 있었던 한 남자는 자신이 어떤 소녀의 자전거를 고쳐 주고 있던 중 그의 손이 옆에 서 있던 여자 아이의 다리 사이로 미끄러진 것이라고 설명하기도 했다. 아동용 자전거를 고쳐 주는 것(손질하기)은 그의 취미였다. 그는 옆에 서 있던 소녀의 몸을 만진 것은 인정했지만 손에 관절염이 있어 가지고 있던 공구가 손에서 미끄러졌으며 그 자리에 소녀가 서 있었다고 말함으로써 자신의 의도가 성적이었다는 것을 부인했다.

3. **피해자의 행동을 이용하여 책임을 경감시키는 경우** 이 경우는 좀 더 일반적인 형태의 인지적 왜곡이며, 인지적으로 왜곡된 태도를 가진 사람들을 평가하는 설문지의 주요 문항들이 이러한 개념을 반영한 질문들로 구성되어 있다. 이 형태의 인지적 왜곡의 예는 여성이 짧은 미니스커트나 몸에 붙는 옷을 입었을 때 그 여성은 '성추행을 당하기를 바라고 있는 것' 이라고 생각하는 것이다. 아동을 성추행한 남성들도 '소녀들이 남자를 흥분하게 하는 행동을 한다.'는 식의 생각을 하는 것이 흔히 발견되고 있다. 극단적인 경우 한 범죄자는 필자에게 다음과 같은 말을 했다. "여

자 아이들은 남자와 성행위를 할 경우, 그 남자가 큰 어려움을 겪게 된다는 것을 학교에서 배워야 해요. 날 봐요. 난 여기 감옥에 있지만 그 여자 애들에게는 아무 일도 일어나지 않았고 마음대로 거리를 활보하고 있잖아요." 이 남자의 지능은 학습장애 범위(WAIS-R IQ 81)에 속하지 않았기 때문에 그의 왜곡된 견해는 지능상의 장애로 설명될 수는 없었다. 보다 완곡한 방식으로 피해자에게 책임을 떠넘기는 인지적 왜곡의 예시는 꽤나 자주 발견된다.

4. **사건 축소** 이러한 인지적 왜곡 역시 성범죄 사건에서 가해자가 보여 주는 주목할 만한 사고방식들이다. 일반적으로 가해자들은 일련의 인지적 왜곡을 보여 주는 생각을 마음속에 가지고 있다. 이 남성들은 '여자를 따라가서 자위행위를 하는 것은, 여자를 건드리지 않는다면 문제가 없다.' '아이들을 만지지 않는다면 아이들 앞에서 자위행위 하는 것은 문제가 없다.' '여자를 쳐다보면서 성적으로 흥분하는 것은 범죄가 아니다.' 등과 같은 사고방식을 가지는 경우가 많다. 앞에서도 언급된 것처럼 이 남성들은 자신의 범죄를 보다 더 심하다고 여기는 사건과 비교하여 자신의 범죄의 심각성을 경감시키려는 경향이 있다. 성인 여성에게 성범죄를 저지른 가해자는 자신의 범죄가 아동에게 저지른 범죄보다는 심하지 않다는 생각을 하게 된다.
5. **상호성을 이용한 경감** 이것은 자신의 책임을 피해자에게 넘기는 것과 유사하다. 다만 이 경우에는 피해자도 그 사건을 즐겼다거나 나름대로 이익을 얻었다고 생각하는 것이 다르다. 가해자는 '아이들은 남자와 성행위 하는 것을 즐긴다.' 또는 '일단 성행위를 시작하자 확실히 그 여자도 그걸 즐겼다.'와 같은 생각을 하게 된다. 또한 그 사건이 피해자 아동이나 청소년에게 교육적 효과 또는 그들을 성숙하게 만드는 효과가 있었다고 생각한다. 즉 그 사건을 통해 쌍방이 다 이익을 본 것이라고 생각하는 것이다.
6. **인생사를 이용한 책임 경감** 이 경우 가해자는 스트레스와 같은 자신의

인생의 다른 영역에서의 문제를 범죄의 주요 원인으로 돌린다. 직장이나 가족관계에서 오는 스트레스로 인해 성범죄를 저지르게 되는 심리적 상태가 되었다고 말을 하는 것이다. 이런 형태의 인지적 왜곡은 지적장애 성범죄자에게는 흔하지 않다.

7. **정상 상태 부인** 이 경우 가해자는 스트레스, 우울증, 정신병, 또는 술에 만취하거나 약물에 취한 상태 등으로 인해 그런 범죄를 저지를 수 있는 심리 상태가 되었다고 주장한다. 이런 형태의 인지적 왜곡은 지적장애 성범죄자에게 흔한 것은 아니지만, 몇몇 사람은 만취 상태로 인해서 성범죄를 저지르게 되었다고 주장하기도 한다. 이런 경우 가해자는 대부분 '난 그런 짓을 할 사람이 아니다. 단지 취해서 그랬을 뿐이다.' 또는 '내가 술만 마시지 않는다면 다신 그런 짓을 하지 않을 거다.' 와 같은 변명을 통해 자신의 책임을 피하려고 한다. 그들은 '난 이런 치료 모임은 필요 없다. 내가 술만 끊는다면 괜찮아질 것이다.' 와 같은 생각을 한다.

## 활동 1: 문제해결 시나리오(성범죄가 아닌 다른 예)

이 활동은 역할극이나 플립차트를 사용하여 실행해 볼 수 있다. 이 책에서 플립차트와 펜을 사용하여 많은 활동이 진행되었기 때문에 역할극이 가능하다면 이를 시도해 보는 것도 좋다. 역할극을 통해 어떻게 문제해결 시나리오를 전개해 나갈지를 참가자에게 보여 주기 위해 그 생각을 플립차트에 먼저 써 보는 것이 도움이 된다.

## 음주문제 관련 예

### 준비물: 플립차트와 펜, 역할극을 위한 공간

한 남성이 있다. 그는 몸이 상할 정도로 과음을 한다. 매일 밤 상당히 취할 때까지 맥주와 위스키를 마신다. 이로 인해 직장에 지각도 하고, 일에 집중을 잘 하지 못하며, 실수도 한다. 또 동료에게 성질을 부리거나 심술궂게 되고 일이 끝날 때쯤이면 술집에 갈 생각만 한다. 이것은 그의 가정생활에도 영향을 끼치는데, 그는 아이들을 귀찮아하며, 아내와 말다툼도 자주 한다. 그의 아내는 남편이 술을 자주 마시는 것을 싫어하고 고칠 방법을 생각하고 있다. 그가 술집에 가는 횟수를 줄이고 음주량도 줄여야 한다고 생각한다. 이 남성은 자신의 실수에 대해 언급하는 동료들과 말다툼을 하고, 자신의 친구들과 주말에 술을 마실 때 자기주장을 심하게 하곤 한다. 자신의 문제가 음주 때문임을 인정하지 않고 그냥 자신이 술을 좀 많이 마시는 편이라고 생각한다.

참가자 중 한 사람이 플립차트에 인지적 왜곡을 기록한다. 소크라테스식 문답법을 사용하여 집단원들이 인지적 왜곡을 최대한 많이 생각해 내도록 한다. 다음은 그 예들이다.

〈부정〉

- 내가 남보다 술을 더 많이 마시는 것도 아니다.
- 술이 몸에 좋다는 글을 읽은 적도 있다.
- 내가 술을 좀 마시긴 해도 너무 많이 마시는 건 아니다.
- 내가 술을 좀 마시긴 해도 난 아직도 체력이 좋고 건강하다.

〈최소화〉

- 술 마시는 것이 그렇게 심각한 문제는 아니다.
- 내가 술은 좀 마셔도 일에 지장은 없다.
- 내가 술은 많이 마셔도 내가 알아서 할 수 있다.
- 가끔씩 심하게 마시지만 늘 그런 건 아니다.
- 주말처럼 일하지 않을 때 술을 많이 마신다.
- 술 때문에 문제가 좀 있지만 누구보다 열심히 일한다.

〈당연시〉

- 난 힘들게 일하고 있고 술 한잔 정도는 해야 한다.
- 남자가 나가서 술 한잔 할 수 있는 것 아닌가!

〈책임 경감(타인에게 책임 전가)〉

- 내 아내처럼 잔소리를 해대는 여자를 아내로 둔 남자는 누구라도 술을 마실 것이다.
- 내 아내는 날 술을 마시게 만든다.
- 상사가 늘 나를 못살게 굴어서 술을 마시게 된다.
- 직장에서 늘 꼬투리를 잡는 동료들이 있는데, 그들 때문에 술을 마시게 된다.
- 삶에서 정말 스트레스가 있고 술 한잔 해야지 그걸 달랠 수 있다.

〈책임 경감(다른 사람 비난하기)〉

- 직장 상사가 날 못살게 하기 전까지는 오늘 밤엔 술을 안 마실 생각이었다.
- 내 아내가 쓸데없는 잔소리를 안 했으면 조용히 주말을 보낼 생각이었다.
- 왜 내 친구들이 나한테 이런 행동을 하지? 술 한잔 해야겠다.

이전의 활동에서 진행자는 인지적 왜곡을 행동, 흥분, 정서에 연결시켰다.

또한 범죄 주기에서 인지적 왜곡의 역할도 부각시켰다. 다음 역할극은 이러한 활동에 대한 추가적인 목표를 다루고 있다.

### 역할극 하기

진행자가 주인공의 역할을 맡는다. 나머지 참가자는 동료, 친구, 아이 또는 배우자(참가자들이 이런 역할을 맡는 것을 민망해할 수도 있다) 등의 역할을 맡는다. 이 활동의 목표는 주인공이 다른 사람들에 의해 증거가 제시되는데도 자신의 인지적 왜곡을 계속 유지하고 있는 것이다.

## 활동2: 성범죄 관련 문제해결 시나리오

### 준비물: 플립차트와 펜

**책임 할당하기** 이 활동은 성범죄와 관련된 인지적 왜곡을 끌어내는 일련의 활동 중 그 첫 번째 활동이다. 비슷한 목적을 위해 사용될 수 있는 시나리오는 여러 가지가 있다(〈부록 1〉 참고). 이러한 여러 가지 시나리오가 가지고 있는 중요한 측면은 책임 할당에 대해 다소 불분명한 특성을 가지고 있는 것이다. 이 활동은 참가자들이 가지고 있는 인지적 왜곡을 이끌어 내고, 범죄의 책임은 바로 가해자에게 있다는 것을 주지시키기 위해 의도적으로 구성되었다. 범죄에 관련된 다른 사람들도 직무상, 우정의 견지에서 일종의 책임이 있을 수 있지만 그들이 성범죄에 책임이 있는 것은 아니다.

각 시나리오는 두 가지 방식으로 시행될 수 있다. 집단 구성원이 글자를 읽을 수 있다면 전체 상황을 진행자나 참가자 중의 한 명이 읽어 줄 수 있고, 그렇지 않다면 플립차트에 각 개별 상황이 그림으로 표현되게 하는 것이다(필자는 후자의 것을 선호하지만 둘 다 활용 가능하다).

## 시나리오

Smith 부부는 어린 딸 Jane과 해변에서 휴가를 즐기고 있다. 어느 날 이 가족은 산책을 하다가 놀이터를 발견한다. 놀이터에서 Jane은 그네를 타기 시작하고 이들 부부는 그 옆에 앉아서 아이를 보면서 이야기를 하고 있다. 곧 그들은 심심해지고 길 건너편에 있는 술집을 발견한다. 이들 부부는 Jane에게 혼자 조심하면서 놀고 있으라는 말을 하고 술집에 한잔하러 간다. 산책을 나왔던 John은 공원을 가로지르다가 그네를 타고 있는 Jane을 보고 말을 걸(었)고, 수풀로 데려가 성추행한다.

진행자는 Jane이 성추행 당한 것에 대한 책임이 누구에게 있는지 물어본다. 참가자들의 대답은 [그림 11-1]에서처럼 플립차트상에 기록된다. 다음은 그 시나리오에 대해서 참가자와 나눈 대화다.

진행자: 자, 이번엔 한 소녀에 관한 이야기인데요. 소녀는 부모님과 휴일을 즐기고 있는 중입니다. 이걸 누가 플립차트에 그려 볼래요?

Darren: 제가 그려 볼게요.

진행자: 여자 아이 이름은 뭐죠?

Andrew: Jenny로 하죠.

진행자: 좋아요, 그럼 Jenny를 그려 보세요. 그리고 Jenny는 몇 살이죠?

Colin: 9세로 하죠.

Edward: 14세 어때요.

진행자: 둘 다 좋은 제안인데 우선 Colin이 제안한 9세로 가 보겠습니다! 이제 그 아빠와 엄마 이름은 뭐로 할까요? Brian이 한번 말해 줄래요?

Brian: Gary 어때요?

진행자: 좋아요! 이제 Gray 부부와 그 딸 Jenny가 있습니다. Darren은 이 가족이 놀이터에 있는 것을 그려 보세요. 이 부부는 놀이터에서 심심해지고 그때 건너편에 있는 술집을 발견합니다. 그대로 그려보세

요, Darren.

Edward: 어린 딸을 놀이터에 두고 자기들끼리 술집에 가는 건 좋은 행동이 아닌 것 같은데요.

진행자: 그렇지만 결국 그런 일이 일어났네요! 이 부부는 지금 술집에서 술을 마시고 있어요. Darren, 잘하고 있습니다. 자, 이제 놀이터를 지나가는 한 남자를 그려 보세요. 이 남자의 이름은 무엇으로 할까요?

Andrew: Paul이라고 부르죠.

진행자: 좋아요. 이제 Paul이 놀이터를 지나가다가 Jenny를 보고는 가서 말을 겁니다. 놀이터 안에 있는 Paul을 그려 보세요.

Colin: 엄마와 아빠는 어디 있죠?

[그림 13-1] 범죄의 책임에 대한 문제해결 시나리오의 기록

Brian: 계속 술집에 있어요. 애당초 거길 가지 말아야 하는데! 딸하고 같이 있어야지.

진행자: Paul이 Jenny를 풀숲으로 데리고 가서 성추행합니다. 그 장면을 그려 보세요. 자, 이제 여러분에게 물어볼게요. 누가 이 사건에서 책임을 져야 합니까? 자, Colin이 말해 볼까요?

이 시나리오를 보면 책임이라는 측면에서 애매한 점들이 있다. 부모는 아이를 돌봐야 하는 의무를 제대로 못하고 있으며, [그림 13-1]에서 보는 것처럼 부모에게 책임이 있다고 보는 사람도 여러 명 있다. 참가자 두 명은 Jenny가 애초에 그 남자를 따라가지 말았어야 했는데 따라갔으므로 책임이 있다고 생각했다. 여기서 진행자는 세 명의 관점에서 성행위를 생각하고 있는 사람이 누구였는지에 초점을 두어야 한다. Jenny가 생각하고 있는 것은 무엇이었고, 그녀의 부모는 무엇을 생각하고 있었으며, 이것이 끝나면 Paul은 무엇을 생각하고 있었는지 물어본다. 이러한 과정을 거치면 Paul만이 성행위를 생각하고 있었다는 것이 명백해지며, 따라서 다소 애매한 측면이 있기는 하지만 모두가 Paul에게 성범죄의 책임이 있음을 동의하며 논의를 마칠 수 있다. 결론은 항상 성범죄자만이 성범죄 행위에 책임이 있는 사람이라는 점을 강조해야 한다. 본 활동을 수행하는 데에는 30~45분 정도의 시간이 걸린다.

## 추가 보충 활동

일단 성범죄자인 Paul에게 사건의 책임이 있다고 논의한 다음에는 개별 참가자가 처음에 피력했던 의견에 대해 생각하는 시간을 가져본다. 참가자들 여러 명이 아마 Jenny나 그녀의 부모에게도 책임이 있다고 말했을 것이고, 진행자는 그들에게 부모 쪽에 책임이 있다고 처음에 말하다가 Paul이 책임이 있다는 쪽으로 생각을 바꾼 이유에 대해서 물어본다. 이런 질문에 대한 대답을 하면서 참가자들은 자신이 처음에 했던 주장이 결국 책임 소재를 다른 사람에게 넘김으로써 성범죄자가 져야 할 책임을 경감시키는 역할을 했다는 것을 깨닫게 된다. 그 대화의 예는 다음과 같다.

진행자: Colin은 우리가 토론을 시작하기 전에는 아이의 부모에게 책임이 있다고 말하다가 지금은 Paul이 책임이 있다고 말하는데 왜 생각을 바꾸었습니까?

Colin: 글쎄요. 그냥 그 부모가 잘못이 있다는 생각이 들었던 것 같아요.

진행자: 그렇군요! 지금 생각해 보니 Paul에게 잘못이 있다는 거군요. 맞아요. 잘못은 Paul이 한 겁니다. 제가 알고 싶은 건 왜 처음에는 부모가 잘못했다고 생각을 했는지예요.

Colin: 성추행을 한 건 Paul이니까 잘못한 거죠.

진행자: 바로 그겁니다. 범죄를 저지른 건 Paul이었죠.

분명 이 단계에서의 분석 수준은 복잡하지 않다. 중요한 것은 참가자들이 성범죄자의 책임을 최소화하고 있다는 사실을 반영하고, 이제는 성범죄자의 책임 소재를 수정했다는 것이다. 참가자 전원에게 돌아가면서 같은 방식으로 왜 일부 구성원이 그들의 마음을 바꾸었다고 생각하는지 물어볼 수도 있다. 처음부터 가해자에게 책임이 있다고 주장한 참가자들을 진행자가 칭찬해 주는 것도 중요하다. 다음은 그 예다.

진행자: Andrew, 당신은 쭉 Paul에게 책임이 있다고 생각해 왔죠. 처음에도 Paul이 비난받아야 한다고 했고, 여전히 Paul의 잘못이라고 생각했어요. 잘했어요.

참가자 중 다른 사람에게 책임이 있다고 계속 주장하는 사람이 있을 수 있다. 이 경우 진행자는 그 주장을 하는 사람에게 자신의 의견을 다시 한 번 생각해 보도록 집단의 분위기를 이끌어야 한다.

진행자: Darren은 지금도 부모가 술집에 갔기 때문에 그들에게 책임이 있다고 생각하는 것 같은데, 다른 사람들의 생각은 어떤가요?

Edward: 저는 Darren의 생각이 잘못되었다고 생각합니다. 범죄를 저지른 건 부모가 아니니까요!

진행자: (말의 방향을 바꾼다.) 절 보지 말고 Darren에게 얘기해 줄래요?

Edward: 부모에게 책임이 있다고 생각하는 건 Darren이 잘못 생각했다고 봐요. 범죄는 Paul이 저질렀으니까요.

Darren: 그렇지만 부모는 애초에 술집에 가지 말았어야 해요.

Edward: 그건 그렇지만 범죄를 저지른 건 Paul이었잖아요.

진행자: 다른 사람들은 어떻게 생각하세요?

Brian: 왜 부모에게 책임이 있다고 끝까지 생각을 하는지 이해가 가질 않네요.

진행자: 저 말고 Darren에게 말해 줄래요?

Brian: 엄마와 아빠가 범죄를 저지르지 않았잖아요. Paul이 범죄를 저질렀죠.

Darren이 자신의 생각을 바꾸지 않을 수도 있지만 여기에서 주목할 것은 진행자가 그의 인지를 변화시키기 위해 집단을 활용한다는 점이다. 진행자가 참가자에게 문제 제기를 하기보다는 참가자들끼리 서로에게 문제를 제기하도록 한다는 것이다. 앞에서(6장) 언급되었듯이 이것은 집단의 과정이 발달되도록 돕는 기술의 일종이다.

## 추가 활동

두 번째 추가 활동은 문제해결 시나리오에 대한 최초 분석 이후에 행해지는데, 이때는 이 시나리오를 특정인의 범죄와 관련된 행동 원리에 대한 비유나 예로써 사용한다. 사실 이때 예로써 사용되는 것들이 일부 참가자의 범행과 매우 유사하기 때문에 비유라는 말을 쓰는 것은 너무 강한 느낌이 들 수 있다. 그러나 그것이 정확하게 그들이 기소된 범죄는 아니기 때문에 참가자들이 그 가상의 상황에 대해 토론하고 의견을 개진하는 것에 대해 그렇게 거북하게 느끼지는 않는다. 이 시나리오의 결론을 이용하여 참가자들이 자신의 범죄에 대해서 가지고 있는 태도에 대해 문제를 제기해 보는 것도 가능하다. 다음은 그 예다.

진행자: Fred는 Jenny가 Paul을 따라갔기 때문에 그녀에게 책임이 있다고 했죠. 아마 Paul이 Jenny를 풀숲으로 데려가려고 사탕 같은 달콤한 음식을 주었을 수도 있다고 했죠. 그러면 당신은 자신이 성추행을 한 소년들에 대해서도 같은 생각을 가지고 있나요? 그 소년들이 당신이 담배 같은 것을 주었을 때 그것을 받고 당신을 따라갔기 때문에 그 소년들에게 책임이 있다고 생각하나요?

Fred: 음, 그냥 생각이 변했어요. 결론적으로 Paul이 잘못했다는 생각이 들었거든요.

진행자: Paul이 잘못한 것이라고 생각하는 건 알고 있어요. (하지만) 처음엔 Jenny에게 잘못이 있다고 생각한 것처럼 Fred를 따라갔던 소년들에게 잘못이 있다고 생각하는지 알고 싶네요.

Fred: 그것에 대해서 말하고 싶지 않은데요. 지금 우리가 이야기하는 것은 다른 것이잖아요.

진행자: 맞아요. 우리는 지금 그것에 대해서 이야기하고 있는 건 아니죠. 그

렇지만 늘 여기 있는 모두에 대해서 서로 계속 이야기해 왔잖아요. 여러분이 여기 왜 있습니까?

Alex: 성범죄를 저질렀기 때문입니다.

진행자: 맞아요. 근데 왜 Fred는 자신의 사건에 대해 말하길 원하지 않는 건가요?

Edward: 아마 자기도 그런 행동을 했기 때문에 그런 것 같은데요.

진행자: 나한테 말고 Fred에게 말해 주세요!

Edward: Fred, 아이들에게 잘못이 있다고 생각하기 때문에 말을 하지 않는 건가요?

Fred: 그쪽과 아무 상관도 없는 일이고, 이건 사적인 일입니다.

진행자: 법정에서 다루어졌다면 더 이상 사적인 일이 아니죠. 이미 사건은 기록되어 있고, 그 기록이 사적인 목적으로 된 건 아니라는 걸 알 거라고 생각합니다.

Fred: 그냥 이야기하고 싶지 않습니다.

진행자: Fred가 왜 말하기 싫어하는지 그 이유를 말해 줄 사람 또 없나요?

이런 방식으로, 집단의 과정은 Fred가 가지고 있는 피해자에 대한 자신의 인지방식에 대해 참가자들이 계속해서 문제를 제기하는 방식으로 진행될 수 있다. Fred가 자신의 인지에 대한 도전에 저항하고 자신의 사건에 대해 말하지 않고자 한다는 사실은 긍정적인 징조로 볼 수 있다. 이러한 사실들은 그가 치료적 평가와 과정에 순응하지 않고 있으며, 그의 인지에 대한 도전에 따른 불편함의 정도는 사건에 대한 그의 지각에 관련된 기본적인 도식, 때에 따라서는 그의 GLM을 방어하도록 하고 있다는 것을 보여 준다. 이 과정들이 그의 인지적 도식에 별 영향을 주지는 않는 것처럼 보이는데 이것은 지금 단계에서 중요한 것은 아니다. 앞으로 몇 달의 시간 동안 개별 참가자의 인지방식에 대한 문제 제기를 하게 될 것이다.

## 활동 3: 성인 여성에 대한 성범죄/인지방식 유도와 문제 제기

다음에서 제시되는 예시에서도 책임 소재에 있어서 모호한 점들이 있다. 그러나 상황은 다르며 성인을 대상으로 저질러진 범죄에 대해서 다루고 있다.

### 시나리오

한 여성이 술집에서 자신의 친구를 기다리고 있다. 그녀는 초미니 스커트를 입고 있으며, 친구인 Jane이 오면 함께 술집을 나가려고 한다. 친구가 늦어지자 술집 안을 한번 둘러본다. 그러다가 술집 입구 쪽에 앉아 있는 잘생긴 남자를 발견한다. 그녀는 친구가 오는지 보기 위해 계속 문 쪽을 보고, 그 와중에 남자가 있는 곳이 출입문 쪽이라 그 남자를 지나치면서 보게 된다. 이 여성은 계속 친구가 오는지 문 쪽을 보고, 이 남성은 이 여성이 자기를 계속 보고 있다고 생각하게 된다. 친구가 오지 않자 그 여성은 밖으로 나가고, 이 남자는 여성을 쫓아가서 다른 술집에서 한잔하자고 청한다. 그녀는 놀라서 저리 가라고 소리를 지른다. 그러나 남자는 여자를 폭행한 후에 성추행한다.

이 활동은 이전의 활동과 같은 방식으로 전개된다. [그림 13-2]에 참가자들이 플립차트를 기록한 것이 보인다. 진행자는 다음과 같이 시작한다.

진행자: 이번에는 술집을 방문한 여성에 관한 이야기입니다. 술집에 앉아 있는 여성을 누가 한번 그려 보세요.

진행자: 여성의 이름은 뭐로 할까요?

Colin: Kate요.

진행자: 자, 그러면 그 술집에 있는 남자도 그려 보고 그 남성에게도 이름이 있어야겠죠.

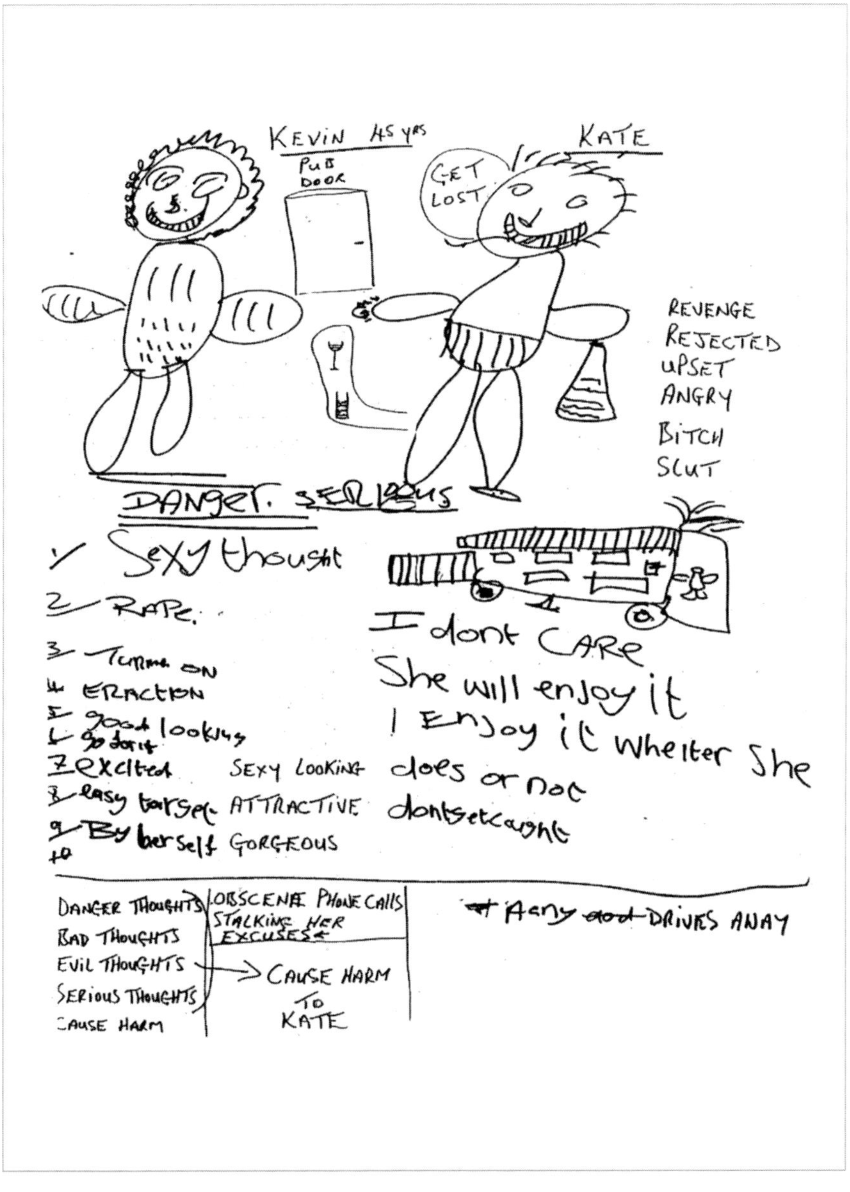


[그림 13-2] 여성에게 행해진 범죄의 책임 소재에 관련된 활동을 플립차트에 기록한 것

진행자는 이 시나리오에서는 책임을 할당하는 것을 넘어서 다른 것도 시도했다. 가해자의 관점에서 사건이 일어나기까지의 자세한 과정을 참가자들이 적도록 한 것이다. 그렇기 때문에 우리는 먼저 성범죄의 주기를 살펴보고, 이러한 성범죄의 주기가 특정 집단 구성원과 관련되는지 살펴보았다. 소크라테스식 문답법을 통해서 각 참가자들은 Kevin이 했을 것 같은 여러 가지 생각을 제시하였다. 이 생각들은 Kate가 섹시하고, 매력적이며, 멋지게 생겼다는 것이었다. Kevin이 Kate를 미행하는 시점에서 했을 생각으로 참가자들은 '강간하고 싶다' '돈을 뺏고 싶다' '만지고 싶다' '따라다니고 싶다'는 등의 생각을 제시했으며, 어떤 참가자는 그녀를 '죽이고 싶다'는 극단적인 생각도 제시했다. 참가자들은 그녀가 섹시해 보였고 또 Kevin이 성적으로 흥분한 것이 범죄를 저지르는 동기가 되었을 거라는 의견을 제시하였다. 또한 Kate에게 '꺼져'와 같은 말을 들었을 때 그가 '열 받고' '거절당한 느낌과 복수의 생각'을 가졌을 거라고 말했다. 참가자들은 '위험한 생각, 나쁜 생각, 악마적인 생각, 심각한 생각, 해를 끼친다, Kate에게 해를 끼친다' 등의 생각을 연결시켰다. 이런 과정 중 참가자들은 성범죄의 주기 내에서 인지적 왜곡이 차지하는 중요성을 확립할 수 있었으며, 여기에서 나타난 인지와 성범죄의 주기에 대해 상당히 부정적인 관점을 가지고 있는 것으로 나타났다. 이 활동은 반복적으로 계속된다.

앞의 시나리오의 경우처럼 Kate가 짧은 치마를 입고 Kevin을 바라보는 등 화를 자초했다는 식의 책임 전가를 하거나 약속 시간에 나타나지 않은 친구 Jane에게 잘못이 있다는 견해도 있었으며, 다른 사람들은 범죄를 저지른 Kevin에게 잘못이 있다는 견해도 나타냈다. 이런 경우 진행자는 각 참가자들에게 다음과 같은 방식으로 인지적 문제를 제기하면 된다.

진행자: George는 Kevin이 술집에서부터 Kate를 따라가서 범죄를 저질렀기 때문에 Kevin에게 책임이 있다고 말했는데, 당신 자신도 똑같은 짓을 하지 않았나요? 여성을 술집에서 집까지 따라갔고 거리에서

성추행을 했죠. Kevin에게 책임이 있다고 생각한다면 왜 당신은 똑같은 행동을 한 겁니까?

George: 술에 취해서 내가 무슨 짓을 하는지 잘 인식하지 못하는 상태였어요.

진행자: Kevin과 같은 생각을 했나요? 그 여성이 매력적이고 섹시했다고 느꼈나요?

George: 취해서 잘 기억은 안 나지만 틀림없이 그렇게 느꼈을 겁니다.

진행자: 그 여성과 성관계를 갖기 위해서 따라간 겁니까?

George: 취해서 잘 기억이 안 나요. 잘 모르겠습니다.

진행자(나머지 참가자에게): George는 술집에서부터 한 여성을 미행했는데, 그 여성이 아마 예뻤을 거라고 말을 합니다. 여러분은 어떻게 생각하나요?

나머지 인원: 틀림없이 성관계를 원했을 겁니다. 강간하고 싶었을 거예요. 아무도 없는 으슥한 곳으로 가서 성관계를 맺고 싶었을 겁니다.

진행자: George, 다른 사람들은 당신이 성행위를 원하고 있었다고 생각합니다. 아무도 못 보는 조용한 곳에 이를 때까지 계속 기다린 건가요?

George: 그랬던 것 같아요. 제 잘못입니다. 그래도 그땐 많이 취해 있었어요.

진행자: 그렇다면 Kevin도 계속 술을 마시고 있지 않았던가요? 그런데도 왜 Kevin에게 명확히 잘못이 있다고 말했습니까? 그 여성을 성추행했을 때 자신이 확실히 잘못하고 있다고 생각했나요?

George: 제가 잘못하고 있다고 생각했고 또 이렇게 잡혔죠.

진행자: 잡히는 게 옳다고 생각했다면 왜 집에 가서 옷을 다 갈아입었나요?

George: 옷을 다 갈아입다니 그게 무슨 말이죠?

진행자: 그날 밤 집에 와서 옷을 다 갈아입었고, 경찰이 왔을 때는 완전히 다른 옷을 입고 있었지 않았나요? 왜 그랬는지 말해 줄래요?

George: 당연히 잡히고 싶지는 않았으니까요.

진행자: 그 말은 자신이 한 일이 확실히 잘못된 것이라는 것을 안다는 건가

요?

Geogre: 그 당시에 그렇게 생각 안 했는데 지금은 얼마나 잘못된 것인지 압니다.

이런 방식으로 진행자는 유사한 범죄를 저지른 참가자들에게 인지적 문제 제기를 할 수 있다.

George의 범죄는 시나리오와 특히 관련이 많았지만, Darren의 범죄는 여성을 계속 따라다닌 것이었다. 이 사건 또한 유사점이 충분하기에 다음과 같은 식으로 인지적 문제 제기가 가능하다.

진행자: Darren, Kevin이 Kate를 미행하고 성추행한 것이 잘못된 행동이라고 말을 했는데, 정작 당신도 여성을 계속 따라다니지 않았나요? 여성을 따라다닌 것에 대해 누구에게 잘못이 있다고 생각하나요?

여기서 우리는 시나리오와 유사한 범죄를 저지른 참가자에게 시나리오는 그 범죄의 행동 원리에 대한 예로써 또는 비유로써 활용될 수 있음을 알 수 있다. 진행자가 책임의 애매함을 더 증가시킬 수 있는 요소를 더할 수 있다면 참가자들이 결정을 내리는 데 더 많은 압박을 가할 수도 있을 것이다. 예를 들면, 일단 인지에 대한 문제 제기가 완료되고 나면, 진행자는 다음과 같은 추가적인 활동을 할 수도 있다.

자, Kate는 겁먹지 않고 그에게 저리 가라고 말했어요. 그리고 만약 Kevin을 따라 술집에 가서 같이 술을 마시고 자신의 아파트까지 동행해서 왔다면, 그런데 그녀는 그가 아파트 안으로 들어오는 것은 원하지 않았다고 합시다. 그래서 Kevin이 그녀를 성추행했다면 누구에게 잘못이 있는 걸까요?

이제 어느 정도 패턴을 가지게 되었다면 다음과 같은 방법으로 대인관계와 관련된 주제를 다룰 수 있다.

> 좋아요, 계속 Kevin이 잘못했다고 생각하는군요. 만약 Kate가 커피 한잔 하자고 말하고 소파에서 서로 키스를 하다가 그가 섹스를 하고 싶다고 말하자 그녀가 거절하면서 이제 가 달라고 말했다면 어떻게 될까요? Kate는 그와 만나서 술도 마셨고, 같이 나갔다가 집까지 함께 들어왔고, 커피를 마시고 서로 키스까지 한 상태입니다. 그가 그녀를 성추행했다면 그녀에게 잘못이 있는 겁니까?

이제 집단 참가자들은 책임이 가해자에게 있다는 패턴을 가지게 되며, 한두 명은 가끔 혼란스러워하겠지만 이러한 분위기는 지속될 것이다. 이 순간이 바로 어떠한 일이 일어났든 간에 항상 가해자가 성범죄에 대한 책임이 있다는 원리를 주지시킬 기회다.

치료 프로그램을 진행하는 동안 피해자에 대한 태도나 인지적 왜곡을 다루는 부분들이 많이 등장한다. 〈부록 1〉은 이러한 다양한 관점을 프로그램에 도입할 수 있도록 돕는 직접적인 예시나 좀 더 복잡한 애매함을 가진 예시들을 제시하고 있다.

## 활동 4: 피해자의 범행동기 제공과 사건 책임의 쌍방성에 관련된 인지적 왜곡

다음의 활동을 통하여 진행자는 피해자도 성행위를 즐겼다고 생각하는 태도에 대한 문제 제기를 할 수 있다. 이 활동은 참가자들이 아동이 남성을 따라갔기 때문에 아동에게도 잘못이 있다고 주장했던 경우나 아동도 성행위에 관심이 있었다고 말했던 한 참가자의 보고와 연관이 있다.

**준비물** 아동에게 책을 읽어 주는 남자에 관한 이야기나 사진. Kempton Life Horizon Slide Series(지적장애인에 대한 성교육)에 등장하는 사진은 좋은 자료가 될 수 있다. 그러나 이 활동은 잡지에서 나온 사진이나 플립차트상에 기록된 문제해결 상황극에 있는 자료만으로도 시행할 수 있다.

## 시나리오

Craig는 어린 조카 Gemma를 돌봐 주고 있다. Gemma는 차를 마시고 나서 이야기를 듣는 것을 좋아한다. 삼촌인 Craig는 이야기를 읽어 주는 동안에 무릎 위에 앉고 싶으면 앉으라고 Gemma에게 말한다. Gemma는 자신이 좋아하는 이야기(기관차 토머스)를 읽어 주자 즐거워서 그의 무릎 위에서 일어났다 앉았다 하는 식으로 몸을 움직이고 있다. Craig는 아이가 즐거워하는 것을 보고 자신도 즐거웠고 그 와중에 성적인 흥분을 하게 된다. 이야기가 끝나자 삼촌은 또 다른 이야기를 원하는지 조카에게 물어본다.

이 시나리오는 플립차트에 그려지거나 Life Horizons Slides 또는 진행자가 찾을 수 있는 다른 유사한 사진 등을 통해서 진행될 수 있다. 사진이 어떤 방식으로 참가자들에게 보이든 간에 회기는 보통 다음과 같이 시작된다.

진행자: 이 그림에 무엇이 보이지요?

Edward: 한 남자가 이야기를 읽어 주고 있네요.

진행자: 그 밖에 다른 것은 없나요?

Alex: 여자 아이가 그의 무릎에 앉아서 이야기를 듣고 있네요.

Colin: 여자애와 남자 둘 다 즐거워하고 있네요.

진행자: 책을 읽어 주면서 남자는 무슨 생각을 할까요?

Alex: 그냥 이야기를 읽어 주는 것일 수도 있고, 아이와 성행위를 하는 것을 생각할 수도 있어요.

진행자: 아이에게 이야기를 읽어 주는 것만 생각하고 있을 수도 있겠죠. 혹

시 이 삼촌이 아이와 성행위를 하는 생각을 할 수도 있다고 생각하는 사람 있나요?

Darren: 아마도 성행위하는 것을 생각할 수도 있다고 봐요. 아이가 무릎에 앉아 있으니까요.

진행자: 그러면 발기를 할 수도 있겠군요. 그런데 아이는 무슨 생각을 하고 있을까요?

Brian: 아마 그 남자와 성행위를 하는 것을 생각하겠지요.

Kevin: 그게 무슨 말입니까? 저렇게 어린애가 어떻게 그런 생각을 하겠어요.

Edward: 그럴 수도 있을 것 같은데요. 봐요, 애가 웃고 있고 저렇게 무릎 위에서 몸을 흔들어 대고 있잖아요.

Alex: 그 애가 그런 생각을 할 것 같진 않고 저 남자가 그런 생각을 하겠죠.

진행자는 참가자들이 비교적 단순하고 중립적인 사진을 보면서 반응하는 태도에서 나타나는 명백한 인지적 왜곡으로 인해 당황할 수도 있을 것이다. 필자는 이런 순간을 '멍해지는 순간'이라고 표현하는데, 진행자는 이런 충격에 곧 익숙해진다. 회기를 통해 참석자들은 자신이 가지고 있는 태도를 표현하도록 요구받는다. 모두들 이 회기는 성범죄를 다루기 위한 것임을 알고 있다. 그들은 이미 자신의 성범죄에 대한 정보를 모두 노출했고, 서로의 성범죄에 대해 자세하게 논의했으며, 앞으로도 다른 성범죄 관련 시나리오를 함께 살펴볼 것이다. 그러므로 회기에서 나타나는 이러한 요구 사항들은 성범죄 및 인지적 왜곡과 명백한 관련을 보여 준다. 따라서 진행자가 "그 소녀는 무슨 생각을 하고 있나요?"라는 질문을 하는 것은 이런 인지적 왜곡이 표면으로 떠오르도록 하기 위한 장치인 것이다. 6세 소녀가 성행위를 생각하고 있었다고 말한 사람이 누구인지 이 단계에서는 확실히 드러나야 한다. 그들은 이후에 자신들이 그런 견해를 말했다는 것을 부정하지 못하도록 해야 한다. 이 활동의 핵심은 사회화된 태도와 성범죄에 일관적인 태도 사이의 인지적 부조화를 활용하는 것이다. 진행자는 소크라테스식 문답법을 사용해 그 소녀가 성행위를 생각하고 있지 않았음을 보여 주어야 한다. 다음은 그런 소크라테스식 문답의 예다.

진행자: 저 여자 아이가 오후에는 무엇을 했을까요?
Colin: 친구와 놀았겠죠.
진행자: 그렇다면 이 아이가 친구와 놀 때 성행위를 생각했을까요?
Darren: 아니요. 그냥 노는 것에 대해서 생각을 했겠지요.

소크라테스식 문답법으로 진행하는 중에 소녀가 성행위를 생각하고 있다는 의견을 가진 참가자가 있을 수 있다. 이 경우 진행자는 소녀가 성에 대해 가진 생각과 일반적인 남성/가해자가 가진 성에 대한 생각을 비교하며 다루도록 해야 한다. 다음은 그 예다.

Edward: 섹스를 생각할 수도 있어요. 학교에서 성교육 같은 것도 받잖아요.
진행자: 학교에서 성교육은 받죠. 그런데 어떤 내용의 성교육을 받죠?
Edward: 남자와 여자에 대해서 그리고 아기를 만드는 것 그런 것이겠죠.
진행자: 여기서 누구 학교에서 성교육을 받아 본 사람 있나요?
Andrew: 네, 받아 본 적 있습니다.
진행자: 그때 배운 것이 남자와 여자의 차이점, 그리고 임신에 대해서 또 남자와 여자가 성행위를 할 때 어떻게 하는지 그런 것도 배웠나요?
Alex: 구체적인 성행위에 대해서 배웠는지는 모르겠는데요.
진행자: 좋아요. 그렇다면 이 소녀가 성행위에 대한 성교육을 받았다고 합시다. 그것 때문에 이 소녀가 그 남자와 성행위하기를 원할까요?
Edward: 그렇진 않겠죠. 성교육에 대해서 흥미를 가지게 될 수는 있겠지요.
진행자: 아이들이 성교육을 받으면서 남자가 성행위를 원할 때 그 욕망이

얼마나 강한지에 대해 배우나요? 당신은 이 상황에서 남자가 어떻게 느끼는지 알 수 있나요?

Alex: 그런 것을 배우지는 않죠. 그냥 아기에 대해서 배웁니다.

진행자: 남자의 성충동이 얼마나 강한 건지 아이들이 성교육에서 배울까요? 여러분이 성범죄를 저질렀을 때 얼마나 성적 흥분이 강했는지 아이들이 알까요?

Alex: 아니요. 그런 건 전혀 모를 겁니다.

진행자: 성교육을 하는 사람들이 아이들에게 남자가 성행위를 얼마나 원하는지, 그 욕망이 얼마나 강한지를 말해 줄까요?

Alex: 그런 것은 전혀 하지 않을 겁니다.

진행자: 그러면 이 소녀가 친구와 놀고 있을 때 남자가 성행위를 생각하는 것처럼 성에 대해서 생각을 하고 있을까요?

모든 참가자: 아니요. 전혀 그런 생각은 안 했을 겁니다.

진행자: 맞습니다. 서로 다른 것을 생각하고 있는 거죠. 이 소녀가 친구와 놀고 난 후에 어떤 일이 발생할까요?

Colin: 아마 차를 마시라고 해서 안으로 들어갈 겁니다.

이 과정은 끝까지 하는 데 15분에서 30분 정도의 시간이 걸리며, 이런 귀납적 사고를 통해서 참가자들은 그 소녀가 성행위에 대해서 생각하고 있지 않았으며 남자는 성행위에 대해 생각하고 있다는 것을 알게 된다. 이후에는 이렇게 사회화된 결정을 참가자 각각에게 확인한다. 이 시점에서 진행자는 참가자들이 가지고 있던 인지적 왜곡과 그들이 소크라테스식 대화법을 통해서 가지게 된 사회화된 태도 사이에 나타나는 불일치적인 요소들을 활용하여 그들의 인지방식에 문제를 제기한다.

진행자: 이제 여러분 모두가 그 소녀는 성행위를 생각하고 있지 않았다고 말하고, 그게 맞는 말입니다. Colin이 여섯 살짜리 아이가 성행위를

생각할 수 없다고 했는데 저 역시 그렇게 생각합니다. 아이들은 남자든 여자든 그 나이에 성에 대해서 생각하지 않습니다. 즉, 그 소녀가 삼촌의 무릎 위에서 이야기를 듣고 있었을 때 성행위를 생각하지 않았다는 거죠. 그런데 Brian과 Darren은 내가 처음 질문했을 때 그 소녀가 성행위를 생각하고 있다고 대답했는데 왜 그런 대답을 했죠? 물론 지금은 생각을 바꾸었지만 처음에는 왜 그렇게 생각을 했습니까?

Darren: 글쎄요, 저도 왜 그럴 수도 있다고 생각했는지 잘 모르겠어요.

진행자: 지금은 그렇게 생각하지 않는다는 것을 압니다. 근데 처음에는 왜 그런 생각을 했는지 알고 싶은 겁니다.

Brian: 정말 절 너무 혼란스럽게 만드는군요. 늘 사람을 헷갈리게 만드시는 것 같아요.

진행자: 그럴 의도는 없습니다. 다만 왜 생각을 바꾸었는지 그것이 알고 싶을 뿐입니다.

Brian: 그 소녀는 성행위를 생각하고 있지 않았던 것 같아요. 근데 다른 여자 아이들은 성행위를 생각하고 있을 수도 있을 것 같아요.

진행자: 그렇다면 이 소녀는 다른 소녀들과는 다르다는 말인가요? 왜 다르다고 생각하지요?

Brian: 그건 저도 잘 모르겠네요. 왜 이렇게 사람을 헷갈리게 만들죠?

이 대화에서도 볼 수 있듯이 Brian은 자신의 인지방식을 사회화된 방식으로 바꾸는 것을 꺼렸다. 그러나 이런 토론을 통해 자신의 사고방식에 어느 정도 스스로 의문을 가지게는 되었다. 다시 한 번 말하지만 자기 이미지나 자존감을 지탱하는 자신만의 인지적 도식을 변화시키는 것은 어려운 일이다. 그러나 그가 이제 스스로에게 성범죄에 대한 자신의 인지방식과 태도에 대해 의문을 제기하는 것을 볼 수가 있다. 참가자들의 마음에 깊숙이 자리한 생각들은 치료를 통해서 계속 도전받게 될 것이다. 계속해서 연인이 공원을 걷거나, 거리에서 만나거나, 카페에 앉아 있는 사진(이와 같이 명백히 중립적인 관계의 장면들)이 같은 목적으로 토론에 사용되며, 벽이나 수풀로 남성이 여성을 끌어당기거나 자신의 몸을 여성에게 노출시키는 좀 더 노골적인 사진들도 사용된다. 이런 사진들은 Life Horizons Series나 잡지에서 얻을 수 있다.

## 활동 5: 성범죄자의 인지적 왜곡/성범죄와 범죄의 주기

몇 회기 동안 진행될 또 다른 활동에서, 진행자는 참가자들의 범죄와 유사한 시나리오를 선택한다. 이러한 방식으로 각 집단 구성원의 인지적 왜곡이 상대적으로 위협적이지 않은 방식으로 노출되도록 하며, 이를 통해 그들은 자신의 정보를 노출하고 재발 방지 활동의 마지막 단계로 나아갈 수 있다. 다양한 상황에 대한 결정이나 선택에서 특별한 요구 사항이 없기 때문에 대부분의 시나리오가 이 활동에서 사용될 수 있다. 이 활동은 성범죄부터 시작해서 그 이전으로 거슬러 올라가는 방식을 취한다. 범죄는 범죄자가 집에서 아이를 돌보는 중에 저지른 아동 대상 성범죄, 대형마트에서 성인 여성을 대상으로 한 범죄, 공원에서 성기를 노출하거나 도심에서 여성을 스토킹한 것들이 될 수 있다. 이 활동에서 중요한 것은 진행자가 참가자들이 인지적 왜곡을 드러내도록 이끌고 인지적 왜곡이 범죄의 주기에 어떤 영향을 미치는지를 알아내는 것이다. 여기서 사용될 시나리오는 부모가 술집에 있는 동안 성추행을 당한 어린 소녀의 경우다. [그림 13-3]은 범죄자의 관점에서 그 사건을 재구성한 것이다.

이 시나리오의 기본적인 구성인물(여기서는 등장인물들의 가명)들이 그려지고 나면, 범죄의 주기, 외견상 관련이 없는 결정들(SIDs), 인지적 왜곡 그리고 행동 스크립트 등이 논의된다. 여기서는 등장인물인 John이 일어나서 집을 나가는 시점부터 시작된다. 대화는 다음과 같은 소크라테스식 문답법으로 진행된다.

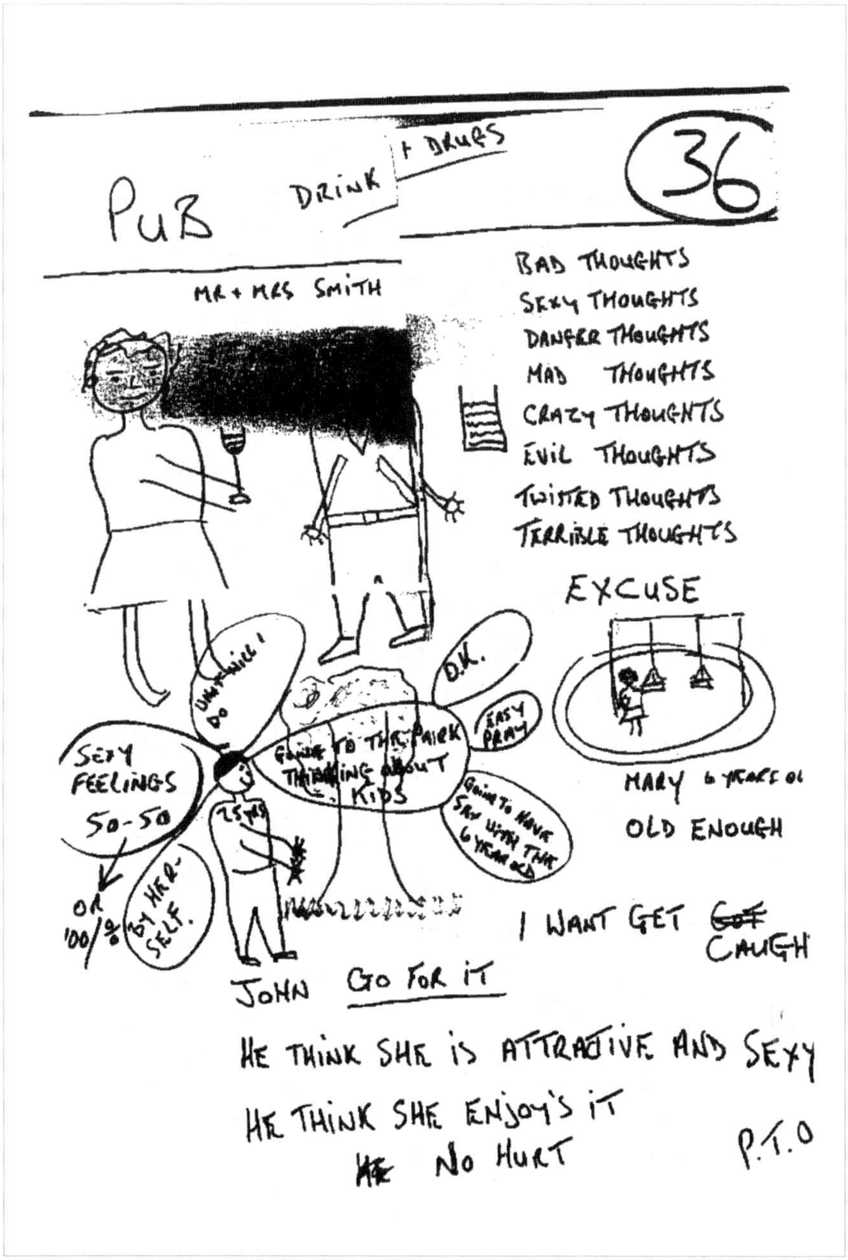


[그림 13-3] 성범죄자가 가진 아동에 대한 인지적 왜곡 탐색하기

진행자: 이 이야기 다 기억하죠? 내가 알고 싶은 건 John이 외출하기로 한 이유입니다.

참가자들: 점심을 먹으러 나갔겠죠! 아님 산책을 하러, 또는 성욕이 일어나서 아이나 여자 등 누구 없나 싶어서 나갔을 수도 있고, 아마 신문 같은 걸 사기 위해 나갔을 수도 있겠네요. 성욕이 일어나서 나갔을 거라고 생각해요.

진행자: 지금 말한 모든 경우가 다 포함될 수도 있지 않을까요?

Edward: 아마 신문이나 점심을 먹으러 밖에 나가지 않았을까요?

Brian: 아마 뭘 하려고 밖에 나갔겠죠. 성욕이 생겨서 여자나 한번 찾아볼까 하는 생각에 나갔을 수도 있겠죠.

진행자: 그 말이 맞습니다. 뭐든지 밖에서 해 보자는 생각으로 나갔을 겁니다. Brian은 John이 밖에서 어떤 기회가 생기면 그걸 해 보려고 나간 거라고 말을 했지요?

Brian: 예, 그냥 나가서 뭐라도 해 볼까 하면서, 여자가 있으면 성행위를 할 생각도 했을 겁니다.

Darren: 제 생각엔 그냥 여자와 성행위를 하고 싶어서 나간 것 같네요.

진행자: 그렇다면 Darren도 저런 식으로 행동을 하나요? 집을 나가면서 여자를 따라가서 성행위를 할 생각을 하나요?

Edward: Darren에게 화살이 왔네요.

참가자들: (모두 웃는다.)

Brian: 자, 그럼 Darren이 어떤 대답을 하는지 들어봐야겠네요.

진행자: 누구 한 사람을 지목하려는 의도는 없고 그냥 Darren도 집을 나갈 때 여자를 따라가서 성행위를 할 생각을 하는지를 알고 싶은 겁니다.

Darren: 가끔 그럴 때도 있지만, 전 보통 산책하기 위해 집 밖을 나갑니다.

진행자: 제가 듣기에 당신은 지금 당신이 산책을 나갈 때, 반쯤은 당신이

따라다닐 만한 여자를 찾고 있다는 걸 알고 있다고 말하는 것으로 들리는군요.

Darren: (화를 내며) 그럴 때도 있다고 이미 말했잖아요. 왜 그걸 자꾸 물어보죠?

진행자: 좀 화가 난 것 같은데 Darren이 왜 화를 내는지 이유를 아는 사람 얘기 좀 해 주세요.

Darren: 화가 난 것이 아니고 이제 그만 말을 하려고 하는 겁니다.

진행자: 화가 난 것 같은데요. 다른 사람들 중 그 이유를 말해 줄 사람 있나요?

Colin: 자신이 집을 나설 때 성행위를 생각한다는 것을 알기 때문에 그런 거겠죠?

진행자: Colin, 그 말을 나 말고 Darren에게 해 주세요.

Colin: Darren, 집을 나갈 때 성행위를 생각하는 것이 알려져서 짜증이 나나요?

이와 같이 가설적 상황을 활용함으로써 성범죄에 대해 가지고 있을 수 있는 태도를 재빨리 이끌어 낼 수 있다. 이를 통해 진행자는 가설적 상황에서 특정 상황으로 쉽게 옮겨 갈 수 있으며, 특정 참가자의 동기나 태도에 대해 문제를 제기할 수 있게 된다. 이러한 회기에서는 참가자들이 평정심을 잃거나 화를 내는 것이 흔히 관찰된다. 이는 앞서 언급했듯이 인지에 대한 문제 제기는 개인의 자아존중감이나 자기상을 유지하도록 돕는 주요 자원들을 공격하기 때문이다. 참가자들이 화를 내는 것은 긍정적으로 고려되어야 한다. 이는 인지에 대한 문제 제기가 성범죄 주기를 유지하도록 하는 자기도식에 어느 정도 영향을 주고 있다는 것에 대한 증거라고 할 수 있다. 그러나 진행자는 이러한 과정을 통제하는 데 주의를 기울여야 한다. 한 사람이 10분에서 15분 정도 집중적인 질문을 받은 상태라면 다른 사람에게 질문을 돌리는 것이 필요하다. 그렇게 함으로써 질문을 계속 받은 사람이 좀 여유를 가지고 다른 사람의 상황에도 신경을 쓸 수 있게 되는 것이다. 이런 과정은 집단치료가 개인치료와 비교할 때 가지는 큰 장점이라고 할 수 있다. Lindsay 등(1998c)은 집단치료를 받는 내담자와 개인치료를 받는 내담자를 비교하였다. 그들은 개인치료의 경우 내담자와 진행자 사이에 서로 도전적인 대화가 지속되는 경우가 잦았다고 보고하였는데, 이는 그것을 중지시킬 장치가 없기 때문이었다. 반면에 집단치료에서는 진행자가 특정 참가자에게 충분히 문제 제기를 한 이후에 다른 사람에게 또는 다른 관련된 문제에 초점을 옮길 수가 있었기 때문에 이러한 문제가 잘 나타나지 않았다.

이 활동은 이제 거리를 산책하고 있는 John에게로 옮겨 간다. 진행자는 John이 단순히 신문을 보거나 점심을 먹기 위해 밖으로 나갔다는 말에 문제 제기를 할 것이다. 그의 말이 사실이라면 왜 그는 가게로 갔다가 다시 집으로 돌아오지 않았는가에 대해 문제가 제기된다. 소크라테스식 문답법을 통해서 참석자들은 John이 가게에 갔다가 집에 돌아왔어야 한다는 것에 동의를 하게 되고, 진행자는 John이 다른 목적 없이 그냥 외출했다고 주장하는 참가자들의 인지에 도전하게 된다. 참가자들은 John이 순수한 목적으로 외출했다고 생각을 한다면 그것은 범행을 저지를 대상자를 찾기 위해 외출한 자신에 대한 변명이며 인지적 왜곡이라는 결론에 도달하게 된다. 사실 그는 성범죄 또는 범죄를 저지를 기회를 계획하고 있었다. 이 시나리오에서 도출된 결론은 유사한 범죄를 저지른 참가자들에게 활용될 수 있다. 이러한 과정에 대한 예시는 이미 제시되었다.

이 활동이 진행되면서 John이 어린 소녀를 보았을 때 어떤 생각을 했는지를 도출할 수 있다. [그림 13-3]은 참가자들이 John이 어린 소녀를 보았을 때 어떤 생각을 했는지를 적은 것들이다. 참가자들은 외견상 관련이 없는 결정(SID)들을 포함한 다양한 인지('무엇을 할까?' '공원에 가야지.'), 인지적 왜곡('서로가 흥분했어.' '들키지 않겠지. 저 아이도 이걸 좋아할 거고, 내가 뭐 해를 끼치는 것도 아닌데.'), 접근방식에 대한 인지('혼자 있군, 쉽게 할 수 있겠어.' '저 여섯 살짜리와 성행위를 해야지, 해 보자고.')와 같은 내용을 추측해 넣었다. 이 시점에서 참가자들이 자신이 범죄를 저지를 때 이런 생각을 했는지 알아볼 수 있다. 그들은 자신이 이런 인지방식을 범행 당시 가졌다는 것을 부인할 가능성이 많으며, 그런 경우 진행자는 그들이 어떤 생각을 하고 있었는지를 물어볼 수 있다. 참가자들이 초기 단계에서 모든 것을 다 털어 놓는 식으로 말을 할 가능성은 거의 없으며 관련된 활동을 반복적으로 몇 주간 실시했을 때 서서히 변화가 나타나는 경우가 많다.

결국에는 다양한 참가자가 John의 사고에 대한 일치된 의견을 가지게 될 것이다. 참가자들은 John의 사고를 '미친 생각, 나쁜 생각, 성적인 생각, 악마적 생각, 위험한 생각, 광기어린 생각, 왜곡된 생각, 문제가 되는 생각' 등으로 분류했다. 참가자들은 또한 인지적 왜곡이 범죄를 위한 변명으로 작용함을 명백히 했다. 참가자들의 언어는 진행자의 언어보다 훨씬 더 직접적이고 노골적이었다. 진행자가 인지적 왜곡이 담긴 생각을 '악마적' '광적인' 또는 '나쁜' 같은 단어를 사용하여 묘사할 가능성은 적다. 진행자는 그 당사자와 이런 생각 사이에 거리를 두게 할 수도 있다. 성범죄자 치료에서 "당신이 나쁜 짓을 했다고 그것이 당신을 나쁜 사람으로 만드는 것은 아닙니다." 또는 "그런 건 악마적인 생각입니다. 그러나 당신이 악마는 아니죠. 단지 그런 상황에 빠진 것뿐이죠."와 같은 방식으로 말하는 것이 흔한 방식이다. 이런 방식으로 치료의 초기에서 중기로 가면서 진행자는 정보를 계속 수집하고 재범방지와 좋은 삶(good lives) 부분으로 들어갈 준비를 하게 된다. 이러한 최종 단계에 접어들게 되면, 진행자는 참가자들의 삶의 질과 친사회적 영향에 따른 실천과 행동으로 인해 긍정적인 인간의 가치와 자존감/자기상을 다루는 미래의 경로를 다루게 될 것이다.

## 활동 6: 피해자의 관점에서 시나리오 보기

이 활동은 이전의 활동과 같은 방식으로 전개되지만 그 목적은 완전히 다르다. 여기서 보는 것과 같은 활동들은 인식, 인지에서의 불일치, 가해자와 피해자가 가지고 있었던 생각들의 불일치 등을 활용하기 위하여 이전의 활동과 유사하게 진행되며 또한 피해자 인식에도 활용될 수도 있다. 〈부록〉에 제시된 시나리오를 사용할 수 있다. 이 시나리오들은 이전의 활동처럼 책임 소재에 있어서 모호한 부분이 있을 필요는 없다. 그러나 확실성이 없을 수도 있는 시나리오를 활용할 경우, 진행자는 참가자들이 피해자도 어느 정도 책임은 있다고 언급했던 이전의 회기에 대해 잘 생각해 보아야 한다.

꼭 그렇게 할 필요는 없지만 참가자들에게 익숙한 시나리오를 활용하는 것도 이 활동에 도움이 된다. 이 활동의 주목적은 피해자는 성추행에 대해 생각을 하지 않았으며 성범죄에 대해서 책임이 없다는 것을 강조하는 것이다. 두 번째 목적은 가해자는 피해자에 대해 인지적 왜곡을 가지고 있다는 것을 인식시키는 것이다. [그림 13-4]는 이 활동의 예를 기록한 것이다. 시나리오의 내용은 한 남성이 어린 소녀를 돌보아 주면서 함께 텔레비전을 시청하다가 그 소녀를 성추행한다는 내용이다. 참가자들은 개별 등장인물의 이름, 텔레비전 프로그램, 등장인물들이 방의 어느 부분에 위치하는지, 어디서 성추행이 일어나는지(텔레비전 앞, 침실, 또는 다른 곳)를 정할 수 있도록 하여 참여 동기를 고무시킨다. 대화는 다음과 같이 전개된다.

진행자: 자, 이젠 누가 누군지 다 정했어요. Jill의 엄마와 아빠가 Jill과 Bob이 텔레비전을 보면서 먹으라고 오렌지주스와 간식을 남겨 두었네요. Jill은 Bob이 오길 고대하고 있나요?

모든 참가자: 네, 그가 좋은 사람이고 함께 있어도 안전하다고 생각하고 있어요. 엄마와 아빠가 남긴 간식을 Bob과 같이 먹을 생각을 하고 있어요. 그리고 자기가 좋아하는 텔레비전 프로그램을 볼 생각도 하고 있고요.

진행자: 엄마와 아빠가 지금 없고 Bob이 있는데 Jill은 성행위를 생각하고 있나요?

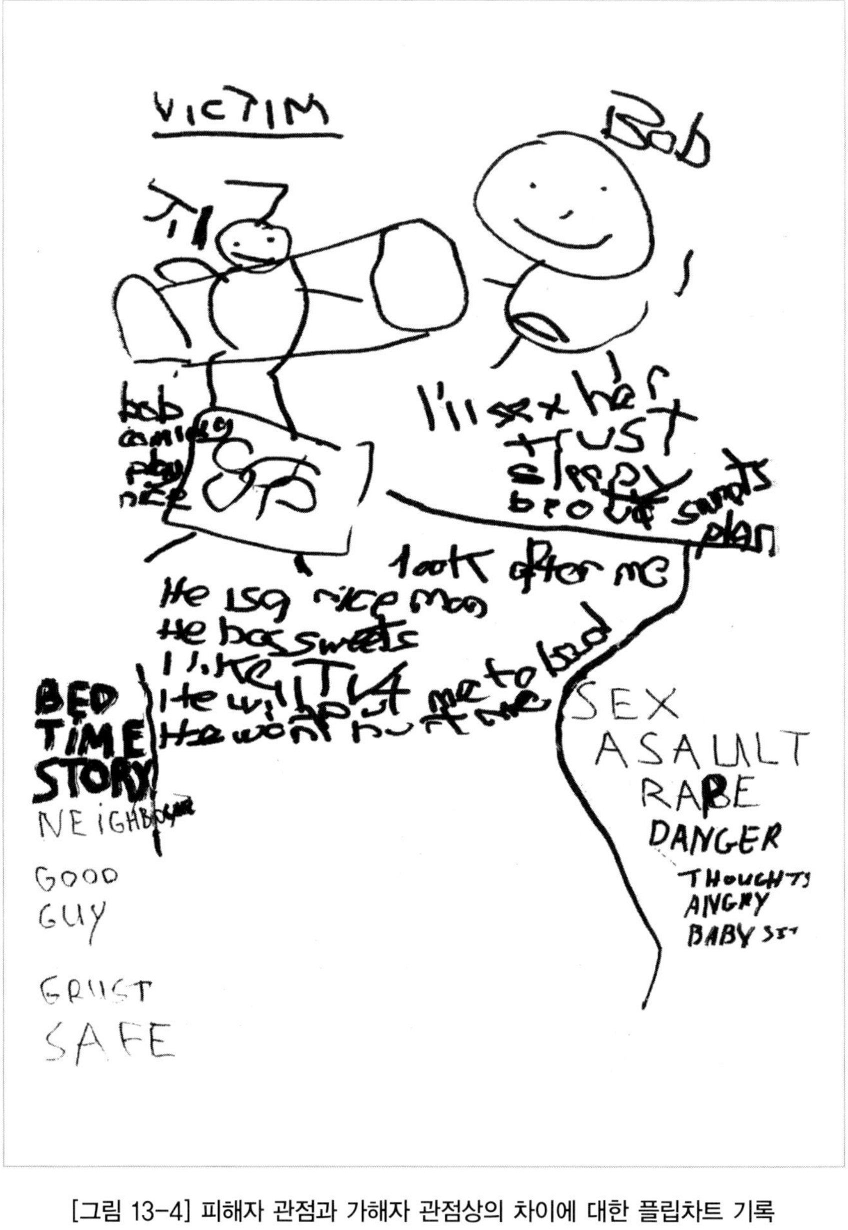


[그림 13-4] 피해자 관점과 가해자 관점상의 차이에 대한 플립차트 기록

Brian: 전혀 그런 생각을 하고 있지 않습니다.

Edward: 겨우 일곱 살짜리가 왜 성행위를 생각하고 있겠어요?

진행자: 좋습니다. 여러분이 그렇게 얘기를 하니까 그렇게 알고, 근데 Bob이 오면 여러 가지 것을 할 생각은 하고 있지요. 자, 엄마와 아빠도 지금 없는데 이젠 어떤 일들이 발생할 것 같습니까? Fred는 지금껏 아무 말도 하지 않았는데, 지금 아이의 부모가 없는 상태인데 어떤 일이 일어날 것 같나요?

Edward: 내 생각엔…….

진행자: Fred가 지금껏 말을 안 했으니 한번 얘기를 해 주면 좋겠어요. Edward가 Fred에게 한번 질문해 줄래요?

Edward: 어떤 일이 일어날 것 같나요, Fred?

Fred: 앉아서 텔레비전을 볼 것 같은데요.

Edward: 그렇겠죠.

진행자: Fred, Jill은 무슨 생각을 하고 있을까요?

모든 참가자: 성행위를 생각하고 있지는 않습니다.

진행자: Fred가 말해 주면 좋겠네요. 같이 앉아서 텔레비전을 보면서 Jill은 무슨 생각을 하는 것 같나요?

Fred: 자기가 볼 프로그램이나 아니면 먹을 것에 대해서 생각을 하겠죠.

진행자: 맞습니다. 그런 생각을 할 것이라고 저도 생각합니다. Fred, Jill이 Bob과 성행위하는 것을 생각할까요?

Fred: 그런 생각을 하지 않을 겁니다.

진행자: 저도 그렇게 생각합니다. 근데 왜 Jill이 Bob과 성행위하는 것에 대해 생각을 하고 있지 않나요?

Fred: 너무 어리니까요.

진행자: 적합한 이유입니다. 또 다른 이유가 있다면요?

Fred: 그리고 빨리 자고 싶을 겁니다.

진행자: 그렇죠. 그리고 또 다른 이유가 있을까요?

Fred: 딴 이유는 생각이 나지 않고요. 그냥 성행위에 대해서는 생각하지 않을 겁니다.

진행자: 혹시 또 다른 이유가 있을까요?

참가자 모두: 이야기에 대해서 생각할 수도 있겠네요. 텔레비전을 보고 싶어 할 겁니다. 아마 저녁이나 부모님이 두고 간 맛있는 간식을 생각할 겁니다. 성행위를 생각하기엔 너무 어린 나이입니다.

Fred: 모든 말을 다 들은 건 아니지만 아이가 성행위를 생각하진 않는다고 생각합니다.

진행자: 맞습니다. Edward가 다른 사람들에게 아이가 성행위를 생각하고 있지 않다고 생각하는 이유를 말해 줄래요?

다양한 측면이 드러나는 동안, 이러한 내용을 플립차트에 기록하는 데 어느 정도 시간이 들고, 회기의 속도를 크게 늦출 수도 있다. 여기서는 두 가지 방식이 소개된다. 첫째는 사회화된 인지에 부합하지 않는 이유들을 검토해 보는 것이다. 즉, Jill이 성행위를 생각하지 않는다고 Fred가 그냥 동의만 하는 것은 충분하지 않다. 진행자는 왜 이 일곱 살짜리 소녀가 성에 관해서 생각하지 않는지에 대한 이유를 잘 다루어야 한다. 두 번째로, Fred는 이 어린 소녀가 성에 대해 관심이 없는 이유에 대해서 말하기를 꺼렸다. 진행자는 그 이유를 다른 참가자들로부터 이끌어 내었다. 그리고 그 이유를 말한 한 사람 한 사람이 Fred에게 그 이유들을 다시 한 번 직접 말해 주기를 원한다. 진행자는 Fred가 그 이유를 다음과 같이 반복하기를 원할 것이다.

진행자: Edward, Fred에게 왜 여자 아이들이 성행위를 생각하지 않는지 말해 주세요.

Edward: 내 생각에 그 아이는 저녁과 주스에 관심이 있는 것 같아요.

진행자: 나에게 말고 Fred에게 말해 줄래요?

Edward: Fred, 그 여자 아이는 그냥 저녁과 주스에 관심이 있는 것 같아요.

진행자: Fred! Edward가 무슨 말을 했죠?

Fred: 그냥 저녁과 주스에 관심이 있다고 했습니다.

진행자: 맞습니다. 그냥 저녁에 대해서 생각을 했겠죠. 자, 이제 모두가 Fred에게 Darren이 한 말을 해 줍시다.

이런 방식으로 진행자는 피해자의 관점을 참가자들이 이해할 수 있도록 유도하고 또한 그것을 내면화해서 계속 기억하도록 만든다. 회기는 계속해서 그 소녀가 가해자의 옆에서 텔레비전을 보다가 가해자가 성적인 말과 행동을 시작할 때 느끼는 당혹감을 다룬다. 소크라테스식 문답법을 이용한 대화는 계속되며 이런 방식으로 모든 정보가 [그림 13-4]에서처럼 기록된다. 이 활동은 가해자가 소녀에게 일어난 일을 아빠와 엄마에게 말하겠다고 협박할 때 소녀가 느낄 감정에 대해서 검토하는 것으로 끝을 맺는다.

이 활동에서 제시된 예들은 이전의 활동에서처럼 참가자들이 저지른 범죄에 대한 예시 또는 비유로 활용될 수 있다. 즉, "Fred도 자신이 성추행한 소년들이 이런 감정을 느꼈을 것이라고 생각하나요?" 또는 "범행 후 아이들에게 협박을 했는데 그때 아이들의 기분은 어땠을 거라고 생각하나요?" 와 같은 질문을 할 수 있다. 결과적으로 가상의 예와 그로부터 도출된 결론은 개별 참가자에게 직접 관련되는 방향으로 활용될 수 있는 것이다.

## 활동 7: 개인별 보고와 관련된 인지적 왜곡

이 시점에서 진행자는 각 참가자의 기소된 범죄, 그리고 다른 범죄들에 대해 그들이 공개했던 내용을 다시 검토해 본다. 이때쯤이면 진행자는 각 참가자들이 범죄 전, 범죄 후, 그리고 범죄 사이에 가졌던 인지방식들에 대한 이해가 어느 정도 되어 있는 상태다. 또한 가상의 시나리오들과 문제해결 활동들을 각 참가자의 범죄와 그들이 가진 인지적 왜곡과 연결시키는 것이 가능하다. 이런 방식으로 인지적 왜곡이 각 범죄자의 범죄 주기 안에 연결되고, 인지적 왜곡들이 외견상 관련이 없는 결정들(SIDs)에 어떤 영향을 미치는지를 검토해 볼 수 있다. 인지적 왜곡은 최소화와 축소의 관점에서 보면 다양하지만, 활동이 다 끝날 무렵에는 그것이 결국 변명의 역할을 한다는 것을 참가자들은 깨닫게 된다.

## 결론

인지적 치료는 이 프로그램의 많은 영역에서 주된 진행 지침이 된다. 이 장에서는 범죄에 대한 책임을 최소화 또는 축소하며, 범죄를 정당화하고, 범죄의 결과를 최소화하는 것에 관계된 인지적 왜곡을 주로 다루었다. 범죄 주기와 피해자와 관련된 인지방식들이 도출되면, 그것을 활용하여 범죄자들의 범행 당시 생각과 태도들에 대해 문제를 제기할 수 있다. 이런 방식으로 범죄 주기에 대한 더욱 세부적인 탐색이 이루어질 수 있으며 15장에서 이것을 볼 수 있다. 활동에서 피해자의 감정과 생각이 다루어지면, 진행자는 참가자들이 자신의 피해자들은 어떤 감정을 느꼈을 거라고 생각하는지를 물어볼 수 있다. 이런 인지방식에 관련된 활동들은 치료 프로그램의 중심적인 부분이다. 진행자가 자신이 프로그램의 전반에 걸쳐 사용할 활동들을 사전에 준비하는 것은 확실히 그만한 가치가 있는 일이다. 회기를 위해 회기 전에 또는 회기 사이에 준비 작업을 하는 것은 진행자로 하여금 자신이 다룰 내용을 더 자신감 있게 진행하도록 도와주며 인지방식을 범죄자의 사고방식, 범죄 주기, 피해자에 대한 생각 등에 연결하는 것을 더 용이하게 만들어 준다.

# 제14장

# 개인적인 신체적 · 성적 학대

이 장에서는 성범죄 분야에서 많이 다뤄지는 아동기의 신체적 · 성적 학대를 다룬다. 이 문제는 성범죄자의 성장 내력에서 자주 다루어지는 것이며 치료 프로그램에서도 이를 다룰 필요성이 있다. 필자는 이 문제를 인지적 왜곡의 문제를 제기하는 회기들 사이에서 다루는 것을 선호한다. 필자는 연속적으로 이루어지는 회기 중간 지점에서 성장 내력을 다루는 것을 선호한다. 성범죄자의 성장기의 경험과 공존하는 심리를 검토하면서, Fago(2006)는 "모든 연령의 성범죄자에게 나타나는 가장 흔한 공통적 특징은 그들이 성범죄의 피해자가 된 전력이 있다는 것이다. 이러한 경향은 임상치료사들과 연구자들에게 받아들여졌고 이전에 성범죄의 피해 전력이 성범죄를 범하게 되는 경로가 된다는 결론으로 이어졌다."(p. 195)라고 기술했다. 그러나 그는 성범죄자들이 보고한 성학대 전력은 개인별로 상당히 다르다고 보고한 연구도 다수 있다는 것에 대해서도 언급했다.

Johnson(1989)은 소녀에게 성범죄를 범한 13명의 범죄자를 대상으로 한 초기 연구에서 13명 모두 아동기에 성적 학대를 경험했다고 보고했다. Pithers 등

(1998)은 성적 행동에서 문제를 보인 72명의 아동을 조사한 결과 소년의 59%와 소녀의 63%가 신체적 · 성적 학대의 피해자였다고 발표했다. 그러나 신체적 · 성적 학대가 성범죄자에게 만연한 것은 아니라는 증거를 보여 주는 연구들도 있다. Fago(2003)는 72명의 성범죄자를 조사한 결과 13명(18%) 정도만 성학대를 당한 경험이 있음을 언급했다. 그는 이 결과를 아동기의 성학대에 대한 국가적 차원의 통계 수치와 비교해 보고 이 수치가 일반인구에서 일어난 성학대의 결과와 크게 다르지 않다고 발표했다. Ray와 English(1995)는 성범죄자들의 90%가 신체적 · 성적 학대의 피해자였다고 발표했지만, 89명의 아동 중 6%만이 성학대를 받은 경험이 있다는 결과(선행 연구)(게재되지 않음) 또한 보고했다. 이런 결과들을 볼 때 성범죄자들이 성학대를 받은 전력은 연구마다 많은 차이가 있음을 알 수 있다.

도입 장들에서 언급했듯이 성범죄자가 아동기에 성적 · 신체적 학대를 받은 경험은 그들이 성범죄를 저지르는 경향을 가지게 하는 큰 인과적 원인으로 여겨졌다. 그러나 학대를 받은 전력이 있다고 보고한 사람들 중 유의미한 수의 사람들이 타인을 성학대하지 않았으므로, 학대를 받은 경험과 학대자가 되는 것 간의 직접적인 상관은 크지 않다. 학대받은 경험과 학대자가 되는 것 간의 관계를 직접적으로 연관 짓는 것에 대해 심각한 성학대를 받은 적이 있는 소년들을 조사한 한 권위 있는 연구(Cycle of Abuse, 1996)에서는 성학대를 받은 경험이 있는 집단과 그렇지 않은 집단 간에 추후 성범죄를 저지르는 빈도수에서 차이가 거의 없는 것으로 나타났다. 이런 연구 결과는 성학대를 받은 경험이 있는 소년들 중 상당수가 이후에 타인에게 성범죄를 저지르지 않는다는 결론을 지지한다. 물론 많은 성범죄자가 아동기에 성학대를 당한 경험이 있다고 말하는 것은 사실이다. 필자는 이 문제에 있어서 이런 불일치가 있다고 말하기보다는 아동기에 성학대를 받은 경험이 성범죄를 저지르게 하는 한 경로가 될 수는 있다고 말하는 편이다. Fago(2003)는 신경 발달상의 결함이 있을 경우 이후 성범죄를 저지르는 촉매로 작용할 수도 있다고 제안한다. 그러나 그는 신경 발달상의 결함을 가진 것으로 진단된 경우도 그 변수가

7%에서 82%까지 큰 차가 있었음을 또한 언급했다. 도입부에서 언급된 바와 같이 Cantor 등(2005)은 성범죄에 이르는 경로를 직접적으로 다루진 않았지만 낮은 지능과 그에 수반되는 신경 발달상의 문제들이 아동에 대한 성범죄를 저지르는 경향을 가지게 되는 원인일 수 있다고 제안했다.

필자는 정신적으로 장애가 있거나 지적장애가 있는 대다수의 성범죄자에 대한 연구들을 검토하는 과정에서 성범죄자들이 처벌의 경감요인으로 고려되길 기대하며 성적 학대를 당한 적이 있음을 보고할 수 있다는 견해(냉소적이거나 비난하는 태도가 아니었음)를 접하게 되었다. 일부는 보다 동정적인 관점을 기대하며 발생하지 않은 개인적인 학대 경험에 대해서 보고할 가능성이 있으며, 이와 같은 가능성에 의하여 성학대에 관한 보고가 증가할 수 있다. 지적장애를 가진 성범죄자의 경우, 필자는 이러한 종류의 노출이 포함된 추정치를 고려한다면 성학대 경험의 보고가 가지는 중대한 영향은 그 의미가 불확실하다고 할 수 있다.

더욱 가능성이 높은 것은 상당한 수의 성범죄자가 폭력적이고 성적 경계가 명확하지 않은 가정환경에 있었을 수 있다는 것이다. 이런 상황에서는 성인 가족 구성원들은 학대를 받은 경험이 있을 수 있으며 비정상적인 관계들이 비난받지 않고 비정상적인 것으로 여겨지지 않을 수 있다. 또한 이런 가정에서는 성적 학대가 일어날 가능성이 높으나 관계 당국에 보고될 가능성은 낮다.

이런 현상은 국회 하원인 House of Representative(1998)의 후원으로 행해진 전향적 연구(prospective study)에 영향을 미치게 된다. 이 연구에서는 성학대로 인해 서비스를 받는 소년들과 일반적인 의료적 처치를 받는 소년들을 비교하였다. 성학대 때문에 들어온 소년들을 돌보는 직원들은 이런 성학대를 당연히 의료적 관점에서 비상사태이고 혐오스러운 것으로 생각한다. 그러나 몇 세대를 걸치면서 그런 경계가 느슨해진 가정의 경우, 이런 가정에 있는 소년은 사건과 비상사태를 전담하는 기관에 나타날 가능성 자체가 적다. 이런 이유로 그들은 성학대를 당한 소년들의 집단에 포함되지 않게 된다. 이러한 사실은 '학대받은 사람이 학대자가 된다.' 는 가설을 지지하기보다는 사회학습 원리에 의한 영향으로 설명할 수 있는 대안적인 기제를 제시한다.

이전에 언급되었듯이, Lindsay 등(2001)은 성범죄자와 비성범죄자들을 대상으로 그들이 아동기에 신체적 · 성적 학대를 경험했는지의 여부에 대하여 연구하였다. 성범죄자 집단이 성적 학대 경험에서 높은 비율을 보였으며 비성범죄자 집단은 신체적 학대 경험에서 높은 비율을 보였다. 성적 학대는 성범죄에 있어서 비중 있는 변인이라고 할 수 있다. 그러나 성적 학대만으로는 성범죄를 충분히 설명할 수 없으며 성범죄자가 성장하면서 반드시 겪는 경험은 아니라고 볼 수 있다. 성범죄를 저지른 많은 사람이 아동기에 성학대를 경험하지 않았다는 사실도 이것을 보여 준다.

이런 견해들은 성범죄에 있어서 성학대의 영향을 다루는 치료 프로그램에 중요한 시사점을 보여 준다. 일반적으로 사적인 성학대에 관련된 문제들은 개별 회기에서 다루어지며 이때 집단 회기도 같이 진행될 수 있다. 개별 회기에서는 개인적인 경험과 그것이 끼치는 정신적인 영향을 세부적으로 다룰 수 있다. 여러 가지 고려할 측면들이 이 개별 회기에서 드러나며 이 경우 보통 내담자는 타인과 동반으로 회기에 참석하기를 원하지 않는다. 첫 번째로 다루어지는 것은 내담자가 가해자를 향해 느끼는 분노의 정도다. 이 과정에서 놀라운 것은 내담자가 받았던 학대를 그 내담자가 다른 피해자에게 가한 경우가 적지 않기 때문이다. 내담자에게 가해졌던 학대가 그들의 피해자에게 가해졌던 학대와 매우 유사한 경우가 적지 않다는 사실이 관련 전문가들에게는 놀라움으로 다가온다. 어쨌든 개별적인 차원에서 분노가 먼저 다루어져야 한다. 진행자는 내담자의 분노, 그 분노가 이후 몇 년간 그의 삶에 끼친 영향, 현재의 삶에 적응하는 데 미친 영향 등을 알아보아야 한다.

두 번째로 다룰 것은 그 내담자/성범죄자가 자신을 학대한 사람에게 느끼는 분노와 자신이 범행을 저지른 사람이 자신에게 느끼는 감정을 서로 연결시키는 것이다. 이런 연결은 이전의 회기에서 다루어지지 않았으며 상황 인식에 강력한 작용을 할 수 있다. 세 번째로 고려할 것은 성학대 때 일어난 일을 자세히 검토하고 그것을 그들의 성 인식 형성에 연관시키는 것이다. 학대적인 관계를 경험하면 정신적 혼란감, 불안, 사회적 · 성적 관계 형성에 대한 걱정이 생기게 된다. 또한 낮은 자존감, 자기비난에 의한 우울이 생긴다. 성인과 아동 간의 힘의 차이도 다루어 볼 수 있다. 내담자들이 자신이 저지른 범죄에서 힘의 차이가 어떻게 반영되는지도 다루어 보아야 한다. 개별 학대를 다루는 초기의 회기들은 내담자가 자신이 학대받은 경험에 대해 "그래요, 내가 한 짓이 나쁜 것이라는 건 압니다. 그러나 그 사람이 애초에 나한테 그런 짓을 하지 말았어야 해요. 난 그것에 대해서 화가 나는 것을 참을 수가 없어요."와 같은 말을 하면서 끝나는 경우가 많다. 그러나 개별 회기에서는 성범죄적 문제를 다루기보다는 개별적인 학대의 경험과 그 후유증을 다루면 된다.

성학대에 대한 개별 회기에서 다룰 네 번째 측면으로는 일부지만 아동기에 성학대 사건을 야기한 사람은 자신이라고 말하는 경우가 있는데, 필자에게도 이런 말을 하는 내담자들이 있었다. 일부 참가자는 그때의 경험을 지속하기 위해 그 상황을 다시 생각해 본 적이 많다고 말했다. 이 경우에도 인지적 왜곡에서 다루었던 활동들을 활용할 수 있다. 아동은 교육을 통해서 성행위에 대해 어느 정도의 개념을 가질 수 있지만, 성인 남성이 가지고 있는 성적 욕망의 강도를 이해하지는 못한다. 즉, 아동이 인식하는 성과 성인이 인식하는 성은 상당히 다르다고 할 수 있다. 성인은 학대라는 것은 용납되지 않는다는 것을 알고 있으며 아동은 쉽게 성적인 피해자가 될 수 있음을 알고 있다. 또한 성인은 그들이 아동에게 성행위를 위해 접근하는 것처럼 아동이 성인에게 할 수 없다는 것도 알고 있으며, 성적 상호작용의 가능한 범위도 알고 있으며, 그들이 알고 있는 것처럼 아동은 알지 못한다는 것도 인식하고 있다. 그러므로 여러 가지 이유에 근거하여, 만약 한 내담자가 성인에 대한 성적 접근을 했던 것 같다고 표현할 때, 그가 말하는 접근의 의미는 성범죄 가해자로서의 이해와는 완전히 다르다고 할 수 있다. 자신이 어느 정도 책임이 있다고 느낄 수 있으나, 소크라테스식 문답법을 통해서 아동으로서의 그 참가자는 당시에는 아무 책임도 없음을 인식하게 해 주어야 한다. 이런 토론을 통해서 참자가는 자신의 범행에서 누가 책임이 있는지에 대해 자신이 가진 개념들에 대해서 다시 한 번 생각하게 될 수 있다.

개별 회기와 집단 회기에서도 다루어질 수 있는 마지막 측면은 성적 학대 또는 신체적 학대를 자신의 성범죄를 경감시키는 요인으로써 사용하는 것이다. 치료 프로그램에서 이것을 다루는 목적은 성학대를 당한 전력이 자신의 성범죄를 경감시키는 요인으로 이용될 수 없다는 것을 강조하기 위한 것이다.

## 집단 활동 1: 학대의 유형과 학대의 결과

### 준비물: 플립차트와 펜

이 활동에서 참가자들은 그들이 생각할 수 있는 아동학대 유형에 대해 쓰거나 그려 본다. [그림 14-1]은 참가자 집단이 아동학대에 대해서 제시한 학대 유형들이다. 소크라테스식 방식을 통해서 '폭력적, 성적, 태만, 언어적'과 같은 여러 가지 학대 유형이 도출되었고, 그에 수반된 예상되는 또는 직접 경험한 후유증이 적혀 있다. 다수의 참가자가 '화가 났고 벽을 두드렸다, 그걸 생각하는 것 자체가 날 화나게 한다.' 등의 표현을 하였다. 시간이 지나면서 '자살' 또는 '잊고 산다, 마음 뒤편에 두고 생각해 본다, 사람들에게 말한다—상담을 받는다.' 등의 표현도 하였다.

여기서는 분석을 통해서 그림상의 정보를 빨리 파악했지만 집단 회기에서 다룰 때는 30~60분 정도의 시간이 걸린다.

이 회기에서 한 집단원이 '자살'이란 말을 언급했을 때 다른 집단 참가자들이 '슬프다, 우울하다, 혼자인 것 같다' 같은 자신들의 경험을 플립차트에 적었다. 한 참가자는 '비밀'을 발설하고 난 후의 보복을 두려워하여 다른 사람에게 말하지 않는다와 같은 아동에게 흔히 볼 수 있는 반응도 언급했으며, 우

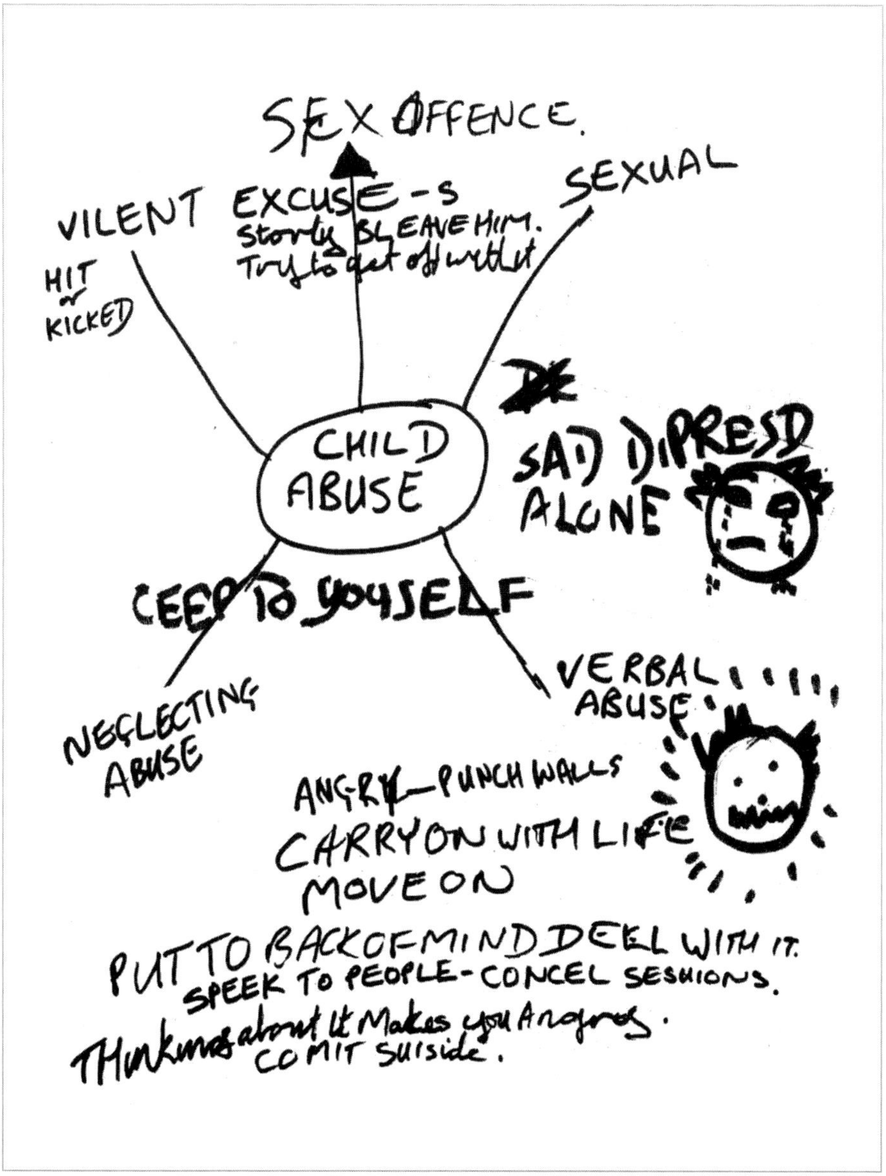


[그림 14-1] 아동학대에 대한 유형과 그 결과

울과 분노에 대해 묘사하였다.

이 활동의 주요 목표는 아니었지만, 참가자들은 자신이 아동기 때 학대를 받은 경험을 자신의 성범죄를 경감시키려는 의도로 사용하면 안 된다고 언급했다. 이 내용은 이 활동에서 강조된 측면은 아니었지만 참가자들에 의해 플립차트에 기록되었다. 이 활동의 주된 목표는 개별 학대 경험을 자세히 보는 것이다. 여기서 다루어지지 않은 측면은 그들이 겪었던 분노, 우울, 밝혀질까 봐 걱정하는 것, 혼자 있고 싶어 하는 것 같은 후유증과 그들이 범죄를 저지른 피해자들이 겪었을 후유증이 일치하는지 검토하는 것이다. 이는 활동의 연장선상에서 다음과 같은 소크라테스식 방식으로 진행할 수 있다.

진행자: 자, 여러분, 다른 유형의 학대도 잘 제시했고 학대를 받은 사람들이 느꼈을 감정들도 많이 적었네요. 화를 내거나 우울해지거나 혼자 있고 싶어지고, 다른 사람에게 비난받을까 걱정한다는 등 다양하군요. 그러면 여러분이 범죄를 저지른 사람들은 어떤 감정을 느꼈을까요?

이런 방식으로 진행자는 추후 몇 주 혹은 몇 달 동안 참가자들에게 피해자의 감정을 묻는 질문을 함으로써 피해자에 대한 감정이입이란 주제를 다룰 수 있다.

## 활동 2: '학대받은 자에서 학대하는 자'가 됨

### 준비물: 플립차트와 펜

이 활동에서는 '학대받은 자에서 학대하는 자' 로의 주기가 다루어진다. 이 활동은 여러 유형의 학대들이 등장하고 그에 대한 개별적 반응들이 표현된다는 점에서 이전의 활동과 많이 유사하다. 일반적으로 참가자들은 범죄는 저지른 사람에게 책임이 있으며 자신이 학대받은 경험을 자신의 범죄를 경감시키려는 도구로 사용하는 것은 잘못된 것이라는 결론으로 마무리를 짓는다.

[그림 14-2]를 보면 이런 활동에서 기록된 내용을 보여 준다. 여기서는 페이지의 상단에 학대의 유형이 성적 · 폭력적 학대로 구분되어 기록되어 있으며, 그 아래에 분노 등 피해자가 경험한 감정이 묘사되어 있고, 피해자가 자라서 자신이 당한 것을 보복하기 위해 타인에게 폭력 또는 성범죄를 범할 수도 있다는 것이 시사되어 있다. 그러나 이런 경우 가해자에게 언제나 책임이 있으며 자신이 학대받았던 경험을 자신의 범죄를 경감하기 위해 사용하는 것은 핑계를 대는 것이라고 기록하고 있다.

이와 같이 한 문단으로 빠르게 살펴볼 수 있는 정보이지만, 실제 이루어진 활동은 대략 한 시간 정도 소요되었다. 이 활동의 요점은 성학대로 인해서 그 피해자는 행동, 감정 그리고 사회적 측면에서 후유증을 경험하게 되지만 이것이 다른 사람에게 성범죄를 저지르는 이유로 성립될 수는 없으며, 성학대에 대한 책임은 언제나 가해자에게 있다는 것을 집단 구성원에게 전달하는 것이다.

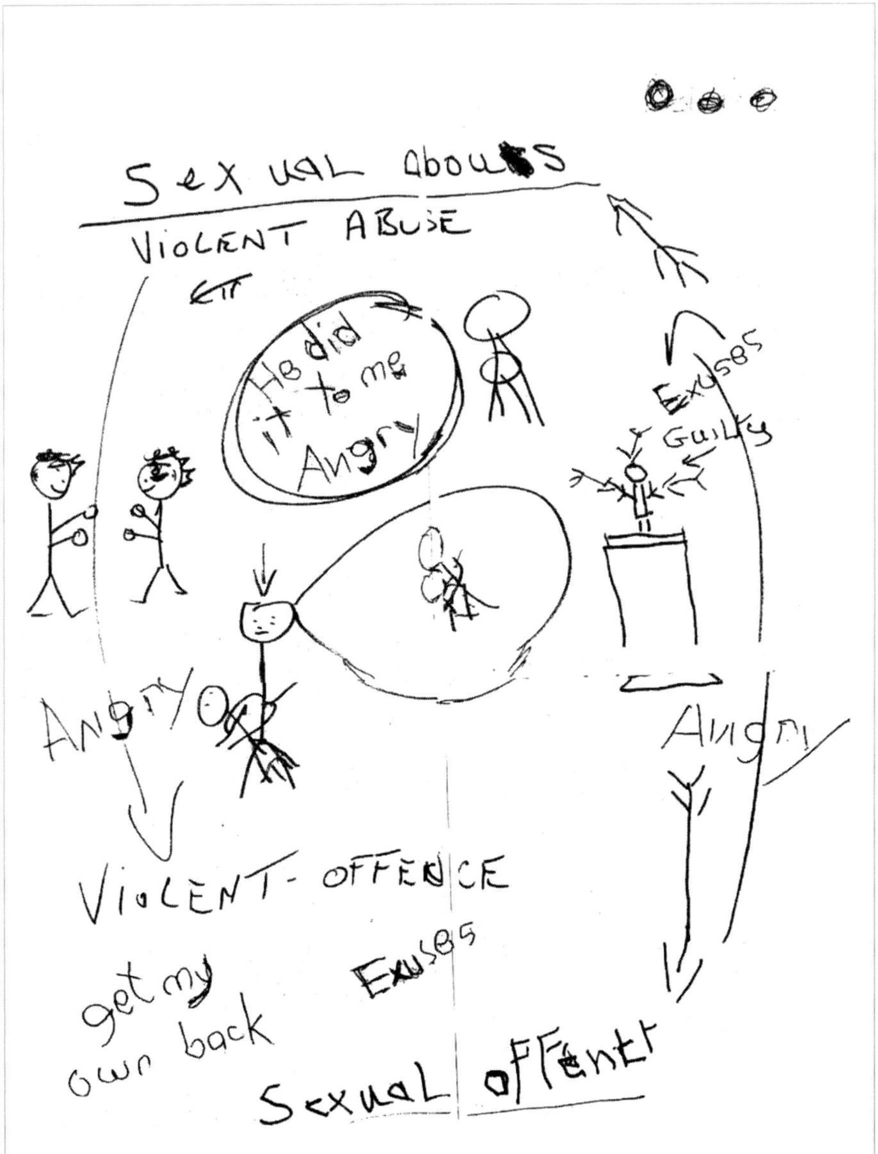


[그림 14-2] 학대받은 자에서 학대하는 자로의 변화를 기록한 플립차트

# 제15장

# 범죄 주기

지금까지의 내용을 통해 참가자들의 범죄 주기(cycle of offending)를 이해하는 데 도움이 되는 정보들을 얻었고, 어느 정도 확실한 윤곽을 파악할 수 있었다. 그러므로 진행자는 치료 회기를 준비하는 동안 이미 각 참가자들에 대한 범죄 주기의 윤곽을 파악했을 것이다. 진행자가 집단 회기를 계속 진행함으로써 각 참가자들로부터 정보를 이끌어 낼 수 있으며, 참가자 개인별 범죄 주기를 보다 명료히 알 수 있게 된다. 여기서 얻은 모든 정보는 치료 프로그램의 끝 부분에 있는 재발 방지 회기에 유용하게 사용되도록 되어 있다. 범죄 주기 파악에 도움이 되는 정보들을 얻었지만 현 시점에서 모든 과정이 적절히 잘 진행되었는지를 다시 한 번 검토해 보는 것도 중요하다.

## 활동 1: 범죄에 대해 말하기

### 준비물: 이전에 자신의 범죄에 대해 개방한 내용, 플립차트와 펜

참가자들은 자신이 기소된 범죄와 다른 범죄에 대해서도 개방한 상태다. 진행자는 각 개인이 공개한 범죄에 대한 세부 사항을 적은 플립차트 용지를 가지고 있는 상태다. 진행자는 이 활동을 하기 위해 이런 용지를 벽이나 바닥에 부착하여 그 세부 사항을 수시로 확인하고 기억할 수 있도록 한다. 범죄를 공개하도록 한 회기에서 각 범죄에서 공통적으로 드러나는 사항을 찾는 활동이 진행되었다. 이 공통점은 폭력, 성적 흥분, 분노, 감정적 무절제, 성적인 생각, 인지적 왜곡, 피해자가 느끼는 두려움 등이다. 이 활동에서 알아야 할 중요한 측면은 범죄자가 범행을 위해 어느 정도로 계획을 세웠는가다. 가해자의 관점에 기초한 가상의 성범죄 시나리오를 검토한 이전의 활동에서 범행 동기, 인지적 왜곡, 계획성 등을 매우 다면적으로 검토하였다. 진행자는 시나리오상의 해당 범죄자에게 부여된 동기, 생각과 행동을 참가자들의 범죄와 연관시켰다. 지금까지 진행된 장들에 개연성이 있다는 것은 아주 중요한 점이다. 치료 단위들은 서로 불연속적인 관계가 아니며 추후의 치료 단위와 연관을 맺고 있고 마지막 단계인 재발 방지 과정까지 이어진다.

이 활동을 할 때는 한 사람당 하나의 범죄만 다루는 것이 더 효율적이다. 참가자가 저지른 범죄가 4개라면, 그것을 모두 다룰 경우 한 회기의 시간을 거의 다 쓰게 될 수도 있다. 이것은 두 가지 측면에서 부정적이다. 첫째로, 전체 회기가 한 사람의 범죄에만 집중되면 그 당사자는 부담감을 느낄 수 있다. 또 다른 측면으로, 다른 참가자의 경우 자신이 발언할 필요가 없어지면 시간이 흐르면서 집중도가 떨어질 수 있다.

Gary는 2명의 여성에게 저지른 범행에 대해서 이미 공개를 한 상태다. 첫 번째 여성은 자신의 집에서 20마일 정도 떨어진 시내의 한 술집에서 보게 되었다. 그는 혼자서 몇 시간 동안 술을 마셨고 여성들이 왔다가 가는 것을 보고 있었다. 이날따라 그는 성적 흥분이 더 높은 상태였으며 용기를 내어 한 여성에게 대화를 시도했다. 술을 한잔 사겠다고 여성에게 제안을 했고 여성은 거절했다. 그는 자리로 돌아가 다시 계속 술을 마시면서 거절당한 것에 대해 계속 생각을 하였고 그 와중에 분노감이 들었으며 복수를 하겠다는 생각을 했다.

그 여성은 술집이 문을 닫을 때까지 친구와 함께 있었고 Gary도 계속 술을 마셨다. 그 여성 일행이 자리를 뜨자 그도 따라나갔다. Gary는 그 여성 일행이 서로의 집 방향으로 갈라지자 자신의 제안을 거절한 여성의 뒤를 따라가다가 거리에서 그녀를 성추행했다. 그때의 시간은 자정 12시에서 새벽 1시 사이였으며 거리는 너무나 조용했다. [그림 15-1]은 두 부분으로 나뉜다. 왼쪽에 있는 부분은 Gary의 사례에서 볼 수 있는 단순한 범죄 주기를 보여 준다. 여기서 그가 범행을 저지르기 위해서 꽤 먼 곳까지 간 것을 보여 준다(자신이 사는 곳에서 멀리 떨어진 술집). 이후 회기에서 그가 공개한 것들을 다시 검토하면서 그가 밤에 무엇을 할 생각을 하고 있었는지, 그냥 술 한잔 하려고 하면서 왜 자신의 동네에서 20마일이나 떨어진 곳에 갔는지를 구체적으로 물어보았다. 다음은 그와의 대화 내용이다.

진행자: 왜 동네에도 술집이 있는데 멀리 다른 도시의 술집에 갔나요?

Gary: 금요일인데다 좀 다른 곳을 가 보고 싶었어요.

진행자: 다른 사람들은 왜 Gary가 동네에 있는 술집을 가지 않고 먼 곳에 있는 술집에 갔다고 생각하나요?

Darren: 그쪽 동네에도 술집이 많고 규모도 큰데, 아마 술집이 몇 십 개는 있을걸요.

진행자: Gary에게 직접 물어보지 그래요.

Darren: Gary, 왜 위쪽 거리에 있는 술집에 안 갔나요? 거기도 술집들이 많이 있는데!

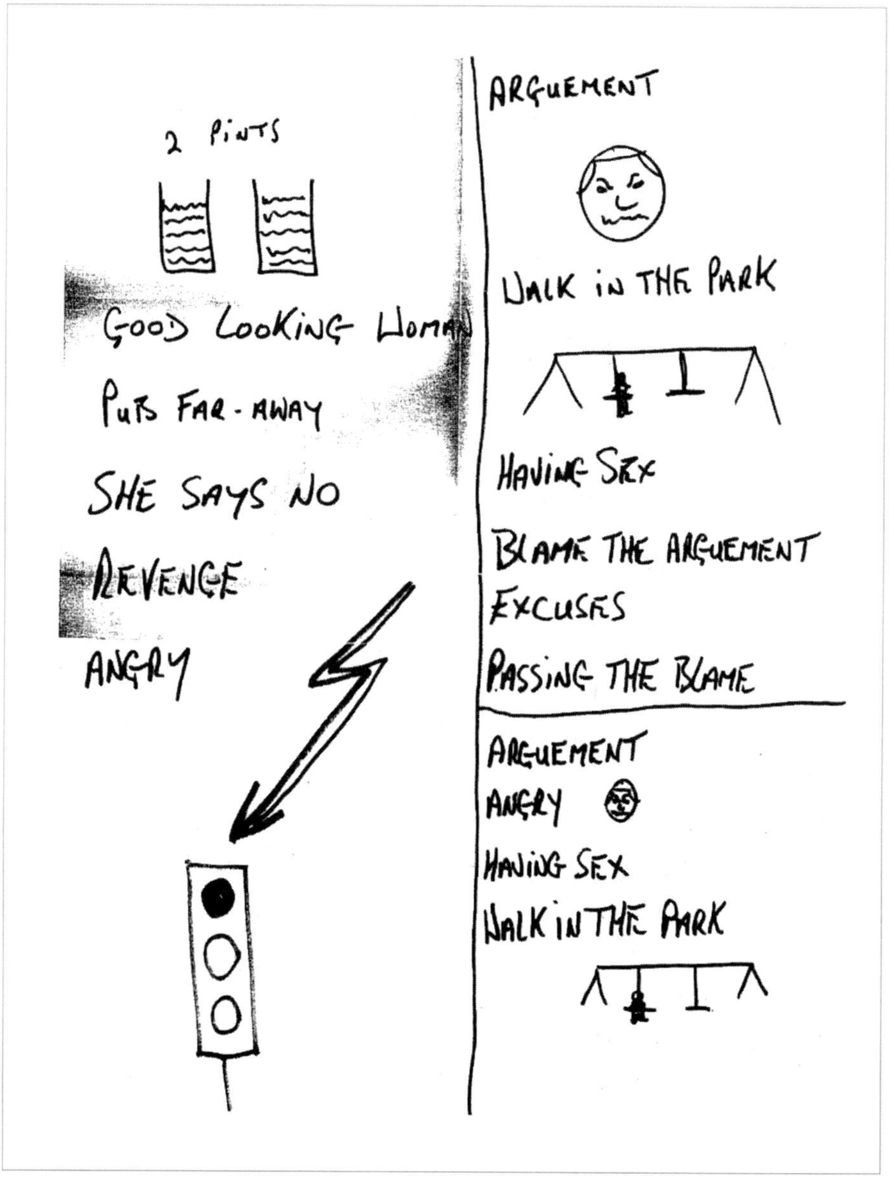


[그림 15-1] Gary의 범죄 주기

Gary: 난 우리 동네 술집에 지겨워졌고 도시로 가서 뭔가 다른 곳을 가고 싶었어요.

Brian: 아마 자기 동네 술집에서는 일을 저지르면 사람들이 자신을 알아볼 수 있다고 생각한 것 같아요.

진행자: 그것 좋은 생각이네요. Gary에게 물어봐 줄래요?

Brian: 여자를 추행할 생각이 있었지만 사람들이 알아볼까 봐 걱정이 되었나요?

Gary: 난 누굴 성추행할 생각도 없었고, 그냥 안 가 본 곳을 가 보고 싶었던 것뿐입니다!

진행자: Gary가 여자를 성추행할 생각을 하면서 왜 도시로 갔어야 했을까요?

Brian: 사람들이 알아보고 그것 때문에 잡힐 수도 있다는 것이 걱정되었겠죠.

Gary: 난 그런 생각한 적이 없으니 하지도 않은 것을 가지고 날 비난하려고 하지 마세요.

진행자: 우린 당신을 비난할 생각이 없으니 화를 낼 필요는 없어요, Gary. 우린 단지 범행 전에 어떤 일이 일어났는지 궁금할 뿐입니다. 만약 누군가가 성추행을 할 생각을 하면서 자신의 동네에서 좀 떨어진 도시에 가려고 한다면 무슨 생각으로 그럴까요?

Gary: 잡히는 것이 걱정되어서 그랬겠죠.

진행자: 그럼 그것을 뭐라 부를까요?

Gary: 그게 무슨 말이죠?

진행자: 누군가가 자신이 저지를 짓이 들킬까 봐 걱정되어서 도시로 간다면 그걸 뭐라고 부를 수 있을까요?

Darren: 그게 바로 자기가 할 일을 계획하는 것이고 그것을 들킬까 봐 걱정이 되는 거죠.

진행자: 맞습니다. 바로 범행을 생각하고 들키지 않도록 계획하는 것이죠.

Fred: 그걸 상황 다듬기(grooming)라고 하죠. 들키지 않도록 상황을 계획하고 만드는 거예요.

진행자: 적절한 말이네요. 다른 사람들도 이 말의 뜻이 이해가나요?

Fred: 범죄를 저지르기 위해 계획하는 것을 의미하는 말입니다. 여러분 중 아동에게 범죄할 계획을 가지고 있을 때 아동의 신뢰를 얻을 수 있도록 상황을 다듬지 않나요?

진행자: 그것도 상황 다듬기 중의 하나가 되겠네요. 또 다른 예는 무엇이 될까요?

Fred: 범죄를 저지르고 잘 빠져나갈 수 있는지를 생각하는 것도 그중의 하나이죠.

진행자: 범죄를 저지르고 잘 빠져나갈 수 있는지 생각한다는 것도 흥미로운 예이군요. Edward는 어떻게 생각하죠?

Edward: 잡히고 싶지 않다 이 말이겠죠.

진행자: 여러분은 성범죄를 저지를 때 잡히고 싶나요?

모든 참가자: 당연히 아닙니다.

진행자: 그렇다면 다 범행 시 계획을 하겠군요!

이 대화를 통해 계획, 상황 다듬기 그리고 범죄 주기에 대한 토론이 유발된다. 이런 전개과정은 두 가지 목적을 가지고 있다. 하나는 이 토론을 통해서 Gary는 다른 참가자들의 문제 제기로부터 휴식을 취할 수 있으며 또한 다른 참가자들도 이 과정을 통해서 각자 영향을 받는다는 것이다. Gary는 이제 자신이 미리 범죄를 계획했다는 것을 부정해도 다른 참가자들이 믿지 않을 것이라는 것을 인식하게 된다. Gary는 저녁 내내 여성들을 쳐다보고 있었고, 용기를 내어 말을 걸었다. 이것은 그가 여성과의 접촉을 계획하고 있었음을 보여 준다.

한 여성에게 그가 술 한잔 사 주고 싶다고 말을 걸었을 때 그는 거절당했고, 복수와 분노의 감정이 성범죄로 연결되도록 방치했다. 이 감정들은 참가자들과 함께 다양한 관점에서 논의가 된다. 여기서 술을 사 주겠다는 제의를 거절한 것에 대해 분노를 느끼는 것은 어느 정도가 적절한지에 대해 역할극을 해 볼 수 있다. 한 사람은 제안을 하고 나머지는 거절을 하는 역할을 해 보는 것이다. 다음은 역할극에서 나온 대화를 발췌한 것이다. 참가자들은 서로가 모르는 타인으로 설정을 한다. Brian과 Edward가 술집에 있다. Gary도 술집에 있는 상황으로 역할극 연기를 한다. Gary는 Brian과 Edward에게 술 한 잔 사겠다고 말을 건다.

Gary: 술 한잔 사 드릴까요? 같이 얘기를 하고 싶은데!

Brian: 싫은데요.

진행자: Gary! 한 번 더 물어봐요!

Gary: 같이 술 한잔 하면서 이야기 할래요?

Brian: 싫어요, 저리 가 주세요!

Gary: 알겠어요.

진행자: 모두 연기를 잘해 주었어요. 자, Brian은 Gary가 다가와서 술 한잔 하자고 했을 때 기분이 어땠어요? 전혀 모르는 사람이 갑자기 그런 말을 하니까?

Brian: 제정신이 아니라고 생각했어요. 전혀 모르는 사람에게 누가 그런 말을 하겠어요!

진행자: 당신이 여성이라면 다르게 느꼈을까요?

Brian: 당연히 똑같이 느끼죠. 친구와 말하고 싶지 모르는 사람과 왜 말을 하겠어요.

진행자: 맞습니다. 친구와 말을 하는데 모르는 사람이 끼어드는 걸 원하지 않겠지요.

Brian: 당연하죠.

진행자: Brian이 저리 가라고 말했을 때 기분이 어땠죠?

Gary: 괜찮았어요. 나라도 남자에게 술 한잔 원하느냐고 물어보진 않을 거니까!

진행자: 그러면 왜 그 술집에서는 친구와 이야기하고 있는 여성에게 다가가서 술 한잔 같이 하겠느냐고 물었습니까?

Gary: 그럴 수도 있지 않나요? 술집에 가서 여성에게 술 한잔 같이 하겠냐고 물어볼 수도 있는 것 아닌가요?

진행자: 그럴 수도 있겠네요. 그런데 Brian이 싫으니까 가라고 말했을 때 화가 났습니까?

Gary: 아뇨, 화나지 않았습니다.

진행자: 그러면 왜 술집에서 그 여성에게는 화가 난 건가요?

Gary: 왜 그랬는지 저도 잘 모르겠어요.

진행자: 그것이 화를 낼 만한 것이었나요?

Gary: 당연히 아닙니다.

이런 종류의 역할극이나 토론들이 개별적으로 대단한 변화를 일으키지는 않는다. 그러나 반복적이고 지속적으로 이런 활동들이 다양한 시점과 관점에서 행해지면서 범죄 주기에 대한 명확한 윤곽이 드러나게 된다. 이 활동에서는 그 여성의 행동이 상식에 어긋나는 것이 아니었으며, Gary는 성범죄를 저지르기 위해 어느 정도 준비를 하고 있었다는 것, 그의 분노는 부적절했으며, 피해자가 사건의 발생에 책임을 져야 할 일은 없다는 것을 보여 주었다. 위 역할극에서 Brian이 같이 술 한잔 하자는 제의를 거절한 것 때문에 사건이 유발되었는지에 대한 토의가 있었다. 토론의 결론은 당연히 책임질 일이 없으며, Gary의 피해자도 같은 경우에 해당된다는 결론이 나오게 된다. 이 결론에 이어서 Gary의 분노는 사건을 합리화 · 최소화하려는 그의 인지적 왜곡에서 기인했다는 결론도 나온다. Gary의 범죄 주기는 이런 과정을 통해서 드러났다. 먼저 거리상의 계획(20마일 정도 떨어진 술집으로 간 것), 자기조절 전략(여성을 만나기 위해 술집에 간 것), 이성애자와의 접촉을 포함하는 목표 대상에 대한 접근 전략(저녁 초반까지는 이것이 꼭 성범죄를 위한 것은 아니었다), 심리적 억제를 해제하기 위한 음주, 예쁜 여성에게 접근하기 위한 구체적인 방법 사용, 거절당한 후의 감정 조절력 상실, 사건을 정당화하기 위한 인지적 왜곡 중의 하나인 복수하겠다는 생각, 자신의 책임을 경감시키고 책임 소재를 피해자에게 떠넘기는 행위, 범행 전 60분 동안 동원된 결정적인 접근/명확 전략 등이 그것이다. 이 모든 정보는 Gary의 재발 방지 전략에 참고되었다. 그가 이야기의 시작 부분에 붉은 신호등을 배치한 것도 유념해 볼 만하다. 이것은 20장에서 나오는 재발 방지 정보에서 사용된 것이다.

[그림 15-1]의 두 번째 부분은 Gary가 공원에서 20대 여성에게 저지른 또 다른 성범죄에 관한 것이다. 범죄를 저지르기 전 그는 아버지와 심한 말다툼을 하였다. 자신의 범죄를 공개하면서 확실히 보였던 것은 그가 아버지와의 말다툼을 자신이 저지른 범죄에 대한 합리화의 방편으로 삼았다는 것이다. 이 경우에도 분노가 범죄 주기에 큰 영향을 미쳤음을 알 수 있다. 그가 저지른 두 가지 범죄의 공통점이 도출된 것이다. 분노가 범죄에 미치는 영향은 다른 범죄의 경우에도 많이 발견된다. 많은 남성이 자신의 범죄에 대한 합리화를 하기 위해 분노를 이용했다. 이 사건의 경우는 분노가 피해자에게 향한 것이 아니었고 자신의 아버지에게 향한 것이었다는 것이 다르다. 그는 자신의 분노 때문에 범죄를 저지른다고 생각하는 인지적 왜곡을 하게 된다.

그는 아버지와 심한 말다툼을 하다가 진정하기 위해서 공원을 찾았고, 거기에 앉아 있는 한 여성을 발견하고 그녀를 성추행했다. Gary의 말로는 공원을 걷다가 여성을 보는 순간 성적인 생각이 들었고, 그녀에게 접근하고 성추행한 이유를 아버지와의 말다툼으로 돌렸다. 사건에 대한 토론을 하면서 성적인 생각이 범죄 주기의 가장 초기 단계에 일어나고 범죄에 대한 계획은 상당히 다르다는 것이 드러났다. [그림 15-1]의 아랫 부분을 보면 그는 성적인 생각을 아버지와의 말다툼 뒤에, 그러나 공원으로 산책 가기 전에 위치하게 했다. 그는 아버지에게 분노가 느껴졌을 때 성적인 생각이 떠올랐고 재빨리 공원으로 가서 성행위를 할 기회를 찾아보겠다는 생각을 하게 된 것이다. 이것은 그의 범죄 주기에서 주목할 부분이다. 그는 아버지에 대한 분노의 대응으로서 성적인 생각과 성추행에 대한 계획을 생각해 낸 것이다. 즉, Marshall과 Barbaree(1990)의 가설처럼 그는 성행위를 자신의 감정 조절을 위한 수단으로 사용한 것이다. 이것은 그의 범죄 재발 방지 프로그램에서 중요한 요소라고 할 수 있다. 이를 통해 그는 분노를 느낄 때 자신의 상황에 상관없이 성적인 생각과 성추행에 대해 합리화하며 즉석에서 성추행을 할 계획을 세우는 것이다. 이런 사실을 볼 때 그를 산책과 같은 통상적인 행동 스크립트대로 움직이다가 성범죄를 할 기회가 오면 범죄를 저지르는 접근/자동 경로의 범죄자로 보기보다는 부정적 감정 상태를 경험할 때 그것에 대한 대응으로서 성범죄를 계획하는 접근/명확 유형으로 볼 수 있다. 진행자는 그의 재발 방지와 자기조절 전략에 이런 정보를 활용하여 그것이 재발방지 프로그램에 잘 반영되도록 하여야 한다.

## 활동 2: 타임라인을 활용한 범죄 주기 탐색

11장에서 타임라인(timeline)을 활용하여 범죄 주기를 파악하는 방법이 언급되었다. Darren([그림 13-2])의 경우, 시간적 순서에 따라 일어난 일을 기록하는 타임라인을 통해서 그에게 분노, 힘, 성적 홍분을 유발시키는 요인들을 발견할 수 있었다. 그는 격리, 자위행위, 성적 상상 등을 통해서 이런 감정들을 조절하려고 했다. 타임라인은 치료 장면에서 널리 쓰이며 치료 회기가 진행되면서 확장된다. 구체적인 설명은 20장에서 제시하고자 한다. 현 시점에서는 [그림 15-2]가 범죄 주기 파악에서 그것이 사용되는 방식을 보여 준다.

Alfred는 10장에서 이미 언급된 인물이다. [그림 10-2]에서는 그가 공개한 자신의 범죄가 분석되었다. 그는 나이트클럽에서 한 여성에게 같이 춤을 추자고 청하다가 거절당했고, 이에 분노하여 기차를 타고 귀가하는 여성을 따라가서 집의 위치를 파악했다. 이후 그는 그 집에 잠입하여 자위행위에 쓰기 위해 몇 가지 물건을 훔쳐왔고, 그 여성에게 전화도 걸었고 이후 그 집에 또

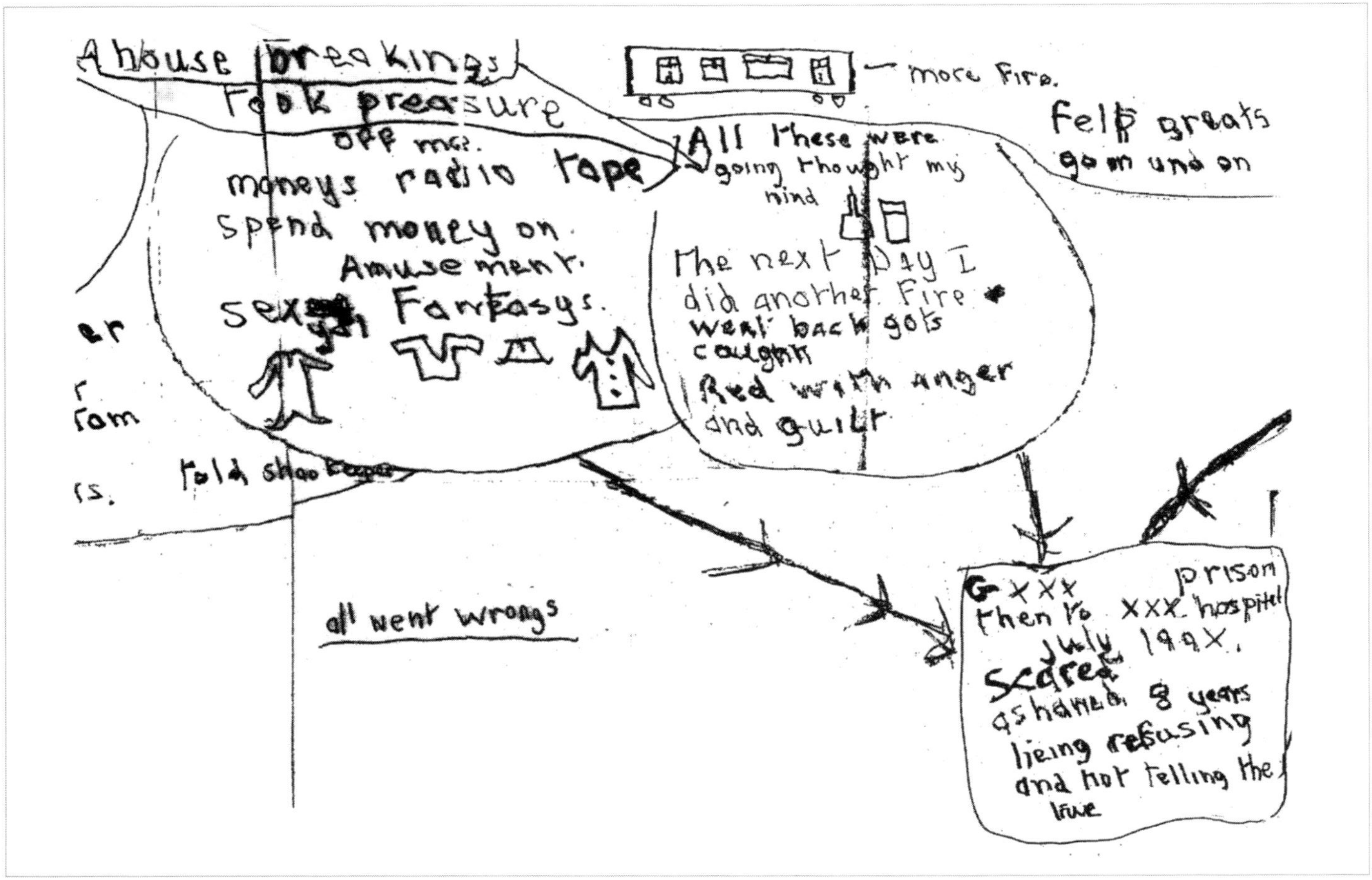


[그림 15-2] Alfred의 범죄과정을 알기 위한 타임라인

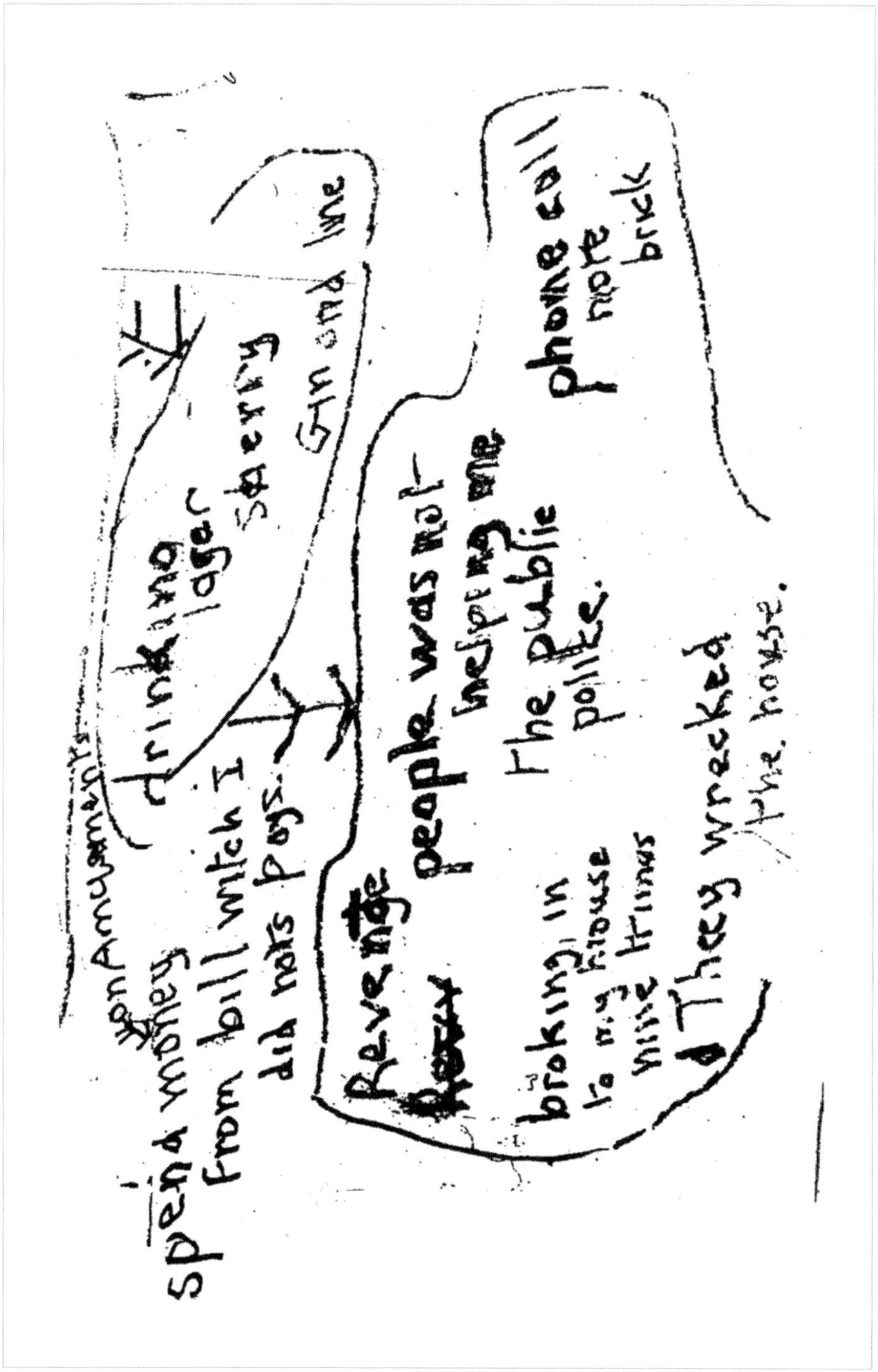


[그림 15-3] Alfred의 범죄과정을 알기 위한 다른 타임라인

잠입하였다.

[그림 15-2]와 [그림 15-3]에는 그가 한 일에 대한 타임라인이 제시되어 있다. 이것은 그의 범죄 주기를 보여 주며 그를 대상으로 하는 재범방지 프로그램에 반영되었다. 타임라인의 상단에는 긍정적인 일들이 적혀 있고 아랫부분에는 부정적인 일들이 적혀 있다. Alfred는 자신의 마음이 무거운 상태였다고 적었다. 시간적으로 조금 더 앞선 부분을 보면([그림 15-2]) 그가 술을 더 마시고 또한 여러 가지 술을 섞어서 마시고 있었음을 알 수 있다. 그는 게임장에서 돈을 많이 썼고, 여러 가지 지불해야 할 돈을 지불하지 못하고 있는 상태였다. 자동차 연료비도 없었던 그는 여러 가지로 심적인 압박이 많은 상태였다. 결국 사람들의 집에까지 몰래 잠입했으나 경찰이 알까 봐 걱정을 많이 했음이 [그림 15-3]에 나타나 있다. 또한 웬 젊은 사람들이 자신의 집에 잠입해 집을 엉망으로 만들었다고 썼다.

이런 정보를 통해서 Alfred의 범죄 주기를 만드는 위험요소들을 알 수 있다. 그는 혼자 살았고 집에 도둑이 든다고 신고했다. 고립되어 있었고, 대인접촉이 거의 없었던 그는 신고를 해도 경찰이 오지 않는 것에 대해 분노와 복수의 감정을 느끼고 있었다. 고립, 정서적 혼란, 그리고 인지적 왜곡으로 인한 합리화는 그의 범죄 주기의 중요한 부분을 차지한다. [그림 15-2]를 보면 Alfred는 다른 사람의 집에 잠입하여 돈, 라디오, 테이프 같은 물건들을 훔치고 거기서 생긴 돈을 게임장에서 썼다는 것을 보여 주며, 그것에 대해 큰 만족감을 느끼고 계속해서 그런 행동을 할 계획이었음을 보여 준다. 또한 여성의 옷을 훔쳐오는 등 성적 상상을 키워 나갔다. 그는 이전에는 부정적 고립감, 분노, 스트레스를 통해 자신의 감정을 조절하였으나, 주거 침입을 함으로써 필요한 물건과 성적 흥분을 얻을 수 있었고 큰 만족감도 느낄 수 있었다. 이 시기에 그는 방화도 시작을 하였다. 이런 범죄 행위들은 그의 삶의 질과 안녕감을 크게 증진시켜 주었고, 이 때문에 그는 이런 행동을 지속하였다. [그림 15-3]에 그의 공개된 범죄 내용도 첨가되었다. 이런 방식으로 공개된 범죄 내용이 아동기부터 시작하여 미래의 부분까지 보여 주는 타임라인에 더

해지게 된다. Alfred가 느끼는 안녕감, 주거 침입과 방화로부터 얻어지는 흥분감 그리고 이런 감정들은 자신이 가진 분노와 무력감, 복수감을 잘 어루만져 주었고 이것의 지속은 결국 성범죄로 연결되고 말았다. 주거 침입, 방화나 귀중품을 훔치는 것, 성적 욕망을 채우기 위해 옷을 훔치는 것, 성적 상상을 하는 것 등은 그의 성범죄의 간접적인 원인으로 작용하였다. 그가 저지른 성범죄도 그의 타임라인의 적절한 부분에 추가되었다. 이런 방식으로 범죄 개방, 재범 방지, 범죄 경로 지정, 인지적 왜곡 등이 범죄 주기에 포함되고 각 참가자의 재발방지 프로그램에 반영된다.

## 활동 3: 범죄 주기 개입과 변화

이 활동은 치료 참가자들이 자신의 범죄 경로에 대한 말을 모두 끝내었거나 모든 참가자가 자신의 범죄 주기를 모두 말한 상태에서 도입한다. 집단의 각 참가자는 타임라인상에 변화를 주어서 결과가 다르게 나올 수 있도록 논의한다. 각자가 감수해야 할 변화의 정도는 개별 참가자마다 달라진다. 사소한 변화를 주는 경우로, 학교 근처에 있지 않는 버스정거장을 이용하는 것도 그 예가 될 수 있다. 또는 좀 더 먼 거리를 걷는 것으로 변화를 줄 수 있는데 이 경우도 범죄 위험요소를 많이 줄일 수 있다. 공원 같은 곳에 가는 것을 피하는 것도 사람들이 보는 앞에서 신체 노출을 한다거나 자위행위를 하게 될 가능성을 줄여 준다. 한 남성의 경우에는 그의 일정상에 변화를 주어서 그가 자신의 직장이 있는 시내에 버스를 타고 일찍 가는 것을 중단하도록 했다. 이는 일찍 버스를 타면서 남는 여분의 30분 동안 그가 여성을 따라다니거나 공공장소에서 자위행위를 할 생각을 하면서 다닌다고 여겨졌기 때문이다. 변화를 줄 경우 구체적이며 즉각적인 방법을 사용하는데, 위의 경우 가족들에게 연락하여 그 당사자가 정해진 시간까지 집에 있다가 시간이 되었을 때 버스를 타고 갈 수 있도록 하는 것이다. 이런 예들은 변화의 정도가 비교적 적은 것들이라고 할 수 있다. 일상에서 변화를 주는 것이 강제적으로 지정되는 경우도 있다. 일부 참가자의 경우 그들이 범죄를 저지른 장소에 접근하는 것을 금지하는 명령을 법원으로부터 받는 경우도 있다. 그 예로, 쇼핑센터의 화장실에서 다른 사람에게 접근하거나 화장실 문을 연 채로 자위행위를 한 것으로 기소된 한 참가자의 경우 쇼핑센터에 가는 것이 금지되었다. 이런 식으로 범죄 발생의 위험성을 낮추기 위해서 여러 가지 생활 방식의 변화를 줄 수 있다.

또 다른 남성의 경우는 범죄 주기를 변화시키기 위해서 일상생활에서 큰 변화를 주어야 했다. 이 남성은 자신이 주말에 하는 행동을 완전히 변화시키고 친구들과 파티에 가는 것을 그만둘 필요가 있었다. 그는 수차례 사람들이 보는 데서 자위행위를 하거나 여성을 따라다니거나, 신체를 노출시키고, 한 모녀를 겁에 질리게 만드는 등의 행위로 기소되었다. 그는 6개월 정도의 시간 동안 집중적으로 범죄를 저질렀고 자신이 모르는 여성에게는 접근을 금지하는 법정명령이 내려진 상태였다. 그러나 그는 친구가 많았고 자기 나이 또래의 여성을 많이 알고 있었으며 주말에 파티를 즐기고 있는 상태였다. 그는 파티에 있을 때 성적인 감정을 느낀다고 말했다. 이 경우 성적 욕망이 커지는 것을 방지하기 위해 파티와 같은 상황을 피하는 것이 대단히 중요하다고 볼 수 있다.

이런 경우 위험의 정도는 애착관계나 대인관계를 통해 삶의 질을 얻는 것보다 더 중요성을 띠게 된다. 주말에 하는 파티를 가지 않음으로써 그의 삶의 질은 크게 떨어지게 된다. 그러나 범죄 주기를 멈추기 위해서는 이런 행동 변화가 필요하다. 그는 낮에는 아무것도 하지 않았기 때문에 필자는 훈련직원이나 교육직원들이 관리하는 직원이 배치된 직장에 가 볼 것을 권장했다. 이것을 통해서 그가 주말에 벌어지는 파티를 통해 형성되는 피상적인 인간관계 대신에 좀 더 오랜 기간 동안 사람과의 접촉을 가질 수 있고, 직업 기술도 더 배울 수 있도록 권장했다. 필자와 직원들은 성범죄자들에게 인간적 욕구와 삶의 질을 향상시키는 것은 그들이 과거에 사용했던 방식처럼 신나고 즐겁지는 않다고 명확하게 말해 준다. 범죄자들은 그들이 범죄를 저지르면서 느끼는 흥분감을 생생히 표현하곤 한다. 그들은 자동차 절도, 과음, 약물남용 그리고 성범죄를 저지를 때 느끼는 생생함과 흥분을 잘 표현한다. 이런 이유로 사회화된 태도로 삶의 질을 개선하는 방법이 위의 예들처럼 흥분을 가져다주지는 않지만 확실히 범죄에 연루될 가능성을 줄여 준다는 인식을 하도록 해야 한다.

정서적 혼란이 확실히 드러날 경우 범죄 주기를 변화시키는 것은 중요하다. 이런 맥락에서 지난 장에서 등장한 Gary의 경우 분노 조절의 중요성이 논의되었다. 필자는 포괄적인 법의학 학습장애 서비스센터(comprehensive forensic learning disability service)를 필자의 지역에 설립하였는데 분노 조절에 문제가 있는 사람을 적절한 분노 조절 집단에 보내는 것은 어렵지는 않다. Gary의 경우 누가 그를 치료하든 간에 분노, 복수감 등을 다룰 수 있는 대체 전략을 만드는 것이 중요한데, 이는 그의 범죄 주기를 중단시키기 위해서도 대체 전략이 필요하기 때문이다.

이런 방식으로 일상에서의 변화, 대체적인 행동방식, 보호적인 태도와 인지, 행동 결정에서의 변화, 대안적 방식으로 정서 조절 다루기, 새로운 대처 기술, 성욕을 다른 방식으로 처리하기 등은 범죄의 진행성에 변화를 야기시킬 수 있다. 진행자는 한 가지 변화로 인해 다른 결과가 나타날 수 있음을 강조하고, 범죄자의 경우 이런 변화들을 지속시키며 계속 실행하여 자신의 일상생활의 부분으로 바꾸어서 다시 이전 상태로 돌아가지 않도록 주의하여야 한다.

## 범죄 악순환 고리 수정 시 고려점

개별 범죄 주기를 검토할 때 진행자는 각 참가자의 범죄를 논리적 기반에서 분석하기 위해 성범죄 이론을 참고하게 되는데, 이것은 프로그램의 마지막 단계인 재발 방지 부분에서 전반적으로 행해진다. 이전에 언급된 것처럼,

각 치료 단위를 통해서 개별 참가자의 범죄 유형이 드러나며, 이 정보는 재발방지를 위한 교육과 좋은 삶 모델(GLM)에서 활용된다. 6장에서 범죄를 야기하는 요소들에 대한 개념이 다루어졌는데 그 개념들이 범죄 주기에서 어떤 위치에 있는지를 보도록 하겠다.

**동기** 다수의 이론에서 성적 흥분과 부적절한 성적 기호가 범죄의 동기부여 요인으로 언급되고 있다. 성적 흥분을 야기하는 상황을 피해 가는 방법을 강구하는 것이 이런 부분들을 명확히 다루는 방법이 될 수 있다. 이미 언급된 것처럼 학교 근처의 버스정거장에 가지 않고, 파티에 가지 않으며, 다른 버스를 타는 것이 그 예들이라 할 수 있다. 이런 환기 기법(distraction techniques)은 흥분(17장 참조)과 연관되어 이미 논의가 되었다. 남성의 입장에서 자극에 대한 성적 흥분을 억누르는 것이 대단히 힘들어도 자기조절과 부적절한 상황을 피하는 것은 권장되어야 한다.

**성장상의 요인** 성장상의 요인들로 인해 인지적 왜곡과 범죄를 지지하는 태도가 생길 수 있는데, 이런 점들이 범죄 주기에서 나타날 때 진행자는 그것이 왜 안 좋은지를 지속적으로 명확히 인식시켜 주어야 한다. 동시에 사회화된 적절한 태도를 통해서 이런 범죄 주기를 중단시키도록 격려해 주어야 한다.

문제해결 능력은 치료의 중요 부분이라고 계속 언급되었다. 이런 능력을 통해서 범죄의 진행과정에서 범죄자는 다른 선택을 할 수 있게 된다. 일상 행동에 변화를 주거나 감정 조절을 통해서 성범죄로 상황이 진행되는 것을 막는 것이 그 예들이다. 이런 기술들은 범죄 주기를 중단시킬 수 있다.

**내부 억제요인 감소** 인지적 왜곡과 이것이 행동을 정당화하는 데 미치는 영향은 다뤄야 할 중요 부분이다. 범죄자의 범죄 주기를 지속시키는 데 도움을 주는 태도는 반드시 다루어져야 하며 논박을 통해 완화시키거나 소거해야 한다. 대수롭지 않게 보이며 별로 연관성이 없어 보이는 행동들이 재발방지 프로그램에서 다루어지며, 이전에 언급된 것처럼 중독에 관련된 문헌이 참고가 많이 되는 편이다. 외견상 대수롭지 않게 보이는 작은 행동상의 결정들이 모여서 범죄 또는 재범으로 연결되는 경우가 많다. 진행자는 이런 대수롭지 않게 보이는 태도적인 요소들이 범죄 주기에 기여함을 알아야 한다. 내부 억제요인을 감소시키는 명백한 요인 중의 하나는 음주다. 이것은 확실히 대부분의 참가자의 범죄 주기에서 발견되는 것이다.

**외부 억제요인 감소** 범죄자들이 아이들을 유인하기 위해 사탕과 같은 달콤한 음식물, 술, 담배, 다른 선물들을 사용했다는 점을 볼 때 이러한 요소는 범죄 주기에 확실히 나타나며 일상생활에서 변화를 줄 때 나타날 수 있다. 다른 경우를 보면 보다 명확하지 않은 경우도 있다. 술에 많이 취한 여성을 만날 거라는 희망으로 지속적으로 술집에 혼자 가는 범죄자들이 있다. 이 경우 그들은 은연중에 술을 마셨기 때문에 저항력이 약해진 여성을 찾고 있는 중이라고 볼 수 있다. 필자의 치료 프로그램 운영 중에 이런 경우가 있었는데 그 당사자는 자신이 술 취한 여자를 찾고 있었음을 깨닫지 못하고 있는 것 같았지만 바로 이런 경우였다. 젊은 여성의 지나친 음주에 대한 광고에서 보이는 것처럼, 일부 남성은 여성이 지나친 음주로 인하여 정상적인 판단을 하지 못할 때를 성행위를 할 기회로 여긴다. 극단적인 경우에는 여성과의 성행위를 하기 위해 여성의 판단력을 흐리게 하는 약물을 여성에게 사용하는 경우도 있다. 필자가 맡은 지적장애 성범죄자 중 이런 행위를 한 사람은 없었지만, 음주를 과도하게 한 여성을 찾아다니는 사람들은 약간 있었다. 지적장애 성범죄자들에게 잘 발견되는 외부적 억제요인을 줄이는 패턴은 피해자가 있을 법한 외딴 곳을 찾는 것이다. 외딴 골목길, 공원, 한적한 도로 등에서 피해자를 찾는 경우는 어느 정도 있었다.

**위험 역치점** 내부와 외부 억제요인 그리고 성적 흥분을 감소시킴으로써 위험 역치점(threat threshold)에 영향을 줄 수 있다. 성범죄 사건이 발생할 경우 범죄자들은 위험도가 낮다고 생각하고 정황상 해도 괜찮을 것이라고 생각하는 경향이 있다. 진행자는 위험에 대한 인식은 높게 하고 성범죄를 통해서 자신의 삶의 질을 충족하려는 욕구는 낮추도록 이끌어야 한다.

**삶의 질(QOL)과 좋은 삶 모델(GLM)** 이 문제는 재발 방지 부분에서 더 다루어질 것이다. 이 시점에서 강조되는 것은 범죄자의 삶의 질을 높이는 것은 그들과 지역사회와의 접촉을 늘리고, 사회화된 일상과 친사회적 영향을 증진시킴으로써 가능하다는 것이다. 더 나은 삶을 만드는 과정을 지지해 줌으로써 그 당사자는 만족을 느끼고 더 나은 삶을 유지시키려는 동기도 가지게 된다. 이런 과정을 통해서 참가자는 자신의 삶의 질이 다시 손상되는 것을 피하기 위해 위험 역치점을 높이게 된다. 이 개념은 다음의 예로 비유할 수 있다. 운전은 우리에게 상당히 중요한 활동이다. 운전을 통해서 우리는 자유로이 이동하고 더 많은 선택을 할 수 있게 되며, 이는 우리의 삶의 질을 향상시킨다. 속도위반으로 12점을 받게 되면 운전면허증이 취소된다고 해 보자. 이미 6점을 받은 운전자의 경우 운전면허증이 취소될 것에 대한 위험 역치점이 높아지게 된다. 즉, 매사에 훨씬 더 경각심을 가지고 운전을 하게 된다는 의미다. 성범죄는 운전보다는 더 복합적인 측면을 가지고 있지만, 개념적으로 위의 예와 유사성을 가진다고 볼 수 있다.

## 결론

이 장의 내용은 치료 프로그램의 다양한 시점에서 실행할 수 있다. 참가자의 특징에 따라서 좀 더 초반에 또는 후반에 실행할 수 있다는 의미다. 참가자의 지능이 다르기 때문에 다른 사람보다 진도가 훨씬 느린 사람이 있을 수 있다. 참가자 집단을 나누거나 집단 중 한 사람을 택하여 개별 회기를 통해서 범죄 주기를 파악하는 것도 좋은 방법이다. 이렇게 해서 파악된 범죄 주기를 나머지 참가자들에게 설명해 주고 그들이 의견을 개진할 수 있도록 하는 것이다. 여기서 중요한 점은 개별 참가자가 어떤 일들이 결국 성범죄로 이어지는지에 대해 확실히 이해하게 된다는 것이다.

# 제16장

# 피해자 인식과 공감

성범죄와 관련된 인지적 왜곡과 기본 사고방식에는 피해자에 대한 공감과 관련된 것들도 상당히 있다. 성범죄자들이 가지고 있는 이런 인지적 왜곡과 사고방식에 대해 문제 제기를 하는 것은 대단히 중요하다. 이 장의 목표는 참가자들이 피해자들을 이해할 수 있도록 돕고, 그들이 피해자에게 가진 인지적 왜곡을 바로잡는 것이다. 구체적 목표는 다음과 같다.

1. 범죄가 피해자에게 이득이 되는 면이 있다는 믿음 깨뜨리기
2. 특정 범죄의 경우 피해자도 같이 참여한다는 생각 깨뜨리기
3. 범죄가 피해자에게 인지적으로, 감정적으로, 발달적 측면에서, 그리고 사회적 측면에서 미치는 영향에 대해 인식하기
4. 참가자들의 공감 결핍에 대한 진행자의 인식 증진시키기
5. 동일시된 공감 결핍 문제 다루기
6. 피해자를 이해할 수 있도록 친사회적 활동 증진시키기

성범죄자 치료 프로그램에서 피해자 공감의 중요성에 대한 많은 연구가 있어 왔다. Marshall 등(1995)은 타인의 감정에 이입하는 네 가지 단계를 제시했다. 즉, 타인의 정서를 알아차리는 것, 다른 사람의 관점에서 주변을 보는 것, 타인의 정서를 수용하는 반응을 보이는 것, 그리고 타인의 괴로움을 덜기 위해 행동을 취하는 것이 그 단계들이다. 그들은 성범죄 치료 프로그램에 피해자에 대한 공감 결핍의 평가와 치료방법을 포함시켜야 한다고 강조했다. Jolliffe와 Farrington(2004)은 범죄자의 공감과 치료를 다룬 여러 유형의 연구들을 조사하였고, 그 결과 일부 범죄자는 공감이라는 개념을 이해하는 데 어려움이 있었으며 공감의 결함을 치료하는 것이 필요하다는 결론을 내렸다. Knopp, Freeman-Longo와 Stevenson(1992)은 미국의 경우 범죄자 대상 프로그램의 90% 이상이 공감훈련을 중요한 요소로 채택하고 있다고 보고했다.

공감훈련의 기본 원리는 피해자에 대한 감정이입이 부족할 경우 가해자는 범죄를 저지른 후에도 "불안, 죄책감을 느끼지 않으며 자존감 또한 손상을 받지 않게 된다."는 것이다(Abel et al., 1989, p. 136). 만약 범죄자가 피해자의 관점을 이해하거나 범죄가 피해자와 그들의 가족에게 미친 영향을 이해하려고 노력하지 않을 경우, 가해자는 자신이 피해자에게 끼친 피해에 대한 책임을 외면하게 되는 것이다. 피해자에 대한 공감이 약하면 범행에 대해 그럴 수도 있다는 식으로 범죄를 당연시하게 되고 범행에 대해 스스로 다시 생각해 보지 않게 된다. 이 장의 치료 단위의 목표는 범죄자가 가지고 있는 기본적인 믿음과 인지방식을 알아보는 것이다.

## 활동 1: 공감의 중요성에 대한 집단 토의와 역할극

### 준비물: 플립차트와 펜

토론이 시작되면 한 사람이 차트에 요점을 쓰거나 그리도록 한다. 토론 초기에는 참가자들은 공감의 개념에 대한 이해가 부족하고, 그것이 왜 필요한지도 모르는 경우가 많다. 필자의 경험에 따르면 지적장애가 없는 일반 성범죄자들도 공감의 중요성을 이해하지 못하는 경우가 있다. 집단 구성원들은 감정이입을 보이지 않았으며 다만 그 개념만 막연하게 이해하는 정도였다. 이 장에서는 타인 관점 이해의 중요성에 대해 집중적으로 다룰 것이다. 성범죄자 중의 다수가 공감 능력이 결여되어 있다(Marshall, Anderson, & Fernandez, 1999). 특히 일반적인 의미에서의 공감의 결핍이라기보다는 구체적으로 자기 범죄 피해자의 관점을 이해하지 못하는 것으로 나타난다. 이럴 경우 범죄자들은 범행 시 자신의 피해자가 느꼈을 감정을 이해하는 능력이 떨어진다. 지적장애인의 경우 그들의 인지적 기능의 문제로 타인에 대해 공감하는 것이 더 어렵게 된다. Jolliffe와 Farrington(2004)은 감정이입을 나타내는 능력은 IQ와 관련이 있는데, 낮은 공감 능력과 범죄와의 관계는 지능과 사회경제적 수준 변인이 통제된 상태에서는 사라진다고 결론지었다. 집단 토의에서는 다음의 사항들이 논의된다.

- 공감이란 무엇인가?
- 공감은 왜 중요한가?
- 피해자는 어떤 느낌을 받게 되는가? 즉, 피해자는 어떤 종류의 피해를 입는가?
- 참가자들이 어떻게 그들의 피해자의 생각, 느낌, 정서를 고려할 수 있는가?

일단 일반적인 상황에서 피해자가 느꼈을 감정과 받은 피해에 대해 논의한 후 진행자는 실제로 피해자가 받았을 수도 있는 특정 피해 경험에 대해서 구체적으로 논의한다. 신체적 피해는 피해자가 겪을 가능성이 가장 많은 피해라고 볼 수 있다. 신체적 피해가 거의 없을 경우 가해자들은 자신들이 피해를 준 것이 거의 없다고 생각할 가능성이 있다. 이런 이유로 피해자가 겪는 모든 측면(심리적, 신체적, 인지적, 그리고 타인과의 관계적 측면에서의 피해)을 다루어야 한다. 다루어야 할 측면은 다음과 같다.

- 피해 시점에서의 정서적 피해
- 피해자가 남은 인생에서 느낄 수 있는 사람에 대한 신뢰감 상실
- 외상 후 경험
- 성폭행이나 성학대로 인한 성장·발달상의 퇴행
- 정서적인 발달에 미치는 영향
- 대인관계에 미치는 영향
- 성적인 성장에 대한 영향
- 감정적 측면에서 신뢰감이 쌓이게 하는 능력
- 가족과 친구 그리고 더 넓은 사회적 네트워크에 미치는 영향

Proctor와 Beail(2007)은 25명의 지적장애 범죄자와 범죄 경력이 없는 지적장애인의 공감 반응을 조사한 결과, 지적장애 범죄자의 공감 반응 수준이 더 높았다는 연구 결과를 얻었다. 그들은 이러한 결과에 따라 지적장애 범죄자 집단의 공감 반응 점수가 더 높았기 때문에 공감훈련을 위한 중재가 필요한 수준은 아니라는 결론을 내렸다. 그러나 다른 면에서 볼 때 지적장애인의 공감 능력은 아주 기초적인 수준에 있기 때문에 치료를 통해서 더 확장시킬 수 있으며 이것은 자신의 범죄가 피해자에게 미친 영향을 이해하는 것에 도움이 된다고 볼 수도 있다. 이 같은 이해를 통해서 추후 범죄를 저지르지 않겠다는 자기조절과 동기부여도 촉진될 수 있다. Jolliffe와 Farrington(2004)은 낮은 공

감 능력이 지능과 관계 있음을 발견했으며, 이것은 결국 집단치료를 하면서 피해자에 대한 감정이입을 증진시키는 훈련을 받을 필요성이 있다는 주장에 설득력을 준다고 볼 수 있다.

공감과 타인의 관점 알기에 대한 토론은 참가자들에게 자신들이 앉아 있는 방을 모두가 같은 방식으로 보고 있는지를 살펴보는 것으로 시작할 수 있다. 당연히 모두가 보는 것이 같을 수 없을 것이며, 한두 사람에게 맞은편에 있는 사람들이 보는 것을 묘사해 보라고 요청할 수 있다. 이때 몸을 돌리지 않고 말하라고 한다. 이런 과정을 통해 사람들은 다른 사람의 관점에서 보는 것이 얼마나 힘든 것인지 느끼게 된다. 이 시점에서 사람 간의 관계적인 측면으로 토론을 이끌 수 있다. 이전의 회기에서 개별 참가자에게 어떤 일이 일어났을 때 나머지 참가자가 그것에 대해서 어떻게 느꼈는지를 말했던 것을 예로 삼아서, 어떤 일이 일어날 때 다른 사람들은 어떤 생각을 할지 각 참가자가 이야기하도록 한다. 이 과정을 통해서 타인의 감정을 이해하는 것이 중요함을 깨닫게 되며, 이는 피해자의 감정을 이해하는 데 도움이 될 것이다.

사람들이 공격당했을 때 어떤 느낌이 들지에 대해서도 토론할 수 있다. 참가자들이 성추행보다는 신체적 폭행을 예로 들 때 공감 반응을 더 잘 보일 수 있기 때문에 신체적 폭행에 대해 토론해 본다. 참가자들에게 자신이 만약 신체적인 폭행을 당한다면 어떤 기분일지를 물어본다. 이런 식으로 신체적 폭행에 대한 감정적 여파를 물어보고 그것을 성추행으로 연결시킨다. 신체적인 폭행을 특정 장소에서 당하고 그 당한 현장에 다시 돌아가야 한다면 어떤 기분일지를 물어본다. 이 토론 주제를 이제는 성폭행과 연결시키면서 성폭행 피해자가 자신이 성폭행 당한 곳에 다시 돌아간다면 어떤 느낌일지를 물어본다. 이런 방식으로 폭행의 여파가 확장 적용되고 신체적 피해에서 정신적 피해까지 논점을 이동시킬 수 있다.

이 시점에서 여러 가지 역할극을 할 수도 있다. 그중 일부는 개별 참가자들과 구체적으로 관계된 것일 수도 있다. 진행자는 몸을 돌려 참가자 한 사람을 계속 지긋이 바라본다. 이에 대해 참가자들은 그들이 느끼는 여러 가지 감정을 말할 것이며, 그중 쳐다보는 것이 불편하게 느껴진다고 말하는 사람들도 있을 것이다. 이때 진행자는 만약 누군가 여성을 이렇게 쳐다보고 계속 따라온다면 그 여성은 어떤 기분이 들지 참가자들에게 물어볼 수 있다. 참가자들은 불편한 느낌이 들 것이라고 말할 것이다.

여성을 스토킹하는 경우를 다루기 위해 다음과 같은 역할극도 가끔씩 사용할 수 있다. 진행자는 한 참가자에게 방 주위를 걸어 다니라고 부탁을 하고 곧 그 남성 뒤를 바짝 따라다닌다. 그 남성은 즉시 뒤를 보면서 "뭐하는 거죠?"라고 질문을 할 것이며 진행자는 "그냥 걷고 있어요."라고 대답한다. 그가 다시 걷기를 시작하면 진행자는 다시 그의 뒤를 바짝 따라다닌다. 다른 참가자들은 안도감과 동시에 흥미를 느끼면서 이 상황을 지켜볼 것이다. 그 남성은 또 뒤를 보면서 "뭐하는 겁니까?" "왜 이런 행동을 하는 거죠?"라고 물어보며 진행자는 계속해서 전혀 아무것도 모른다는 듯한 표정으로 "그냥, 걷고 있는데요."라고 대답을 한다. 역할을 맡은 참가자가 뒤를 돌아보며 "왜 그러세요?" "뭐하는 겁니까?"라고 말하고 이에 진행자는 "그냥 걷고 있는데요."라는 말을 계속하는 상황의 역할극은 참가자들의 심적 부담을 다소나마 줄여 주고 하나의 재미거리를 제공하기도 한다. 이 역할극에서 진행자는 잘못한 것이 없고 스토킹 행동을 하지 않은 듯 천역덕스러운 어투를 사용할 수 있다. 그러나 이 역할극에서 집단 구성원들 스스로도 불편함을 느꼈다고 인정을 하게 될 수도 있다. 이 시점에서 진행자는 범죄의 피해자는 이런 경우 어떤 느낌이 들지를 물어보고 피해자의 경우 불편함과 위협감을 훨씬 더 느끼게 될 것임을 강조한다. 진행자는 "당신도 이런 상황에서는 불편함을 느끼는군요. 난 그냥 아무 생각 없이 따라다니고 있었어요. 당신은 그래도 여기에 사람들이 있으니 내가 따라다녀도 위험하단 생각은 하지 않을 겁니다. 그렇지만 여전히 불편함이 느껴지죠. 그러면 피해자 여성의 경우 그들이 바깥에서 누군지도 모르는 사람에게 이런 일을 당하면 어떤 기분이 들까요?"와 같은 질문을 한다. 진행자는 비교적 강도가 세지 않은 이런 활동에서도 느껴지는 불편함을 범죄의 피해자가 느끼는 훨씬 더 심각한 불편함과 비교해 본다.

비슷한 유형의 또 다른 역할극의 예를 들어 보자. 이 역할극에서 진행자는 특정 참가자 옆에 앉아서 그 남성의 팔을 계속해서 만진다. 곧 그 남성은 짜증이 나게 되고 왜 그러느냐고 묻는다. 진행자는 이 남성이 느끼는 짜증을 누군가가 몸을 만질 때 여성이 느끼는 훨씬 높은 강도의 느낌과 비교시켜 본다(진행자는 이 남성이 느끼는 법적으로 문제가 되지 않는 수준의 짜증과 누군가 몸을 만질 때 피해자가 훨씬 더 심각하고 문제가 될 수 있는 방식으로 느끼는 감정을 연관지어 생각해 보도록 할 수 있다). 단, 이 역할극을 하기 전에 참가자들은 어떤 일이 일어날지를 아는 상태여야 한다.

## 활동 2: 공감의 4단계/역할극

Marshall과 동료들(1995)은 감정이입의 네 가지 단계를 제시했다. 이 단계들은 정서 인식, 조망 취하기(perspective taking), 정서적 모방(emotional replication), 의사결정이다. 지적장애인에게 이 단계들을 그대로 전달하면 이해하기 힘들어할 수 있기 때문에 다음의 표현들로 각 단계를 묘사해 준다. 즉, 다른 사람이 느끼는 방식을 이해하고 시도하기, 다른 사람이 보는 관점에서 대상을 보고 시도하기, 다른 사람이 느끼는 대로 느끼고 시도하기, 도움이 되는 것하기다. 마지막 단계에 대해서 진행자들이 조심해야 할 것은, '도움이 되는 것 하기' 라는 말로 인해 여성에게 접근했던 것을 그들을 도와주기 위해서였다는 변명으로 활용할 가능성이 있다는 점이다. 필자의 경험상 이런 일은 일어나지 않았지만, 여성에게 다가가서 쇼핑을 도와주겠다고 접근을 하고는 나중에 이런 행동을 한 이유로 배운 대로 했다고 말할 가능성이 있다고 생각할 수 있기 때문이다. 진행자는 이 네 가지 단계를 감정이입과 타인의 관점 이해하기를 위한 회기에 활용해야 하며 피해자에게 '도움을 주는 방식'이라는 부분으로 활용되지 않도록 하여야 한다.

조망 취하기와 정서적 모방은 이전 활동에서 시행된 역할극과 토론을 통해 연습해 볼 수 있다. 역할극은 한 사람이 얼굴 표정으로 감정을 표현하면 다른 사람은 그 감정을 맞히는 것처럼 간단하게 시행할 수 있다. '슬픔' 감정은 표현하기가 가장 쉬운 감정에 속하기 때문에 역할극을 제일 먼저 하는 사람이 표현할 감정으로 슬픔을 선택할 가능성이 높다. 이때 그다음 사람이 감정을 표현하는 것을 힘들어할 경우에는 슬픔의 감정을 다시 한 번 표현해도 무방하다. 이 활동이 어색하게 느껴지는 사람은 슬픔이 쉽게 느껴지면 그것을 다시 하도록 한다. 여기에서 표현할 감정들은 다음과 같다.

- 슬픔
- 행복
- 불안
- 분노
- 좌절
- 당황
- 만족
- 두려움
- 질투
- 혼란/불확실성

참가자들이 역할극에 대해 익숙하고 편안하게 느낀다면 진행자는 각 감정을 각각의 종이 위에 쓰고 그것을 추첨식으로 뽑도록 한다. 이때 참가자들은 자신이 뽑은 감정을 표현하면 된다. 감정을 표현할 때는 처음에는 비언어적 신호만 사용하고 그 뒤에는 언어적 · 비언어적 표현을 다 쓸 수 있도록 한다. 참가자들이 표현되는 감정을 잘 식별하지 못하면 진행자는 그들의 노력과 함께, 적어도 긍정적 감정과 부정적 감정을 구별할 수 있는 것에 대해 칭찬을 해 준다. 대부분의 참가자는 행복/만족감/안녕감/사랑과 두려움/불안/좌절감/질투와 같은 감정들은 식별할 수 있다. 언어적인 암시가 동반될 때 그들은 다른 감정들도 식별할 수 있다. 이 역할극을 할 때 참가자들은 자신들이 원한다면 의자에서 일어나서 움직이는 것도 허용되어야 한다.

## 활동 3: 역할극과 범죄 상황에 대한 토의

다양한 범죄 상황에서 피해자가 느끼는 감정에 대해 토의한다. 진행자는 참가자들에게 필요한 것들을 고려하여 상황을 만들면 된다. 다음은 참가자들이 이해하기 쉬운 상황들이다.

- 당신은 토요일 오후 친구와 기분 좋게 한잔하고 집으로 가는 중이다. 친구가 "기분도 좋은데 차를 훔치자."라고 말하고 당신은 그러자고 말한다. 그리고 근처의 슈퍼마켓에 주차된 차의 창문을 깨고는 차에 올라탄다. 토요일 오후 술 한잔하고 훔친 차를 운전하니 기분이 아주 좋다.

이 상황에서 차주인 여성은 카트에 쇼핑한 물건을 잔뜩 실은 상태에서 차가 보이지 않으면 어떤 기분이 들까? 도둑은 그녀의 기분이 어떤지 생각할까? 그녀는 자신이 차를 주차한 곳을 다시 확인하면서 결국은 차가 없다는 것을 알게 된다. 그때 그녀는 어떤 기분이 들까? 그녀의 그날 일정, 일주일, 그리고 뒤의 장기적 일정에 어떤 영향을 미칠 것인가?

- 텔레비전, CD 플레이어, DVD 플레이어와 같은 제품이 도난당하는 상태도 생각해 볼 수 있다. 당신은 당신의 집에 도둑이 들었다는 것을 알게 될 때 어떤 기분이 들 것인가?
- 폭행을 당한 상황에 대해서도 토의할 수 있다. 당신은 금요일에 한잔하고 귀가하다가 갑자기 한 무리의 청년들에게 집단 구타를 당한다. 집에 가면서 당신은 어떤 기분이 들 것인가? 그 청년들을 보게 되면 당신은 어

떤 느낌이 들고 어떤 생각을 하게 될까? 즉각적인 피해와 장기적인 피해로는 어떤 것이 있을까?

이 토론은 이전 활동에서와 유사한 쟁점을 불러일으킬 것이며 다양한 상황을 살펴봄으로써 이를 성범죄 상황과 연관시킬 수 있다.

- 피해자는 성추행을 당할 때 어떤 기분일까? 가해자는 어떤 기분이었는가? 피해자가 느끼는 감정을 알아도 가해자는 성추행을 계속 할 것인가?
- 아이가 성학대를 당할 때 어떤 기분일까? 신체적 폭력이 가해지지 않았을 때 그것은 아이에게 어떤 영향을 주는가? 이 성추행이 아이의 대인관계, 사람에 대한 신뢰감, 정서적 반응과 인지적 반응에 어떤 즉각적인 영향을 줄 것인가? 위에 언급된 측면들이 성장상의 과정에서 어떤 영향을 받을 것인가? 피해자와 그 가족에게 끼치는 장기적 측면의 영향에 대해서 토의한다.

## 활동 4: 성폭행을 보여 주는 비디오나 DVD

각 기관에 의뢰하면 비디오나 DVD 형태로 성폭행에 관련된 사건이나 관련 영상을 볼 수 있다. 또한 텔레비전 드라마에서 나오는 성폭행 장면들도 볼 수 있다. 이 영상들을 보면서 피해자의 느낌이나 감정에 대해서 앞에서 했던 방식으로 참가자들과 토의를 할 수 있다. 이런 영상들은 성폭행이 피해자에게 끼치는 영향을 강조하며, 참가자들 간에 열띤 토론을 조성할 수 있다. 영상에서의 피해자와 실제 참가자들이 저지른 범죄를 관련시켜 말하는 것도 가능하다.

## 활동 5: 공감 능력의 부족-역할극

이 활동을 할 때쯤이면 감정이입과 피해자가 느끼는 감정에 대해서 토의가 된 상태이며, 그 피해자의 가족이나 아는 사람들이 느끼는 감정에 대해서도 토의가 된 상태다. 이제는 특정 참가자의 구체적인 범죄에 대해 역할극을 할 것임을 알린다. 범죄를 저지른 당사자는 이 상황이 힘들게 느껴질 수 있고, 그 점은 다른 사람들이 다 이해한다고 말해 줄 필요가 있다. 참가자들이 역할을 맡을 것이고 나름대로 지킬 규칙이 있음을 알려 준다.

**역할극 규칙** 진행자가 '그만'이라고 하면 중지해야 하고, 다른 참가자도 납득할 만한 이유가 있을 때에는 역할극을 도중에 중지시킬 수 있다. 화가 난다거나 무엇이 잘못되었는지 이해가 가지 않을 때 멈추게 하는 것도 그 예에 해당된다. 역할극 중에 신체적 접촉은 하지 않으며, 진행자가 허락하거나 사전에 미리 약속되었다면 가능하다.

이 역할극에는 피해자나 피해자와 관련된 사람이 출현할 수 있다. 그들은 피해자를 포함한 그의 친척 또는 친구일 수 있다. 범죄 발생 시 피해자 또는 피해자의 친척이 어떤 감정 상태에 있었는지를 자세히 생각하도록 하고 이것은 중요한 과정임을 강조한다. 다음에 제시되는 예는 조용한 아침 시간에 아무도 없는 가게에 들어와 여성 점원을 성추행한 것에 대한 내용이다.

**상황 설정** 범행을 저지른 사람의 이름은 Harry다. 때는 범행이 있은 후 다음날 밤이며 그가 오늘 피해자 역할을 할 것이다. 그 여성은 자신의 남편 그리고 나머지 가족과 함께 집에 있으며 차를 만들고 있다. 아이들은 위층에 있고, 남편은 부엌에서 차를 만들고 있다.

참가자 중 한 사람이 남편 역할을 하고, 다른 두 참가자가 아이들 역할을 한다. 그들이 그 집의 문, 가구, 그리고 그들이 무엇을 하고 있는지를 먼저 말하도록 한다. 그리고 피해자, 그 남편, 아이들의 이름을 정한다. 그 뒤의 상황극은 다음과 같다.

진행자: Harry는 Alice가 그날 밤 기분이 어땠을까를 생각하는 것이 중요합니다. Alice 역을 하고 있는데 지금 무엇을 하고 있지요?

Harry: 차를 만들면서 아이들을 걱정합니다.

진행자: 아이들은 몇 살입니까?

Harry: 모르겠는데요.

진행자: Alice 나이가 25세 정도 되니까 아이들은 많이 어리겠죠, 그죠?

Harrry: 네, 한 서너 살 정도 되겠죠.

진행자: 당연히 아이들이 걱정되겠네요. 그런데 그날 밤 따라 걱정이 된 이유가 뭐죠?

Harry: 누군가 날 공격했으니 집에 있는 모든 사람이 걱정이 되는 건 당연하죠.

진행자: 자신뿐만 아니라 아이들도 걱정이 된다는 거죠! 자, Fred는 남편 'Alistair' 역을 맡았는데 지금 Alice가 하는 말을 들으면서 어떤 기분이 듭니까?

Fred: 너무 화나고 걱정이 돼요.

진행자: 왜 화나고 걱정이 됩니까?

Fred: Alice가 안전할지 걱정이 되고, 아내를 공격한 자를 가만두지 않겠어요.

진행자: 두 사람 다 걱정과 화가 난다는 말이죠? 아이들의 안전도 걱정이 되죠? 지금 어떤 느낌이 드나요?

Harry: 분노로 몸이 타오를 것 같아요.

진행자: 타오른다구요? 그 느낌을 자세히 말해 줄 수 있나요?

7장에서 언급된 것처럼 지적장애인은 역할극에 몰입을 잘한다. 가끔씩 그들은 자신이 역할극을 한다는 것을 잊은 것처럼 보일 정도로 상황에 몰입한다. 그러므로 각 참가자들은 일종의 확신을 가지고 역할극에 참여하는 경향이 있다. 그들은 피해자가 느끼는 초기 이해방식을 강렬하게 나타내기도 한다. 이런 이유로 가끔씩은 '타는 듯한'과 같이 표현할 수 있으며, 이런 경우 상황극을 더 진행하기 전에 그 표현에 대한 분석을 하여야 한다. 또한 역할극을 진행할 때 긴장한 탓에 나타날 수 있는 어색한 웃음과 같은 행동은 이해해 주어야 한다. 진행자는 다양한 질문을 통해서 피해자의 감정을 알아볼 수 있는데, 질문은 'Alice'에게 직접 할 수도 있으며 'Alistair' 에게 할 수도 있다. 그 질문들은 다음과 같다.

- 아침에 직장에 어떻게 가셨나요?
- 출근하기 위해 버스에 올라탔을 때 느낌은?
- 가게 문을 열고 안으로 들어갔을 때의 느낌은?
- 어떤 남자가 가게 안으로 들어왔을 때 느낌은?
- 그가 당신에게 무엇을 했나요?
- 당신은 얼마나 화가 났나요?
- 그 일이 일어난 후 당신은 어떤 기분이 들었나요?
- 이후 당신은 무슨 행동을 하였나요?
- 당신은 이후 남은 아침 시간을 어떻게 보냈나요?
- 이제 어떤 기분이 드나요?

역할극을 진행하면서 여러 가지 다양한 측면을 알아볼 수 있다. 진행자는 피해자가 그날 밤 어떻게 잠을 잘 것이며, 그다음 날 무엇을 하며 3개월 정도 후에는 무엇을 하고 있을 것이며, 같은 상황으로 돌아가는 것을 어떻게 생각하는지에 대해 알아볼 수 있다. 이런 질문 이후 그 가족, 남편, 아이들, 부모님에게 위와 같은 상황에 대해 어떻게 생각하는지를 알아본다. 진행자는 역할극에서 최대한 많은 토의거리를 이끌어 내야 한다. 또한 참가자들 중 감정적인 반응을 하는 사람이 있는지 잘 살펴야 한다. 참가자들이 이런 역할극과 토론 후에도 불안감을 느끼고 있다고 여겨지면 긴장을 풀 수 있는 활동을 하게 해 줄 필요가 있다.

## 활동 6: 동일 상황에서 추가적인 역할극

제시된 범죄사건을 바탕으로 하여 추가적으로 다양한 역할극을 할 수 있다. 성폭행 당했던 여성이 다시 직장에 돌아왔을 때의 상황으로 역할극을 하거나, 그 여성이 남편과 길거리에 있는데 맞은편에서 걸어오는 가해자를 다시 보았을 때의 상황에 대해서도 역할극을 할 수 있다. 이 경우 그 피해자와 그녀의 남편이 느끼는 감정을 탐색해 볼 수 있다. 또 다른 역할극에서 아동이나 성인 피해자가 자신들이 사는 집 근처에 성범죄자가 이사 왔다는 소식을 듣게 되는 경우에 대해서 역할극을 할 수 있으며, 아동이었던 피해자가 어른이 되어 교제를 시작했을 때의 상황도 역할극을 할 수 있다. 이런 역할극은 사전에 진행자가 그 진행이나 대사를 먼저 만든 상태이어야 한다. 이 모든 것은 성범죄로 인해 피해자가 어떤 감정을 가지게 되는지를 가해자가 이해하도록 하는 데 목적이 있으며, 그 영향이 보다 광범위한 측면에서 고려되도록 해야 한다.

〈활용 가능한 역할극〉

- 참가자 중 한 사람은 13세 소녀에게 성폭행을 저질렀다. 역할극은 그 성폭행을 당했던 소녀가 18세가 되어 대학에 들어가는 상황에서 시작한다. 대학에서 그녀를 가르치는 강사가 짧은 회의만으로는 시간이 부족하여 같이 식사를 하면서 얘기를 하자고 제안한다. 그 강사는 그녀보다 나이도 훨씬 많다. 그녀의 역할을 하는 사람은 그녀가 이 상황에서 느끼는 감정을 느끼도록 노력해 본다. 그녀가 당했던 성폭행이 이 상황에 어떤 영

향을 미칠까?

- 위와 같은 사례다. 피해자가 성폭행을 당한 지 10년이 지났고 그 가해자가 또 다른 성폭행을 하다가 교도소에 가게 되었다는 기사를 읽게 된다. 이 역할을 맡은 참가자는 피해자가 이 기사를 읽으면서 어떤 느낌을 가질지를 경험해 보도록 한다.
- 사회복지 담당 직원이 피해자에게 가해자가 조건부 가석방으로 교도소에서 나와서 그 피해자가 사는 지역으로 돌아온다는 소식을 전하고, 이때 역할극을 통하여 피해자가 느끼는 감정을 참가자가 느끼도록 해 본다.
- 8세 된 소년이나 소녀에 대한 성추행의 경우, 아이에 대한 부모의 심정이 어떨지에 대해 역할극을 해 본다. 부모가 가지는 일반 남성에 대한 관점과, 아이의 보호에 대한 생각, 가해자에 대해서는 어떤 마음을 가지게 될 것인지를 역할극에서 다루도록 한다. 장기적 측면에서 이 범죄는 부모의 양육방식에 어떤 영향을 끼칠 것인가? 이 역할극은 어머니나 아버지의 시각에서 수행한다.
- 계속 사람을 따라다니는 스토킹과 같은 범죄의 경우, 스토킹이 발생한 후 여성은 거리를 걸을 때 어떤 생각을 하게 될지에 대해 역할극을 해 본다. 또한 공원, 해변 등을 걸을 때 그들이 어떤 생각을 하게 될지에 대해서도 역할극을 해 본다.

진행자들은 집단 회기 전에 관련 역할극에 대해 논의를 하고 역할극의 진행방향을 알 수 있도록 어느 정도 대사가 들어가도록 하며, 역할극에 관련된 질문이 있을 시 대답할 수 있도록 준비가 되어 있어야 한다.

## 결론

피해자에 대한 공감은 자신의 행위가 피해자에게 끼치는 영향을 생각해 본 적이 없는 범죄자들이 그것을 의식하도록 만드는 강력한 도구가 될 수 있으며, 자기조절을 증진시키는 요소들을 만들어 내는 관점에서 다루어져야 한다. 피해자 공감은 여러 가지 다양한 측면이 있기 때문에 이런 측면들에 대해서 역할극이나 토론 등을 몇 달씩 할 수도 있으며 이로 인해 진행이 지연될 수도 있다. 타인의 관점을 보는 것과 피해자에 미치는 영향에 대한 내용이 다루어지고 나면, 이러한 내용을 반복적으로 다루는 것은 지양되어야 한다. 즉, 진행자는 피해자 공감을 정해진 시간 동안 다루고 각 참가자가 하는 활동도 시간을 정해서 수행하여야 한다. 진행자는 치료 프로그램의 다른 부분을 다루는 중에 피해자 공감에 적합한 부분이 있으면, 그에 맞는 활동을 만들어서 피해자에게 끼치는 영향을 강조할 수 있다. 이렇게 자연스럽게 진행하는 역할극은 뒤의 장에서 다루어질 역할극과 같이 대사와 진행방향 등이 미리 정해진 역할극들과는 다른 형태라고 볼 수 있다. 그러나 앞서 소개된 토론이나 참가자들이 걷고 있으면 진행자가 그 뒤를 따라 걷는 것과 같은 스토킹 관련 활동은 이런 역할극에 포함된다. 이 역할극을 통해 참가자들은 약간은 불편한 느낌을 갖게 되며, 즐거우면서도 동시에 방해적으로 느끼게 되고, 이를 통해 피해자가 느끼는 감정에 대해서도 생각할 수 있게 된다.

# 제17장

# 음란물 사용과 성적 상상 다루기

성범죄에 있어서 음란물과 성적 상상이 차지하는 역할에 대한 의견은 다양하다. 성범죄자들이 가지고 있는 일탈적 성적 상상은 경각심을 줄 만하다. 그러나 이런 일탈적인 생각을 하고 있는 사람의 수를 정확히 알 수는 없다. Seto, Cantor와 Blanchard(2006), Seto와 Eke(2005)는 인터넷상의 아동 음란물에 대한 연구에서 이런 음란물을 접한 사람의 1% 정도만이 실제로 다시 범죄를 저지른다고 밝혔다. 음란물에 대한 의견들도 유사하게 나타났는데, 우리는 얼마나 많은 성범죄자가 일반적인 상황에서나 성범죄의 실행 상황에서 음란물을 사용하는지는 알고 있지만, 성범죄를 저지르지 않는 사람의 음란물 사용에 대해서는 거의 아는 바가 없다. 이러한 이유로, 이 장에서는 음란물과 성적 상상에 대한 문헌의 일부를 소개하고자 한다.

과거에 성범죄를 연구하는 연구자들은 음란물이 성범죄의 발생률에 어느 정도 영향을 미친다고 생각해 왔다. 첫 번째로 떠올릴 수 있는 기제는 음란물이 강간이나 아동에 대한 범죄를 부추기는 사회적 분위기를 만든다는 것이다. 또 다른 기제로는 특정 범죄자들은 음란물을 통해 직접적인 영향을 받게

## 음란물과 성적 상상 다루기

음란물과 성적 상상을 성범죄 치료에서 다루는 것은 여러 가지 이유로 어려운 일이다. 치료의 방법으로서 성적 상상을 공개하게 하는 방법은 더 이상 하지 않고 있다. 그러한 방법을 중단한 것을 뒷받침하는 실증적 증거는 없지만, 성적 상상을 공개할 때 참가자 집단이 보이는 상황적 역동이나 흥미가 그들이 지표 범죄를 공개할 때와는 다르다는 느낌을 받기 때문이다. 범죄 사실은 일반적으로 공공연한 사건이다. 이러한 범죄는 법정이나 신문 같은 매체에서도 공개가 되며, 이 범죄에 대해서 그들은 비난 받거나 또는 처벌과 같이 형을 받으면서 마무리가 된다. 성적 상상은 이런 과정을 거치지 않으며, 개인적인 성적 만족감 외의 다른 결과가 존재하지 않는다. 성적 상상과 성범죄는 서로 차이가 없는 것으로 보일 수도 있지만 공적인 차원에서 비난받거나 처벌을 받는 차원에서 보면 확실한 차이가 존재한다. 이런 이유로 필자는 집단 회기에서 성적 상상을 다루는 것에 대해 불편함을 느낀다. 자신의 범죄를 공개할 때와는 달리 성적 상상을 공개할 때는 음란하고 관음적인 느낌이 있는 것이다.

이런 이유로 성적 상상은 개별 회기에서 자주 다루어지는데 보통 2~3회의 회기 정도면 다룰 수 있다. 진행자는 개별 범죄자가 진행자에게 충격을 줄 의도로 그들의 상상을 공개하거나 적당히 분위기에 맞게 꾸며내고 있는지를 잘 파악하여야 한다.

앞서의 토론에서 언급된 것처럼 음란물과 성적 상상이 성범죄와 어느 정도 연관이 되는지를 알아내는 것은 어려운 일이다. 치료자는 스스로 또는 임상팀과 함께 작업하여 음란물과 성적 상상이 개별 범죄자의 성범죄와 어느 정도 관련성을 가지는지를 알아내야 할 것이다.

## 활동 1: 음란물과 성범죄의 관련성에 대한 토의

이 부분은 남성이 음란물을 이용하는 방식과 그것이 성범죄와 어떻게 연관이 되는지를 알기 위한 토론이다. 진행자는 그것의 개별성을 인지하여야 하며, 다음과 같은 점들을 토의에서 논의하도록 한다.

- 일부 남성의 경우 그들의 성범죄 주기에 있어 명확하게 음란물을 사용하기도 한다.
- 음란물 사용으로 인해 음란물을 사용하지 않았더라면 행하지 않았을 성범죄가 부추겨졌는지에 대해 토론하는 것도 의미가 있는 일이다. 역으로 음란물을 피했을 경우의 결과는 어떠할지, 그것이 성적 상상을 더 많이 하게 하는 결과를 가져왔을지에 대해서도 토론할 가치가 있다.
- 음란물을 얻을 수 있는 경로는 다양하기 때문에 이로 인해 성범죄가 발생하지 않도록 하기 위해 그것에 접하는 것을 절제하는 방법에 대한 논의가 필요하다. 음란물은 언제 어디서 사용하는 것이 적절하며, 언제가 음란물을 사용하기에 가장 위험한 시점인지, 언제가 가장 안전한 때(만약에 있다면)인지를 토론해 본다.
- 음란물과 성범죄의 연관성에 대한 토의에서 진행자는 회피형 행동 양상을 보이는 범죄자들을 주의해야 한다. 지적장애 범죄자의 경우 대부분 접근형 행동을 보인다. 회피/능동형 전략의 전형적 예 중의 하나는 미래 성범죄의 가능성을 줄이기 위해 음란물을 사용하는 잘못된 시도다.
- 남성들은 음란물을 도처에서 접할 수 있으며 그중 아주 소수만이 성범죄를 저지른다. 즉, 음란물과 성범죄 사이에는 명확한 관련성이 없다고 볼 수 있다.
- 남성들이 성적으로 흥분을 느끼는 이미지는 개인마다 다르다. 치료를 받는 참가자들 중에는 신문에 실린 상을 받고 있는 아이들의 사진을 보고

성적으로 흥분했다는 사람들도 있었다. 우편으로 배달되는 속옷 카탈로그에서 성적인 흥분을 느끼거나, 심야의 성인 텔레비전 프로그램에서 성적인 흥분을 느낀다고 언급한다. 이런 면에서 볼 때 참가자들이 접하는 이미지들을 통제한다는 것은 거의 불가능하다고 볼 수 있으며, 이런 점에 대해 진행자는 지나치게 걱정할 필요는 없다.

- 성인 음란물의 사용과 아동에 대한 성범죄 간의 연관성에 대한 정보는 조사해 볼 만한 가치가 있다. 많은 사람은 자신들이 성인 음란물을 접함으로써 아동에 대한 생각을 하지 않게 될 것이라고 생각할 수도 있다. 성인 음란물은 도처에 존재하고 그것을 통제하기는 어렵지만 치료 참가자들은 어떤 종류의 음란물도 아동에 대한 성범죄에 연관이 될 수 있음을 인식하고 있어야 한다.
- 참가자들에게 음란물을 만드는 것(예: 아동의 사진을 찍기)과 성범죄와의 관계에 대해서 알려야 한다. 자신의 가족이나 친구의 범위를 벗어나는 아동의 사진을 찍는 경우는 성범죄를 저지를 가능성이 더 높다고 볼 수 있다. 필자도 이 부분에 대해서 신경을 쓰는 편이며 치료 참가자들에게 아동의 사진을 찍어서 나중에 자위행위에 이용하는 등의 행위를 하지 않도록 권고한다. 특히 그것이 그들 자신의 동생이나 사촌 또는 조카 등의 사진이라면 상황은 상당히 곤란해질 수 있다. 이런 경우는 개별적으로 임상 팀의 도움을 받는 것이 필요하다.

## 활동 2: 성적 상상과 성범죄의 관련성

이 활동은 성범죄에 있어서 성적 상상의 역할에 대해 토론 형식으로 진행된다. 토론을 진행하기 위해 개별 참가자의 성적 상상을 세부적으로 다룰 필요는 없지만, 진행자가 개별 참가자의 범죄 주기에서 성적 상상이 차지하는 역할에 대해 어느 정도 인식을 하면 진행에 도움이 될 것이다. 일부 치료 참가자는 자신의 범죄 실행 이전에 최소한 한 번은 행동을 연습했을 가능성이 높다. 이러한 행동은 특별히 자세하기보다는 일반적인 수준에서 행해졌을 것이다. 예를 들어 여성을 몰래 훔쳐보는 관음적인 형태의 성범죄를 저지른 사람의 경우, 이전에 그런 행동을 한 적이 있으며 그 상황에서 자위행위를 해 보았을 가능성이 있다고 볼 수 있다. 이전의 경험에 기반하여 성적 상상을 하고, 그것이 추후 관음적인 범죄를 유발할 수 있는 것이다.

- 일부 범죄자는 그들의 범죄와 직접적으로 연결된 성적 상상을 가지고 있으며, 이런 상상이 가진 잠재성은 몇 년간이나 지속될 수 있다. 집단 회기를 통해서 나타나는 간접적인 말이나 다소 빗나간 표현을 통해서도, 그들이 자신의 성범죄나 다른 범죄들에 대해서 꽤나 뚜렷하게 생각하고 있다는 것이 드러날 수 있다.
- 토론을 통해서 성적 상상이 성범죄 주기를 촉진시키는 방식에 대해 살펴볼 수 있다.
- 토론에서는 성적 상상을 억제하는 방법과 이를 통해서 범죄의 주기를 깨는 방법을 생각해 보아야 한다.
- 토론을 통해 범죄자들이 성적 상상에서 벗어나는 방법을 살펴볼 수 있다.
- 회기 중 혐오적 기법의 일반적 특성(특정 성적 상상만을 자세히 다루지 않으면서)에 대해 알아볼 수 있다. 진행자가 이전에 성적 상상을 개별 참가자 차원에서 다루었다면, 아마도 그들은 이전에 혐오적 기법을 접해 본 적이 있을 것이다. 이 방법은 집단 회기에서도 가능하나 보통 개별 회기에서 다루어진다(뒤에서 언급됨).
- 집단 회기를 통해서 참가자들은 서로 성적 상상을 억제하도록 돕는다. 그들 중 일부는 성적 상상이 개인적인 성적 흥분을 가져오며 결국 가상으로 성범죄를 연습하도록 한다는 점에 대해서도 이야기할 것이다. 그들은 이런 가상에서의 범죄 실행이 범죄를 반복하도록 만든다는 것을 이해하게 된다. 서로가 이런 성적 상상을 통한 범죄의 가상 실행을 억제하도

록 회기에서 서로 지원하며 이런 토론을 통해 성적 상상의 억제라는 결과가 도출될 수 있다.

토론을 통해서 진행자는 음란물과 성적 상상의 관계를 다루어 볼 수 있다. 치료 참가자들의 경우 음란물, 성적 상상 그리고 성범죄 간의 연관성을 이미 알고 있는 경우가 많기 때문에 토론 자체가 그들의 인식에 큰 영향을 끼치는 것은 아니다. 또한 음란물과 성적 상상의 관련성에 대해 부정을 하며, 자신의 경우 음란물, 성적 상상 그리고 성범죄 간의 관련이 없다고 말하는 경우도 있다. 이런 경우들이 있다고 해도 앞 장에서 했던 것처럼 이런 주제에 대해 토론을 하는 것은 가치가 있다고 볼 수 있다.

- 음란물, 성적 상상, 성범죄 사이에는 연관성이 있는가?
- 음란물이 성적 상상과 성범죄를 촉진시키는가?
- 성적 상상은 음란물 사용보다는 개인의 삶에서의 다른 문제들과 더 연관되어 있는가?
- 음란물을 피함으로써 성적 상상을 덜하게 되는가?
- 성범죄와 성적 상상의 음란물과의 관련에 대한 증거가 보여 주는 것은 일부 음란물의 사용은 변태적 상상과 연관되어 있을 수도 있으나 그것이 개별 성범죄자에게서 구체적으로 나타나는 것은 아니라는 것이다. 아동 성범죄자의 경우 아동 음란물만을 아동에 대한 범죄나 성적 상상에 사용하지는 않으며 성인 음란물도 성적 흥분을 높이기 위해서 범죄 시 사용된다.
- 이런 토론을 하는 주된 이유는 범행 주기에 있어서 성적 상상의 역할을 이해하고 어떤 방법으로 그에 대응할 것인지에 대한 인식을 높이는 데 있다고 볼 수 있다.

어떤 남성은 타인에게 화가 났을 때 그것을 해결하는 '잘못된 방법'으로 성적 상상을 사용하는 경우가 있다. Marshall과 Barbaree(1990)는 자신의 문제를 극복하는 방법으로 성행위나 성추행을 시도하는 남성들이 있다고 보고하였다. 그들은 화가 나거나 자신이 부당하게 대우받는다고 생각할 때 그것을 성적 상상이나 자위행위로 해소하려고 한다. 그러므로 집단에서는 개인을 성추행으로 몰고 갈 수 있는 성적 대처 기제를 활용하기보다는 이러한 상황에서 보다 적응적인 대처 기술을 습득하는 것의 중요성에 대해 토론하는 것이 중요하다. 15장에서 언급된 Gary는 자신의 아버지와 말다툼을 한 후 성적인 생각을 통해 그 상황에 대한 극복을 시도한 경우라고 볼 수 있다.

## 활동 3: 상상을 통한 혐오 조건화

상상을 통한 혐오 조건화(aversive conditioning in imagination)는 인지행동주의적 기법으로 보통 개별 회기에서 사용된다. 필자도 가끔씩 이 기법을 사용해 보았는데, 그것은 성적 상상을 다루는 것에만 국한되지 않고 성범죄에 이르게 되는 인지행동적인 행동 스크립트나 일상적 행동 등에도 적용이 된다. 여기에서는 혐오 조건화를 위해 사용될 수 있는 다양한 방법에 대해 설명한다.

혐오 조건화를 실행할 때는 주의할 점들이 있다. 드물지만 어떤 성적 상상들은 그 자체로 상당히 악하며 혐오적이라는 것이다. 이 상황에서 처벌 또는 자극을 이 기법 속에 포함시키는 것은 효과가 없을 수 있다. 성적 상상에 고통, 부상, 절단 같은 측면들이 포함될 경우 강도가 약한 혐오적 요소를 첨가하는 것은 의미가 없으며 이것은 성적 상상의 흥분을 더 증가시킬 수도 있다. 이러한 내용은 지적장애인에게는 자주 나타나지 않으며, 이러한 관점을 지지해 줄 연구에 대해 아는 바도 없다. 대안적 관점에서는 경찰차의 등장과 같은 덜 혐오적인 사건을 활용하는 것은 보다 덜 일탈적인 성적 상상에서 효과를 보일 뿐 아니라 강한 혐오적 성적 상상에서도 실제로 효과를 보일 수 있다.

필자가 강조하고 싶은 것은 치료사가 혐오 조건화를 사용하는 것 자체가 범죄자의 성적 흥분을 더 증가시킬 수도 있다는 점을 유념해야 한다는 것이다.

또 다른 중요한 점은 혐오 조건화에서 다루어지는 것들이 진행자나 치료사 입장에서 불쾌하게 느껴진다면 그것을 하지 말아야 한다는 것이다. 이런 불쾌감이 회기가 지나도 계속된다면 그 회기를 멈추어야 한다. 이것은 성범죄 치료에 있어서, 특히 범죄의 공개, 아동 성학대, 성적 상상 등을 다룰 경우 진행자가 유의해야 할 사항 중 하나라고 볼 수 있다. 이런 상황에서 다루어지는 것들 자체가 진행자나 치료자에게 불쾌감을 줄 수 있으며, 진행자들은 그 느낌들을 슈퍼비전 받을 때 언급해야 한다. 이 부분에 대해서는 7장에서 다룬 바 있다.

## 상상에서의 혐오 조건화

혐오 조건화에는 성범죄자의 성적 상상을 구체화하는 작업이 포함된다. 한 사례에서 어떤 성범죄자는 자신이 수풀 속에 숨어서 걸어가는 어린 소녀들을 보는 상상을 했다. 이 상상에서 그는 소녀들이 옷을 벗는 것이 아닌 그냥 길을 지나가는 것을 상상하고 있다고 말했으며, 이 상상을 반복적으로 하면 성적으로 흥분이 되고, 이 상상을 하며 자위행위도 하였다고 말하였다. 어느 정도 상상이 구체화되고 나서, 필자는 여기에 그가 혐오할 만한 요소를 첨가하였다. 그가 수풀에 숨어서 소녀들을 바라보고 있는 것을 지나가던 체격이 큰 남성이 본 것이다. 이 남성은 옆에 개를 데리고 있었다. 이 남자는 소녀를 바라보던 그 참가자에게 다가와서 "당신 왜 아이들을 보고 있는 거야. 변태 아냐? 빨리 사라지지 않으면 개를 풀 거야!" 여기서 약간의 변형을 준다면 이 남자가 소녀들을 바라보고 있을 때 인근의 사냥터 직원이 나타나는 것으로 상황을 설정할 수도 있다. 범죄자에게 혐오적인 조건들이 첨가되면서, 그 상황을 떠올리지 않으려고 해도 자신의 상상에 이 상황이 계속 등장하게 된다. 이것은 '파란 북극곰' 을 떠올리지 말라고 부탁을 받았을 때 애를 써도 파란 북극곰이 계속 마음속에 떠오르는 것과 같은 이치라고 볼 수 있다.

또 다른 예는 자신의 여동생과 성관계를 상상하는 범죄자의 경우다. 실제로 여동생과 성관계를 하지는 않았지만, 그가 그것을 계속 상상해 왔다는 것은 치료 회기에서 확실히 드러났다. 그의 상상을 구체화해 보았다. 어느 오후 그는 그의 침실에 있었고 집에 다른 사람은 없었다. 그는 음악을 통해서 여동생이 자신의 방으로 오도록 하는 특정한 방식을 가지고 있었다. 그의 상상 속에서 자신과 여동생의 관계는 더욱 은밀한 상태로 변해 갔는데, 이 시점에서 그의 방에 경찰이 들이닥치는 혐오 조건이 첨가되었다. 두 명의 경찰관이 그를 체포하였고, 이 삽입된 혐오 조건은 그의 성적 상상의 제어에 효과가 있었다.

때로는 범죄자가 상황을 상상하고 그에 따른 혐오적 결과를 떠올릴 수 있는지를 확인하는 것도 필요하다. 예를 들면, 경찰이 그의 방 안으로 들어온다면 그 상황에서 연쇄적으로 일어나는 혐오적인 일들을 질문을 통해서 생각해 볼 수 있다. 경찰이 수갑을 채운다면 어느 손에 수갑을 채울 것 같나요? 경찰이 범죄자를 아래층으로 데리고 갈 때 어떻게 데리고 갈까요? 이런 질문에 당사자는 자신이 수갑에 묶인 채로 먼저 내려가든가 경찰이 먼저 내려갈 것이라고 대답을 할 것이다. 범죄자는 어떤 방식으로 경찰차 안에 들어갈까요? 당사자는 수갑에 묶인 채 차 안에 들어갈 때의 낯선 느낌에 대해 말할 것이다. 이런 방식으로 진행자는 개별 범죄자가 일어나는 일련의 사건에 대해 어느 정도 상상할 수 있는지를 알아볼 수 있다.

앞서 언급된 예들의 경우 결과는 성공적이었다. 성적 상상을 했던 두 명의 범죄자 모두가 성적 상상이 제거되었다고 보고하였으며, 보다 큰 측면에서 볼 때 두 사례 모두에서 재범을 하지 않게 되었다. 첫 번째 범죄자의 경우 재범을 하지 않은 지가 8년이 되었고 두 번째 범죄자의 경우는 12개월이 되었다. 장기간의 추후조사 기간에서도 치료적 효과가 성공적이었음을 보여 주었다.

## 범죄의 혐오적인 결과

이 기법은 잠재적으로 범죄 상황에 연관시켜 사용할 수 있다. 한 사례에서 내담자는 거리에서 한 여성을 성폭행하였다. 이 범죄자는 세 차례의 성폭행을 저질렀다. 그는 여성을 미행하다가 적절한 기회가 오면 그 여성을 성폭행했다. 그의 범행은 모두 신고되었으며 경찰의 조사를 받았다. 집단 회기에서 이 범죄자는 버스정거장에서 본 여성에게 성적 매력을 느끼고 그 여성의 신체를 만져 보고 싶은 충동이 들었다고 말했다. 그 여성의 뒤에서 기다리다가 그녀를 만져 보고 싶다는 충동을 느꼈고 이것이 범행의 첫 부분으로 이어졌다. 또한 쇼핑센터에서 본 여성에게 매력을 느끼고 그 여성의 차까지 따라가서 그녀를 성폭행했다. 그는 버스정거장에서는 여성에게 신체적 접촉을 하지 않았는데 그 주변이 번잡한 거리이며 많은 사람이 있기 때문에 자제를 했다고 말했다.

우리는 자기조절이라는 측면이 내면적보다는 외부적 상황에 의해 주어지는 것을 우려하였고, 그의 상상 속에 혐오적 상황을 첨가하였다. 그 당사자에게 버스정거장에서 여성의 뒤에서 기다리고 있던 상황을 다시 한 번 상상해 달라고 말했으며, 이번엔 거리에 아무도 없는 것으로 설정을 하였다. 그의 행동을 방해하는 요소는 없었으며 그는 상상 속에서 그 여성에게 더 가까이 다가갔고 손을 어깨에 얹게 되었다. 이 순간에 우리는 또 다른 손이 그 남성의 어깨에 얹히는 상황을 첨가할 것을 부탁했다. 그 손은 경찰관의 손이었으며, 경찰관은 그에게 지금 무슨 짓을 하고 있냐고 물었다. 사실은 두 명의 경찰관이 그의 뒤에 있었으며 그는 결국 체포되었다. 이 남성은 혐오적인 요소들이 영향을 미치는 방식으로 상상을 하게 되었다고 할 수 있다. 경찰이 자신의 어깨에 손을 얹는 장면 전까지를 상상할 때는 얼굴 표정이 평온하고 느긋하였지만 자신이 체포되는 과정에서는 놀란 표정이 확실히 드러났다.

이러한 과정에서 혐오적 상상을 집단 장면에서 시행하는 것이 가능했으며, 참가자들은 상당한 양의 세부 사항을 첨가해서 당사자에게 그 상황을 더 혐오스럽게 만들었다. 그들은 수갑을 채우거나, 경찰서로 연행되고, 취조 받기 위해 대기하며, 유치장에 갇히고, 취조를 받는 등 많은 상황을 더하였다.

참가자들은 두 명의 경찰이 범죄자에겐 보이지 않는 거리의 반대 편에 주차된 차 속에 있는 상황도 제안하였다. 결국 범죄를 저지를 때 경찰이 있는지를 미리 알거나, 자신의 행동을 보는 사람이 있는지를 미리 아는 것은 성범죄 행위가 거의 불가능하다는 것을 말하게 된다. 또한 경찰 외에도 일반인들이 보았을 때, 그들이 자신의 행동을 감시하는 활동을 할 수도 있음을 인식하게 된다. 사실 일반 대중들에 의해 조직되는 방범활동의 존재를 범죄자들은 알고 있으며, 그 자체가 그들에게는 혐오감을 불러일으키는 요소다. 필자가 담당했던 집단의 치료 참가자들의 경우 감시카메라가 존재하고 자신들의 불법적인 행위가 감시카메라에 찍힐 수 있으며 이로 인해 경찰이 출동할 수 있음을 잘 인식하고 있었다. 이 사례에서 집단원들은 감시카메라에 발각되어 곧 경찰이 도착하는 장면을 삽입하였다.

위의 예에서 보듯이 혐오 조건들은 일탈적인 성적 상상 속에 첨가될 수 있다. 중요한 것은 혐오 조건을 첨가시키는 활동은 상당한 주의 속에 이루어져야 한다는 것이다. 초반부에 언급한 것처럼 성적 상상에 대한 집단 토론은 치료 참가자들에게 사회적인 비난을 받게 한 자신들의 범죄에 대해서 토론하는 것과는 다른 결과를 가져올 수 있기 때문이다. 또한 진행자가 다루어지고 있는 내용에 대해서 불편한 느낌이 든다면 그 활동은 중단되어야 한다.

## 활동 4: 성적 상상의 억제

이 활동은 이전의 활동보다 더 쉽고 편안한 활동이다. 여기에서는 다시 사람들이 그들의 성적 상상을 억제하고 그들의 생각을 다른 곳으로 전환할 수 있도록 하는 방법에 대해 토론하는 형태를 취한다. 이는 이전의 활동과 결합되어 완성되는 것이며, 성적 상상과 관련이 깊다. 이 활동을 하기 위해서 성적 상상에 대해 자세하게 다룰 필요는 없다. 여기에서는 단순히 생각을 통제하고 전환하는 방법에 대해서만 토론하게 된다. 여기에서 나타날 수 있는 생각들은 다음과 같다.

- 컴퓨터 게임 등의 다른 활동을 하러 간다.
- 체육관에 가는 것 등의 신체적 활동에 참여한다.
- 집안일을 한다.
- 축구, 돈, 다른 스포츠 활동 등의 다른 흥미로운 것에 대해 생각한다.
- 신문을 읽으러 간다.
- 집 주변에서 다른 무언가를 한다.
- 현재 받고 있는 약물치료를 잊지 않는다(항우울 약물치료, 항정신병 약물치료, 항불안 약물치료).

다음과 같은 범죄 행동의 흐름이나 부적응적 대처 과정에 휩쓸리지 말라.

- 성적 상상을 확인하거나 통제하기 위해 술을 마신다.
- 이전 범죄 과정의 일부 방식으로 산책을 간다.
- 일탈적 환상을 '몰아내기 위해' 자위한다.
- 성적 상상을 확인하거나 잊어버리기 위해 기분전환용 약물을 복용한다.
- 성적 상상을 확인하거나 몰아내기 위해 포르노를 보거나 폭력적 영화를 감상한다.

이 모든 토론은 소크라테스식 문답법 형식으로 진행될 수 있으며 이를 통해 참가자들은 추후 변태적인 성적 상상이 떠오를 때 그것을 억제하는 방법으로 활용할 수 있다.

## 결론

이 장은 음란물과 성적 상상을 다루는 방법들에 대해서 논하였다. 이 방법 중의 일부는 집단 회기에서 사용할 수 있다. 각 참가자가 자신의 성적 상상과 자위행위의 습성에 대해서 말하는 시간에 많은 회기를 할애할 필요는 없다. 이런 방법들을 통해서 세부적 내용을 지나치게 자세히 다루지 않고도 성적 상상에 대한 논의를 진행할 수 있다.

# 제18장

# 애착과 대인관계

애착과 대인관계에 대한 이 장의 내용은 6장에 제시되었던 이론적 모델과 좋은 삶 모델(GLM)을 토대로 작성된 것이다. 이 장에 제시된 이론적 모델의 요지는 사람에게는 자신의 삶의 질, 타인과의 관계, 직업을 통한 성취감, 여가활동과 공동체 생활을 통한 삶에서의 욕구 실현이 중요하다는 것이다. 삶의 질을 유지하기 위해 필요한 것 중의 하나는 타인과의 다양한 관계와 그 관계를 통해서 자신에 대한 자아상과 자존감을 가지는 것이다. 이를 위해서는 애착관계를 형성하고 이를 유지하는 것이 필수적이다. 적응적 관계 형성을 위한 또 다른 중요한 요소는 고립과 같은 경험으로 인해 나타날 수 있는 비사회적 또는 반사회적 태도에 대항하는 지속적인 친사회적 영향과 '현실 검증(reality check)' 을 제공하는 것이다. 이 원리의 또 다른 측면은 범죄자들은 왜곡된 애착관계를 통해서 (자아상이나 자존감을) 형성했을 수 있다는 것이다. 그들은 반사회적 행동이나 범죄를 촉진하는 사회적 상호작용에 의존하고 있을 수 있다. 남의 차를 훔쳐서 탄다거나 마약을 사용하는 것, 절도나 절도를 돕는 행위 등과 같은 범죄 행위를 통해 자신들만의 자아상이나 자존감을 표출하려고 한다는 것이다. 그러므로 고립이나 반사회적 영향에 의해 발생한 왜곡된 태도나 인지적 도식을 친사회적이고 일반적인 관계를 통해 상쇄해야 할 것이다.

좋은 삶 모델에서는 부적절한 성행위나 성범죄 등을 통해서도 삶의 욕구를 얻을 수 있다고 본다. 친밀감, 타인과의 관계, 성취감, 숙련감 같은 감정은 위협적이고 폭력적인 행위를 통해서도 추구될 수 있다. 이런 행동 유형은 확실히 잘못된 적응 행동 유형이지만, 성범죄자 치료의 관점에서 볼 때 범죄자들에게는 이런 반사회적이며 불법적인 행동들을 통한 삶의 욕구 실현이 중요한 발달의 한 부분이라는 것을 인식해야 한다. 이는 이러한 이론적 모델에서 매우 중요한 측면이며, 프로그램의 다른 부분들과도 연합하여 사용될 수 있다. 재발방지 프로그램에는 사건의 타임라인이나 인생지도 등이 쓰인다. 이 기법들은 이미 상세하게 설명되었으니 여기에서 다시 설명하지는 않겠다. 타임라인의 중요한 점은 당사자의 경험이 불법이거나 부정적인 것에 상관없이, 그들의 경험 중 즐거웠던 경험을 분리해 내려고 시도한다는 것이다.

좋았던 경험이 꼭 친사회적인 것은 아니다. 이런 관념은 좋은 삶 모델의 기본적인 주장과도 부합되는 것이 아니다. 범죄자들이 과거에 즐겁게 경험했던 것들은 그들의 자아상, 자존감, 그리고 삶의 질에 큰 영향을 끼친다. 그러나 이런 경험들의 대부분은 대인관계의 해체, 교육의 중단, 성장상의 경험에 대한 장애, 그리고 궁극적으로 범죄에 이르게 하는 반사회적 경험들이다. 이런 이유로 범죄자들은 인생지도에서 좋았던 일을 적는 부분에서 교실에서 소란을 피우고, 선생님에게 무례하게 행동하며, 차를 훔치고, 학교에서 한 부적절한 성적 행동 등을 적게 되며, 청소년의 경우 마약의 사용, 스테로이드 사용을 통해 힘과 완전함을 느낀 것, 과도한 운동 등을 좋았던 경험으로 적게 되는 것이다. 이런 것들은 그들이 범죄에 이르기까지 실제로 경험한 것들에 대한 예다. 치료사로서 우리는 이런 경험들을 반사회적이며 부적응적인 행동으로 규정하지만 범죄자들의 입장에서는 자신들의 삶의 욕구를 충족해 준 신나고 즐거웠던 경험인 것이다.

여기서 한 가지 언급할 측면은 이러한 사실이 지적장애 성범죄자보다는 정신적 문제가 있는 일반 성범죄자들에게서 더 많이 발견된다는 것이다. 그러나 지적장애인에게도 일어나는 일이기 때문에 개별적으로 경중을 가려서 다룰 가치있는 문제다. 이전의 연구를 보면 고립을 중요한 변수로 언급하는 사례가 자주 보고되고 있다. 그러나 일부 지적장애 성범죄자는 그들 자신을 반복적으로 고립된 환경에 몰아넣고 자신의 삶 속의 누군가에 대한 증오심을 키워 가는 사람들도 있었다. 극단적인 경우 스스로 자신을 고립시키고 그 시간 동안 아동과의 성행위 등 변태적인 성적 상상에 몰입하는 경우도 있었다. 이러한 사실은 성적인 상상이 떠오르는 몇 시간에서 하루 종일까지의 다양한 기간의 시간 동안 자신을 고립시키는 방법에 대해 자세히 이야기했던 한 사람의 이야기에서도 잘 드러난다. 치료 기간 중 자신의 경험에 대해 말한 참가자 중 한 사람은 교도소에 갔을 때 자위행위와 변태적 성적 상상을 하기 위해 독방을 요청하기도 했다고 말했다. 물론 이것은 특이한 사례지만, 범죄자에게 있어서 친사회적 관계와 상호작용이 매우 중요하다는 것을 보여 준다. 누군가가 자신을 정상적인 사회적 상호작용, 정상적인 견해, 태도, 그리고 대화 등으로부터 고립시킨다면, 자신을 둘러싼 사회, 사람, 대화, 그리고 성적인 접촉에 대한 왜곡된 생각을 키우게 되는 것은 당연한 일일 것이다. 성범죄자들을 많이 대면하는 필자와 같은 사람들은 세상에 대해 왜곡된 생각을 가지고 있고 그러한 관점을 적절한 생각으로 여기는 성범죄자들을 보아 왔다. 위의 경우처럼 극단적이지는 않지만 이 문제는 많이 발견되는 문제 중 하나다.

Abel 등(1989)은 아동 대상 성범죄에 대한 태도에 대해 광범위한 조사를 실시하였다. 이 조사에서 성범죄자들은 성범죄 사건의 어떤 측면들은 사회가 용인해 줄 것이라는 생각을 가지고 있다는 것을 보여 주었다. 이는 특정한 발달적 경험이 그들로 하여금 왜곡된 자아개념과 가치관을 가지게 했으며, 이러한 관점은 그들의 부적절한 행동이나 성적 행동을 용인해 줄 수도 있을 것이라는 생각을 하도록 하는 것과 같은 원리다. 이러한 인지적 왜곡과 정상적 관계에 대한 왜곡, 특히 성적 관계에 대한 왜곡된 견해는 성범죄를 일으킬 수 있는 개인의 관점으로 연결된다. 다음의 방식들은 애착과 대인관계상의 왜곡을 바로잡고 정상적인 대인관계를 촉진시키기 위한 것이다.

## 대인관계와 애착관계 형성의 걸림돌

대인관계 형성은 삶의 질 향상에서 하나의 영역을 담당하고 있으며 좋은 삶 모델이 '위험-욕구 모델(Risk-needs Model)'과 상충되는 부분이 될 수도 있다. 위험-욕구 모델(Andrews & Bonta, 1998)의 주된 내용은 치료적 개입을 통해 위험요소가 감소되어야 하며 치료는 위험요소 감소에 집중하여야 한다는 것이다. 이 주장은 적절한 것이며 지난 15년간 강력하고 성공적인 치료 프로그램을 만드는 데 기여해 왔다. 다만 치료자 입장에서는 타인과의 대인관계 형성이라는 부분이 자동적으로 범죄자들이 피해자에게 접근하려고 하는 동시에 위험을 증가시키는 것으로 느껴지는 경향이 있다는 것이다. 성범죄자가 누군가를 알게 되고 애착관계를 형성하게 되면, 그것을 위험성이 높은 상황으로 여기는 경향이 있다는 것이다.

관련된 치료 기법을 개발하는 과정에서 필자와 치료자들은 시간적 순서에 따라 진행하면서 장애가 되는 요소들에 대해 논의하였다. 이렇게 함으로써 대인관계 형성과 애착관계 부분에서 사용된 활동들이 삶의 방식과 재발 방지 속에 포함될 수 있게 되는 것이다. 개별적인 인생지도를 만들 때 그 당사자의 관계들과 애착관계를 한 회기 내내 다루는 것은 드문 일이 아니다. 이것은 당연히 그럴 만한 가치는 있지만 치료과정을 상당히 느리게 만들 수 있다. 인생지도를 만드는 데 6회 정도의 회기가 소요될 수 있으며, 애착관계(또는 뒤에 다루어질 직업/여가)에 대한 토론을 하는 회기가 지연될 경우 전체과정을 진행하는 데 더 긴 시간이 필요하게 된다. 치료 프로그램을 구상할 때 시간은 중요한 요소이며 개별 회기를 통해서 전체의 진행을 더 빠르게 하는 것도 도움이 된다. 대인관계 형성과 애착관계에 대한 다양한 장애물은 다음의 활동에서 구체적으로 제시될 것이다.

## 긍정적인 성장 경험과 애착관계에 대한 개인력 탐색

앞서 언급했듯이 치료 참가자들의 성장 경험을 시간적 순서로 추적해 보면 내담자가 경험한 반사회적인 영향들이 나타난다. 또한 그가 겪은 친사회적 긍정적 경험도 나타나게 된다. 가족으로부터 얻은 친사회적 영향, 친구나 가족과 함께 스포츠를 한 경험, 동료들과 함께한 시간, 정원 같은 곳에서 가족이나 친구와 같이 작업을 한 경험, 자신이 경험한 활동을 숙달시켰던 경험(예: 수영이나 달리기를 잘하게 되는 것), 장기나 독서활동의 경험 등이 그런 것들이다. 많은 경우 참가자들은 자신의 가족과 같이 보낸 휴일을 가장 기억에 남고 즐거웠던 시간으로 기억한다. 실제로 그런 적이 한 번밖에 없었다고 해도 이것은 자신의 진실한 감정을 말하는 것이라 볼 수 있다. 아쉽게도 그들이 경험한 이런 친사회적 경험들은 상당히 적은 편이며, 진행자는 이런 경험들을 끄집어내어서 그 가치를 강조하여 참가자들의 자아상과 앞으로의 미래에 영향을 줄 수 있도록 하는 것이 중요하다. 20장에서는 이런 경험들을 찾아내는 것에 대한 예들이 제시될 것이다.

## 활동 1: 개별 인생 모델에서의 긍정적 · 부정적 기여 확인하기

이 활동은 삶의 방식 변화와 재발 방지 모듈의 한 부분이다. 참가자들의 자아상에 영향을 주었던 성장상의 경험과 영향들이 이 활동에 포함이 된다. 그들이 자신의 삶에서 일어난 일을 다시 기억해 갈 때 진행자는 그중 긍정적인 영향과 범죄에 기여하게 된 부정적인 영향을 이끌어 내야 한다. 이때 중요한 점은 반사회적 영향을 준 일들 중 일부는 참가자들 자신에게 대단히 신나고 즐거운 경험이었을 수 있으며, 이 경험들은 인생지도에서 '좋았던 것'에 해당되어야 한다는 것이다. '나빴던 것' 에 해당되는 것으로는 사별, 친구를 잃는 것, 학교폭력을 당한 경험, 반사회적 행동을 하다가 적발된 것 등이 될 수 있다. 이 과정에서 주의를 기울여야 할 것은 학교폭력을 당한 경험과 같은 부정적 경험이 그 당사자의 반사회적 문제해결 방식의 사용, 즉 고립, 복수에 대한 상상과 같은 행동방식에 어느 정도의 기여를 했는가를 아는 것이다. 자신의 성장과정에서 문제가 있을 시 그들은 문제를 극복하기 위해 이와 같은 부적응적인 문제해결 방식을 취했을 것이다.

### 개별 인생 모델에 기여한 긍정적 경험의 예

〈친사회적 경험〉

- 가족 애착관계
- 좋은 대인관계와 일상을 유지시켰던 친구와의 우정
- 휴일
- 직장이 있었던 기간
- 적절한 말벗이 되어 준 여성이나 남성
- 컴퓨터, 독서, 영화 등의 취미
- 자신이 자신 있게 잘 할 수 있다고 느낀 활동에 대한 경험: 이것은 스포츠 활동, 학교에서의 활동 또는 독서를 통한 지식이나 컴퓨터 관련 지식이 될 수도 있다.
- 서로 돕고 이웃과 함께 즐겁게 지냈던 장소나 지역
- 친척, 삼촌 등과 축구경기나 낚시를 갔던 친사회적 교제의 경험

〈부정적 영향〉

- 고립을 즐기기
- 게으름 피우기
- 수업 분위기 흐리기
- 비정상적 성적 상상
- 약물이나 알코올 사용
- 범죄가 될 수 있는 일탈적인 행동(자동차 절도, 훔치기)
- 폭음, 축구클럽 같은 곳에서 행해지는 반사회적이고 부적절한 행동들을 지지하는 것, 폭력적 음악이나 영화, 극단적인 운동, 단체복과 같은 독특한 의복 착용 등과 같은 행동들을 하면서 그것을 통해 힘이나 유능감을 느끼기
- 거부당하는 느낌이나 복수감
- 일탈적 음란물 사용

이 목록은 광범위한 내용을 제시했지만 모든 것을 다 제시한 것은 아니다. 개별적으로 독특한 내용들이 나올 가능성은 언제나 있다. 최근의 사례에서는 어떤 사람의 동기 형성과 자아존중감 발달에 영향을 미치는 가장 주된 요인이 반복적으로 한 여성을 따라다니고 자신의 집으로 돌아와서는 한 시간 정도 전에 미행했던 그 여성에 대한 상상을 하면서 자위행위를 하는 경우도 있었다. 이 활동을 통해서 인생지도의 내용을 다루다 보면 한 회기 전체가 부족할 정도로 시간이 많이 걸릴 수 있다. 그러나 이 활동을 통해서 참가자들 간에 나타나는 공통점들을 파악할 수 있으며 참가자들은 같은 시간에 이 활동을 마칠 수 있다.

## 활동 2: 로맨틱한 관계와 플라토닉한 관계의 차이

이 활동은 '당신의 여자친구가 될 수 있는 사람과 될 수 없는 사람은 누구?' 라는 제목으로 진행되며 쉽게 진행될 수 있다. [그림 18-1]에 이 활동을 하면서 적은 내용이 나타나 있다. 왼쪽에는 친구를 만날 수 있는 장소와 친구와 같이 할 수 있는 활동들이 적혀 있다. 처음에는 친구로 자신의 형제자매, 사촌을 적은 경우도 있었다. 그러나 참가자들은 소크라테스식 문답법을 통해

[그림 18-1] 로맨틱한 관계와 플라토닉한 관계에 대한 토론

는 그 관계가 그 여성에게 착취적 관계가 되지 않을까 생각할 수 있다.

- 내담자가 자신보다 나이 든 사람과 관계를 발전시키기를 원한다면 치료자는 내담자가 연상의 여성에 대한 뭔가 비정상적인 성적 취향이 있지 않을까 생각할 수 있다.
- 인터넷 채팅을 통하거나 데이트 주선 업체를 통해 교제를 하는 것이 점점 늘어나고 있으며 지적장애인 또한 인터넷을 통한 교제에 대해 알고 있다. 이런 방식으로 사람을 만나려고 하는 내담자가 많지는 않지만 한두 사람은 그것을 원할 수 있다. 이 경우 치료자로서 그들이 의심하지 않는 피해자를 찾기 위해 인터넷을 이용한다는 생각을 하게 된다. 치료자에게 가장 쉬운 방법은 성범죄자가 이러한 방식으로 사람을 만나는 것을 자제시키는 것이다. 그러나 만약 이러한 방식을 할 수 있도록 한다면, 내담자에게 사람을 만나도록 해 주는 방법은 [그림 18-2]에서 제시된 것처럼 친사회적 환경 속에서 보다 현실적인 경험을 통해 만나게 하는 것이다.
- 집단 내의 사람과 교제하는 법을 배울 수 있는 훈련 프로그램을 도입하는 것도 좋다. 이러한 방식의 훈련을 시행하면 내담자들이 잠재적인 피해자를 더 잘 유인할 수 있게 되기 때문에, 치료자가 그들의 관계 형성을 돕는 데 있어서 주의할 점이 무엇인지를 명확히 인식하고 있어야 한다.

이미 언급한 것처럼 내담자가 친사회적 영향하에서 교제를 시작하면, 치료사들은 일단은 그 상황의 위험요인을 점검하는 등 성범죄의 관점에서 보게 된다. 이런 행동은 내담자와 잠재적인 피해자가 될 수 있는 교제 상대 쌍방을 모두 보호하기 위해 행해지는 것으로서 좋은 관점에서 보아야 한다. 그렇다고 해서 이러한 관점이 추후에 있을 수 있는 여러 가지 토론점이나 과제를 방해하지 않도록 해야 한다. 각 개인이 사회화되고 서로 교제를 시작하게 되면, 이 과정은 담당 직원의 감독 아래 진행되도록 둘 수도 있고 아니면 그 교제에 관여하지 않고 치료가 끝난 후 관계가 진행되도록 도와줄 수도 있다. 그러나 이것은 위험성을 높이는 행동이라고 볼 수 있다.

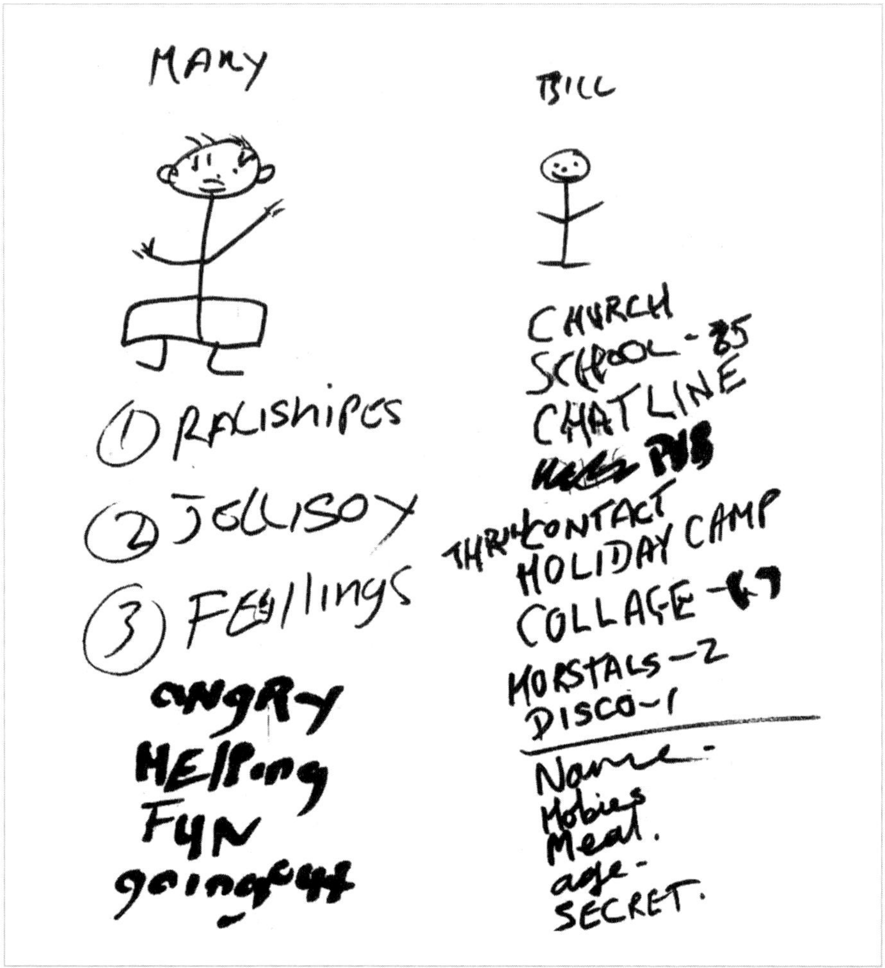


**[그림 18-2] 관계 수립**

[그림 18-2]는 범죄에 대한 토론의 결과를 보여 준다. Mary와 Bill이라는 가상의 인물을 통해 교제의 여러 측면을 고려해 보도록 하였다. 참가자들에게 여자친구를 만날 수 있는 장소를 오른쪽에 적어 보도록 했다. 교회, 학교, 인터넷 채팅방, 술집, 친구의 소개, 휴일 캠프, 대학, 호스텔 등의 장소가 제시되었다. 두 사람이 만나 관계를 발전시킬 수 있는 장소로 내담자들은 술집을 많이 선택했는데 이 점에 대해 논의가 집중되었다. 필자의 경험으로 볼 때 이

런 견해는 성범죄자들에게는 흔한 것이다. 필자는 그들이 이전에 여자친구가 있었다면 그들을 어디서 만났는지 물어보았다. 대부분 대학, 학교, 호스텔, 나이트클럽 같은 곳에서 데이트 상대를 만났다고 하였다. 대학에서 사람을 만난 경우가 7건, 학교에서 만난 경우가 5건, 호스텔에서 만난 경우가 2건, 그리고 나이트클럽에서 만난 경우가 1건이었다. 사실 자신이 교제하는 사람을 직장이나 여가활동을 통해서 만나는 것은 일상적이지만, 술집에서 데이트 상대를 만나는 것은 그렇게 흔한 일은 아니다. 어떤 장소에서 사람을 만나 교제하는지를 아는 것이 중요하다. 참가자들이 치료과정에 있고 관계기관과 접촉이 될 때, 그들이 관계를 발전시키는 것을 도와주는 것은 가능한 일이다.

## 활동 4: 관계 유지는 힘든 일

이 활동은 토론의 장점을 취하면서 진행되며 앞으로의 대인관계의 방향, 삶의 방식의 변화, 재범 방지 등을 자연스럽게 다루게 된다. 성범죄자는 과거에 사람 간의 교제는 꾸밈이 없이 자연스럽게 이루어져야 한다는 생각과 기대를 가졌을 수 있다. 사람이 타인과의 교제를 원하는 것은 본능적인 것이며 그런 이유로 많은 사람이 다른 사람과 교제를 한다. 교제라는 것이 복잡하지 않고 단순해야 한다고 생각하는 것은 이해할 만한 것이다. 어려울 수도 있지만, 이 시점에서 이런 생각은 맞지 않다는 관점과 지금 각 참가자들은 성범죄 전력이 있다는 관점에서 이 문제를 논의해 볼 필요가 있다. 이 논의는 또한 교제로 가기까지 장애물들이 많이 있으며 상황적 어려움이 있다는 측면에서 활동 2와 연관시켜서 진행하는 것도 가능하다. 여기에 다 제시되지는 않았지만 다음은 토의를 해 볼 만한 점들이다.

- 교제의 어느 시점에 자신이 성범죄를 저지른 적이 있다는 것을 말할 것인가? 일

부 참가자는 '나는 성범죄자' 라는 말을 상대방에게 도저히 할 수 없을 것 같다고 말한다. 사실 이것은 쉬운 일은 아니며, 적당한 대답이 있는 것도 아니다. 그러나 중요한 것은 교제의 어느 시점에 자신이 성범죄를 저지른 전력이 있다는 것을 상대방에게 밝혀야 한다는 점이다.

- 성범죄자라는 말을 들을 때 교제하는 사람은 어떤 반응을 보일 것인가? 교제 중에 참가자가 자신이 성범죄자라는 사실을 고백하면 그로 인해서 상대방과의 관계가 거부당할 수 있다. 참가자들 중 다수는 거부당한 경험을 가지고 있었으며, 이 경우 자신이 상대방으로부터 거부당할 수 있다는 사실을 심적으로 받아들일 수 있어야 한다. 거부당하는 것에 대한 두려움에 대해서도 심도 있는 논의가 있어야 하며, 범죄의 주기에 영향을 주는 요소로서 분노나 복수감이 있을 경우 이에 대한 분석도 있어야 한다.
- 관계는 상호성을 지니며, 변화하는 것으로, 서로에게 적응하는 과정이다. 이 문제를 막연히 관념적으로 이해하는 것은 쉬운 일이 아니다. [그림 18-2]의 왼쪽을 보면 참가자들이 교제에 대해 자신들의 생각을 적은 내용이 있다. 그 내용을 보면 '관계, 질투, 감정, 분노, 도와주기, 즐거움, 외출하기' 등이 있다. 참가자들도 교제를 통해서 서로 여러 활동을 해 보거나 즐거움을 느끼고 서로 도와줄 수도 있지만 또한 질투나 분노도 느끼게 된다는 것을 인식하고 있음을 알 수 있다.

내담자들은 병원에 입원되어 있었거나 통제된 환경에서 살아온 경우가 많다. 그들은 교제에 대해 매우 이상적인 상상을 해 왔을 수도 있다. 이런 면에서 사람과의 교제라는 것이 말다툼을 가져올 수도 있으며, 서로에게 맞추려는 노력도 필요하다는 것을 강조하는 것이 중요하다. 이런 측면들은 만남의 첫 단계에서부터 발생할 수도 있다. 상대방이 자신이 성범죄자와 교제한다는 사실을 받아들인다면, 그 성범죄자는 어느 정도로 상대방에게 맞춰 주어야 하는가? 서로가 서로에게 어느 정도 맞춰 주어야 할지에 대해서 서로가 논의를 하는 것도 중요하다. 이런 토의가 가진 위험성은 성범죄자에게만 초점이 맞춰질 수 있다는 것이다. 이런 점을 고려할 때 진행자는 성범죄자들이 그들이 마음에 들어하지 않은 상대방의 모습이나 특징이 있어도 그것에 맞추려는 자세를 가져야 함을 강조해야 한다. 진행자가 계획된 회기를 시작하기 전 성범죄자들이 자신의 데이트 상대에게 양보하거나 맞춰 줄 수 있는 것은 어떤 것들이 있는지 같이 점검해 볼 수도 있다. 예를 들면, 상대방이 신체적인 장애가 있고 성범죄자 자신이 좋아하지 않는 활동을 같이 하기를 원하거나 술을 마시지 않기를 원할 수도 있다. 또는 교제하는 성범죄자가 좋아하는 활동을 어떤 일정한 시간 동안 하지 않기를 원할 수도 있다. 게임 같은 것을 하루에 한 시간 정도로 제한하기를 원하는 것도 이런 예에 속한다.

- 교제 중 발생하는 말다툼과 의견의 불일치를 어떻게 할 것인가? 진행자는 서로의 의견이 다르거나 말다툼이 발생하는 상황을 제시해 주고 서로가 말다툼을 하다 보면 상대방이 당사자의 면전에서 당신은 성범죄자라는 식으로 비난을 하는 경우도 생길 수 있음을 알려 주어야 한다.
- 성과 관련된 문제를 다루는 것은 쉽지 않다. 자신이 성범죄자라는 것을 감안하면, 성적인 문제는 성범죄자 자신이나 상대방에게 어려운 문제가 될 수 있다. 성적 관계를 어떻게 전개시킬 것인지, 이 문제를 누가 먼저 이야기할 것인지, 또 성적 불능에 대해서도 논의가 되어야 한다. 성범죄자들 중 일부는 약물을 복용 중이며, 이로 인해 성행위에 지장이 있을 수 있다. 또한 그들은 성행위에 대한 두려움이 있을 수도 있다. 이런 논의는 양측의 상호성에 대한 쟁점에 따라서 다루어져야 한다. 상대방이 성적 관계를 가지기를 원하지 않을 수도 있다.
- 서로를 알아가는 데 느긋하게 시간을 가지겠는가? 대부분의 참가자는 시간을 두고 상대방을 알아가겠다고 말한다. 그러나 그들이 알아야 하는 것 중의 하나는 일부 관리 직원은 이것을 성범죄자가 자신의 범행 대상을 탐색하는 과정으로 여길 수 있다는 것이다. 이런 점들은 성범죄자들도 명확히 인식하고 있어야 한다. 이것은 성범죄 위험성이란 측면에서

그들의 교제를 볼 때 생기는 관점 중의 하나로, 개인적 차원에서 그리고 임상 팀의 차원에서 명확히 다루어져야 한다.

- 빨리 성관계를 가지길 원하는가? 이 경우도 앞에서 언급된 것과 유사한 경우다. 성범죄자 자신은 이 문제에 대해서 어떻게 생각하는지, 상대방은 어떻게 생각할지, 그리고 관리직원들은 어떻게 생각할지를 논의해 보아야 한다. 대부분의 직원은 성관계를 빨리 하려고 하는 것을 성범죄에 가까운 행위로 생각하며, 그 상대방도 비슷하게 생각할 가능성이 크다.

## 교제관계에서의 위험성

교제관계에 대한 논의가 가지는 위험요소는 논의를 하는 동안 타인과의 교제관계를 만드는 것에 대한 부정적 견해가 커질 수 있다는 것이다. 토론을 하다 보면 교제의 어려움과 교제는 위험요소를 증가시킬 것이라는 견해에 토론이 집중된다. 필자는 토론 중 "이건 너무 힘든 일입니다. 차라리 여자친구를 만들지 말라고 하는 것이 제일 좋은 충고라는 생각이 듭니다." 또는 "여자들이 우리 같은 성범죄자들을 알려고 하지 않을 겁니다."라는 말들을 들어왔다. 이런 부정적 정서가 이해는 가지만 그것이 계속되도록 두는 것은 좋지 않다.

여기서 주의할 점은 관계가 발전해 나가는 것이 성범죄의 위험요인이 된다는 견해만이 지속적으로 받아들여지게 되는 것을 조심해야 한다는 것이다. 치료자들이 성범죄자들의 이성교제를 위험하다고 보고 부정적인 견해를 계속 피력한다면, 성범죄자가 교제관계를 형성하도록 하는 것은 권장되지 않는다. 치료자들이 성범죄자들에게 데이트 알선기관에 가지 못하게 하고, 위험하다는 이유로 다른 지적장애인과의 만남을 하지 않도록 권유한다면, 이는 결국 성범죄자가 대인관계를 만들 수 있는 가능성을 차단시키는 일이 된다. 결과적으로 성범죄자들은 더 고립되며 외로운 독신의 삶을 살아갈 수밖에 없다. 다양한 문헌에서 나타나는 연구 결과는 성범죄자가 고립되는 것이 상당한 위험요소임을 보여 준다. 이런 고립으로 인해 그들은 분노, 일탈적 성적 상상, 그리고 세상에 대한 왜곡된 생각을 가지게 된다. 이런 상황은 좋은 삶 모델(GLM)이 표방하는 것과 정반대의 상황이며 빈약한 사회적 관계를 형성시키며 낮은 삶의 질(QOL)을 만들게 된다. 결과적으로 좋은 삶 모델을 인정하지 않고, 적절한 사회적 대인관계를 만드는 것을 거부한다면, 의도했든 의도하지 않았든 간에 우리는 위험요소를 증가시키는 결과를 초래하게 되는 것이다. 이런 이유로 타인과의 사회적 대인관계와 교제 기술에 대한 토의를 성범죄자 치료에 포함한 것이다.

## 결론

대인관계와 애착은 인간 존재의 기본적인 요소들이다. 인간은 관계를 만들기 위해 노력한다. 이런 관계들이 친사회적 방식으로 만들어지지 않으면 반사회적인 방식을 시도할 수밖에 없다. 치료 진행자로서 우리는 치료를 받는 참가자들이 교제를 하게 되면 그것은 성범죄의 위험성을 증가시키는 결과를 만들 수 있다는 것을 당연하게 인식하고 있다. 그러나 이런 대인관계를 못하게 함으로써 우리는 그들을 고립의 상태에 빠지게 하는 우를 범할 수 있다. 개개인의 좋은 삶 모델(GLM)과 삶의 질(QOL)의 증진을 위해 현실적으로 위험성이 낮은 방식으로 교제를 할 수 있도록 이끌어야 한다. 서로에게 도움이 되는 관계는 모든 참가자가 높이 평가할 것이며, 이런 관계를 유지할 수 있도록 함으로써 성범죄를 저지르는 것을 피하고자 하는 동기부여가 가능하게 된다.

# 제19장

# 삶의 방식 변화와 재발 방지

이 장의 대부분은 성범죄자들이 범죄로부터 벗어나서 사회에 참여할 수 있도록 현실적인 적응적 관계를 발달시키고 다방면에 걸쳐 친사회적 영향을 수용하도록 돕는 방식에 대해 구체적으로 논의하게 된다. 이 방식은 다음의 두 가지 이유로 만들어졌다. 첫 번째 이유는 좋은 삶 모델의 이론적 발달과 6장에서 논의된 삶의 질에 관한 논쟁을 연결시켜 보려는 의도다. 두 번째 이유는 필자가 개발해서 영국의 Home Office 성범죄자 치료 프로그램(Beech, Fisher, & Beckett, 1998)에서도 응용하고 있는 '옛날의 나와 새로운 나 또는 과거의 나와 미래의 나' 활동에 대한 불만족 때문이다. 이 활동은 참가자들이 위험요인이 많았던 자신의 이전의 삶(옛날의 나)과 범죄를 저지르지 않은 미래의 삶(미래의 나)을 비교할 수 있게 해 준다는 점에서 좋다. 그러나 반응을 두 가지 형식으로 제한함으로써 이전의 삶, 그리고 미래의 삶으로의 이동 과정, 그리고 미래의 삶에 대한 현실적인 고려를 하는 데 지장을 주는 경향이 있었다. 이러한 형식 중 첫째는 성범죄의 주기, 범죄와 연관된 사고방식, 대단히 잘못된 결정, 범죄와 연관된 행동 스크립트와 일상들을 돌아보는 과정에서 이전의 삶의 부정적인 면들을 부각시키는 경향이 있다는 것이다. 또한 '옛날의 나' 라는 제목에서 보듯이 이전의 모습으로부터 인지적 · 정서적 분리가 시도된다. 사실 범죄자들은 이제는 다르게 행동하는 법을 배웠기 때문에 자신들이 옛날의 행동으로 돌아가지 않을 것이라고 주장한다. 이런 면에서 볼 때 '미래의 나' 는 그들이 치료를 마치고 나올 때부터 시작된다고 볼 수 있다. 간혹 일부 치료 참가자의 경우 이미 모든 것이 변했고, 자신들이 더 이상 위험한 상황으로 가지 않게 될 것이며, 반사회적 영향도 받지 않고, 관계상의 어려움도 경험하지 않을 것이라는 마치 마술이 일어난 것과 같은 생각을 하는 경우가 있다. 이런 것은 현실적인 평가를 하는 데 걸림돌이 될 수 있다.

이 활동을 하는 데 있어서의 두 번째 어려움은 '미래의 나' 에 대해서 개별 참가자가 가지고 있는 비현실적인 바람이다. 시골에서 전원적인 삶을 보내고, 애완동물을 기르고, 장기적이고 안정적인 교제를 하는 것 등이 흔한 바람이다. 이전의 장에서도 강조된 것처럼 위에 언급된 바람들이 실현되기도 힘들고 유지되기도 힘들다는 것에 대한 이해가 부족한 경우가 많다. 이 장에서 설명되는 활동은 일반 심리치료의 측면들을 고려한 대체적 방식의 활동이며 인생지도/타임라인 접근(life map/timeline approach)이 그것이다.

## 과정의 목표

이 장에서 이루어지는 활동들의 목표는 범죄자 각 개인의 이력을 심도 있게 분석하고 치료를 통해서 배운 원칙들을 감안하여 자신의 장점이나 능력에 맞는 실현 가능한 미래 계획을 세우는 것이다.

- 인생지도/타임라인을 사용하여 이전의 삶에 대한 실현 가능한 평가를 하기
- 이전에는 삶의 욕구나 자존감을 어떤 식으로 얻었는지를 인식하기

- 인생지도/타임라인을 미래에도 지속시키기
- 치료를 받기 전과 받은 후의 비현실적인 인지적 부조화를 피하기
- 범죄를 저지를 가능성이 높아지는 위험한 상황을 식별하기
- 다양한 범죄 주기와 위험성이 높은 상황을 연결시키기
- 범죄를 저지르게 되는 위험도가 높은 상황을 피하기 위해 개인적인 사회적 의무감(social requirements)을 강화시키기
- 삶의 욕구와 질을 충족하고 개인적인 좋은 삶 모델(GLM)을 촉진시키는 방향으로 가도록 이끌기
- 적응하는 삶의 방식, 개인적인 좋은 삶 모델, 범죄가 없는 일상, 행동 스크립트, 인지적 도식을 가지게 하기
- 사회적 영향, 사회와의 상호작용, 사회적인 삶의 방식, 그리고 향상된 삶의 질을 얻고 유지하는 방법을 검토하기

## 활동 1: 인생지도 시작하기

### 준비물: 각 개인이 쓸 플립차트 용지와 필기도구

이 장에서는 다양한 인생지도 활동을 한꺼번에 소개하고 있지만, 이 활동은 개별 참가자가 치료를 시작하는 단계에서 시작하는 것이 바람직하다. 어떤 경우에는 참가자들이 자신의 범죄를 공개하는 시점에 처음 소개되는 두 가지 인생지도 활동을 시작하는 것이 더 좋을 수도 있다. 이런 방식으로 참가자들은 자신들의 치료 초기 장면에서부터 재발 방지 프로그램을 확립해 갈 수 있다.

각 참가자는 자신의 삶에서 일어났던 좋은 일과 나쁜 일을 기록함으로써 인생지도 작성을 시작하게 된다. 한 페이지의 왼쪽에 좋은 일을, 오른쪽에는 나쁜 일을 적게 하면 된다. 이 과정에서 상당한 양을 쓰는 참가자도 있고 아

주 적은 양을 쓰는 참가자도 있다. 쓰기가 끝나면 그것을 다른 참가자들이 보고 토론할 수 있도록 한다. 토론 집단을 이끄는 사람이 좋은 일과 나쁜 일에 대해 대부분의 질문을 하게 되는 현상이 나타날 수 있는데 이것은 불가피한 측면이라고 볼 수도 있다. 참가자들이 토론에 적극적으로 참여할 수 있도록 "이 목록에서 빠진 것이 무엇인지 말할 사람 있습니까?" "이 목록에서 가장 중요한 것은 무엇이라고 생각하나요?"와 같은 질문을 해 주는 것이 필요하다.

이런 과정에서 한 개인의 인생사에서 두드러지는 사건들이 기록되며, 참가자들의 목록에서 보이는 위험요인나 삶의 욕구를 충족하는 수단 등에서 드러나는 공통점을 찾아낼 수 있다. 참가자들은 자신의 범죄 행동을 자신의 인생에서 일어난 나쁜 일로 규정하는 경향이 있을 수 있다. 왜 사람들은 범죄를 저지르며 범죄에 대한 긍정적인 동기부여는 무엇인지에 대해 토론을 하게 한다. 토론을 통해서 참가자들은 범죄 행위 그 자체는 즐겁고 신나는 일이었으며 자신들의 삶의 욕구를 충족하는 한 방법이었음을 인식하게 되면서 범죄 행위가 목록의 좋은 일에 포함될 수도 있음을 알게 된다. 이 활동의 목적은 친사회적이든 반사회적이든 간에 삶의 충족 수단에 대한 토론을 하도록 함에 있다. 전체적으로 볼 때 나쁜 경험은 위험요인, 자존감이나 주관적 안녕감의 균형 상실로 이어질 수 있다. 이 활동의 예는 11장에서 이미 제시되었다([그림 11-1]).

## 활동 2: 인생지도 만들기

### 준비물: 플립차트 용지와 필기도구

인생지도는 시간순서로 묘사된다. 좋은 경험과 나쁜 경험은 비교적 중립적인 사건들과 함께 시간 순으로 통합된다. 참가자들이 이미 좋은 경험과 나쁜 경험을 쓴 상태이기 때문에 이 상태에서 '옛날의 나' 활동으로 연결은 되지 않는다. 시간순서로 나열된 사건을 보면 삶의 욕구나 질이란 측면에서 미래를 위한 기준점으로 좀 더 자세히 검토하고 싶은 측면들이 나타난다.

재발 방지 부분에서, 개인의 삶에서 부정적인 평가가 되는 부분을 찾는 과정일 경우 참가자들에게 반응이나 기대를 일찍 제시하는 것은 조심해야 할 점이다. Ward와 Gannon(2006)이 언급했듯이 참가자들이 자신의 삶에서 일어난 일들을 '위험요인 덩어리(bundes of risk factors)'로 보도록 하는 것은 바람직하지 않으며, 그들이 자신의 삶에서 일어난 중요한 사건들을 긍정적인 것들은 윗부분에 부정적인 것들은 아랫부분에 위치하게 하여 다시 한 번 보고 생각할 수 있게 하는 것이 중요하다. 이 활동도 글과 그림으로 실시가 가능하다. 인생지도는 태어나서 유년기를 지나 현재 그리고 미래의 대안적인 경로까지 표현되어야 한다.

[그림 19-1]은 한 참가자의 예로, 16세에서 17세 사이에 범죄를 많이 범한 것을 볼 수 있다. 이 그림은 친사회적이고 반사회적인 삶의 욕구들을 보여 준다. 친사회적인 것은 어머니 돕기, 수영 실력을 높은 수준으로 올리기, 정원 작업, 낚시하기 등이며 이 참가자는 이것들을 '편안하고 평화스러운 것'으로 표현했다. 반사회적인 것으로는 물건 훔치기이며, 이 행위로 인해 주목을 받는 것이 좋았다고 언급했다. 또 다른 것으로 부적절한 성적 행동인데, 이 행위로 상당한 성적 흥분을 느꼈고, 기분도 좋았고, 자신이 걸리지 않을 거라고 생각했다고 언급했다.

주목할 만한 점은 그가 자신의 어머니를 만났을 때의 느낌이 자신에게 짜릿한 흥분을 주었던 도둑질보다 더 좋았다는 말을 한 것이었다. 그는 이런 방식으로 자신에게 충족감을 주는 것들을 발견하게 되었다. 그림에는 부정적 경험, 자존감을 저해하는 요소, 평정 상태에 불균형을 초래하는 상황, 대인관계의 지속을 저해하는 요소도 제시되어 있다. 그는 "도둑질을 하다가 발각되었고, 두려웠고, 학교에서 쫓겨났고, 형, 누나도 보지 못했고, 낯선 수양부모에게 가게 되었고, 아동위원회(스코틀랜드의 아동범죄 관련 법적 기관)에 가게 되었다."고 말했다.

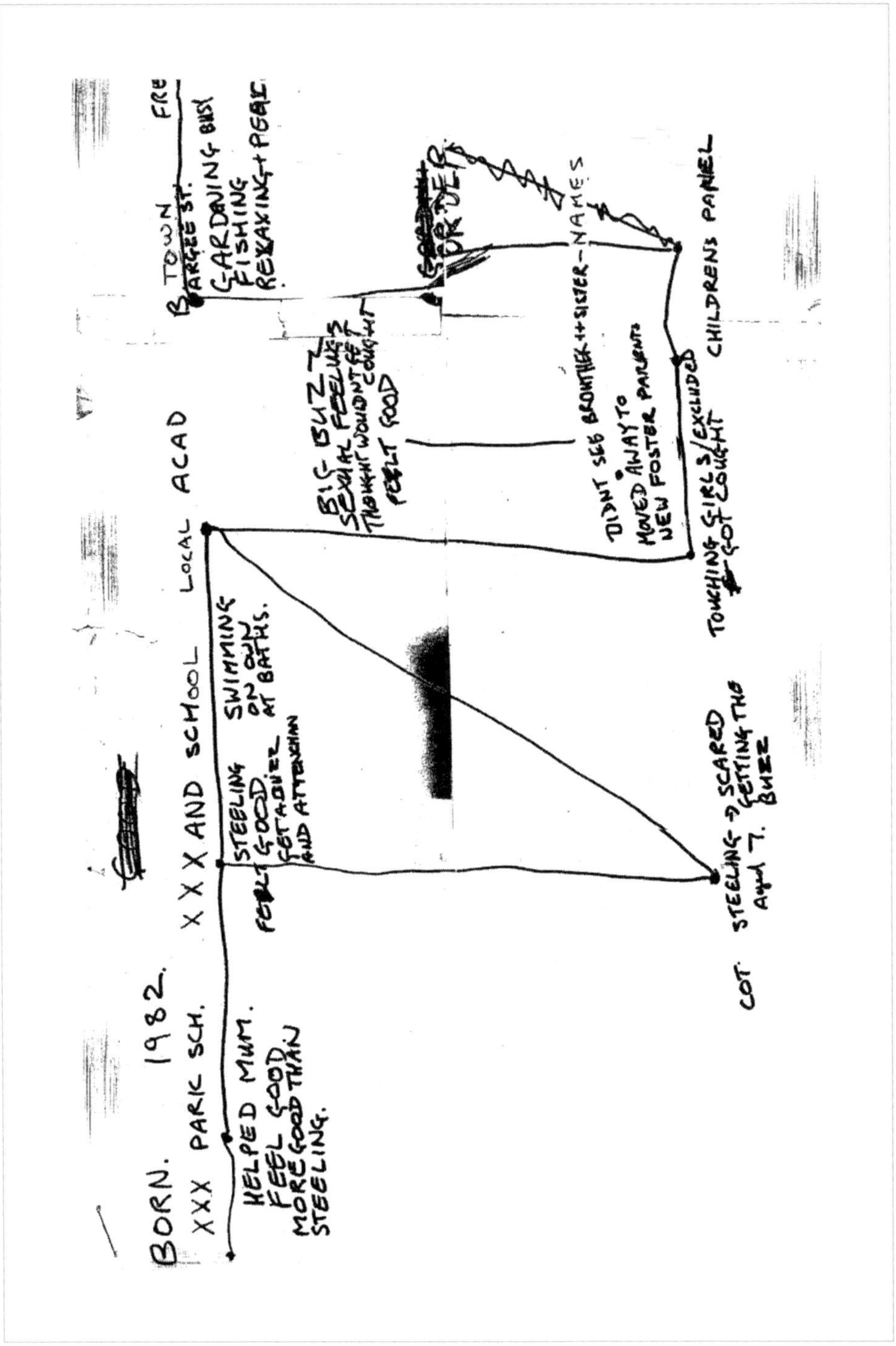


[그림 19-1] Ian의 타임라인

이제 치료에 고려할 사항들이 이미 많이 나온 상태라고 볼 수 있다. 가족과의 만남, 정원을 관리하는 작업이나 낚시, 수영 같은 여가활동에의 집중 등은 앞으로 그가 다른 방식으로 삶의 욕구를 충족하는 방법이 될 수 있다. 수영장에서 볼 수 있는 신체적인 노출을 고려할 때 수영은 권장하기에 조금 문제가 있는 활동일 수도 있다. 그러나 안전 장치를 마련함으로써 이런 사회적 활동을 통한 충족감, 삶의 질과 관계의 증진을 도모할 수 있다. 한편 절도나 성추행과 같은 행동이 그에게 큰 즐거움이나 흥분을 준 활동이었음은 부인할 수 없다. 치료를 진행하면서 진행자는 이런 큰 흥분을 주는 활동은 정상적인 사회적 활동에서 찾기는 어렵다는 것을 주지시켜 주어야 한다. 사실 치료를 받는 범죄자들이 이런 느낌을 다시 가지기는 어렵지만 그들은 다른 사회 구성원들처럼 살아갈 수 있게 되는 것이다. 고도의 긴장감을 야기하는 사회적 접촉이나 약물남용 등과 같은 행동을 통해서 발생하는 상당한 흥분감은 그 개인에게 반사회적 영향을 끼쳐서 큰 손해를 가져오기 마련이다. 이런 이유로 대부분의 사람은 단기간의 급속한 흥분이 없는 삶에 적응을 하는 것이다. 일반적으로 집단 회기에서 이런 문제들을 토의하면 대안이 제시된다. 진행자는 개별 참가자가 그 제안을 어느 정도 받아들이는지를 살펴보아야 한다.

그림에서 자존감이나 주관적 안녕감의 균형이 깨어짐으로써 감정적 무절제와 삶과 관계의 질이 나빠진 것을 볼 수 있다. 참가자는 자신이 도둑질을 하다가 들켜서 주목을 받았을 때의 두려움, 학교에서 나오게 되고, 아동위원회에 출석하게 된 것을 부정적 경험으로 지정했다. 진행자는 참가자가 그때 느꼈을 감정을 다시 되살리고 그것이 다시 이런 감정을 경험하지 않겠다는 동기부여로 작용하도록 이끌어야 한다. 참가자는 자신이 수양부모의 집으로 가게 됨으로써 이전의 관계들에 장애가 발생했던 것을 기억했다. 이것은 그가 수양부모의 집에서 그 집에 있던 소녀 중 한 명에게 성추행을 했던 시기 이전에 일어난 일이었다. 진행자는 이런 일들이 자신이 다른 사람과 맺은 관계들에 어떤 영향을 미치게 되는지를 알게 해 주고 이를 통해 다시는 이런 일을 하지 않겠다는 동기부여를 해 주어야 한다. 이런 방식으로 삶의 질과 애착관계가 참가자 삶의 중요 부분을 차지하게 되며 범죄가 이런 부분들에 어떤 영향을 미쳐 왔는지를 생각하게 된다.

[그림 19-2]도 유사한 과정을 보여 준다. 이 경우 참가자의 글쓰기 능력이 많이 부족하여 자신의 경험을 글로 표시한 것이 더 적음을 볼 수 있다. Jason은 56세 된 남성이며 Ian과는 완전히 다른 경험을 하였다. 그의 인생지도는 그의 어린 시절 중반에 자신이 학습장애가 있는 사람들이 머무르는 병원에 장기 입원하게 된 시점부터 시작된다. 그는 학교를 좋아하지 않았고 산만하였다(그림 왼쪽 하단부에 적혀 있음). 그 뒤 병원으로 가서 학교보다는 더 즐거운 활동을 하게 되었다. 그는 '체육관과 상점' 에 가는 것을 좋아했다. 이런 활동으로 즐겁긴 했지만 가족을 그리워했다. 다음 부분을 보면 Stockton-on-Tees 에서 가족과 함께한 여행이 그려져 있다. 흥미로운 점은 이런 여행은 짧았지만 종종 분명하게 기억을 하는 경우가 많다는 것이다. 일상생활의 압박에서 벗어나 가족과 함께 보내는 이런 시간들은 사람들이 모두 즐거운 시점으로 기억을 하며 참가자들도 이 시간을 삶의 욕구를 충족하는 중요한 시점으로 기억한다는 것이다. 그가 그린 타임라인 그림의 도입부를 보면 아버지가 그를 막대기로 때리는 장면이 나와 있으며 이런 시점은 삶의 질을 저하시키고 정서적 혼란을 초래하는 부정적인 경험으로 생생하게 기억된다. 그 다음으로 자신이 일한 직장 두 곳이 묘사되었다. 하나는 석탄 배달을 돕는 것이었고 다른 하나는 그 지역의 철도역에서 일한 것이었다. 중간 부분을 보면 시간적 순서에서 벗어나 있지만 그가 여성을 성추행한 것이 나온다. 그는 여성을 기다렸다가 다리 밑을 지나갈 때 성추행했다. 이로 인해 그는 병원으로 이송되었고 거기서 간호사를 성추행했다. 그의 타임라인을 보면 그림이 많이 사용되었음을 알 수 있다. Jason의 지적장애(WAIS-III UK 기준으로 IQ가 58)에도 불구하고 그는 각 그림이 그의 인생의 중요한 시점을 의미하며 그것의 의미를 확실히 알고 있었다.

이전 장들에서 제시한 것처럼, [그림 19-3]에는 출생에서부터 범죄를 저지른 시점까지의 기본적인 인생지도가 그려져 있다. 실제로는 더 복잡해질 수

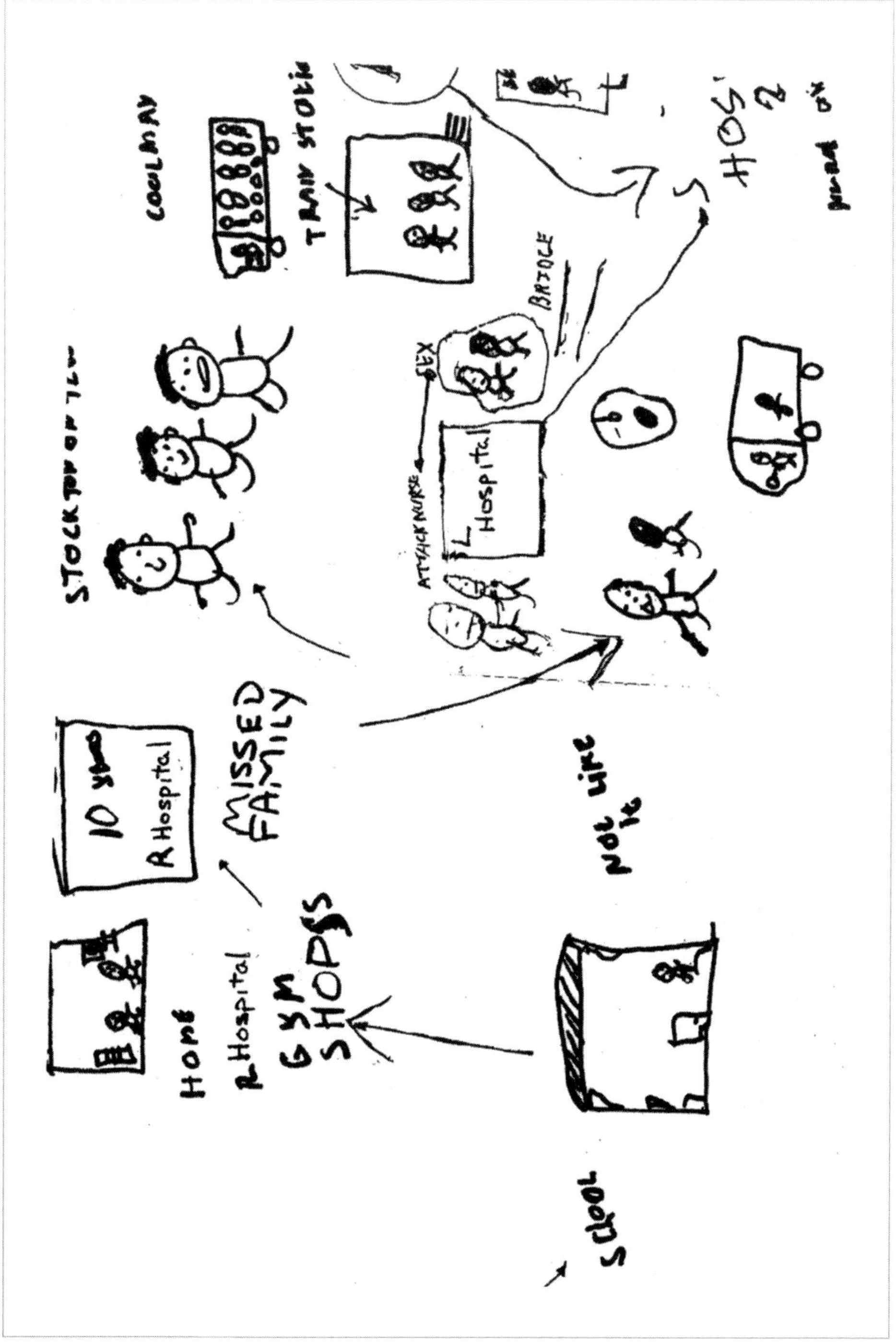


[그림 19-2] Jason의 타임라인

있지만 기본적으로 인생지도 타임라인의 윗부분에는 즐거웠던 일들이, 아랫부분에는 좋지 않았던 일들이 열거된다. 이 사건들은 시간순서로 배열되며, 이러한 배열은 각 경험이 함께 연결되는 일시적 경로의 특성을 반영한다.

이러한 명백한 방식 안에서, 다양한 이론적 구조의 기본 원칙들이 처음부터 서로 작용하고 있다. 삶의 욕구 충족을 제시하는 좋은 삶 모델(GLM)의 측면들도 반영이 된다. 범죄에 이르기까지의 며칠 또는 몇 달간의 기간들에서 자기조절의 경로가 어떠했는지, 감정적 일탈 상태, 성적 흥분, 범죄 계획, 인지적 왜곡, 음란물 사용 등의 범죄 주기의 요소들도 어떤 작용을 하였는지 검토된다. 범죄자의 삶에서 일어난 즐거운 일들이 긍정적, 친사회적 경험 또는 자신이 가진 긍정적인 자원들로부터 온 것인지, 아니면 부정적, 반사회적 경험 또는 자신이 가진 부정적 자원들로부터 온 것인지는 알 수가 없다. 그러나 그들이 즐거웠다고 느낀 것은 인생의 경로를 그리는 타임라인상의 상단에 위치하게 된다.

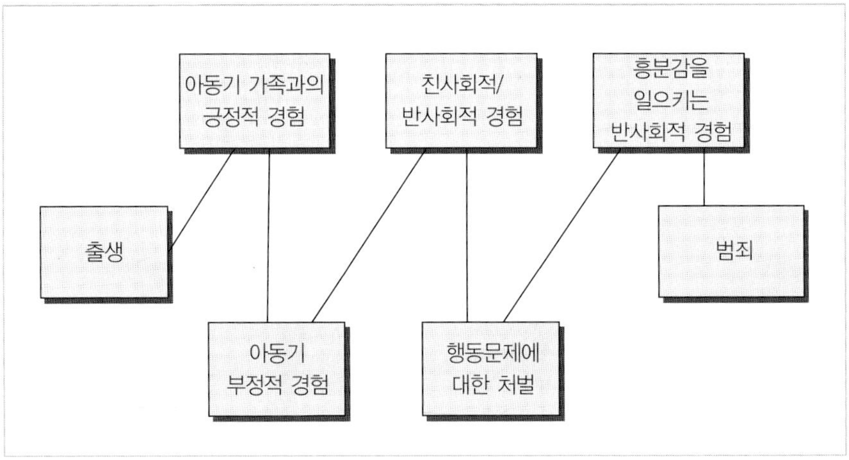


[그림 19-3] 기본적 욕구 충족 경로와 범죄로까지 이어지는 경로를 보여 주는 인생지도

## 활동 3: 공개된 내용을 타임라인에 첨가하기

이 활동은 이전의 장에서 이미 설명되었다. [그림 15-2]를 분석함으로써 Alfred의 범죄 주기를 구성하는 행동 스크립트, 일상, 인지적 도식 그리고 이들과 결합된 성충동과 위험요인를 알아낼 수 있다. [그림 10-2]에 공개된 그의 범죄 내용은 그의 타임라인 안에 첨가된다. 이런 식으로 그의 어린 시절, 범죄 주기, 자신이 공개한 범죄 내용 등이 타임라인에 결합되었다. 즉, 그의 사회적 및 반사회적 욕구 충족 방식, 주관적 안녕감의 위협요소, 자존감 저해요소, 정서조절 곤란, 위험요인이 타임라인 안에 반영되었다고 볼 수 있다. 인생지도는 이런 요인들이 인지 도식화되고 일상적인 행동으로 고착화되는 것을 보여 준다. 이 행동들은 범죄라는 비정상적인 방식을 통해 삶의 욕구를 충족하고 주관적 안녕감을 유지하는 기능을 한다. 타임라인을 만드는 과정은 시간이 많이 걸리고 어렵게 느껴질 수 있지만 참가자들의 범죄와 관련된 여러 가지 복잡한 요인을 분석하여 그들에게 실질적 도움을 줄 수 있다. 참가자들은 타임라인에 나타나는 성장상의 경험들을 보면서 자신이 범한 범죄를 자신의 성장상의 맥락에서 돌아볼 수 있으며, 자신의 삶, 범죄 경로와 범죄 내용을 모두 볼 수 있게 된다.

## 활동 4: 인생지도를 미래에 투사하기

이 활동은 두 개의 대안, 즉 범죄가 없는 경로와 범죄가 있는 경로를 미래에 투사하는 것으로서 이미 행해진 활동들을 활용하여 이루어진다. 타인과의 교제와 애착관계에 관한 토론 및 역할극이 이전의 활동에 있었고, 이제는 타인과의 교제와 애착관계를 실질적인 가능성으로 여기며 그것을 인생지도의 미래 부분에 첨가하는 것이다. 이전에 행해졌던 행정이나 관리위원 역할에 대한 역할극이 이 시점에 관련되었다. 이전 장에서 각 참가자가 자신들과 관련된 임상 팀의 회의, 매년 하는 정기적 점검, 지역사회의 보호방안 모임 등에서 위원장이나 진행자의 역할을 하는 역할극을 한 적이 있다. 이 역할극에서 여러 가지 위험요인를 감안하여 그들은 행정적 결정을 내리는 경험을 했다. 이 결정들은 미래에 투사되는 경로를 만드는 데 중요한 토대가 된다. 개인별로 어린 시절에 겪었던 특정한 경험들은 이미 그들의 타임라인에 삽입된 상태이며, 이 경험들을 과거에서 벗어나 유사한 욕구를 충족할 수 있는 성인에게 가능한 활동의 영역에 두는 것도 가능하다. 친사회적 경험은 미래의 범죄를 저지르지 않는 경로에 투사되도록 하며 과거에 그들의 욕구를 충족했던 반사회적 경험은 미래의 범죄 경로에 투사되도록 한다.

[그림 19-4]는 좀 단순화된 형식으로 이 활동을 보여 준다. 여기에서의 참가자는 범죄가 없는 미래의 계획에 친사회적 영향, 가족과의 접촉, 직업활동, 위험요인 관리를 모두 포함시켰다. 또한 자전거 타기와 축구 같은 자신의 취미를 계속 유지하고 이런 삶의 욕구를 충족하는 자원들을 지속적으로 활용하였다. 동시에 침울한 감정, 고립, 아동 음란물, 음주와 활동 부족 상태로 있기

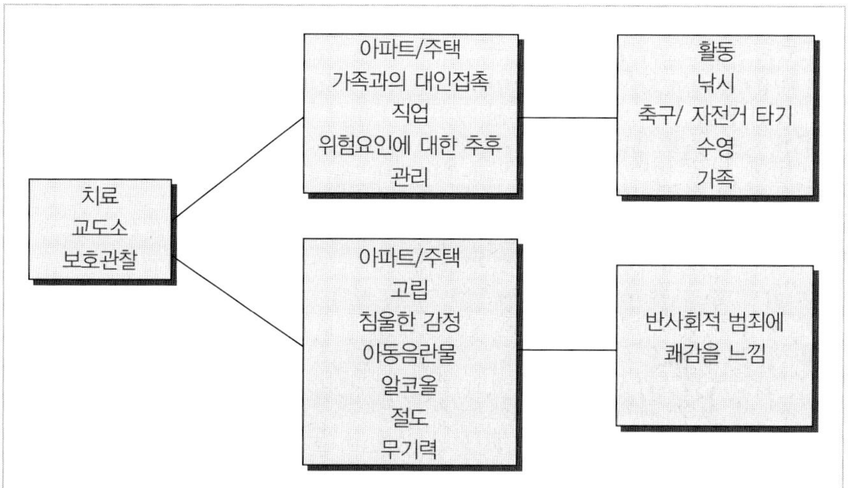


[그림 19-4] 미래에 투사되는 경로: 범죄 없는 친사회적 경로와 범죄 경로

같은 반사회적인 욕구 충족 방식이 나타나는 부정적인 경로도 보여 주었다. 이것은 그의 '능동/접근'형 자기조절 경로로 이어지게 된다. 이런 방식으로 치료는 개인적으로 가치가 있으며 사회적으로 허용되는 욕구 충족 방식을 지원하는 내부적 · 외부적 조건을 제시하는 데 집중하게 된다.

Kenneth는 28세이며 세 건의 범죄를 저질렀는데 그의 범죄는 좋은 삶 모델(GLM)의 원칙들에 전적으로 부합되었다. 그의 경우는 수용자와 그들을 돌보는 직원 간의 경계가 강조되지 않는 현 시점의 서비스 방식에서는 사실 흔한 사건의 하나라고 볼 수 있다. 직원들은 수용자를 돕거나 여가활동을 같이 하는 과정에서 그들에게 좀 더 격의 없이 다가가려고 한다. 그러다 보면 일부 지적장애 남성의 경우 여성 직원들이 자신들에게 애정을 느낀다고 생각하게 되고 그런 관계를 발전시키려고 하게 된다. Kenneth는 8년의 기간 동안 3명의 직원과 애정관계를 가지려고 시도했다. 이전의 활동에서 그가 가진 인간적 욕구와 위험요인, 여성과의 교제에 대한 바람, 그 바람이 여성으로부터 거절당했을 때의 분노, 그리고 증가하는 우울감, 성추행을 하도록 이끄는 분노감 등이 다루어졌다. 이런 면에서 볼 때 Kenneth는 여성과의 교제를 원했다는 점에서 15장에서 소개된 Gary와 유사하다고 볼 수 있다.

[그림 19-5]는 미래를 범죄 경로와 그로부터 보호되는 경로의 두 가지로 나눈 것을 보여 준다. 이 그림은 산만하게 보이는데 실제로 이 활동을 했을 때 나타날 수 있는 상태를 보여 준다. Kenneth는 병원에 입원한 상태이며 성범죄자 치료 프로그램을 2년간 참여해 왔다. 그림의 왼쪽을 보면 그가 체육관에서 운동하는 것, 정원 가꾸기, 직업 관련 치료 프로그램, 부적절한 성행위를 한 집단에 대한 치료 등을 지속적으로 받고 싶어 한다는 것을 보여 준다. 그는 분노관리 프로그램과 성범죄자 치료와 같은 친사회적 형태의 활동을 자신의 미래 삶에 표현시켰다. 범죄 없는 삶의 경로를 지속하기 위해 지역의 간호사, 사회복지 직원들과의 접촉을 유지하고 자신의 상태에 대해 대화를 하는 것이 대단히 중요하다고 인정했다. 특히 주목할 만한 것은 누군가와 교제를 한다면 자기처럼 이런 관리 서비스를 받는 사람과 하게 될 것이라고 Kenneth

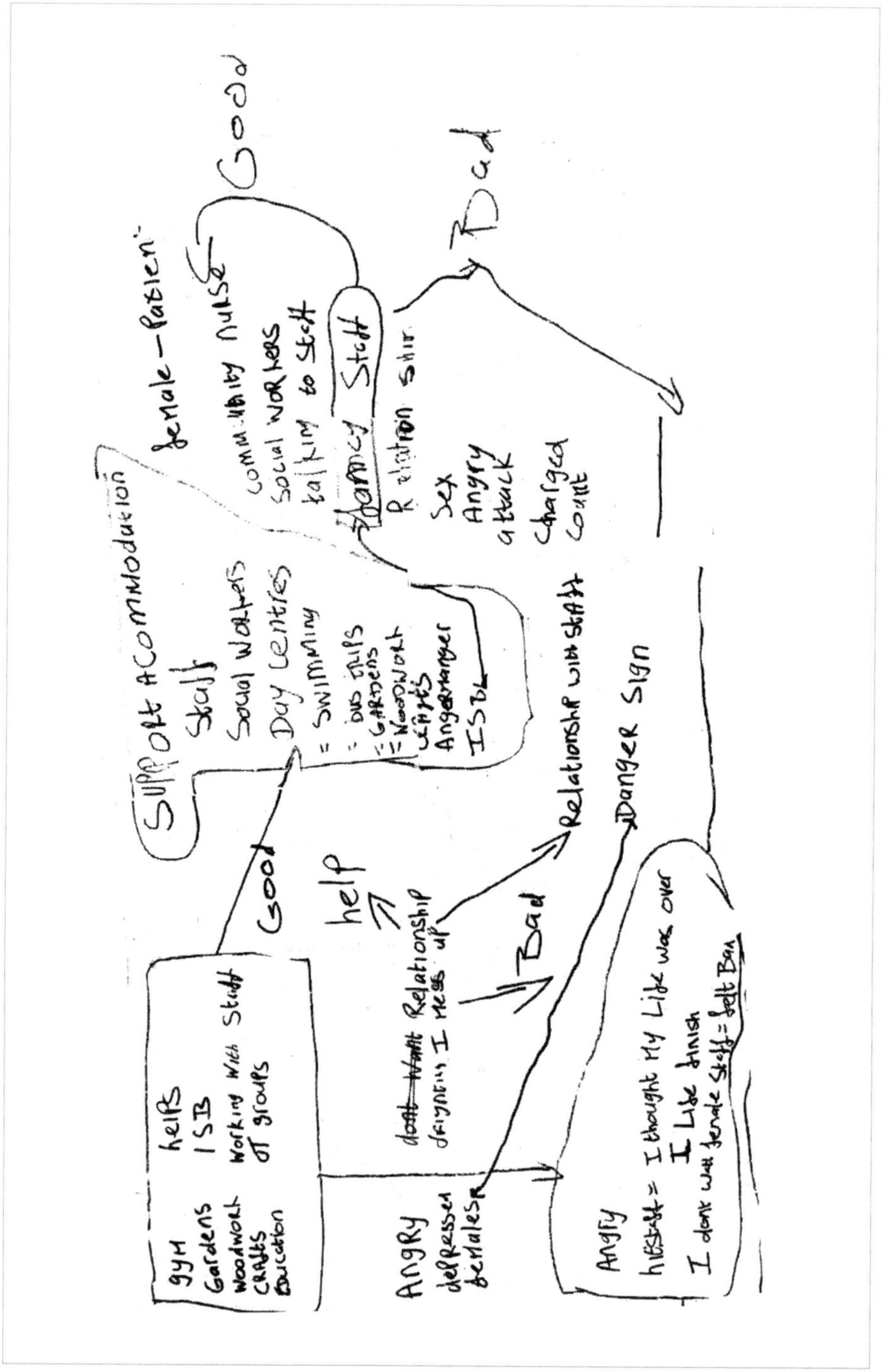


[그림 19-5] Kenneth의 범죄 없는 미래와 범죄 경로

가 말했다는 사실이다.

그림의 시작 부분을 보면 Kenneth가 정한 범죄 경로가 보인다. 범죄 경로의 시작은 우울과 여성에 대한 분노이며, 이것을 위험요인으로 표시해 놓았다. Kenneth는 타인과의 교제의 중요성을 인정했으며, 이런 교제를 지속함으로써 범죄를 저지르지 않는 친사회적 미래의 경로로 갈 수 있다는 것을 인정했다. 다른 측면을 볼 때 자신이 '잘못했고 겁이 났고' 그것이 직원에게 강제적인 관계를 강요하는 식으로 표출되었음을 언급했으며, '직원과의 교제'를 범죄 경로에 포함시켰다. 그림의 끝 부분을 보면 직원을 '좋아하는 것'은 위험한 상황을 초래할 수 있다는 것을 인정했다. 이런 감정이 지속되면서 본격적으로 사귀고 싶어지며, 성행위도 하고 싶어지고, 거절당하면 분노하게 되며, 결국 그 사람을 공격하고 법정에 서게 된다는 것을 인지하였다. 그는 이런 행동 유형을 '나쁜 것'으로 규정하였다. '직원을 좋아하는 것'에서 위로 올라가면서 '사회복지 직원이나 간호사들과의 대화'가 나타나며 이것들은 '보호 경로'로 규정되었다. 이런 방식으로 미래의 경로는 위험한 범죄 경로 또는 범죄가 없는 경로로 명확하게 규정되는 것이다.

미래에 대한 예상이 [그림 19-5]의 경우처럼 모두 복잡하지는 않다. [그림 19-6]은 Ian의 미래 경로를 보여 주는데 Kenneth의 경우보다는 덜 복잡한 편이다. Ian의 경우 범죄가 없는 경로는 현재에서 출발하며, '가족과의 만남, 기분 좋음, 다른 일을 하기, 말썽의 소지가 있는 일 하지 않기, 여성의 몸을 만지지 않기, 훔치지 않기, 감정 조절하기, 일로 바쁜 상태를 유지하기' 등이다. 그림의 하단부와 중간 부분에 그는 범죄로 이어지는 두 가지 경로를 제시한다. 하나는 그의 성격과 관련된 것으로 아주 중요한 요인이다. 화를 절제하지 못하는 것이 지속되면서 자신이 신뢰, 자유 등 모든 것을 잃게 되었다고 언급했다. 두 번째 경로로 언급된 것은 여성의 몸을 만지는 것과 절도 행위였다.

이 활동의 한 부분은 참가자가 이런 감정을 느끼고 위험요인를 인식하게 되면 어떤 행동을 할지 생각해 보게 하는 것이다. 가상의 사건에서 그는 분노 조절 집단을 적음으로써 범죄로부터의 보호 경로를 제시하였다. 이런 보호

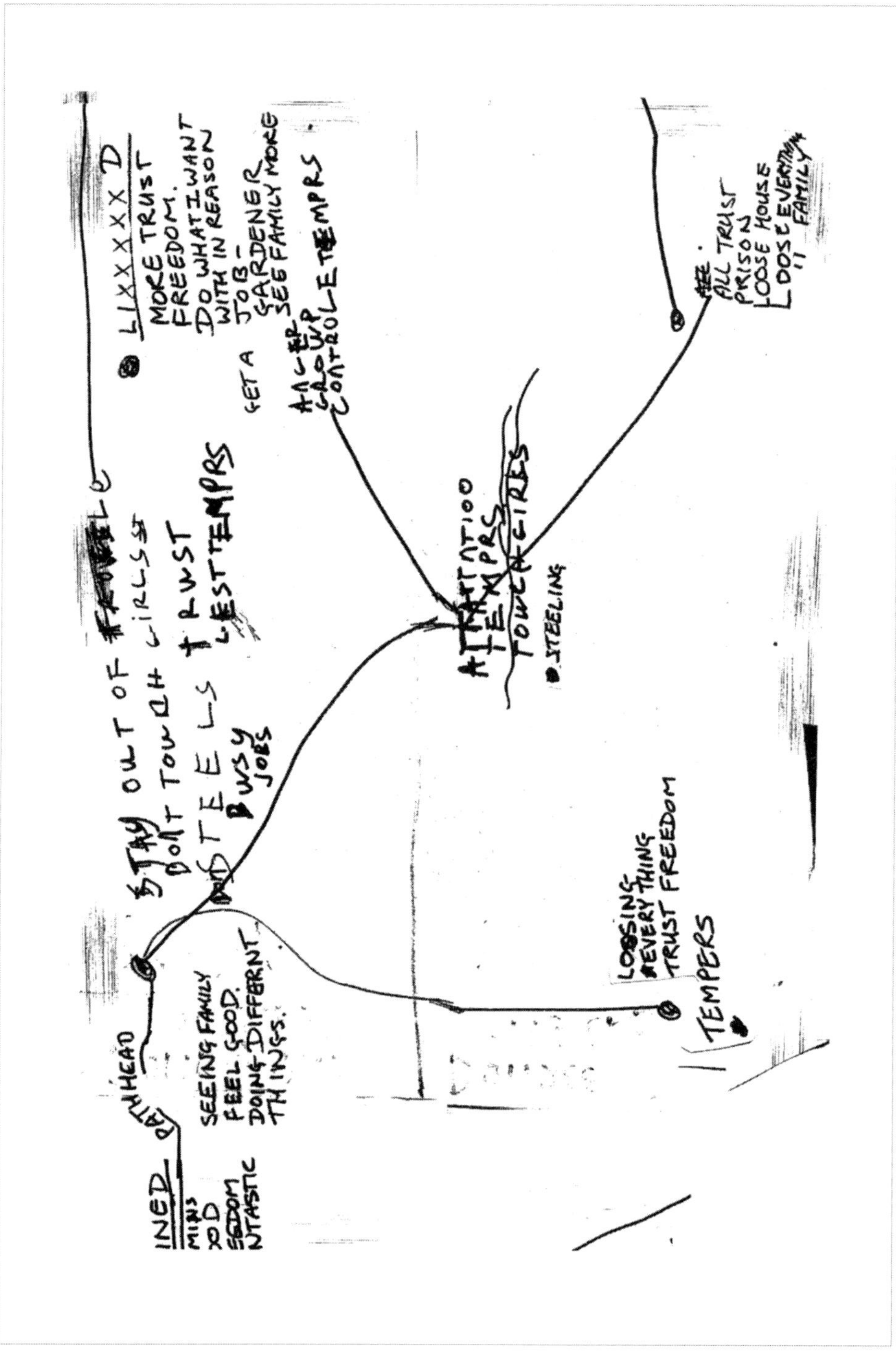


[그림 19-6] Ian의 범죄 없는 미래와 범죄 경로

경로에 해당되는 것들은 현재 있는 곳에 머무르기, 더 많은 신뢰, 자유, 합당한 이유가 있을 때 내가 원하는 것을 하기, 일자리 구하기, 정원사, 가족을 더 자주 만나기 등이었다. 범죄 경로는 모든 신뢰를 저버림, 현재 있는 곳에서 나오게 됨, 가족 구성원을 잃거나 인생에 있어서 중요한 것을 상실하는 것과 같은 것들이었다.

이런 경로 제시와 관련된 활동에서 어려운 점은 이 경로들은 글로 적혀 있지만 참가자 중 다수는 읽거나 쓰지를 못한다는 것이다. 대부분의 재발 방지 프로그램에서 진행자들은 Boardmaker 또는 Clipart와 같은 프로그램에 있는 삽화나 그림을 삽입하기도 한다. 저작권상의 문제로 이런 자료들을 이 책에 제시하지는 않았지만, 진행자는 활동의 적절한 시점에서 기억을 촉진하는 도구로 그것을 활용할 수 있다.

이런 활동은 시간이 상당히 많이 걸리기 때문에 그것을 개별 회기에 하기를 원하는 진행자들도 있다. 이 경우에는 전체 타임라인에 대해서 토론을 할 수 있다. 참가자들은 자신의 경우와 관련된 정보를 타임라인에 추가할 수도 있으며 다른 참가자에 관련된 정보를 아는 것이 있다면 추가할 수도 있다. 집단 회기의 경우 비교적 최근에 그 치료 집단에 참가하게 된 참가자들이 자신의 재발 방지 계획은 어떻게 해야 할 것인가를 생각해 볼 수 있는 시간이 되기도 한다.

## 활동 5: 위험요인을 알려주는 신호 – 신호등

지적장애인과 작업을 한 사람들은 교통신호를 통한 비유들을 잘 알고 있다. 빨간불은 피해야 할 것, 통제해야 할 것, 위험요인, 좋지 않은 사건을 의미한다. 파란불은 허용 가능한 행동, 위험요인이 없는 상황, 친사회적 영향과 긍정적인 사건을 의미한다. 필자는 집단 회기에서 다양한 감정, 행동, 상황, 관계들을 보여 주기 위해 교통신호를 사용하였다. 참가자들은 자신들의 지갑 같은 곳에 카드를 지니고 다니면서 위험요인이 있는 상황이 다가온다고 생각되면 그 카드를 보도록 제안했다. 카드의 한쪽 면에는 멈춤이라는 글자가 빨간불 옆에 제시되어 있고, 생각해 보기라는 글자는 주황색불 옆에, 그리고 거기서 벗어나기라는 글자는 파란불 옆에 제시되어 있다. 카드의 다른 면에는 그것을 보는 사람에게 자신이 참가했던 집단 회기를 다시 연상시키게 하거나 자기조절의 중요성을 보여 주는 이미지가 제시되어 있다. 당연히 참가자들은 이런 이미지가 성범죄를 연상시키는 것은 아니기를 바란다. 이 카드를 분실할 경우 그것을 본 사람들이 그 카드가 성범죄와 연관된 것이라는 것을 알기를 원하지 않기 때문이다. 진행자의 경우 성범죄와 연관성이 없음을 보여 주는 것은 엄격하게 보이는 그들의 사진이며, 이런 측면들은 범죄 재발 방지

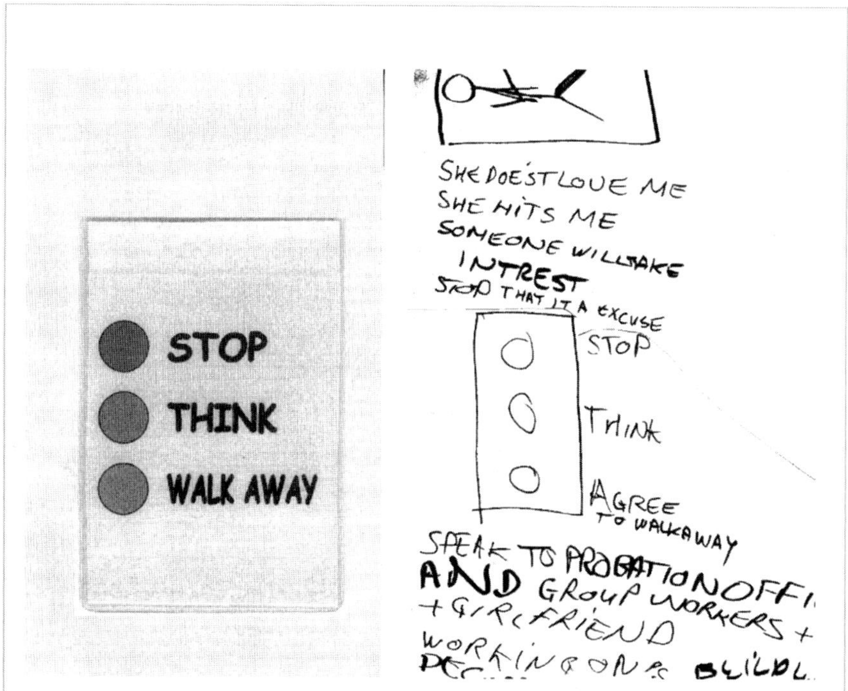


[그림 19-7] 범죄 재발 방지 카드 사용의 예

카드의 한 면에 반영되어 있다. 범죄 재발 방지 카드는 [그림 19-7]에서 볼 수 있다.

이 그림은 또한 한 참가자가 범죄 재발 방지 카드를 사용한 예를 보여 주고 있다. 이 참가자는 최근에 끝난 교제관계를 집에서 곰곰이 생각하던 중 '그녀는 날 사랑하지 않아. 날 때렸어. 누군가가 그녀에게 접근할 거야.'와 같은 생각이 떠오르자 더욱 우울해졌다. 그는 범죄 재발 방지 카드를 보았고, '보호관찰관이나 치료집단 관리자와 상의하자'와 같은 발전적인 해결책들을 생각해 내었다. 이 예는 범죄 재발방지 카드가 사용될 수 있는 구체적인 예라고 볼 수 있다.

## 결론

이런 접근방식은 두 가지 장점을 가지고 있다. 첫째로, 개인의 자기계발이 중요시된다. '옛날의 나'와 '미래의 나'를 구분하는 명확한 지점을 찾기는 힘들며, 사람들마다 옛날의 자신에서 분리되는 시점이 다르기 때문에 이분법적으로 이 시점들을 구분하려고 할 필요는 없다. 둘째로, 참가자들의 과거를 통해서 장점과 약점을 파악한다는 것이다. 이를 통해서 그들의 삶에서 긍정적인 부분들은 강조되며, 그것들을 더 발전시켜 친사회적이며 적응적인 삶의 방식으로 확장시킨다. 이런 장점들은 앞으로의 사회생활과 대인관계에 사용된다. 또한 과거로부터 위험요인들을 찾아내어 그것을 미래에 반영함으로써 범죄 경로에서 벗어나는 것을 보여 준다. 진행자와 참가자들은 어떻게 하면 범죄 경로로부터 벗어나 범죄가 없는 경로로 갈 수 있는지 그 방법에 대해 구체적인 토의도 할 수 있다.

제20장

# 치료과정 평가

치료를 받는 참가자들의 치료진척 상황을 매월 정기적으로 평가하고 기록해 두는 것은 상당한 도움이 된다. 치료는 보통 오랜 시간에 걸쳐 진행된다. 진행자의 입장에서 관리나 상황 보고서, 치료 보고서 등을 준비해야 하는 참가자들이 많이 있을 수도 있다. 개방순환경 치료집단(open rolling program)일 경우 치료 종료 시점은 개별 참가자마다 다르다. 진행자가 참가자들의 오리엔테이션부터 집단에 들어가는 과정, 치료상의 진척 사항, 치료방식에 저항하거나 순응하는 정도, 각 치료과정을 통해 참가자가 습득한 것 등을 주 단위로 정리할 경우 진행자가 이것을 보고서로 만드는 일이 훨씬 용이해진다.

이 장에서 소개할 내용은 오리엔테이션 과정 관찰, 동료 참가자들의 평가, 심리측정, 재범 기록 등이다. 치료과정에서의 진척 사항들을 관찰하는 방식에 대한 글들은 이미 다수가 나와 있는 상태다. Beech, Fisher와 Beckett(1988)는 수감자를 대상으로 한 치료 프로그램에서 그들의 인지적 왜곡, 범죄에 대한 합리화, 자존감, 정서적 외로움, 적극성, 통제 소재, 피해자에 대한 감정이입, 치료에 대한 태도, 치료 프로그램의 가치에 대해 가지고 있는 생각, 집단 내의 관계와 재발 방지에 대해서 가지고 있는 생각 등에 대해서 측정하였다. 이 요소들의 측정을 위해 총 25개의 측정도구가 사용되었다.

이런 과정들은 지적장애인에게 과도한 부담이 될 수 있다. 첫째로, 제공되는 정보의 복잡성을 참가자들이 모두 소화하지 못하고 많은 평가도구들에 짜증을 낼 수 있다. 최악의 경우 모든 평가를 그냥 빨리 끝내기 위해서 측정도구에 대해 건성으로 답할 여지가 충분히 있다. 둘째로, 그들에 대한 측정은 모두 구조화된 인터뷰 형식으로 이루어져야 한다. 진행자가 측정 설문지를 배부했을 때 그것들이 항상 응답이 모두 기입된 상태로 회수되지는 않는다. 진행자는 질문을 읽어 주고 어떤 응답을 하라고 영향을 미치지 않는 범위 내에서 응답에 대해 설명을 해 주는 등 진행과정을 도와주어야 한다. 25종류나 되는 심리측정 설문지를 이런 식으로 진행하다 보면 진행자 그리고 참가자 모두 많은 시간을 이 작업에 할애해야 한다. 필자의 경우 초반부에는 2장과 3장에서 소개된 Thornton(2002)의 동적 위험요인에 부합되는 측정도구들을 사용했다. Beck 불안과 우울 척도, Novaco 분노척도, Dunbee 분노척도(Provocaion Inventory), 그리고 통제 소재를 측정하는 도구들이 이런 도구들이다. 또한 인지적 왜곡과 태도를 측정하는 성범죄자에 대한 태도 설문지(QACSO), 피해자 공감 척도 등의 도구들도 사용한다. 참가자들의 개별적인 치료 방안을 수립하기 위해서는 그들의 성 지식 정도를 측정하는 도구도 필요하다. 자기관리와 자기조절은 Barratt 충동성 척도를 통해서 측정할 수 있으며 성적 기호와 충동의 정도는 인터뷰나 개별 범죄력을 통해서 알 수 있다. 이런 측정도구들은 치료의 한 시점이 끝났을 때나 치료가 종료된 후에 사용하면 되고, 치료의 진척 상황을 알아보기 위해서 이런 도구를 사용하는 데는 많은 시간적 노력이 필요하다. 여기서 소개되는 도구들도 어느 정도의 시간이 소요될 수는 있으나 치료에 있어서 필요한 것들이다.

## 치료방향 점검

진행자는 매번 회기가 끝날 때마다 치료의 진행방향과 참가자들의 치료에 대한 협조의 정도를 간단한 필기를 통해서 기록할 수 있다. 필자는 Quinsey (2004)의 단축형 동적 위험요인 척도(Short Dynamic Risk Scale: SDRS)를 참고하여 개인별 동적 성적 위험요인 척도(Personal and Sexual Dynamic Risk: PSDR)를 만들었다. SDRS의 경우 각 항목이 5점 단위로 채점되는데 그 범위는 문제가 없음에서 상당한 문제가 있음이다. 이 항목들은 참가자가 자신의 행동에 대해 책임을 지는지, 대처 기술이 있는지, 불안이나 짜증을 보이는지, 공격적인 언어를 사용하는지, 타인에 대한 배려가 부족한지, 분노를 갑자기 보이는지, 일상생활 관리를 잘하는지, 자기 자신을 잘 돌보는지를 측정한다. Quinsey(2004)는 SDRS가 직원들이 사용하기 쉬우며 앞으로 폭력적인 사건이 일어날 가능성이 있는지를 잘 예측해 준다고 평가했다. 필자와 동료들의 연구(Lindsay et al., 2008b)에서는 SDRS가 폭력적인 사건들을 중간 정도의 정확도(auc=0.73)로 예측했음을 발견했다. 이 도구는 다른 정적·동적 평가도구 못지않은 예측력이 있다고 볼 수 있으며 사용하기도 편리하다.

PSDR은 9개의 항목으로 구성되어 있으며 진행자가 작성하는 것으로 세 가지 영역을 측정한다. 즉, 집단 참여도, 치료에서 다뤄진 내용에 대한 이해와 그로부터 받은 영향, 그리고 자기조절의 세 가지이며 [그림 20-1]에서 볼 수 있다.

PSDR은 진행자가 참가자들의 개별 치료 진척 상황을 보면서 기입할 수 있다. 집단 참여도를 측정하는 항목이 세 개 있는데, 이는 회기에서 다뤄지는 내용의 이해 정도, 참가자의 결석, 지각을 통해 참여를 회피하는지, 회기 중 대답이나 참여하는 것을 거부하는지, 회기 중 아예 없는 것처럼 행동하는지, 치료 회기의 진행에 저항하는지를 측정한다.

개별 참가자가 자신들이 치료에서 습득한 내용을 자신의 사회관계와 성적 내담자의 최근까지의 태도에 해당하는 항목에 동그라미를 친다. 최근이라 함은 지난 두세 번의 집단 회기, 지난주나 그 달에 내담자가 보였던 일상적인 행동들이나 동료들에게 보였던 행동들을 의미한다. 평가는 한 달이 지난 것에 대해서 하면 안 된다. 내담자가 문제가 없었을 경우는 0에 해당되며 1점에서 4점으로 가면서 그 심각성이 점점 더 증가함을 의미한다.

1. **범죄에 대한 책임을 인정하기.** 0점은 자신이 위험 가능성이 있는 상황에 들어갔고, 그 상황을 범죄에 이용했음을 인정하고 자신의 범죄에 대해 책임을 완전히 인정함을 의미한다. 4점은 자신의 책임을 인정하지 않으며, 상황이나 피해자에게 책임을 전가시키는 경우에 해당한다. 중간 점수는 책임을 어느 정도 인정함을 의미한다.

| 0 | 1 | 2 | 3 | 4 |
|---|---|---|---|---|
| 문제가 없음 | | 어느 정도 문제가 있음 | | 문제가 심각함 |

2. **관점 이해하기.** 타인과 피해자에 대한 공감. 0점은 피해자가 겪은 것을 이해하며, 타인의 감정을 이해하며, 타인이 원하는 것에 대해 협조적임을 의미한다. 4점은 피해자와 타인에 대한 배려가 없으며, 타인의 관점을 이해하는 것이 부족함을 의미한다. 중간 점수는 타인을 어느 정도 이해함을 의미한다.

| 0 | 1 | 2 | 3 | 4 |
|---|---|---|---|---|
| 문제가 없음 | | 어느 정도 문제가 있음 | | 문제가 심각함 |

3. **성충동 절제와 대처 기술.** 0점은 위험 상황에 대처하는 능력이 있으며, 위험한 상황을 피하기 위해 단계적인 조치를 취할 줄 알며, 성충동을 절제할 수 있음을 의미한다. 4점은 성충동 억제에 문제가 있으며, 부적절한 상황을 욕구 충족을 위해 이용하며, 대인관계를 잘 하지 못함을 의미한다. 중간 점수는 어느 정도의 대처 기술이 있음을 의미한다.

| 0 | 1 | 2 | 3 | 4 |
|---|---|---|---|---|
| 문제가 없음 | | 어느 정도 문제가 있음 | | 문제가 심각함 |

4. **회기 중 화가 나 있거나 비협조적인 정도.** 0점은 동기부여가 되어 있으며 회기 중 다루어지는 내용들에 대해 적절한 관심을 보임을 의미한다. 4점은 적대적이며 비협조적임을 의미한다.

| 0 | 1 | 2 | 3 | 4 |
|---|---|---|---|---|
| 문제가 없음 | | 어느 정도 문제가 있음 | | 문제가 심각함 |

5. **참여도.** 0점은 회기 중 활발하며 협조적이며 관심이 있음을 의미한다. 4점은 아프다는 이유로 회기에 빠지거나 늦게 오거나, 회기 중 자신이 마치 자리에 없는 듯이 행동함을 의미한다.

| 0 | 1 | 2 | 3 | 4 |
|---|---|---|---|---|
| 문제가 없음 | | 어느 정도 문제가 있음 | | 문제가 심각함 |

6. **회기 내용에 대한 이해도.** 0점은 회기의 내용을 잘 이해해고 그것을 기억하며(그들의 지적장애를 고려할 때), 그 지식을 활용할 수 있음을 의미한다. 4점은 내용들을 이해하지 못하거나 이해하기를 거부하며, 이런 이해가 회기 간에도 계속되어야 함을 인정하지 않으며, 이전의 회기에서 다뤄진 내용을 기억하는 것에 대한 관심이 없음을 의미한다.

| 0 | 1 | 2 | 3 | 4 |
|---|---|---|---|---|
| 문제가 없음 | | 어느 정도 문제가 있음 | | 문제가 심각함 |

7. **자기관리와 위생.** 0점은 자기관리와 위생이 적절함을 의미한다. 4점은 회기에 참여할 때 옷차림이 단정하지 않으며, 면도 등 개인위생이 적절하지 않음을 의미한다.

| 0 | 1 | 2 | 3 | 4 |
|---|---|---|---|---|
| 문제가 없음 | | 어느 정도 문제가 있음 | | 문제가 심각함 |

8. **삶의 방식에 대한 절제.** 0점은 자신의 삶을 잘 절제하며, 가야 할 곳에 참석을 하며, 약속을 잘 지키며, 사람들과 좋은 관계를 가짐을 의미한다. 4점은 일상생활이 잘 관리되지 않으며, 취침이나 식사 등이 일정하지 않으며, 반사회적 고립적 관계를 가지고 있으며, 물질남용이 있음을 의미한다.

| 0 | 1 | 2 | 3 | 4 |
|---|---|---|---|---|
| 문제가 없음 | | 어느 정도 문제가 있음 | | 문제가 심각함 |

9. **전반적인 대처 기술.** 0점은 사회적인 상황들을 처리할 수 있으며, 일상생활이나 직업적인 상황도 적절히 대처할 수 있음을 의미한다. 4점은 대인관계나 일상생활에서의 문제에 대처하지 못하며 짜증, 적대감, 불안감, 회피 등의 감정을 표출함을 의미한다.

| 0 | 1 | 2 | 3 | 4 |
|---|---|---|---|---|
| 문제가 없음 | | 어느 정도 문제가 있음 | | 문제가 심각함 |

**[그림 20-1] 개인별 동적 성적 위험요인(PSDR)**

관계 속에 적용하는지를 알 수 있는 항목은 세 가지다. 자신의 범죄에 대한 책임을 느끼는지의 여부, 타인의 관점 이해와 타인에 대한 배려가 보이는지 여부, 성적인 상황의 극복과 자기조절 기술이 있는지의 여부를 묻는 항목들이 그것들이다. 삶의 방식 변화와 재발 방지에 관련된 세 가지 항목은 삶의 방식 절제, 자기관리 부족, 개인위생과 일반적인 사회생활 대처 기술이다. Marques 등(2005)은 치료 참여도에 대한 정기적 점검과 진척 상황 점검을 통해 치료의 결과와 재범에 대한 높은 예측력을 확인할 수 있었다고 언급했다. 이런 점을 볼 때 PSDR은 치료로 인한 향상의 정도를 정기적으로 평가할 수 있는 도구다.

하지만 이런 점검들이 항상 참가자의 향상 정도를 보여 주는 적합한 기준이 되지는 않는다는 것 또한 인식되어야 한다. 필자와 동료 진행자들은 한 참가자가 상당한 향상을 보이고 있다고 생각했던 적이 있다. 이 참가자의 경우 프로그램 내용도 잘 이해를 했으며 자신의 집단 내에서도 사람들과 좋은 관계에 있었으며 모범적이었다. 자신이 저지른 사건에 대한 책임감도 느끼고 있는 것으로 보였고, 자신을 절제할 줄 알았으며, 피해자에 대한 배려도 보였다(지적장애를 가지고 있는 참가자들의 한계를 감안할 때). 그는 부모와 함께 규칙적인 삶을 살았고, 보호관찰, 직업훈련 기관, 그리고 필자와 동료들과 한 약속들을 잘 지켰으며, 보고서에서 협조적이란 평가를 받았다. 필자가 보기에 그는 치료 프로그램의 활동을 잘 수행했으며, 사교적이었고 절제하는 생활을 했기에 그의 한해 치료평가 보고서를 쓰면서 그가 만족할 만한 수준으로 향상되고 있다고 평가했다.

필자와 동료들이 그에 대해 긍정적인 평가 보고서를 쓰는 동안에, 이 참가자는 자신의 직장에 30분 정도 늘 일찍 도착하여 남는 시간을 이용해서 여성의 뒤를 따라다니는 행동을 하였다. 몇 주 후 필자는 그가 차 안에 있는 여성에게 다가가서 여성의 치마를 만지는 범죄 행동을 했다는 보고서를 쓰게 되었다. 이 사례는 경험이 많은 임상 팀의 지원을 받는 노련한 치료자조차도 어처구니없는 실수를 할 수 있다는 것을 보여 준다. 여성의 입장에서는 자신에게 접근하여 그런 행동을 한 남자로 인해 충격을 받았을 것이다. 이 사건은 이 참가자의 경우 자기조절에 있어 자신에 대한 억제가 되지 못하고 접근/자동형 이었음을 보여 준다. 다행스러운 점은 필자와 직원들은 이 참가자를 평가한 방법에 대해 다시 숙고하게 되었고, 상세하고 다양한 측면에서 그의 일상을 점검하게 되었다는 것이다.

그는 남은 치료 기간 동안을 잘 보내고 있는 것처럼 보였지만 이전에 그가 잘 하고 있었다고 생각한 것이 잘못된 것으로 드러난 전례가 있었기에 그가 잘하고 있다고 말할 수가 없게 되었다. 그는 자기 자신과 가족에게 솔직하지 못했으며, 다른 치료 참가자들에게 잘못된 믿음을 주었고, 자신의 행위가 재판을 받게 됨으로써 치료 프로그램의 존재에 위협을 주게 되었다. 또한 경험 많은 진행자를 멍청한 사람으로 만들어 버렸다. 이런 것들에 대한 토론에서 진행자는 어렵겠지만 비난하는 분위기가 아닌 도와주려는 분위기를 유지하는 것이 중요하다. 진행자는 자신이 멍청한 사람이 되어 버린 것에 대해서 신경을 많이 쓰지 않는 것이 자신에게 더 도움이 된다(이런 일이 처음 있는 것도 아니며 또 더 이상 있지 않을 일도 아니기 때문이다). 왜 자신의 행동을 치료 상황에서 말하지 않았느냐는 질문을 받았을 때 그는 '내가 거짓말을 한다는 것'을 드러내는 결과가 되기 때문에 말하지 않았다고 했다. 그가 한 말은 이후 참가자들과 그들의 일상생활에 대한 질문을 할 때 인용되었다.

## 치료 진행 상황에 대한 동료의 평가

수년의 시간이 지나면서 필자와 동료 진행자들은 참가자들로부터 동료에 대해서 서로 평가하는 것이 어떠냐는 제안을 받게 되었다. 이 제안을 받아들여, 참가자들이 서로를 1점에서 10점의 평가점수로 평가를 하게 되었다. 이 평가는 사다리 형식으로 향상이 가장 낮은 경우가 1점이 되며 가장 높은 경우가 10점이 되었다.

[그림 8-2]는 이 예를 보여 주고 있으며, [그림 20-2] 또한 이러한 방식을 사용한 유사한 예를 보여 준다. 치료 참가자 집단은 평가하는 사람에 대해서 먼저 토의를 한다. 토의가 진행된 후 개별 참가자는 평가받는 사람에 대해 점수를 주게 된다. 이 과정에서 상당히 낮은 점수를 주는 사람도 있으며 높은 점수를 주는 사람도 발견된다. 모든 참가자가 점수를 모두 주고 나면 진행자도 점수를 준다.

〈표 20-1〉은 18명의 참가자에 대한 평균 점수를 보여 준다. 첫 번째 열은 동료 참가자들이 준 평균 점수이며 두 번째 열은 치료진이 준 평균 점수다. 다양한 사례에서 치료진과 참가자의 동료평가 평균점수 간 Spearman 상관계수가 0.89, 0.78, 0.81, 0.72로 나타났다. 이는 효과의 크기가 상당히 크고 두 집단 간 평가 점수에 상관이 높다는 것을 의미한다. 이런 높은 상관은 참가자들에 대한 토론이 영향을 미친 것으로 볼 수도 있지만 토론이 많지 않았을 때도 높은 상관관계가 존재하였다. 이런 점을 볼 때 동료의 평가는 치료진의 평가와 일관성을 보인다는 판단이 가능하다. 당연히 동료들 간, 치료진 간 점수에서 편차가 심한 경우도 존재한다. 또한 평가를 받는 사람에 대한 개별적인 선호도 또한 점수에 영향을 주는 것이 사실이다. 그러나 이 모든 점을 감안하고라도 전반적인 평균 점수는 치료진의 점수와 동료들의 점수 간에 상관관계가 있음을 보여 준다. 이 활동은 진행자가 판단하여 적절한 시점에 실시하면 된다.

참가자들은 동료들에게 받은 자신의 점수를 대부분 기억한다. 정확한 점수는 기억하지 못한다 하더라도 대략적인 점수의 수준은 기억하게 된다. 자신의 점수가 이전의 점수보다 낮으면 실망감을 느끼기도 한다. 향상이나 퇴보는 집단 회기나 다른 여러 가지 방법을 통해서 논의될 수 있다. 평가를 받는 사람의 점수는 자신의 모습을 잘 관리하지 못한 결과일 수도 있다. 진행자는 치료 프로그램에 새로 들어온 참가자들의 경우 동료에 대한 평가를 기존과는 다른 시각으로 하는 경우도 있다는 점을 감안하여 평가의 신뢰성을 신중하게 고려해야 한다. 참가자들 중 일부는 개인적인 문제로 어려운 시간을 보내고

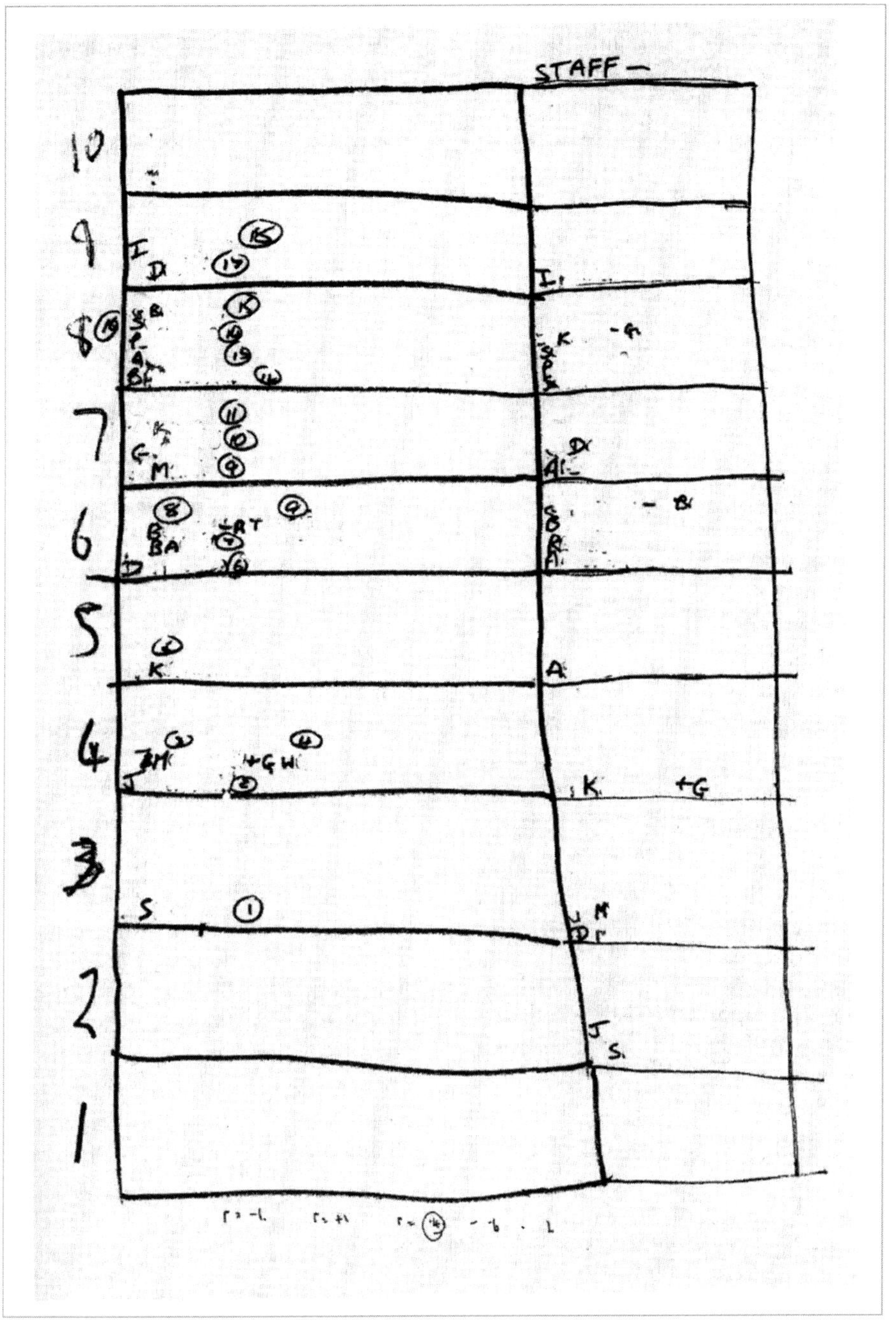


[그림 20-2] 동료와 치료진이 참가자에 주는 점수의 사다리 모형 예

〈표 20-1〉 각 참가자가 동료와 치료진으로부터 받은 향상 정도에 대한 평균 점수

| 참가자 | 동료 평가 | 치료진 평가 |
|---|---|---|
| 1 | 9.4 | 9.1 |
| 2 | 9.1 | 7.5 |
| 3 | 8.9 | 8.5 |
| 4 | 8.8 | 8.4 |
| 5 | 8.5 | 8.3 |
| 6 | 8.2 | 5.0 |
| 7 | 8.1 | 6.5 |
| 8 | 7.5 | 8.5 |
| 9 | 7.4 | 6.7 |
| 10 | 7.1 | 7.1 |
| 11 | 6.5 | 6.1 |
| 12 | 6.5 | 6.4 |
| 13 | 6.1 | 3.1 |
| 14 | 5.1 | 4.1 |
| 15 | 4.2 | 4.1 |
| 16 | 4.2 | 3.2 |
| 17 | 4.1 | 2.2 |
| 18 | 3.1 | 2.1 |

이런 점들은 평가에 영향을 미칠 수 있다는 점도 기억해야 한다.

## 치료 단위와 주제에 대한 점검

치료 프로그램이 진행되는 동안 치료 단위와 주제에 대한 점검은 반복적으로 계속 이루어진다.

필자는 공식적으로 하는 점검을 퀴즈를 통해서 해 왔는데, 처음 이 방식을 소개하였을 때 참가자들은 성범죄에 관련된 회기에서 퀴즈를 통한 점검은 어려울 것이라는 반응을 보였다. 다시 한 번 필자는 질문들이 성범죄에 관련된

것일 수 있다고 그들을 재확인하였고 그들은 이를 수용하였다. 진행자는 참가자들이 이 활동에서 제시할 문제들을 충분히 준비하여야 한다. 또한 참가자들이 점수를 얻을 수 있도록 질문이 쉬워야 한다는 것이다.

참가자들은 이 활동에 열심히 참가했다. 그들은 적극적이었으며 자신의 점수가 다른 사람의 점수보다 떨어질 경우 실망감을 보이기도 했다. 회기가 끝날 때쯤이면 서로의 점수가 비슷해지게 하는 것도 좋은 진행방법이다.

## 퀴즈 활동

### 준비물: 플립차트와 필기도구

- 참가자들은 둘 또는 세 개의 팀을 구성할 수 있다.
- 각 팀은 이름을 정한다.
- 각 팀의 리더를 정한다.
- 각 팀은 대답하기 전에 문제에 대한 논의를 하고 정답에 대해 일치할 때 대답을 한다.
- 이 활동은 결국 함께 진행하는 공동작업이며, 게임일 뿐이기 때문에 고함치듯 대답하지 않기, 상대방이 부정행위를 했다고 주장하지 않기 등과 같은 규칙을 몇 개 정하는 것도 도움이 된다.
- 팀들이 차례로 질문에 대답하거나 같은 질문에 양 팀이 동시에 대답을 할 수도 있으며 답변이 맞고 틀리는 것에 상관없이 대답을 할 수 있다.
- 대답이 맞고 틀리는 것에 대한 결정은 진행자가 최종적으로 한다.
- 팀원들은 질문에 대한 대답이 맞을 경우 표시를 하거나 점수를 줄 수 있다.

퀴즈 풀기를 하면서 팀원들은 다른 팀에게 던질 질문을 생각해도 된다. 이는 경쟁심을 더 유발하고 각 팀의 결속력도 다지게 한다. 간혹 자신들이 제기한 문제에 대해 답을 못하는 팀이 생길 때도 한다. 팀원들은 정리되는 내용에 집중하면서 퀴즈 활동을 즐길 수 있게 된다. 진행자는 나름의 질문들을 만들어도 되며, 예는 〈부록 2〉에 제시되어 있다.

## 심리평가

성범죄자 치료는 인지적 왜곡에 대해 논박하는 인지치료 기법에 많이 의존한다. 필자는 3개월에서 6개월 정도의 간격을 두고 참가자들의 범죄에 대한 태도의 변화를 조사한다. 조사에 사용되는 도구는 2장에서 설명했던 QACSO다. QACSO에는 범죄에 관련된 여러 가지 문항이 있으며 응답자는 자신이 그 문항들에 동의하는지에 대해 대답을 한다. 동의하는 문항이 많을수록 점수는 높아지게 된다. QACSO는 심리측정적 해석(psychometric interpretation)에 많이 의존한다는 제한성은 있다. Wechsler 성인용 지능검사나 다른 심리평가 척도를 다룰 때와 같이 사용자는 심리평가에 대해 어느 정도는 훈련을 받고 자격(영국심리협회의 인증)을 받은 상태여야 한다. QACSO는 8개의 척도로 이루어져 있으며 그중 7개는 특정 성범죄와 연관된다. 그 척도들은 강간과 여성에 대한 태도, 관음증, 노출증, 데이트상의 학대적인 행동, 스토킹(허락 없이 몰래 따라다니기)과 성적인 괴롭힘, 동성에 대한 성추행, 아동에 대한 성범죄다. 이 도구는 두 편의 연구(Broxholme & Lindsay, 2003; Lindsay, Whitefield, & Carson, 2007)에서 표준화되었으며 지적장애 성범죄자, 다른 유형의 범죄 경력이 있는 지적장애 범죄자, 범죄 경력이 없는 지적장애인과 범죄 경력이 없는 일반인 등에 대한 규준이 제시되어 있다. 나머지 척도는 사회적 바람직성 척도이며 5개의 문항으로 이루어져 있다. 이 문항들은 외관상 보기에 다른 척도의 문항들과 유사하다. 그러나 사회적 바람직성 척도의 문항들은 표준화 집단에 속한 대부분의 남성이 동의한 문항이다. 이 문항들은 다른 문항들처럼 사회적 차원에서 인정되지 않는 것들이나 대부분의 남성은 그것을 인정하였다. 이런 면에서 볼 때 응답자가 이 문항들을 인정하지 않을 경우, QACSO를 실시하는 사람은 주의 깊게 그 응답자의 일반적 대답 유형을 점검해 보아야 한다.

QACSO의 각 척도는 성범죄를 지지하는 범죄의 최소화, 정당화와 같은 인지적 왜곡에 해당되는 문항들을 다수 포함하고 있다. 강간척도의 '여성은 성추행에 대해서 너무 소란을 떠는가?'와 같은 질문은 범죄의 최소화 시도를 의미한다. 관음증 척도에서 '여성이 미니스커트를 입고 있다면 남성이 그곳을 쳐다봐 주기를 원하는 것인가?'와 같은 질문은 피해자도 어느 정도 책임이 있다는 식으로 범죄를 경감하려는 의도를 의미한다. 노출척도에서 '대부분의 여성은 남성의 노출된 성기를 보았을 때 그냥 웃어넘기는가?'와 같은 질문도 범죄의 최소화를 의미하며 데이트상의 학대적 행동척도에서 '당신이 여성에게 성행위를 하자고 말하지 않는다면, 그녀는 당신이 자신을 좋아하지 않는다고 생각할 것인가?'와 같은 질문은 사건을 정당화하려는 것을 의미한다. 아동에 대한 성범죄 척도에서 '어른이 부드럽게 행동한다면 아동과의 성행위가 해가 된다고 생각하는가?'와 같은 질문은 비접촉 범죄 상황에서의 범죄 최소화의 의도가 있음을 보여 준다. 이런 방식으로 QACSO는 여러 가지 관점에서 인지적 왜곡을 보여 준다.

반복측정을 통해서 평가자는 치료를 받는 참가자들의 치료 진척 상황을 평가할 수 있다. 〈표 20-2〉는 남성, 여성 그리고 아동에게 성범죄를 저지른 남성 범죄자의 경우다. 표에는 QACSO의 일곱 가지 척도, 전체점수, 사회적 바람직성 척도가 제시되어 있다. 각 척도에 나타난 점수는 6개월마다 측정된 것들이다. 필자는 이전에는 전체점수를 명시하지 않았지만, Rose 등(2002, 2007)과 Murphy 등(2007)은 전체점수는 치료적 변화에 민감하다고 언급했다. 여러 척도상에서 이 참가자의 점수는 지적장애 성범죄자들의 평균점수와 거의 일치했다. 사실 다른 표준화집단의 평균점수보다 1 표준편차 정도 더 높았다. 이 참가자는 관음증, 노출, 스토킹, 동성에 대한 성추행, 아동에 대한 성

〈표 20-2〉 사례 A. 성범죄에 대한 태도 설문지

| 척도 | 기저선 | 6 개월 | 12 개월 | 18 개월 | 24 개월 | 30 개월 | 36 개월 |
|---|---|---|---|---|---|---|---|
| 강간과 여성에 대한 태도 | 2 | 2 | 2 | 2 | 1 | 1 | 1 |
| 관음증 | 5 | 6 | 3 | 5 | 4 | 6 | 3 |
| 노출증 | 4 | 5 | 3 | 1 | 0 | 1 | 3 |
| 데이트 폭력 | 3 | 4 | 2 | 2 | 1 | 1 | 0 |
| 스토킹 | 4 | 7 | 4 | 7 | 1 | 0 | 1 |
| 동성에 대한 성추행 | 3 | 3 | 1 | 0 | 0 | 0 | 0 |
| 아동에 대한 성범죄 | 6 | 8 | 5 | 5 | 3 | 1 | 2 |
| 전체점수 | 27 | 35 | 20 | 22 | 10 | 10 | 10 |
| 사회적 바람직성 | 5 | 5 | 4 | 5 | 3 | 3 | 5 |

주: 이 표는 36개월 정도의 치료가 끝난 후 최초 평가(기저선)에서 6개월의 시간을 두고 계속적으로 측정한 점수를 보여 준다. 범죄 형태를 보여 주는 7개의 척도, 전체점수, 그리고 사회적 바람직성 척도가 제시되었다.

범죄의 태도를 평가하는 다수의 문항을 인정하였다. 그의 응답은 강간과 여성에 대한 태도, 데이트상의 학대적인 행동 척도에서는 성범죄자 평균보다 낮은 점수가 나왔다.

전체점수를 보면 이 참가자의 점수는 성범죄자 규준집단들의 평균치보다 약간 아래에 있다. 중요한 것은 그의 사회적 바람직성 척도를 보면 그가 사회적으로 기대되는 방식으로 응답을 하지 않았음을 알 수 있다는 것이다. 즉, 평가자가 자신을 좋은 쪽으로 볼 수 있는 방향으로 응답하지 않았다는 의미다. 이 참가자는 치료 후 6개월 간격으로 재평가를 받았으며 그의 반응은 다른 참가자들의 것과 그리 다르지 않았다. 기저선에서 보였던 것보다 조금 높은 점수가 나왔으며, 이것은 관음증, 노출, 데이트상의 학대적인 행동, 스토킹, 아동에 대한 성범죄 척도들에 반영되었다. 인지적 왜곡이 증가한 것은 진행자가 그들의 태도에 대해서 비난을 하지 않았기 때문이라는 가설이 가능하다. 집단 회기 동안 그들이 가진 여러 가지 생각이 억제되지 않고 소크라테스식 문답방식으로 토의되었다. 이런 과정에서 최초 평가에서 어느 정도 억제되었던 것들이 더 풀어지게 되었고, 참가자들은 이런 문제에 대해 말하는 것을 더 편하게 느끼게 되었고, 더 솔직하게 말을 하게 된 것이다. 초기에 드러나는 억제 효과를 넘어가면서 이 참가자는 많은 인지적 왜곡 문항을 인정하였다.

이후 2년 정도의 시간에 걸쳐서 인정하는 문항이 감소하는 것을 볼 때 치료가 그의 사고방식에 어느 정도 효과가 있었음을 알 수 있다. 18개월째에 관음증과 스토킹에서 이 참가자의 점수가 12개월째의 점수보다 높아진 것이 보인다. 필자의 경험으로 볼 때 이 결과에 큰 의미를 둘 필요는 없어 보인다. 응답자들이 2년 내지 3년에 걸쳐서 QACSO의 항목들에 응답을 하면서 어느 정도의 가변적인 응답을 하는 것은 드문 일은 아니다. 치료가 끝날 무렵에 이 참가자의 점수는 관음증과 노출 척도를 제외하면 성범죄자들의 표준점수보다 계속해서 낮았다. 관음증 척도에서의 점수는 상승세를 보였는데 이것은 그가 여성을 쳐다보는 것에 대해서는 합당하다고 생각하고 있으며, 성적인 관점에서 쳐다보는 것에도 별 문제가 없다고 생각하고 있음을 알 수 있다. 강간, 관음증, 노출 척도의 문항을 그가 지속적으로 인정하는 것은 여성 또한 자신이 어떻게 옷을 입었느냐에 따라서 남성이 범한 성범죄에서 어느 정도 책임이 있다고 생각하는 것을 의미한다. 사실 이런 견해는 성범죄자들에게서 흔히 볼 수 있는 것이며, 일반 대중 가운데도 이런 생각을 하는 사람들이 적지 않다. 아동 성범죄에 대해서 아동은 몇 년의 시간이 지나면 성학대 경험으로부터 회복할 수 있다는 의견을 계속 고수하였다. 그가 인정한 항목들은 성추행에서 피해자들의 의복 착용이 어느 정도는 책임이 있을 수도 있는 경우였다.

〈표 20-2〉는 이 참가자의 전체점수가 일정하게 감소했음을 보여 준다. 마지막 12개월째에 한두 가지 척도에서 증가가 있었지만 전반적으로 전체점수는 안정적으로 감소하였다. 사회적 바람직성 척도의 점수는 허용할 만한 수준을 유지했다. 이 척도에서 나타나는 항목들에 대한 인정의 정도를 보면서 평가자는 이 참가자의 응답에 대해 어느 정도의 확신을 가질 수 있었다.

〈표 20-3〉은 성인 여성을 대상으로 성범죄를 저지른 한 남성의 QACSO 결

〈표 20-3〉 사례 B. 성범죄에 대한 태도 설문지

| 척도 | 기저선 | 6 개월 | 12 개월 | 18 개월 | 24 개월 | 30 개월 | 36 개월 |
|---|---|---|---|---|---|---|---|
| 강간과 여성에 대한 태도 | 7 | 7 | 7 | 4 | 4 | 2 | 2 |
| 관음증 | 5 | 5 | 5 | 2 | 2 | 2 | 2 |
| 노출증 | 3 | 5 | 1 | 2 | 1 | 2 | 0 |
| 데이트 폭력 | 4 | 4 | 1 | 3 | 0 | 2 | 0 |
| 스토킹 | 9 | 9 | 1 | 4 | 0 | 1 | 2 |
| 동성에 대한 성추행 | 1 | 1 | 0 | 1 | 0 | 1 | 0 |
| 아동에 대한 성범죄 | 3 | 2 | 1 | 3 | 1 | 1 | 1 |
| 전체점수 | 32 | 31 | 16 | 19 | 8 | 11 | 7 |
| 사회적 바람직성 | 5 | 5 | 5 | 5 | 4 | 5 | 4 |

주: 이 표는 36개월 정도의 치료가 끝난 후 최초 평가(기저선)에서 6개월의 시간을 두고 계속적으로 측정한 점수를 보여 준다. 범죄 형태를 보여 주는 7개의 척도, 전체점수, 그리고 사회적 바람직성 척도가 제시되었다.

과를 보여 준다. 초기 평가에서 이 남성의 점수는 강간과 여성에 대한 태도, 관음증, 노출, 데이트폭력 행동, 스토킹과 동성에 대한 성추행 척도에서 성범죄자들의 표준 평균점수와 일치하였다. 아동에 대한 성범죄 척도의 점수는 지속적으로 낮았으며, 이는 성인을 대상으로 성범죄를 저지른 범죄자의 경우 아동 성범죄자들의 경우보다는 아동 성범죄 척도에 대한 점수가 낮다는 Lindsay 등(2006b)의 연구 결과를 반영한다. 치료가 진행되면서, 그의 점수는 낮아지기 시작했고, 특히 노출, 데이트폭력 행동, 스토킹 척도의 점수가 낮아졌다. 그가 치료를 받은 지 18개월 정도가 되어서야 강간, 성추행 그리고 관음증에 대한 태도에서 치료의 효과가 나타나기 시작했다.

이 표에서도 여러 가지 측면이 나타난다. 앞서의 경우처럼 평가의 여러 시점에서 점수의 증가는 일정하지 않았다. 그러나 이 증가가 두드러진 것은 아니었다. 치료가 끝날 무렵 그의 점수는 전반적으로 낮았지만, 강간과 성추행, 관음증과 스토킹 척도의 항목들을 인정하는 것은 지속적으로 나타났다. 이 항목들은 주로 여성의 의복 착용 상태는 여성 편에서 사건을 유발시키는 요인이며, 범죄에 대한 책임 경감과 관계된 항목들이었다. 그는 아동에 대한 성범죄척도의 '소녀가 생리를 하는 나이가 되면 성관계를 갖는 것을 스스로 결정할 수 있다'는 문항에 지속적으로 긍정적인 응답을 하였다. 사회적 바람직성 척도의 점수는 계속 높은 편이었으며, 자신의 응답에 대한 확신을 가지고 있음을 보여 주었다.

〈표 20-4〉의 남성의 경우는 앞의 예들과는 변화의 정도가 다르다. 이 남성은 여성에게 폭력을 행사한 경우이며, 첫 평가에서 강간, 성추행, 관음증, 노출, 데이트폭력 행동, 스토킹과 동성에 대한 성추행에서 상당히 높은 점수를 보였고 아동에 관해서는 낮은 점수를 보였다. 12개월과 18개월째에 점수가 낮아졌지만, 2년 후의 평가에서 점수가 상당히 증가하였다.

이 시기 동안 그는 사람들과의 관계에서 어려움이 많았으며 보호관찰 회기에 결석하기 시작했고 이전보다 더 반사회적인 행동 경향성을 보였다. 그가 보호관찰 규정을 어긴 것으로 판명되지 않았지만, 행동에 대한 경고를 받게 되었다. 그는 계속해서 여러 상황에서 대립적이고 공격적인 성향을 보였으며 QACSO 측정 결과 그의 점수는 강간, 관음증, 노출, 데이트폭력 행동, 스토킹

**〈표 20-4〉 사례 C. 성범죄에 대한 태도 설문지**

| 척도 | 기저선 | 6 개월 | 12 개월 | 18 개월 | 24 개월 | 30 개월 | 36 개월 |
|---|---|---|---|---|---|---|---|
| 강간과 여성에 대한 태도 | 6 | 7 | 4 | 2 | 6 | 4 | 3 |
| 관음증 | 5 | 5 | 3 | 5 | 5 | 5 | 5 |
| 노출증 | 4 | 5 | 4 | 2 | 4 | 2 | 2 |
| 데이트 폭력 | 4 | 5 | 2 | 2 | 5 | 1 | 2 |
| 스토킹 | 6 | 6 | 3 | 1 | 6 | 5 | 5 |
| 동성에 대한 성추행 | 2 | 1 | 2 | 1 | 1 | 1 | 1 |
| 아동에 대한 성범죄 | 3 | 3 | 2 | 1 | 6 | 1 | 1 |
| 전체점수 | 50 | 32 | 20 | 14 | 33 | 19 | 19 |
| 사회적 바람직성 | 5 | 5 | 5 | 4 | 5 | 4 | 5 |

주: 이 표는 36개월 정도의 치료가 끝난 후 최초 평가(기저선)에서 6개월의 시간을 두고 계속적으로 측정한 점수를 보여 준다. 범죄 형태를 보여 주는 7개의 척도, 전체점수, 그리고 사회적 바람직성 척도가 제시되었다.

과 아동에 대한 성범죄 척도에서 성범죄자들이 보여 주는 점수와 일치하였다. 놀라운 점은 그의 아동에 대한 성범죄 척도 점수도 상승했다는 것이다. 여기서 기억하여야 할 것은 미래의 성범죄 가능성에 대한 평가는 성범죄에 대한 태도와 함께 일반적 범죄성과 삶의 방식이 포함된다는 것이다. 이 경우는 삶의 방식이 성범죄에 대한 태도와 여러 항목에 영향을 준다는 것을 보여준다. 평가자는 이 남성이 아동에 대한 성범죄 척도의 항목들을 인정했다는 것은 그가 새롭게 이런 성적 기호를 가지게 되었다기보다는 전체적인 평가방식에 대한 반감을 표현한 것으로 보았다. 그는 평가자와 평가도구 그리고 모든 사람에게 냉소적이며 적대적이었다. 이 시점의 그의 전체점수는 전체 중 가장 높았다. 그의 전체점수가 30개월, 36개월째에 줄어들긴 했지만 강간, 관음증, 스토킹과 성추행 척도에서 여전히 높은 점수를 보였다. 치료가 특별히 영향을 미치지 못한 것으로 드러났으며 계속 출석을 하고 감독을 받도록 조치되었다. 그의 사회적 바람직성 척도 점수는 계속 높은 상태였다.

사회적 바람직성 척도의 결과는 〈표 20-5〉에서 볼 수 있다. 평가는 치료 프로그램을 시작하기 전에 시행되었으며, 참가자가 모든 척도에서 상당히 낮은 점수를 받았음을 알 수가 있다. 이 참가자의 경우 십 대부터 성인 남성과 아동을 대상으로 비접촉 범죄를 저질렀다. 기숙학교를 다녔으며 수년에 걸쳐

**〈표 20-5〉 사례 D. 성범죄에 대한 태도 설문지**

| 척도 | 기저선 | 기저선 2 |
|---|---|---|
| 강간과 여성에 대한 태도 | 1 | 1 |
| 관음증 | 2 | 2 |
| 노출증 | 0 | 0 |
| 데이트 폭력 | 0 | 1 |
| 스토킹 | 0 | 1 |
| 동성에 대한 성추행 | 0 | 1 |
| 아동에 대한 성범죄 | 1 | 1 |
| 전체점수 | 4 | 7 |
| 사회적 바람직성 | 1 | 2 |

치료를 받아 왔다. 그의 사회적 바람직성 척도의 점수는 성범죄자가 치료를 받는 사람들이 통상적으로 받는 점수보다 한 단계 더 낮은 상태에 있었기 때문에, 필자는 그의 반응의 신뢰성에 대해서 많은 의심을 가지게 되었다. 그의 지능은 WAIS IQ 76이었으며 그 지능에 비해 실제 적응 수준은 더 나아 보였다. 그는 수년 동안 자신의 성적 정체성에 대해 치료사들과 많은 논의를 해 왔다. 이런 과정에도 불구하고 성인 남성과 소년에 대한 성범죄를 계속 저질렀으며, 일련의 비접촉 범죄를 저지른 후 치료에 의뢰되었다. 그는 자신의 태도에 대한 질문에 대답을 했으며, 사회적 바람직성 척도에 나타나는 낮은 점수를 볼 때 그의 응답은 실제 자신의 생각을 반영했다기보다는 학습된 것이라는 생각을 하게 되었다. 대부분의 치료 참가자들은 사회적 바람직성 척도에 포함된 사회적 통념으로 용납되지 않는 행동문항들을 인정하는 태도를 보이는데, 그의 경우는 자신이 좀 더 좋은 방향으로 비춰지도록 의도적으로 행동하고 있는 것으로 보였다.

이런 예들은 반복적인 심리평가를 통해서 진행자가 참가자들의 개별적 진척 상황을 점검할 수 있음을 보여 준다. 특정 항목에 대한 반응을 평가함으로써 치료상에서 특정한 부분이 반복되거나 강조되어야 함을 알 수가 있으며, 전체 척도들에 대한 점수를 통해서 특정 치료 단위가 그 당사자에게 반복되어야 할지 치료 기간이 더 연장되어야 할지를 알 수가 있다. 참가자들의 보호관찰 기간이 끝나는 시점이 오기 때문에 치료를 연장한다는 것은 항상 가능하지는 않다. 그러나 필자의 경험상 이런 권고를 하는 것은 가치가 있다. 참가자들은 치료의 시작이나 처음 몇 개월 동안은 통상 출석에 대한 동기부여가 거의 없는 경우가 많지만 시간이 지나면서 치료를 통해서 자신이 안전해지는 것을 인식하면서 자발적으로 참여하려는 경우도 있기 때문이다.

## 재범 기록

재범에 대한 기록은 다양한 연구에서 서로 다른 방식으로 나타나고 있다. 각각의 관리자 집단은 그들만의 독특한 기록방식을 가지는 경우가 많다. 어떤 상황에서는 관리자가 모든 사건을 기록하고, 이러한 기록을 영구적으로 보관하며 모든 관계자가 볼 수 있도록 하는 경우도 있다. 통제가 엄격한 보호수용 기관의 경우를 예로 들면 중요한 사건을 기록하는 중앙 부서가 있으며, 진행자나 임상 팀의 일원이 성범죄자 치료의 목적으로 열람을 원할 경우 열람이 가능하다.

개별 진행자는 이런 정확하고 세심한 기록은 하지 못한다. 통상 몇 주, 몇 달의 기간에 걸쳐서 일어나는 사건을 나름대로의 방식으로 기록할 뿐이다. 필자와 동료들의 연구(Lindsay et al., 2004b; Lindsay et al., 2006c)에서는 법의학 지적장애 서비스 기관의 직원들을 임상 팀의 회의나 사건에 대한 회의에 초대를 하는 경우를 소개하였다. 이 경우 경찰이나 다른 사법기관에 신고가 되든 되지 않았든 발생한 사건이 있었다면 필자와 같은 진행자들은 기록을 한다. 또한 지역사회 기관의 간호 직원이나 사회복지 직원들이 정기적으로 발생한 사건들을 보고한다. 어떤 사건이든 그 사건이 밝혀지면 법의학 기관에 보고가 된다. 성범죄자 치료 프로그램에 들어오는 사람은 그 주변의 사람들이 그에게 일어난 사건들에 대해서 진행자에게 알려 주는 경우가 많다. 필자의 경험상 과소 보고되는 경우보다는 오히려 과잉 보고되는 경우가 많았다. 이런 이유로 진행자는 새로운 치료 참가자가 새로 사귄 친구, 클럽에서 하는 행동, 다툼, 음주량의 증가와 감소, 약물남용 등에 대한 정보를 얻게 된다.

치료 프로그램을 실시하면서 논의된 문제 중의 하나는 재범률이 상대적으로 높다는 것이었다. Lindsay 등(2002)에 의하면 성범죄자의 재범률은 20% 정도 되며 성범죄가 아닌 경우(대부분 폭력범죄)는 재범률이 40%에서 50% 사이였다. 범죄자들에게 제공되는 치료 프로그램의 상당한 양을 고려할 때 이 정도의 재범률은 실망스러울 정도로 높다고 볼 수 있다. 필자와 동료들은 개별 범죄자들이 치료를 받기 2년 전(이것은 정보를 소급해서 말하는 것으로 다소 정확도가 떨어질 수 있음)에 벌어진 사건과 치료를 받고 적어도 2년 후 또는 12년 정도까지의 기간 동안에 발생한 범죄 건수를 비교하였다. 4장에서 언급된 것처럼 범죄 발생수가 상당히 감소된 것을 발견할 수 있었다. 여기서 알 수 있는 것은 초기 평가기간 동안 한 범죄자가 저지른 범죄에 대해 그 횟수를 포함하여 최대한 많은 정보를 얻어야 한다는 것이다. 정확한 기록이 여기서 이루어져야 하며, 이 기록은 치료기간, 그리고 치료가 끝나고 몇 년이 지난 추후 평가기간에 발생하는 사건과 비교되어야 한다. 필자의 경우, 물론 나중에 범죄를 저질렀을 수도 있지만 치료를 통해서 범죄의 발생률이 상당히 감소한 것을 발견하였다.

## 결론

필자는 치료 프로그램이 진행되는 동안 치료를 평가할 수 있는 비교적 쉬운 방법들을 제안했다. PSDR은 회기 중에 신속하게 평가할 수 있으며 사건은 보고되는 대로 기록을 하면 된다. 동료평가 방법은 치료의 한 부분으로 활용할 수 있으며, 참가자들도 이것을 좋아한다. 이 방법은 참가자들이 평가과정에 적극적으로 참가함으로써 능동적인 자세로 치료에 임할 수 있게 도와준다. 퀴즈를 통해서 규칙적인 점검을 할 수 있으며, 이 또한 참가자들이 과정을 즐기며 적극적으로 참가하는 것이다. 가장 시간이 많이 소요되는 것은 QACSO인데, 이는 상당한 수준의 통계분석과 그에 수반하는 심리측정에 있어서의 전문적인 자격이 필요하다. 태도를 측정하는 도구는 많은 편이며, 그 중의 일부는 QACSO에서 요구되는 정도의 조건이 필요하지는 않으나, 지적장애인을 대상으로 사용하기 위한 표준화작업을 거치지는 않았다. 중요한 점은 평가는 중요한 것이며, 치료라는 본래의 목적에서 벗어나는 일이라는 생각을 가질 수도 있지만, 사실 치료의 핵심 요소의 하나라는 것을 알아야 한다는 것이다. 이 평가를 통해서 진행자는 치료와 치료의 모든 과정에 저항이 심한 참가자의 상태를 알 수 있다. 평가를 통해서 진행자는 성범죄와 연관된 구체적인 사항들뿐만 아니라 참가자의 일반적 삶의 방식과 삶의 질도 고려해야 함을 다시 느끼게 된다. 또한 평가를 통해서 진행자는 자신의 동료와 관련 기관의 직원들에게 치료의 진척 정도를 공개할 수 있게 된다.

# 부록*

부록 1: 문제해결 연습을 위한 시나리오와 역할극

부록 2: 퀴즈질문 보기

부록 1

# 문제해결 연습을 위한 시나리오와 역할극

이 내용은 프로그램 전반에서 시나리오를 어떻게 활용하는지에 대한 지침이다. 이 이슈에 대해서는 12, 13, 15, 16장에서 구체적으로 다루었다. 이 부록에 실린 시나리오들은 위에 언급된 장들과 관련이 있다. 진행자는 자신이 맡고 있는 집단원들과 관련 있는 예를 참고할 수 있다.

## 기록용지

이름 ____________________ 날짜 ________________

| 시나리오 | 토론 전 반응 | 토론 후 반응 |
|---|---|---|
| | | |
| | | |
| | | |
| | | |

# 스토킹 시나리오

1. Bert는 직장 동료인 Amy를 좋아한다. Amy는 이혼했고 두 명의 자녀가 있다. Bert는 미혼이며 혼자 살고 있다. 둘은 같이 일하고, Amy는 늘 웃는 얼굴로 Bert를 대한다. Bert는 그녀에게 술 한잔 하자고 했고, 그녀는 원하지 않는다고 말했다. Bert는 계속 요청을 하면서 Amy를 따라다닌다. Bert는 토요일 밤에 극장에 왔다가 극장 밖에 있는 Amy를 발견한다. 그녀가 자신의 차가 주차된 곳으로 가자 그녀를 따라간다. Amy가 차 안으로 들어가려고 하는 순간 Bert도 재빨리 그 차 안으로 뛰어 들어간다. 그는 성적으로 흥분하여 그녀를 성추행한다.

〈질문〉

- Bert가 Amy에게 데이트를 요청했어야 하는가?
- Amy가 거절했을 때 Bert는 어떻게 해야 했는가?
- Bert가 Amy를 따라간 것은 Amy에게 책임이 있는가?
- Amy는 혼자 극장에 갔어야 했는가?
- Bert가 토요일 밤에 Amy를 봤을 때 무엇을 했어야 했는가?
- Amy는 이 성추행에 대해 어떤 조치를 취할 것인가?
- Amy는 성추행을 당한 후 어떤 기분일까?
- Amy가 이 일을 극복하기까지는 어느 정도의 시간이 걸릴 것인가?
- Bert에게 어떤 일이 일어날 것인가?

진행자는 자신의 집단원들이 필요로 하는 것에 따라서 토론과 질문의 방향을 조절하여야 한다.

2. Colin은 23세 된 남자로 혼자 원룸에서 살고 있다. 그의 이웃인 Wendy는 19세이며 학생이다. Colin은 Wendy를 좋아하지만 직접 말할 용기는

없다. 그는 Wendy에게 노골적인 내용의 편지를 보내거나, 전화를 걸고는 아무 말도 없이 있다가 끊어 버린다. 또 창문을 통해서 Wendy를 바라본다. 그 후 Wendy는 Colin을 볼 때마다 무서워하는 것 같다. 어느 날 저녁, Colin은 Wendy가 귀가하는 것을 보고는 자신의 원룸에서 나와 Wendy가 올라오는 층의 계단 입구에 몸을 숨기고 그녀를 기다린다. Wendy는 그를 보고는 비명을 지른다.

〈질문〉

- Colin이 Wendy에게 데이트를 요청했어야 하는가?
- Wendy의 잘못으로 Colin이 편지를 하고 전화를 하게 된 것인가?
- Colin이 데이트 신청을 했다면 Wendy가 받아들였을 것인가?
- Wendy는 집에 올 때 혼자서 와야만 했는가?
- Colin은 그날 밤 Wendy를 보았을 때 무엇을 했어야 했는가?
- Wendy는 Colin이 갑자기 나타나 입을 맞추면 어떻게 할 것인가?
- Wendy는 성추행 사건 후 어떤 기분이 들까?
- Wendy는 성추행 사건을 극복하는 데 어느 정도 시간이 걸릴까?
- Colin에게 어떤 일이 일어날까?
- Wendy를 기다리면서 Colin은 몸을 숨기는 대신에 어떤 행동을 할 수 있었을까?
- Colin이 여자친구를 찾을 수 있는 다른 방법은 무엇일까?

3. Donald는 27세이며 성범죄 전과가 있다. Donald는 수요일 오후에 마을을 배회하다가 마음에 드는 여성을 발견하게 된다. 그녀와 가까운 거리를 유지하고, 성적인 흥분이 일어남을 느낀다. 그 여성도 그가 성적으로 흥분한 것을 느끼고 두려움을 느낀다. Donald가 따라오자 그녀는 걸음을 재촉하여 가게의 경비원에게로 간다. 경비원이 Donald에게 지금 무슨 행동을 하고 있는지를 묻는다.

〈질문〉

- Donald는 그 여성의 뒤를 따라다녀야 했는가?
- Donald는 무엇을 했어야 하는가?
- Donald가 그녀를 따라다닌 것은 그 여성이 잘못 처신해서인가?
- 그 여성은 혼자서 쇼핑을 해야 했는가?
- Donald가 그 여성을 보았을 때 무엇을 했어야 하는가?
- 그 여성은 Donald에게 어떤 반응을 했는가?
- 그 경비원이 어떤 행동을 할 것 같은가?
- Donald에게 어떤 일이 일어날 것인가?
- 그 여성은 이 일에 대해서 어떤 기분일까?
- 그 여성이 Donald에게 당한 일을 극복하는 데는 어느 정도의 시간이 걸릴까?

4. Eric은 45세의 남성이며, 술집에서 Kate를 보게 된다. Kate는 친구를 기다리고 있었는데, Eric이 다가와서 술을 한잔 사겠다고 한다. 그녀에게 사라지라는 말을 들은 Eric은 분노를 느낀다. 그는 Kate를 따라가서 그녀가 어디에 사는지를 알아낸다. 이후 그는 종종 Kate의 집 밖에 서 있거나, 그녀의 전화번호를 알게 되면서 음란한 내용의 전화를 건다. Kate는 경찰에 신고를 하고, 경찰은 그의 전화를 추적한다.

5. Fergus는 47세의 성범죄자다. 월요일 아침에 공원을 배회하다가 마음에 드는 여성을 발견한다. 그 여성은 개와 산책 중이었고 그를 보고 "안녕하세요."라고 인사를 한다. 그는 여성을 미행하면서 성적으로 흥분한다. 여성은 그가 미행하는 것을 알아차리고 저리가라고 소리치면서 그녀의 차로 간다. 며칠 후 Fergus는 같은 공원의 같은 장소에서 그 여성을 또 보게 된다. 그는 다시 미행을 하고, 여성은 겁에 질려 소리친다. 한 남자가 그녀를 도와주기 위해 나타난다.

6. Graham은 24세의 남성이다. 그의 옛 여자친구 Gail은 그와 결별하고 다른 남자를 사귀고 있다. Graham은 이에 불만을 품고, 그녀가 혼자 살고 있는 집 밖에 서 있곤 한다. 그는 그녀에게 말을 하려고 하였으나 그녀는 거절한다. 그는 분노하고 전화로 그녀를 괴롭힌다. Gail의 생일 날, 그는 만나자는 쪽지가 적힌 꽃다발을 보낸다. 그녀는 그가 집 밖에 있는 것을 보고는 꽃을 돌려주면서 경찰을 부르겠다고 말한다.

## 노 출

1. Harry는 20세이며 친구와 토요일 밤을 보내고 있는 중이다. 그는 맥주를 많이 마셨고 화장실을 가려고 한다. 술집 종업원에게 화장실 위치를 묻고는 위층에 있다는 말을 듣는다. 그 와중에 맞은편에 여자 화장실이 있다는 것을 알고는 그쪽으로 간다. 그는 여자 화장실 안의 용변 보는 곳에 들어가서 그곳의 문을 열어 둔다. 3명의 여성이 화장실에 들어갔다가 그가 소변 보는 것을 보게 된다.

2. Ian은 35세이며, 공원을 걷다가 화장실에 가고 싶어 화장실로 간다. 마침 공원 직원이 남자 화장실 문을 잠그는 것을 보게 된다. 그는 화장실에 들어가게 해 달라고 부탁을 하고, 그 직원은 그날 근무가 다 끝나서 가봐야 하기 때문에 그럴 수 없다고 거절한다. 그는 용변을 보기 위해 풀숲으로 간다. 두 명의 소년이 풀숲에서 놀고 있었고, Ian은 그들을 발견한다. 그는 용변을 멈추고, 발기가 되기 시작한다. 그는 자신의 발기된 모습을 두 소년에게 보여 준다.

3. James는 30세이며, 일요일 오후에 해변에 와 있다. 그는 수영복을 집에서 입고 오지 않았기 때문에 아이스크림 가게 주인에게 가게 안에서 옷을 갈아입을 수 있는지 물었는데, 그녀는 거절한다. 그는 수건을 어깨에

걸친 채로 물가로 간다. 물가에 몇 명의 여성이 있었고, 마음에 드는 여성도 보인다. 그는 흥분하기 시작한다. 그는 바지와 속옷을 벗고, 수건도 물밑으로 떨어지게 하여, 여성들이 자신의 뒷모습과 성기를 볼 수 있게 한다. 주변의 사람들이 그가 자신의 수영복을 가지러 가는 것을 본다.

## 남성에 대한 성추행

1. 등장인물: 19세 정도의 젊은 남성, 더 나이 든 남성
Colin은 18세이며 공원을 산책 중이다. 산책 중에 갑자기 한 남자가 나타나서 성행위를 요구한다.

〈질문〉

- Colin은 무엇을 해야 하는가?
- Colin이 남자와 성행위를 해야 하는가?
- Colin이 그 남자와 대화를 나누면 어떤 일이 일어날까?
- Colin이 그 남자와 성행위를 하지 않으면 어떤 일이 일어날까?

Colin은 성행위를 하자는 말을 거부하고 그 자리를 뜨려고 하지만, 그 남자는 길을 막아서고 그에게 계속 말을 건다. 그리고 그를 계속 따라온다.

〈질문/안내〉

- Colin은 이제 무엇을 해야 하는가?
- Colin이 쉽게 벗어날 수 있을까?
- 그 남자는 어떤 일을 할 것인가?
- Colin은 어떤 기분일까?
- 그 남자는 어떤 기분일까?

- Colin은 이제 무엇을 해야 하는가?

그 남자는 Colin을 강제로 땅에 눕히고 성행위를 하고는 도망가 버린다.

〈질문/안내〉

- Colin은 무엇을 해야 하는가?
- 그 남자에게 어떤 일이 벌어질 것인가?
- 왜 그 남자는 Colin을 성추행했는가?
- Colin이 어떤 행동을 할 수 있었을까?
- 그 남자를 어떻게 잡을 수 있을까?
- 그 남자에게 어떤 일이 벌어질 것인가?
- 그 남자는 어떤 혐의로 기소될 것인가?
- Colin은 일어난 일에 대해서 어떻게 느낄까?
- 당신에게 이런 일이 일어난다면 어떤 기분일까?
- 이 사건에서 누구에게 잘못이 있는가?

2. 등장인물: 두 명의 남자(나이는 집단 구성원의 나이에 맞게 조정할 수 있다)
Bill은 Harry에게 성행위를 강요했고, Harry는 이것을 친구들에게 말했지만 아무도 믿지 않았다. 친구들은 Harry가 거짓말을 한다고 생각했고, 그가 성행위를 원치 않는다면 싸워서라도 못하게 할 수 있다고 생각한다.

〈질문〉

- 당신의 생각은 어떤가?
- Harry가 Bill을 저지할 수 있었을까?
- 남자가 싸움으로써 성추행 당할 상황을 벗어나지 않는다면, 그가 성행위를 원한다는 의미인가?
- 왜 남자는 강간당할 상황에서 싸워서 그 상황을 벗어나지 않을까?

- Harry는 자신에 대해서 어떻게 느끼는가?
- Harry는 자신의 친구에 대해서 어떻게 느끼는가?
- Harry가 이것을 극복하는 데는 어느 정도의 시간이 걸릴까?

Harry의 친구들은 그가 동성애자라는 것을 수치스럽게 여기기 때문에 이런 이야기를 지어내고 있다고 생각한다.

〈질문〉

- 당신의 생각은 어떤가?
- 당신은 누군가가 자신이 동성애자라는 사실이 수치스러워 강간당한 것에 대해 거짓말을 할 거라고 생각하는가?
- Harry는 지금 어떤 생각을 할까?

## 나이에 적절한 관계

1. 등장인물: 20대의 아이 돌보미(babysitter), 8~9세 정도 된 소녀(해당 집단의 피해자 소녀의 나이에 따라 조정)
   Alice의 엄마와 아빠는 오늘 저녁 멀리 외출한 상태다. 아이를 돌봐 주러 오던 사람이 그날따라 올 수 없다는 전화가 오자, 부모는 이웃 Simon에게 아이를 봐 달라고 부탁하고 승낙을 받는다. 시간이 좀 지나자 Alice는 잠자리에 들었으나, 나쁜 꿈을 꾼 후 깨어서 울면서 엄마를 찾는다. Simon은 안 좋은 꿈을 꾼 것이라 말해 주고, 자신이 아이의 침대 속에 들어가 껴안아 주면 기분이 훨씬 나아질 것이라고 말한다. Alice는 싫다고 말하고 엄마를 계속 찾는다. 이에 상관없이 Simon은 Alice의 침대로 들어간다.

〈질문〉

- Simon이 잘못한 것이 있는가?
- Simon이 Alice의 침대에 들어갔어야 했는가?
- Alice는 Simon이 무슨 행동을 한다고 생각했는가?
- Simon은 대신에 어떤 행동을 할 수 있었을까?
- Simon은 Alice의 침대에 들어갔을 때 어떤 생각을 했을까?
- Alice는 성행위를 하기에는 너무 어렸는가?
- Alice는 Simon이 자신의 침대에 들어왔을 때 어떤 기분이 들었을까?
- 여기서 일어난 일에 잘못된 점이 있다면 무엇인가?
- Alice의 부모가 돌아와서 이 일에 대해 어떤 생각을 할까?
- Alice의 부모는 어떤 조치를 취할까?
- 그다음 날 Alice는 어떤 기분이 들까?

2. 등장인물: 십 대 남성과 여성, 둘 다 15세

Susan과 Graham은 둘 다 15세다. 6개월 정도 서로 사귀었고 굉장히 가까워졌다. 학교에서도 둘은 같이 있고, 저녁에 TV도 같이 보고, 영화도 같이 본다. 지난 몇 주간에 그들의 관계는 더 진전되어, 지난밤에는 Graham이 Susan에게 같이 잠자리를 하자고 말한다. Susan은 하루 내내 생각하다가 Graham에게 그렇게 하겠다고 말한다.

〈질문〉

- Graham과 Susan은 서로 친한가?
- 그들은 서로 같이 잠자리를 원하는가?
- 그들은 서로 성행위를 하기로 동의하는가?
- Susan은 Graham과 같이 자는 것에 대해 행복해하는가?
- Graham은 Susan에게 성행위를 강요했는가?
- Graham과 Susan이 성행위를 하는 것이 괜찮은가?

- Susan이 자신의 가족이나 친구에게 어떻게 할지에 대해 물어보아야 하는가?
- Susan에게 어떤 일이 벌어질 수 있는가?
- Graham에게 어떤 일이 벌어질 수 있는가?
- 두 사람이 성행위를 원한다면 어떻게 해야 하는가?

3. 등장인물: 50세의 여성과 25세의 남성

Ruth와 John은 좋은 친구다. 그들은 같이 산책도 하고, 영화도 보고, 식사도 같이 한다. 어느 날 식당에서 식사 후, John은 Ruth의 아파트로 가서 Ruth에게 나이 차이가 있지만 Ruth를 좋아하고 자신이 친구 이상이 되기를 원한다고 말한다. Ruth는 동의하고 그들은 침실에 들어가 관계를 맺는다.

〈질문〉

- Ruth와 John이 성행위를 하는 것이 괜찮은가?
- 50세 된 여성이 25세 된 남자와 성행위를 하는 것이 괜찮은가?
- John에게 어떤 일이 발생할까?
- Ruth에게 어떤 일이 발생할까?
- John은 어떤 기분일까?
- Ruth는 어떤 기분일까?
- 둘 다 서로 성행위에 동의했는가?
- 이것은 법에 저촉되는가?

4. 등장인물: 나이가 같은 성인 남성과 여성

Colin과 Alison은 4년간 사귀었고 다음 해에 결혼하기로 서로 결정했다. 그들이 만나기 전, 그들은 오랜 기간 동안 떨어져 살았고, 서로가 사귀게 될 것이라고는 생각하지 않았다. 그들이 처음 만났을 때는 서로 친구관계였고, 같이 영화도 보고 산책도 하곤 했다. 그들은 이제 서로가 좋아서 성관계를 시작한 상태다.

〈질문〉

- 둘이 안 지는 어느 정도 되는가?
- 둘 다 서로 성행위를 하기로 동의하는가?
- 그들이 성행위를 하는 것은 합법적인가?
- 그들은 만난 지 얼마 안 되어 성행위를 했는가?
- 그들은 서로를 잘 알기 위해 어느 정도를 기다렸는가?
- 그들이 성행위를 하는 데는 어떤 문제가 있는가?
- 그들이 함께 성행위를 하는 것은 합법적인가?

## 아동에 대한 범죄

1. 등장인물: 성인(나이는 집단원들의 범죄와 나이에 따라 조절할 수 있음), 5~10세 정도의 남자아이 또는 여자아이

   Bob은 자신의 조카 Connor를 돌봐 주고 있다. 잠자리에 들기 전에 Connor는 이야기 듣는 것을 좋아한다. Bob은 조카에게 이야기를 들을 때 자신의 무릎에 앉으라고 말한다. Connor는 삼촌의 무릎에서 자신이 좋아하는 이야기를 들으면서 좋아서 몸을 위아래로 움직인다. Bob은 그것을 즐기고, 결국 흥분하게 된다. Bob은 또 다른 이야기를 원하는지 묻는다.

〈질문〉

- Bob이 성적으로 흥분하게 된 것은 Connor의 잘못인가?
- Connor는 Bob 삼촌의 무릎에 앉아야 했는가?
- Connor가 Bob의 무릎에 앉았을 때 성행위를 생각하고 있었는가?

- Bob은 성행위를 생각하였는가?
- 왜 Bob은 Connor에게 이야기 듣기를 원하느냐고 물어보았는가?
- Connor는 이야기를 즐겼는가?
- 왜 Bob은 발기를 했는가?
- Connor는 성행위에 대해 아는 것이 있는가?
- Bob은 그다음에 무슨 일을 할 것인가?
- Connor는 그다음에 무슨 일을 할 것인가?

2. 등장인물: 아버지와 딸

James는 자신의 딸 Kate가 침실에서 잘 수 있도록 준비를 하고 있다. Kate는 잠이 안 와서 게임이나 이야기를 해 달라고 한다. 아버지는 딸에게 '손으로 지적하기' 게임을 하자고 한다. 그리고 Kate에게 그녀의 코, 눈, 그리고 방 안에 있는 것들을 가리키라고 말한다. Kate는 싫증을 내며 다른 게임을 원한다. 아버지는 이번에 만지기 게임을 하자고 한다. 그는 딸에게 자신의 코, 배 그리고 다리 사이를 만지라고 한다. 아버지는 이것은 서로만 아는 비밀 게임이라고 말하고 다음에 또 하자고 말한다. 진행자는 이전의 보기를 참고하여 질문 목록이나 진행 요소들을 만들 수 있다.

3. Alex는 약속한 곳에 가기 위해 버스를 탄다. 버스는 복잡하고, 유일하게 남은 자리 옆에는 어린아이가 앉아 있다. 그는 그 아이 옆에 앉는다.

〈질문〉

- Alex의 기분은 어떤가?
- 아이의 기분은 어떤가?
- Alex가 어떻게 다르게 행동할 수 있었을까?
- 그다음은 무슨 일이 발생할까?

• 그들 외에 누가 버스에 타고 있나?(그를 아는 이웃, 그가 과거에 성범죄를 저질렀다는 것을 알고 있는 사람)

이 시나리오에 드러나는 위험요인에 대해서 토의한다. 자기억제와 자기통제에 대해 토의한다. 결과, 과실과 책임 소재에 대해 토의한다.

4. 등장인물: 12세 된 남자아이 또는 여자아이, 공원 직원

Gemma는 등반 구조물 위에서 놀고 있는데, 공원 직원 Stan이 와서 공원을 폐장할 것이니 그만 놀라고 말한다. Stan은 자기 집에도 등반 구조물이 있으니 원한다면 자기 집 정원에 와도 된다고 말한다. Gemma는 그의 집 정원으로 가고, Stan은 그 아이를 성추행한다.

〈질문〉

• Gemma는 Stan의 집에 갔어야 하는가?
• Gemma는 어떤 행동을 했어야 하는가?
• Stan이 Gemma에게 자신의 집으로 오라고 말해야 했는가?
• 왜 Stan은 자신의 정원에 등반 구조물을 가지고 있는가?
• Stan이 공원을 폐장한다고 할 때 Gemma는 어떤 생각과 느낌을 가졌을까?
• Gemma가 Stan의 정원으로 갔을 때 어떤 생각과 느낌을 가졌을까?
• Stan은 그가 정원으로 들어갈 때 어떤 생각과 느낌을 가졌는가?
• Stan이 자신을 성추행하려고 할 때 Gemma는 어떤 생각과 느낌을 가졌을까?
• 이 사건은 누구의 잘못인가?
• 당신이 Gemma라면 어떤 느낌일까?
• 이 사건은 Gemma의 인생을 어떻게 바꿀까?
• 사건 뒤 몇 달 동안 Gemma는 어떤 느낌일까?

• Gemma가 이것을 극복하는 데는 어느 정도의 시간이 걸릴까?
• 이 사건은 누구의 잘못인가?

5. 등장인물: 다섯 살짜리 아동(집단원이 저지른 범죄에 가장 적합한지에 따라서 남자 또는 여자를 정할 것)
아빠와 엄마가 외식으로 집을 비우고 그 시간에 Tom 삼촌이 Alex를 돌본다. 삼촌은 같이 비디오를 보기로 하고 Alex에게 자신의 옆에 가까이 앉으라고 말한다. Alex가 밀착해서 앉자 삼촌은 성적 흥분을 느끼고 아이를 성추행한다.
이전의 시나리오에 사용된 질문과 안내를 사용할 수 있다.

## 공적 및 사적 장소

1. 등장인물: 성인 남성과 여성
Walter와 Angela는 데이트로 극장에 왔다. 그들은 극장 안에 들어가서 뒷줄에 앉는다. 영화가 시작할 무렵 그들은 손을 잡고 있었다. Walter는 자신의 손을 Angela의 어깨 위에, 다른 한 손은 그녀의 치마 위에 두고, 조금 뒤에는 치마 안으로 넣었다. 그들은 영화가 진행되는 내내 키스를 하고 서로의 몸을 더듬고 있다. Angela는 자신의 손을 Walter의 바지 위에 둔다. 그들은 계속 서로를 만지고 다른 사람들이 그들을 보기 시작한다.
진행자는 이전의 시나리오에 있는 질문들을 이용하여 질문을 만들 수 있다. 또한 다음의 질문들을 사용할 수도 있다.

• Walter와 Angela가 키스하고 껴안는 것은 괜찮은가?
• 영화관 뒷자리는 사적인 장소인가?
• 그다음에 어떤 일이 발생할 것 같은가?
• 그들은 어떻게 해야 하는가?

• 극장 대신에 그들은 어디에 갈 수 있는가?

2. 등장인물: 성인 남성과 여성

Maurice와 Rachel은 둘 다 23세이며, 3개월 정도 만남을 지속해 왔다. 그들의 부모 모두 두 사람이 잘 어울린다고 생각하지만 그들이 집에 둘만 있을 시간을 주지는 않는다. 어느 날 두 사람은 버스를 타고 공원에 가서 산책을 한다. 공원은 조용하고 그들은 공원의 수풀 뒤에 있는 벤치에서 이야기를 할 수 있겠다고 생각한다. 이야기를 하다가 서로 키스를 하고 껴안게 된다.

진행자는 이전의 시나리오에 있는 같은 질문들을 사용할 수 있다.

3. 등장인물: 성인 남성과 여성

Allan과 Emily는 결혼한 부부다. 매주 그들은 지역에 있는 수영장에 간다. 이번 주도 그들은 수영장에 갔는데, 탈의실이 사람들로 몹시 붐빈다. 유일하게 남은 방은 가족 탈의실인데 거기서 그들은 탈의를 한다. 탈의를 하다가 둘은 키스를 하고 흥분하게 된다.

진행자는 이전의 시나리오에 있는 같은 질문들을 사용할 수 있다.

## 잘못된 책임 소재를 보여 주기 위한 성추행 시나리오나 역할극

1. 등장인물: 성인 남성과 여성

Anne은 술집에서 자신의 친구를 기다리고 있다. 친구가 좀 늦어지자 그녀는 술집을 한번 훑어보고, 잘생긴 남자가 건너편에 있는 것을 본다. 그녀는 그가 마음에 들고 그를 계속 쳐다본다. Dave는 Anne이 자신을 보는 것을 느끼고, 그녀가 자신을 마음에 들어하고 있다고 생각한다. Dave는 Anne이 예쁘고 마음에 든다. Anne은 기다리던 친구가 오지 않자 술집을 나간다. Dave는 그녀를 따라가고, 그녀를 성추행한다.

〈질문/촉구〉

- 성추행 당한 것은 Anne의 잘못인가?
- 성추행은 Dave가 잘못한 것인가?
- Anne의 친구가 나오지 않아서 이런 일이 벌어진 것인가?
- Anne은 무엇을 하고 있었는가?
- 술집에서 Anne은 누구를 보았고 무엇을 하였는가?
- Anne은 무슨 생각을 하고 있는가?
- Dave는 무슨 생각을 하고 있는가?
- Dave는 무엇을 하는가?
- Dave가 따라올 때 Anne은 어떤 생각을 하는가?
- Dave는 Anne을 따라가면서 무슨 생각을 하는가?
- 누가 성행위를 생각하고 있는가?
- 누구에게 잘못이 있는가?

2. 등장인물: 성인 남성과 여성

Jane은 술집에서 친구를 기다리고 있다. 친구가 늦어지자 Jane은 계속 문 쪽을 보면서 확인을 하고, 마침 문가에 서 있던 Paul은 Jane이 자기를 자꾸 쳐다본다고 생각하고, 그녀가 자기를 마음에 들어한다고 생각한다. Paul이 술 한잔 사겠다고 하자 Jane은 친구를 기다리고 있지만 아직 안 오니까 그렇게 하겠다고 동의한다. 친구가 계속 오지 않자 Jane은 가 봐야 될 것 같다고 말한다. Jane을 미행하다가 적당한 기회가 되자 Paul은 풀숲으로 그녀를 데려가 성추행한다. 진행자는 이전의 시나리오에서 사용된 것과 유사한 질문을 사용하면 된다. 더불어 이 부록에는 집단원들의 태도, 범죄 형태, 나이에 따라 적절히 사용할 수 있는 질문들이 있다.

3. 등장인물: 성인 남성과 여성

Sadie와 Nigel은 식당에서 식사를 하면서 첫 데이트를 하고 있다. Sadie

는 뭘 입을지 고민을 많이 하다가 검은 미니스커트와 타이트한 블랙 상의를 입기로 했다. Nigel은 Sadie에게 아주 멋있다고 말해 준다. 식사 내내 Nigel은 Sadie의 가슴을 자주 보았고 식사 후 그녀를 집으로 데려다 줄 때 그녀의 가슴을 만지려고 했다. 그는 그냥 가슴만 만질 뿐 다른 짓은 하지 않겠다고 말한다. Sadie는 그를 뿌리치면서 그러지 말라고 말한다. Nigel은 Sadie의 다리를 보면서 흥분하고, 그녀에게 키스하려고 한다.

〈질문/촉구〉

- 미니스커트와 타이트한 상의를 입었다는 점에서 Sadie는 Nigel이 흥분한 것에 대한 책임이 있는가?
- Sadie는 자신의 의상을 통해 Nigel이 그런 행동을 하도록 이끌었는가?
- Nigel이 계속 Sadie의 다리와 가슴을 쳐다보았다는 점을 볼 때 그가 잘못한 것인가?
- Nigel이 Sadie를 만지려고 한 것은 괜찮은 행동인가?
- Sadie는 어떤 기분이 들까?
- Nigel은 어떤 기분이 들까?
- Sadie는 어떤 행동을 해야 하나?
- Nigel은 어떤 행동을 해야 하나?
- 누구에게 잘못이 있는가?

진행자는 집단원들의 상황에 따라서 다른 질문이나 대화를 유발할 수 있는 것을 추가할 수 있다.

4. 등장인물: 어머니, 어린 딸 또는 아들, 집안일이나 정원관리를 도와주는 남자

Russell 부인은 Jack을 잘 안다. Jack은 전에도 가끔씩 그녀의 집안일을

도와주었다. 거실에 선반을 설치하거나 정원일도 도와주었다. 어느 날 Russell 부인은 자신이 바빠지자, 자기 아들과 공원에서 축구를 같이 해 달라고 Jack에게 부탁한다. 축구를 하면서 Jack은 흥분하고, 아들(Tim)을 숲으로 데려가서 성추행한다.

〈질문/촉구〉

- Russell 부인은 Jack에게 Tim을 공원에 데려가라고 부탁해야 했는가?
- Tim은 Jack과 공원에 같이 갔어야 했는가?
- Tim은 Jack을 따라 숲 안으로 갔어야 했는가?
- Jack은 Tim을 숲속으로 데려갔어야 했는가?
- 이 사건의 책임은 누구에게 있는가?

진행자는 어머니, 아들 그리고 Jack의 감정, 생각, 기대에 대한 질문을 만든다. 그리고 이 사건에서 성적 의도를 가진 사람이 누구였는지에 대해 알아본다. 그다음 누구에게 책임이 있는지를 알아본다.

5. 등장인물: 결혼한 부부

Smith 씨는 TV로 자신이 좋아하는 축구 팀의 중요한 경기를 보고 있다. 그의 아내가 술집에서 친구들을 보러 가는데 같이 갈 거냐고 묻자, 그는 자기는 가고 싶지 않다고 말하고 아내에게 갔다 오라고 한다. 아내가 옷을 갈아입자 그는 멋있다고 말한다. 그녀는 짧은 치마를 입고 있고 상의도 타이트한 옷이다. Smith 씨는 한두 시간 후 경기가 끝나면 자기도 가겠다고 말한다. 그녀는 버스를 타고 술집에 가기 위해 정거장으로 향하는 길에 어떤 남자가 자기를 미행하는 것을 느낀다. 그녀가 버스정거장에 도착하기 전에 그 남자는 그녀를 정원으로 강제로 데리고 가서 성추행하려고 한다.

〈질문/촉구〉

- 이 사건에서 누구에게 잘못이 있는가?
- Smith 씨가 그의 아내와 함께 가지 않았기 때문에 사건이 발생한 것인가?
- Smith 씨가 자기 아내의 짧은 치마와 타이트한 상의를 멋있다고 말했기 때문에 잘못이 있는가?
- Smith 부인은 짧은 치마와 타이트한 상의를 입었기 때문에 이 사건이 발생한 것에 대한 책임이 있는가?
- Smith 부인은 남편이 없는 상태에서 혼자 갔어야 했는가?
- 잘못이 Smith 부인을 성추행한 남자에게 있는가?

6. 등장인물: 어머니, 아들, 성범죄자

Brown 부인의 아들 Andy는 열 살이다(나이는 집단의 특징에 따라서 조정할 수 있다). 지금 시간은 밤 8시 30분이며 어둡다. Andy는 엄마에게 초콜릿을 먹고 싶다고 하고 엄마는 지금 집에 없으니 가까운 가게에 가서 사 가지고 오라고 한다. 젊은 남자 Jim은 Andy가 가게에 오는 것을 보고 그에게 말을 건다. 대화 중 Jim은 성적으로 흥분하고, 자기 아파트에 초콜릿이 엄청나게 많이 있으니 가자고 한다. 거기서 그는 Andy를 성폭행한다.
진행자는 질문이나 촉구를 이전의 시나리오를 참고하여 만들 수 있다.

7. 등장인물: 남성 아이 돌보미, 어린아이

Fred는 자기 이웃의 다섯 살 난 James를 봐 주고 있다. Fred가 James를 침대에 누이자 James는 굿나잇 키스를 해 달라고 한다. 이 말에 Fred는 흥분하고 James에게 키스를 하며 그를 껴안는다. Fred는 자신의 성기를 James에게 문지르면서, 이것이 굿나잇 키스보다 훨씬 더 좋은 것이라고 말을 한다.
진행자는 질문이나 촉구를 해 나가야 한다.

8. 등장인물: 두 명의 부모와 그들의 딸, 남자 성범죄자

Brown 부부는 하루를 외출하며 쉬고 있다. 그들의 딸 Maggie는 공원에서 노는 것을 좋아하고, 그네를 보고는 곧 그것을 타면서 놀고 있다. 부모는 아이가 그네를 타는 것을 보고 있다가 지루해지자 맞은편에 있는 술집에 가기로 한다. 그들은 자신들이 맞은편의 술집에 있을 거라고 딸에게 말한다. 부모가 술을 한잔 하는 동안, Cameron이라는 남자가 공원을 지나가다가 Maggie가 혼자 있는 것을 발견한다. 그는 Maggie가 마음에 들어 아이에게 말을 걸고 Maggie도 그가 좋은 사람이라고 생각한다. 그는 Maggie를 풀숲으로 유인하여 거기서 그 아이를 성폭행한다.

진행자는 질문이나 촉구를 해 나가야 한다.

9. 등장인물: 성인 남성과 아동

6세 된 Sophie는 바깥에서 자전거를 타고 놀다가 타이어에 구멍이 난다. 그녀는 자전거를 잘 고치는 자신의 사촌 Joe에게 자전거를 가지고 가서 고쳐달라고 부탁한다. Joe는 연장이 필요하다고 Sophie를 자전거와 함께 창고에 데리고 간다. Joe가 자전거를 고치는 동안 Sophie는 그의 옆에 밀착해 서 있었고 그는 흥분하여 Sophie를 만지다가 성추행한다.

10. 등장인물: 집단원의 범죄 유형에 따라 남자나 여자를 결정한다. 방문 중인 집주인

집주인이 세입자를 방문하여 그 집의 침실에 부러진 선반을 고치겠다고 한다. 그 세입자(이름)는 그에게 선반을 보여 주고 그가 고치는 것을 본다. 주인은 세입자(남자/여자)가 자신을 계속 보고 있다는 것에 성적 흥분을 느끼고 그 세입자(남자/여자)를 침대 위로 밀고 성추행을 한다. 이름이나 상황을 변경한 상태로 이전의 시나리오에서 썼던 질문이나 안내를 사용할 수 있다.

# 위험한 상황

1. 등장인물: 성범죄자와 사촌

John은 6세 아동에게 신체 노출을 한 혐의로 3년의 보호관찰을 받았다. 그의 부모는 다른 가족 구성원에게 이 사실을 숨겼다. John의 이모가 어린 두 자녀를 데리고 그의 집에 방문했을 때 그의 부모는 멀리 주말 동안 외출 중이었다. John의 이모는 버스를 타고 시내에 가야 해서 John에게 아이들을 한두 시간 봐 줄 수 있냐고 물어본다.

〈질문/촉구〉

- 이 상황에서 위험요소는 무엇인가?
- John은 어떻게 행동해야 하는가?
- John은 무슨 생각을 하고 무슨 느낌을 가질까?
- John의 이모는 무슨 생각을 하고 무슨 느낌을 가질까?
- John은 이모가 아이를 봐 주지 않는다고 서운해하면 어떻게 해야 하는가?

2. 등장인물: 성범죄자와 아이

Garry는 보호관찰이 9주 남아 있다. 그는 4년 전에 청소년을 성추행했다. Garry에게는 아주 예쁜 개가 세 마리 있는데, 근처에 사는 소년이 자주 그의 집에 와서 개에게 먹이를 줘도 되냐고 물어본다. 또 개를 데리고 같이 산책을 갈 수 있냐고도 물어본다.

진행자는 질문과 촉구를 만들어야 한다.

3. 등장인물: 성범죄자와 성인 여성

George는 20대 여성을 성추행하고 3년의 보호관찰을 받은 후 1년 전에 보호관찰을 끝냈다. 그는 생일 날 친구들과 함께 시내에 간다. 클럽에서 마음에 드는 여성을 만나고 그 여성도 그를 좋아하는 것 같다. 그 여성은 George를 자신의 아파트에 데려오고, 그는 그녀가 성행위를 원한다고 생각한다.
진행자는 이 상황에서의 위험요소에 대해서 질문이나 촉구를 해 나가야 한다.

4. 등장인물: 아동에게 성적 흥분을 느끼는 남성, 그의 친구, 그 친구의 아들
John은 아이들에게 강한 성적 욕망을 느끼고, 가끔씩 아이들에 대해 상상을 한다. 어느 날 밤, John의 친구가 자기 집에서 TV를 보지 않겠느냐고 연락이 온다. 이 친구에게는 세 살짜리 아들 Peter가 있다. 이 친구는 John에게 Peter가 잠이 들게 도와달라고 한다. John은 Peter가 잠옷을 입도록 도우는 과정에서 손으로 Peter의 등을 건드리게 되고 그는 흥분하기 시작한다. 그다음 날 John의 친구는 그가 혹시 아이를 돌봐 줄 시간이 있는지, 다음 날 밤 아이를 봐 줄 수 있는지 물어본다.
진행자는 이 상황에서의 위험요소에 대한 질문과 촉구를 만들어야 한다.

5. 등장인물:
Sam은 어린 아동에 대한 범죄 경력이 있다. 보호관찰이 몇 달 전에 끝났고, 그는 자신의 삶을 다시 찾은 상태다. 그는 이사를 했고 직장에 가기 위해 버스를 타는데, 버스정거장으로 가려면 학교를 지나가야 한다는 것을 알게 된다. 처음에는 학교를 지나갔으나, 시간이 지나면서 학교 옆에 있는 버스정거장에 멈춰서 아이들이 9시에 학교에 들어가는 것을 보곤 한다. 그는 한 시간 일찍 버스정거장에 가서 아이들을 유심히 보기 시작한다.

〈질문/촉구〉
- 왜 Sam은 직장에 일찍 가는가?

- Sam이 아이들을 쳐다보는 것은 잘못되었는가?
- Sam은 어떻게 느끼는가?
- Sam이 계속 버스정거장에 서 있으면 어떤 일이 생길 것인가?
- 선생님들이 학교 안으로 들어가다가 Sam을 보게 된다면 어떤 일이 생길까?
- 그들은 Sam을 날마다 보게 될까?
- 이웃사람이 창문을 통해 Sam이 날마다 버스정거장에 오랫동안 서 있는 것을 보면 어떤 일이 발생할까?
- 누군가 경찰에 신고할까?
- 경찰은 무엇을 할까?

진행자는 집단원들의 특징에 맞춰서 추후 질문이나 촉구를 해 나가야 한다.

6. 등장인물: 성범죄자와 그의 친구

Peter는 원룸에 사는데 그의 집 가까이에 햄버거 가게가 있다. 집의 창문으로 그 가게가 보이지는 않지만 토요일이 되면 가게에 사람이 꽤 많이 온다는 것을 알고 있다. 그는 어린 소년을 성추행한 혐의로 복역을 한 적이 있다. 토요일 오후가 되면 꽤 많은 어린 소년들이 이 햄버거 가게에 와서 점심을 먹는다는 것을 알고 있다. 어느 토요일 날 Peter의 옛 학교 친구인 Tom이 방문을 한다. Tom은 햄버거 가게에서 커피와 도넛을 먹자고 한다.

진행자는 이 상황에서의 위험요소와 진행되는 행동들에 대한 질문이나 촉구를 해 나가야 한다.

7. 등장인물: 이십 대의 남자(나이는 집단원들에게 맞게 조정할 수 있다)

Robert는 운동신경이 뛰어나고 현재 스포츠 클럽의 멤버로 어느 정도의 시간 동안 활동했다. 최근에 그는 어린 소녀들에게 성적 흥분을 느껴 왔다. 이 클럽은 주말에 회원들이 골프나 수영 등을 자유롭게 선택할 수 있도록 했다. Robert는 토요일 날에는 수영장에 어린 소녀들이 많이 온다는 것을 알고 있다. 그는 아무 일 없을 거라고 생각하고 주말에 수영을 하겠다고 선택한다.

진행자는 이 상황에서의 위험요소와 진행되는 행동들에 대한 질문이나 촉구를 해 나가야 한다.

8. 등장인물: 범죄자(나이는 집단원에 맞게 조절)와 두 명의 어린 소녀(나이는 집단원에 맞게 조절)

Steven은 어린 소녀를 성추행한 죄로 복역을 하다가 출소한 지 얼마 되지 않았다. 그는 친구들과 한잔하기 위해서 술집으로 가서 맥주를 좀 마신다. 그는 약간의 술을 마신 뒤 생선과 칩 안주를 사러 간다. 가게에 다다르자 그는 칩만 사기로 결심을 하고 큰 것을 하나 사서는 가게 밖으로 나오면서 그것을 먹는다. 그가 걸어가자 2명의 어린 소녀가 나타나서 그에게 칩을 좀 달라고 한다. 주위에는 아무도 없고 이미 어두운 상태다. Steven은 흥분되기 시작하고, 그 소녀들은 그가 칩을 많이 가지고 있으니, 자기들에게도 좀 달라고 계속 말한다.

진행자는 질문이나 촉구를 해 나가야 한다.

# 부록 2

# 퀴즈질문 보기

〈동의 연령에 대한 질문〉

- (성행위) 동의가 의미하는 것은 무엇인가?
- 동의 연령이란 무엇인가?
- 왜 동의 연령이 필요한가?
- 10세 된 소녀가 성행위를 결정할 수 있는가?
- 4세나 9세 된 아이는 성행위가 무엇인지 아는가?
- 아이들이 남자와 성행위하는 것을 즐기는가?
- 12세 된 남자아이와 12세 된 여자아이가 사적인 장소에서 성행위를 하는 것은 괜찮은가?
- 16세 청소년들이 성행위를 하는 것은 괜찮은가?
- 여자가 남자와 성행위를 하기 위해서는 나이가 어느 정도 되어야 하는가?
- 남자가 다른 남자와 성행위를 하기 위해서는 나이가 어느 정도 되어야 하는가?

- 남자가 여자와 성행위를 하기 위해서는 나이가 어느 정도 되어야 하는가?
- 미성년자와 성행위를 하면 그 미성년자에게 어떤 일이 일어나는가?
- 남자가 동의 연령 위에 해당하는 나이를 가진 사람과 성행위를 했다면 그 남자에게는 어떤 일이 일어나는가?(사적인 장소에서 쌍방이 동의한다면 아무런 문제가 없다는 것을 강조한다)
- 19세 여성이 15세 된 소년의 성기를 만지는 것은 성범죄에 해당되는가?
- 18세 된 여성이 18세 된 남자와 성행위를 하는 것은 법에 저촉되는가?
- 22세 된 여성이 35세 된 남성과 성행위를 하는 것은 법에 저촉되지 않는가?
- 9세 된 아이가 성행위를 하기로 결정할 수 있는가?
- 14세 된 소녀가 성행위를 하기로 동의한다면 이것은 괜찮은가?
- 15세 된 청소년들이 서로 성행위를 하는 것은 괜찮은가?

〈데이트에 관한 질문〉

- 데이트란 무엇인가?
- 데이트를 해도 되는 대상은 누구인가?
- 데이트를 해서는 안 되는 대상은 누구인가?
- 데이트를 할 때 어디에 가는가?
- 첫 데이트 때 할 수 있는 것은 무엇인가?
- 여성이 그만 하라고 했는데도 계속 키스를 하고 신체를 만지는 것은 괜찮은 행동인가?
- 여성이 키스를 하고 나서 당신에게 그만 하라고 하면 그녀가 당신의 행동을 유도하는 것인가?
- 여성이 그만 하라고 했는데도 당신이 계속 키스를 하고 신체를 만진다면 당신은 어떤 혐의로 고발당할 수 있는가?
- 성추행이란 무엇인가?

- 당신이 타인을 성추행한다면 당신에게 어떤 일이 벌어질 것인가?
- 강간은 무엇을 의미하는가?
- 동의가 의미하는 것은 무엇인가?
- 여성이 성추행을 당한다면 어떤 기분이 들 것인가?
- 여성이 강간당하고 나서 그것을 극복하는 데는 어느 정도의 시간이 걸릴까?
- 한 사람이 다른 사람을 강간한다면 그 사람에게 어떤 일이 일어날까?

〈스토킹에 관한 질문〉

- 스토킹이란 무엇인가?
- 스토커는 어떤 사람인가?
- 스토커가 아닌 사람은 어떤 사람인가?
- 스토커가 할 수 있는 행동 세 가지를 말한다면?(누군가를 따라다닌다, 길모퉁이 사람을 계속 지켜본다, 사람들을 쳐다보면서 자위행위를 한다, 따라다니는 사람을 겁준다, 흥분을 느낀다 등)
- 다른 사람을 스토킹을 하는 이유를 두 가지 말한다면?(그 사람을 좋아한다, 사람들을 따라다니는 것이 괜찮다고 생각한다, 성적으로 흥분한다, 자기 자신에 대해서 안 좋은 감정을 가진다 등)
- 당신이 타인에 대해서 성적인 생각을 할 때 그 사람을 스토킹하는 것은 괜찮은가?
- 당신이 말을 걸거나 신체적 접촉을 하지 않는 한 그 사람을 스토킹하는 것은 문제가 없는가?
- 당신이 따라다닌다는 것을 모르게만 한다면 그 사람을 따라다니는 것은 문제가 없는가?
- 누군가를 스토킹하면 어떤 피해가 있는가?
- 스토킹은 어떤 영향을 가져오는가?
- 당신이 만약 경찰에 체포된다면 어떤 혐의로 고발될 것인가?

- 스토커에게는 어떤 일이 일어날 것인가?

〈피해자 인식에 대한 질문〉

- 피해자란 무엇인가?
- 누가 피해자가 될 수 있는가?
- 범죄자란 누구인가?
- 여성이 미니스커트를 입고 가다가 남자가 뒤따라오면 그것은 여성의 잘못인가?
- 아이가 남자의 무릎 위에 앉고, 그것으로 인해 그가 흥분하면 그것은 아이의 잘못인가?
- 여성이 술집에서 당신을 바라본다면, 그것은 그녀가 당신이 마음에 들었다는 의미인가?
- 아이가 당신 앞에서 옷을 벗는다면, 그것은 아이가 당신과 성행위를 원한다는 의미인가?
- 누군가 자신을 따라오고 자위행위를 한다는 것을 알았을 때 여성은 어떤 기분이 들까?
- 누군가 성추행을 당한다면 그것을 극복하는 데는 어느 정도의 시간이 걸릴까?

〈공공 및 사적 장소에 대한 질문〉

- 공공 장소란 무엇인가?
- 사적 장소란 무엇인가?
- 공공 장소와 사적 장소의 차이는 무엇인가?
- 두 남자가 사적인 장소에서 성행위를 하는 것은 문제가 없는가?
- 공공 장소에 해당하는 세 가지를 말하라.
- 당신의 집 안에서 창문을 열고 자위행위를 하는 것은 법에 저촉되는 행동인가?

• 25세 된 두 사람이 서로 합의하에 공원에서 성행위를 하는 것은 문제가 없는가?
• 당신이 당신 집의 창문에서 거리에 있는 여성에게 당신의 신체를 보여주는 행위를 한다면 당신은 어떤 혐의로 고발당하겠는가?
• 극장에서 사람이 신체의 중요한 부분을 만지는 것은 괜찮은가?
• 아무도 보지 않는다면 공원에서 자위행위를 하는 것은 문제가 없는가?

〈일반적 질문〉

• 합법(legal)의 의미는?
• 불법(illegal)의 의미는?
• 두 남자가 성행위를 하는 데 동의 연령이란 무엇인가?
• 미성년자와 성행위를 하면 그 사람에게 어떤 일이 일어나는가?
• 60세 된 사람이 17세 된 사람과 성행위를 하는 것은 법적으로 문제가 있는가?
• 35세 된 여성이 강간당할 수 있는가?
• 35세 된 남성이 강간당할 수 있는가?
• 누군가를 계속 쳐다보는 것은 괜찮은가?
• 21세 남성이 18세 청소년과 성행위를 하는 것은 법적으로 문제가 있는가?
• 남자가 다른 남자에게 강제적으로 성행위를 강요할 수 있는가?
• 인터넷상에서 아동 음란물을 보는 것은 불법인가?

# * 참고문헌 *

Abel, G. G., Gore, D. K., Holland, C. L. *et al.* (1989). The measurement of the cognitive distortions of child molesters. *Annals of Sex Research,* 3, 135-53.

Ager, A. (1990). *The Life Experience Checklist,* British Institute of Learning Disabilities, Kidderminster.

Alder, L., and Lindsay, W. R. (2007). Exploratory factor analysis and convergent validity of the Dundee Provocation Inventory. *Journal of Intellectual and Developmental Disabilities,* 32, 179–88.

Alexander, R. and Cooray, S. (2003). Diagnosis of personality disorders in learning disability. *British Journal of Psychiatry,* 182 (Suppl. 44), S28–31.

Ammons, R. B. and Ammons, C. H. (1958). *The Quick Test Manual,* Birmingham Publishing Co., Birmingham.

Andrews, D. A. and Bonta, J. (1998). *The Psychology of Criminal Conduct,* 2nd edn, Anderson, Cincinnati, OH.

Barbaree, H. E., Seto, M. C., Langton, C. M. and Peacock, E. J. (2001). Evaluating the predictive accuracy of six risk assessment instruments for adult sex offenders. *Criminal Justice and Behaviour,* 28, 490–521.

Barratt, E. (1994). Impulsivity and aggression, in *Violence in Mental Disorder* (eds J. Monahan and H. J. Steadman), University of Chicago Press, Chicago.

Bartholomew, K. and Horowitz, L. M. (1991). Attachment styles among adults: a test of a four category model. *Journal of Personality and Social Psychology,* 61, 226–44.

Bartosh, D. L., Garby, T., Lewis, D. and Gray, S. (2003). Differences in the predictive validity of actuarial risk assessments in relation to sex offender type. *International Journal of Offender Therapy and Comparative Criminology,* 47, 422–38.

Beail, N. and Warden, S. (1995). Sexual abuse of adults with learning disabilities. *Journal of Intellectual Disability Research,* 39, 382–87.

Beckett, T. and Fisher, D. (1994). Victim empathy measure, in *Community Based Treatment for Sex Offenders: An Evaluation of Seven Treatment Programmes* (eds R. Beckett, A. Beech, D. Fisher and A. S. Fordham), Home Office, London.

Beech, A. T., Fisher, D. and Beckett, R. (1998). *Step Three: An Evaluation of Prison Sex Offender Treatment Programme,* Home Office, London.

Beech, A. T. and Hamilton-Giachristis, C. E. (2005). Relationship between therapeutic climate and treatment outcome in group based sexual offender treatment. *Sexual Abuse: A Journal of Research and Treatment,* 17, 127–40.

Beech, A., Friendship, C., Erikson, M. and Hanson, R. K. (2002). The relationship between static and dynamic risk factors and reconviction in a sample of UK child abusers. *Sexual Abuse: A Journal of Research and Treatment,* 14, 155–67.

Bender, M., Aitman, J., Biggs, F. and Haug, U. (1983). Initial findings concerning a sexual knowledge questionnaire. *Mental Handicap,* 11, 168–69.

Bickley, J. A. and Beech, A. R. (2002). An investigation of the Ward and Hudson pathways model of the sexual offence process with child abusers. *Journal of Interpersonal Violence,* 17, 371–93.

Blackburn, R., Logan, C., Renwick, S. J. D. and Donnelly, J. P. (2005). Higher order dimensions of personality disorder: hierarchical and relationships with the five factor model, the interpersonal circle and psychopathy. *Journal of Personality Disorders,* 19, 597–623.

Blackburn, R. and Renwick, S. J. (1996). Rating scales for measuring the interpersonal circle in forensic psychiatric patients. *Psychological Assessment,* 8, 76-84.

Blanchard, R., Kella, N. J., Cantor, J. M. *et al.* (2008). IQ, handedness and paedophilia in adult male patients stratified by referral source. *Sexual Abuse: A Journal of Research and Treatment,* 19, 285-309.

Blanchard, R., Watson, M., Choy, A. *et al.* (1999). Paedophiles: mental retardation, mental age and sexual orientation. *Archives of Sexual Behaviour,* 28, 111-27.

Boer, D. P., Tough, S. and Haaven, J. (2004). Assessment of risk manageability of developmentally disabled sex offenders. *Journal of Applied Research in Intellectual Disabilities,* 17, 275-84.

Bonham, G. S., Basehart, S., Schalock, R. L. *et al.* (2004). Consumer based quality of life assessment: The Maryland ask me! project. *Mental Retardation,* 42, 338-55.

Borduin, C. M., Henggeler, S. W., Blasker, D. M. and Stein, R. J. (1990). Multi-systemic treatment of adolescent sexual offenders. *International Journal of Offender Therapyand Comparative Criminology,* 34, 105-13.

Borum, R. (1996). Improving the clinical practice of violent risk assessment. *American Psychologist,* 51, 945-56.

Briggs, F. and Hawkins, R. M. F. (1996). A comparison of the childhood experiences of convicted male child molesters and men who were sexually abused in childhood and claimed to be non-offenders. *Child Abuse and Neglect,* 20, 221-33.

Broxholem, S. and Lindsay, W. R. (2003). Development and preliminary evaluation of a questionnaire on cognitions related to sex offending for use with individuals who have mild intellectual disability. *Journal of Intellectual Disability Research,* 47, 472-82.

Camilleri, J. A. and Quinsey, V. L. (2008). Appraising the risk of sexual and violent recidivism among intellectually disabled offenders. *Psychology, Crime and Law,* in press.

Cann, J., Falshaw, L. and Friendship, C. (2004). Sexual offenders discharged from prison in England and Wales: a 21 year reconviction study. *Legal and*

*Criminological Psychology*, 9, 1–10.

Cantor, J. M., Blanchard, R., Robichaud, L. K. and Christensen, B. K. (2005). Quantitative reanalysis of aggregate data on IQ in sexual offenders. *Psychological Bulletin*, 131, 555–68.

Chevrier, J. M. (1993). *EIHM: Eupreuve individuelle d'habilete mentale*, Tomes 2a et 3, Institut de Recherches Psychologiques, Montreal.

Christiansen, K. O. (1977). A preliminary study of criminality among twins, in *Biological Basis of Criminal Behaviour* (eds S. A. Mednick and K. Christiansen), Gardiner, New York, pp. 177–92.

Cohen, A. K. (1955). *Delinquent Boys: The Culture of the Gang*, Free Press, Glencoe, IL.

Cohen, L. J., Gans, S. W., McGeoch, P. G. *et al.* (2002). Impulsive personality traits in male paedophiles versus healthy controls: Is paedophilia an impulsive–aggressive disorder? *Comprehensive Psychology*, 43, 127–34.

Cook, J. W., Altman, K., Shaw, J. and Blaylock, M. (1978). Use of contingent lemon juice to eliminate public masturbation by a severely retarded boy. *Behaviour Research and Therapy*, 18, 131–34.

Corbett, J. A. (1979). *Psychiatric Illness in Mental Handicap*, Gaskell, London.

Courtney, J., Rose, J. and Mason, O. (2006). The offence process of sex offenders with intellectual disabilities: a qualitative study. *Sexual Abuse: A Journal of Research and Treatment*, 18, 169–91.

Craig, L. A., Stringer, I. and Moss, T. (2006). Treating sexual offenders with learning disabilities in the community. *International Journal of Offender Therapy and Comparative Criminology*, 50, 111–22.

Crocker, A. J., Cote, G., Toupin, J. and St-Onge, B. (2007). Rate and characteristics of men with an intellectual disability in pre-trial detention. *Journal of Intellectual and Developmental Disability*, 32, 143–52.

Cummins, R. A. and Lan, A. L. D. (2003a). Community integration or community exposure? A review and discussion in relation to people with an intellectual disability. *Journal of Applied Research in Intellectual Disabilities*, 16, 145–57.

Cummins, R. A. and Lau, A. L. D. (2003b). The motivation to maintain subjective well-being: a homeostatic model, in *Personality and Motivational*

*Systems in Mental Retardation. A Volume in International Review of Research in Mental Retardation* (ed. H. N. Switzky), Elsevier Academic, San Diego, CA.

Cycle of Abuse. (1996). *Report to the Sub-Committee on Crime, Committee on the Judiciary, House of Representations,* United States General Accounting Office, Washington DC.

Dagnan, D. and Jahoda, A. (2006). Cognitive behavioural intervention for people with intellectual disability and anxiety disorders. *Journal of Applied Research and Intellectual Disabilities,* 19, 91–98.

Dagnan, D. and Lindsay, W. R. (2008). People with mental health problems, in *Clinical Psychology and People with Intellectual Disabilities,* 2nd edn (eds E. Emerson and C. Hatton), John Wiley & Sons, Ltd, Chichester, in press.

Dagnan, D. and Waring, M. (2004). Linking stigma to psychological distress: testing a social cognitive model of the experience of people with intellectual disabilities. *Clinical Psychology and Psychotherapy,* 11, 247-54.

Dahawan, S. and Marshall, W. L. (1996). Sexual abuse histories of sexual offenders. *Sexual Abuse: Journal of Research and Treatment,* 8, 7–15.

Day, K. (1994). Male mentally handicapped sex offenders. *British Journal of Psychiatry,* 165, 630–39.

Dolan, M. and Khawaja, A. (2004). The HCR–20 and post discharge outcome in male patients discharged from medium security in the UK. *Aggressive Behaviour,* 30, 469–83.

Earl, C. J. C. (1961). *Subnormal Personalities: Their Clinical Investigation and Assessment,* Bailliere, Tindall & Cox, London.

Elbogen, E. B. (2002). The process of violence risk assessment: a review of a descriptive research. *Aggression and Violent Behaviour, 7,* 591–604.

Elliot, D. S., Huizinga, D. and Ageton, S. S. (1985). *Explaining Delinquency and Drug Use,* Sage, Beverley Hills, CA.

Emerson, E. (2003). Prevalence of psychiatric disorders in children and adolescents with and without intellectual disabilities. *Journal of Intellectual Disability Research,* 47, 51–8.

Emerson, E. (2007). Poverty and people with intellectual disabilities. *Mental Retardation and Developmental Disabilities Research Reviews,* 13, 107–13.

Emerson, E. and Hatton, C. (1994). *Moving Out: Relocation from Hospital to Community,* Her Majesty Stationery Office, London.

Emerson, E., Robertson, J. and Wood, J. (2005). The mental health needs of childrenand adolescents with intellectual disabilities in an urban conurbation. *Journal of Intervention Disability Research,* 49, 16–24.

Emerson, E. and Turnbull, L. (2005). Self reported smoking and alcohol use by adolescents with and without intellectual disabilities. *Journal of Intellectual Disability,* 9, 58–69.

Fago, D. P. (2003). Evaluation and treatment of neurodevelopmental deficits in sexually aggressive children and adolescents. *Professional Psychology: Researchand Practice,* 34, 248–57.

Fago, D. P. (2006). Comorbid psychopathology in child, adolescent and adult sexual offenders, in *Comprehensive Mental Health Practice with Sex Offenders and Their Families* (eds C. Hilarski and J. Wodarski), Haworth, Binghamton, NY, pp. 139–218.

Farrington, D. P. (1995). The development of offending and antisocial behaviour from childhood: key findings from the Cambridge study in delinquent development. *Journal of Child Psychology and Psychiatry,* 36, 929–64.

Farrington, D. P. (2005). Childhood origin of antisocial behaviour. *Clinical psychology and Psychotherapy,* 12, 177–89.

Fazel, S. and Danesh, J. (2002). Serious mental disorder among 23,000 prisoners: systematic review of 62 surveys. *Lancet,* 16, 545–50.

Fernald, W. E. (1909). The imbecile with criminal instincts. *Journal of Psycho-Asthenics,* 14, 16–36.

Fernald, W. E. (1912). The burden of the feeble-minded. *Journal of Psycho-Asthenics,* 17, 87–111.

Fernald, W. E. (1919). Aftercare study of the patients discharged from Waverley for a period of 25 years. *Ungraded,* 5, 25–31.

Finkelhor, D. (1984). *Child Sexual Abuse: New Theory and Research,* Free Press, New York.

Finlay, W. M. and Lyons, E. (2001). Methodological issues in interviewing and using self-report questionnaires with people with mental retardation. *Psychological Assessment,* 13, 319-35.

Furby, L., Weinrott, M. R. and Blackshaw, L. (1989). Sex offender recidivism: a review. *Psychological Bulletin,* 105, 3-30.

Gallacher, C. A., Wilson, D. B., Hirschfield, P. *et al.* (1999). A quantitative review of the effects of sex offender treatment of sexual re-offending. *Corrections Management Quarterly,* 3, 19-29.

Galton, F. (1883). *Enquiries into Human Faculty and its Development,* MacMillan, London.

Garlick, Y., Marshall, W. L. and Thornton, D. (1996). Intimacy deficits and attribution of blame among sexual offenders. *Legal and Criminological Psychology,* 1, 251-58.

Gendreau, P., Grant, B. A., Leipcieger, M. and Collins, S. (1979). Norms and recidivism rates for the MMPI and selected environmental scales on a Canadian delinquent sample. *Canadian Journal of Behavioural Science,* 11, 21-31.

Gibbons, D. C. and Krohn, M. D. (1986). *Delinquent Behaviour,* 4th edn, Prentice Hall, Englewood Cliffs, NJ.

Glaser, W. and Deane, K. (1999). Normalisation in an abnormal world: A study of prisoners with intellectual disability. *International Journal of Offender Therapy & Comparative Criminology,* 43, 338-50.

Glueck, E. (1935). Mental retardation found in juvenile delinquency. *Journal of Psycho-Asthenics,* 40, 267-90.

Goddard, H. (1910). Heredity of feeble-mindedness. *American Breeders Magazine,* 1, 165-78.

Goddard, H. (1911). The menace of the feeble-minded. *Paediatrics,* 23, 1-8.

Goddard, H. (1912). *The Kallikak Family: A Study in the Heredity of Feeble-Mindedness,* MacMillan, New York.

Goddard, H. (1921). *The Criminal Imbecile,* Dodd, Mead & Co., New York.

Goodman, R., Simonoff, E. and Stevenson, J. (1995). The impact of child IQ, parent IQ, and sibling IQ on child behavioural deviance scores. *Journal of Child Psychology and Psychiatry,* 36, 409-25.

Grann, M., Belfrage, H. and Tengstrom, A. (2000). Actuarial assessment of risk for violence: predictive validity of the VRAG and the historical part of the HCR-20. *Criminal Justice and Behaviour,* 27, 97-114.

Gray, N. S., Fitzgerald, S., Taylor, J. *et al.* (2007). Predicting future reconviction in offenders with intellectual disabilities: the predictive efficacy of VRAG, PCL-SV and the HCR-20. *Psychological Assessment,* 19, 474-79.

Green, G., Gray, N. S. and Willner, P. (2002). Factors associated with criminal convictions for sexually inappropriate behaviour in men with learning disabilities. *Journal of Forensic Psychiatry,* 13, 578-607.

Grettan, H. M., McBride, M., Hare, R. D. *et al.* (2001). Psychopathy and recidivism in adolescent sex offenders. *Criminal Justice and Behaviour,* 28, 427-49.

Griffin, D. W. and Bartholomew, K. (1994). The metaphysics of measurement: the case of adult attachment, in *Attachment Process in Adulthood* (eds K. Bartholomew and D. Perlman), Jessica Kingsley, London, pp. 17-52.

Griffiths, D., Federoff, J. P., Richards, D. *et al.* (2007). Sexual and gender identity disorders, in *Diagnostic Manual-Intellectual Disability* (eds R. Fletecher, E. Loschen, C. Stavrakaki and M. First), NADD, Kingston, NY, pp. 411-57.

Griffiths, D. and Lunsky, Y. (2003). *Sociosexual Knowledge and Attitudes Assessment Tool (SSKAAT-R).* Stoelting Company, Wood Dale, IL.

Griffiths, D. M., Quinsey, V. L. and Hingsburger, D. (1989). *Changing Inappropriate Sexual Behaviour: A Community Based Approach for Persons with Developmental Disabilities,* Paul Brooks, Baltimore.

Grouio, S., Sakadami, N., Poderi, A. and Alevriadou, A. (1999). Excess of non right handedness among individuals with intellectual disability: experimental evidence and possible explanations. *Journal of Intellectual Disability Research,* 43, 306-13.

Grubb-Blubaugh, V., Shire, B. J. and Baulser, M. L. (1994). Behaviour management and offenders with mental retardation: the jury system. *Mental Retardation,* 32, 213-17.

Haaven, J., Little, R. and Petre-Miller, D. (1990). *Treating Intellectually Disabled Sex Offenders: A Model Residential Programme,* Safer Society Press, Orwell, VT.

Hall, G. C. N. (1995a). The preliminary development of theory based community treatment for sexual offenders. *Professional Psychology: Research and Practice,* 26, 478–83.

Hall, G. C. N. (1995b). Sexual offender recidivism revisited: a meta-analysisof recent treatmentstudies. *Journal of Consulting and Clinical Psychology,* 63, 802–9.

Hall, G. C. N. (1996). *Theory Based Assessment, Treatment and Prevention of Sexual Aggression,* Oxford University Press, New York.

Hall, G. C. N. and Hirschman, R. (1991). Towards a theory of sexual aggression: a quadripartite model. *Journal of Consulting and Clinical Psychology,* 59, 662–69.

Hall, G. C. N. and Hirschman, R. (1992). Sexual aggression against children: a conceptual perspective of etiology. *Criminal Justice and Behaviour,* 19, 8–23.

Hanson, R. K. (1997). *The Development of a Brief Actuarial Risk Scale for Sexual Offence Recidivism (User report 1997-2004),* Development of the Solicitor General of Canada, Ottawa.

Hanson, R. K., Broom, I. and Stephenson, M. (2004). Evaluating community sex offender treatment programmes: a 12 year follow-up of 724 offenders. *Canadian Journal of Behavioral Science,* 36, 87–96.

Hanson, R. K., Gordon, A., Harris, A. J. R. *et al.* (2002). First report of the collaborative outcome data project on the effectiveness of psychological treatment for sex offenders. *Sexual Abuse: A Journal of Research and Treatment,* 14, 169–94.

Hanson, R. K. and Harris, A. J. R. (2000). Where should we intervene? Dynamic predictors of sexual offence recidivism. *Criminal Justice and Behaviour,* 27, 6–35.

Hanson, R. K. and Thornton, D. (1999). *Static-99: Improving Actuarial Risk Assessments for Sex Offenders* (User report 1999–2002), Department of the Solicitor General of Canada, Ottawa.

Hanson, R. K. and Thornton, D. (2000). Improving risk assessment for sexual offenders: a comparison of three actuarial scales. *Law and Human Behaviour,* 24, 119–36.

Hanson, K. and Thornton, D. (2003). *The Static 2002*. Department of the Solicitor General of Canada, Ottawa.

Hare, R. D. (1991). *The Hare Psychopathy Checklist-Revised*, Multi Health Systems, Toronto.

Harris, A. J. R. and Tough, S. (2004). Should actuarial risk assessments be used with sex offenders who are intellectually disabled. *Journal of Applied Research in Intellectual Disabilities*, 17, 235-42.

Harris, G. T., Rice, M. E. and Quinsey, V. L. (1993). Violent recidivism of mentally disordered offenders: the development of a statistical prediction instrument. *Criminal Justice and Behaviour*, 20, 315-35.

Harris, G. T., Rice, M. E., Quinsey, V. L. and Chaplin, T. C. (1996). Viewing time as a measure of sexual interest among child molesters and normal heterosexual men. *Behaviour Research and Therapy*, 34, 389-94.

Harris, G. T., Rice, M. E., Quinsey, V. L. *et al.* (2003). A multi-site comparison of actuarial risk instruments for sex offenders. *Psychological Assessment*, 15, 413-25.

Hart, S. D., Cox, D. N. and Hare, R. D. (1995). *The Hare PCL:SV*, Multi-health Systems, Toronto.

Hastings, R. P. (2002). Do challenging behaviours affect staff psychological well-being? Issues of causality and mechanism. *American Journalof Mental Retardation*, 107, 455-67.

Hastings, R., Horne, S. and Mitchell, G. (2004). Burnout in direct care staff in intellectual disability services: a factor analytic study of the Maslach Burnout Inventory. *Journal of Intellectual Disability Research*, 48, 268-73.

Hayes, S. (1991a). Pilot prison programmes. *Australia and New Zealand Journal of Developmental Disabilities (Journal of Intellectual and Developmental Disabilities)*, 17, 209-16.

Hayes, S. (1991b). Sex offenders. *Australia and New Zealand Journal of Developmental Disabilities (Journal of Intellectual and Developmental Disabilities)*, 17, 220-27.

Hayes, S. C. (2002). Early intervention or early incarceration? Using a screening test for intellectual disability in the criminal justice system. *Journal of Applied Research in Intellectual Disability*, 15, 120-28.

Hemphill, J. F., Hare, R. D. and Wong, S. (1998). Psychopathy and recidivism: a review. *Legal and Criminological Psychology,* 3, 141–72.

Hingsburger, D., Griffiths, D. and Quinsey, V. (1991). Detecting counterfeit deviance: differentiating sexual deviance from sexual inappropriateness. *Habilitation Mental Health Care Newsletter,* 10, 51–54.

Hirschi, T. (1969). *Causes of Delinquency,* University of California Press, Berkeley, CA.

Hirschi, T. and Hildelang, M. J. (1977). Intelligence and delinquency: a revisionist view. *American Sociological Review,* 42, 571–87.

Hogue, T. E., Steptoe, L., Taylor, J. L. *et al.* (2006). A comparison of offenders with intellectual disability across three levels of security. *Criminal Behaviour and Mental Health,* 16, 13–28.

Holland, A. J. (1991). Challenging and offending behaviour by adults with developmental disorders. *Australia and New Zealand Journal of Developmental Disabilities (Journal of Intellectual and Developmental Disabilities),* 17, 119–26.

Holland, A. J. (2004). Criminal behaviour and developmental disability: an epidemiological perspective, in *Offenders with Developmental Disabilities* (eds W. R. Lindsay, J. L. Taylor and P. Sturmey), John Wiley & Sons, Ltd, Chichester, pp. 23–34.

Holland, S. and Persson, P. (2007). *Intellectual Disability in the Victorian Prison System: Characteristics of Prisoners with an Intellectual Disability Released from Prison in 2003-2006,* Department of Justice, Corrections Victoria.

Hudson, S. M. and Ward, T. (2000). Relapse prevention: assessment and treatment implications, in *Remaking Relapse Prevention with Sex Offenders: A Source Book* (eds D. R. Laws, S. M. Hudson and T. Ward), Sage, Thousand Oaks, CA, pp. 102–22.

Jahoda, A., Dagnan, D., Jarvie, P. and Kerr, W. (2006). Depression, social context and cognitive behaviour therapy for people who have intellectual disabilities. *Journal of Applied Research and Intellectual Disabilities,* 19, 81–90.

Jahoda, A., Trower, P., Pert, C. and Finn, D. (2001). Contingent reinforcement or defending the self? A review of evolving models of aggression in people with mild learning disabilities. *British Journalof Medical Psychology,* 74, 305–21.

Johnson, T. C. (1989). Female child perpetrators: children who molest other children. *Child Abuse and Neglect,* 13, 571–85.

Jolliffe, D. and Farrington, D. P. (2004). Empathy and offending: a systematic review and meta-analysis. *Aggression and Violent Behaviour,* 9, 441–76.

Kandel, E., Mednick, S. A., Kirkegaard-Sorensen, L. *et al.* (1988) IQ as a protective factor for subjects at high risk for antisocial behaviour. *Journal of Consulting and Clinical Psychology,* 56, 224–26.

Kaufman, A. S. and Leichtenberger, E. O. (1999). *Essentials of WAIS-III Assessment,* John Wiley & Sons, Ltd, Chichester.

Keeling, J. A. and Rose, J. L. (2005). Relapse prevention with intellectually disabled sex offenders. *Sexual Abuse: A Journalof Research and Treatment,* 17, 407–23.

Keeling, J. A., Rose, J. L. and Beech, A. R. (2006). A comparison of the application of the self-regulation model of the relapse process for mainstream and special needs offenders. *Sexual Abuse: A Journal of Research and Treatment,* 18, 373–82.

Keeling, J. A., Rose, J. L. and Beech, A. R. (2007a). A preliminary evaluation of the adaptation of four assessments for offenders with special needs. *Journal of Intellectual and Developmental Disability,* 32, 62–73.

Keeling, J. A., Rose, J. L. and Beech, A. R. (2007b). Comparing sexual offender treatment efficacy: mainstream sexual offenders and sexual offenders with special needs. *Journal of Intellectual and Developmental Disability,* 32, 117–24.

Kelly, R. J. (1982). Behavioural reorientation of paedophiliacs: Can it be done? *Clinical Psychology Review,* 2, 387–408.

Kiely, J. and Pankhurst, H. (1998). Violence faced by staff in a learning disability service. *Disability and Rehabilitation,* 20, 81–89.

Kirkegaard-Sorensen, L. and Mednick, S. A. (1977). A prospective study of predictors of criminality: a description of registered criminality in the high risk and low risk families, in *Biological Basis of Criminal Behaviour* (eds

S. A. Mednick and K. O. Christiansen), Gardiner, New York, pp. 229–44.

Knopp, F. H., Freeman-Longo, R. E. and Stevenson, W. (1992). *Nationwide Survey of Juvenile and Adult Sex Offender Treatment Programmes,* Safer Society Press, Orwell, VT.

Kolton, D. J. C., Boer, A. and Boer, D. P. (2001). A revision of the Abel and Becker Cognition Scale for intellectually disabled sexual offenders. *Sexual Abuse: A Journal of Research and Treatment,* 13, 217–19.

Korner, D. G. and Mills, J. F. (2001). The accuracy of five risk appraisal instruments in predicting institutional misconduct and new convictions. *Criminal Justice and Behaviour,* 28, 471–89.

Lambrick, F. and Glaser, W. (2004). Sex offenders with an intellectual disability. *Sexual Abuse: A Journal of Research and Treatment,* 16, 381–92.

Langdon, P. E., Maxted, H. and Murphy, G. H. (2007). An exploratory evaluation of the Ward and Hudson Offending Pathways Model with sex offenders who have intellectual disabilities. *Journal of Intellectual and Developmental Disabilities,* 32, 94–105.

Langdon, P. E. and Talbot, T. J. (2006). Locus of control and sex offenders with an intellectual disability. *International Journal of Offender Therapy and Comparative Criminology,* 50, 391–401.

Langevin, R. and Curnoe, S. (2002). Assessment and treatment of sex offenders who have a developmental disability, in *Ethical dilemmas: Sexuality and Developmental Disability* (eds D. M. Griffiths, D. Richards, P. Federoff and S. L. Watson), NADD, Kingston, NY, pp. 387–416.

Langevin, R., Lang, R. A. and Curnoe, S. (1998). The prevalence of sex offenders with deviant sexual fantasies. *Journal of Interpersonal Violence,* 13, 315–27.

Langton, C. M., Barbaree, H. E., Seto, M. C. *et al.* (2007). Actuarial assessment of risk for re-offence amongst adult sex offenders: evaluating the predictive accuracy of the Static-2002 and five other instruments. *Criminal Justice and Behaviour,* 24, 37–59.

Lezak, M. D., Howieson, D. B. and Loring, B. W. (2004). *Neuropsychological Assessment,* 4th edn, Oxford University Press, Oxford.

Lindsay, W. R. (2004). Sex offenders: conceptualisation of the issues, services, treatment and management, in *Offenders with Developmental Disabilities* (eds W. R. Lindsay, J. L. Taylor and P. Sturmey), John Wiley & Sons, Ltd, Chichester, pp. 163–86.

Lindsay, W. R. (2005). Model underpinning treatment for sex offenders with mild intellectual disability: current theories of sex offending. *Mental Retardation,* 43, 428–41.

Lindsay, W. R. (2007). Personality disorder, in *Psychiatric and Behavioural Disorders in Developmental Disabilities and Mental Retardation* (eds N. Bouras and G. Holt), Cambridge University Press, Cambridge, pp. 336–59, Chapter 9.

Lindsay, W. R., Allan, R., Parry, C., Macleod, F., Cottrell, J., Overend, H. and Smith, A. H. W. (2004). Anger and aggression in people with intellectual disabilities: Treatment and follow-up of consecutive referrals and a waiting list comparison. *Clinical Psychology and Psychotherapy,* 11, 255–64.

Lindsay, W. R. and Beail, N. (2004). Risk assessment: actuarial prediction and clinical judgement of offending incidents and behaviour for intellectual disability services. *Journal of Applied Research in Intellectual Disabilities,* 17, 229–34.

Lindsay, W. R., Bellshaw, E., Culross, G. *et al.* (1992). Increases in knowledge following a course of sex education for people with learning difficulties. *Journal of Intellectual Disability Research,* 36, 531–39.

Lindsay, W. R., Elliot, S. F. and Astell, A. (2004). Predictors of sexual offence recidivism in offenders with intellectual disabilities. *Journal of Applied Research in Intellectual Disabilities,* 17, 299–305.

Lindsay, W. R., Gabriel, S., Dana, L. *et al.* (2007a). Personality disorders, in *DM-ID* (eds R. Fletcher, E. Loschen, C. Stavrakakis and M. First), National Association for Dual Diagnosis, Kingston, NY.

Lindsay, W. R., Hastings, R. P., Griffiths, D. M. and Hayes, S. C. (2007b). Trends and challenges in forensic research on offenders with intellectual disability. *Journal of Intellectual and Developmental Disability,* 32, 55–61.

Lindsay, W. R., Hogue, T., Taylor, J. L. *et al.* (2006a). Two studies on the prevalence and validity of personality disorder in three forensic intellectual disability samples. *Journal of Forensic Psychiatry and Psychology,* 17,

485–506.

Lindsay, W. R., Hogue, T., Taylor, J. L. *et al.* (2008a). Risk assessment in offenders with intellectual disabilities: a comparison across three levels of security. *International Journal of Offender Therapy and Comparative Criminology,* 52, 90–111.

Lindsay, W. R., Law, J., Quinn, K. *et al.* (2001). A comparison of physical and sexual abuse histories: sexual and non-sexual offenders with intellectual disability. *Child Abuse and Neglect,* 25, 989–95.

Lindsay, W. R. and Less, M. (2003). A comparison of anxiety and depression in sex offenders with intellectual disability and a control group with intellectual disability. *Sexual Abuse: A Journal of Research and Treatment,* 15, 339–46.

Lindsay, W. R., Marshall, I., Neilson, C. Q. *et al.* (1998a). The treatment of men with a learning disability convicted of exhibitionism. *Research on Developmental Disabilities,* 19, 295–316.

Lindsay, W. R., Michie, A. M., Whitefield, E. *et al.* (2006b). Response patterns on the Questionnaire on Attitudes Consistent with Sexual Offending in groups of sex offenders with intellectual disability. *Journal of Applied Research in Intellectual Disabilities,* 19, 47–54.

Lindsay, W. R., Murphy, L., Smith, G. *et al.* (2004a). The Dynamic Risk Assessment and Management System: An assessment of immediate risk of violence for individuals with intellectual disabilities, and offending and challenging behaviour. *Journal of Applied Research in Intellectual Disabilities,* 17, 267–74.

Lindsay, W. R., Neilson, C. Q., Morrison, F. and Smith, A. H. W. (1998b). The treatment of six men with a learning disability convicted of sex offences with children. *British Journal of Clinical Psychology,* 37, 83–98.

Lindsay, W. R., Olley, S., Baillie, N. and Smith, A. H. W. (1999). The treatment of adolescent sex offenders with intellectual disability. *Mental Retardation,* 37, 320–33.

Lindsay, W. R., Olley, S., Jack, C. *et al.* (1998c). The treatment of two stalkers with intellectual disabilities using a cognitive approach. *Journal of Applied Research in Intellectual Disabilities,* 11, 333–44.

Lindsay, W. R. and Skene, D. D. (2007). The Beck Depression Inventory II and The Beck Anxiety Inventory in people with intellectual disabilities: factor analyses and group data. *Journal of Applied Research in Intellectual Disability,* 20, 401-8.

Lindsay, W. R. and Smith, A. H. W. (1998). Responses to treatment for sex offenders with intellectual disability: a comparison of men with 1 and 2 year probation sentences. *Journal of Intellectual Disability Research,* 42, 346-53.

Lindsay, W. R., Smith, A. H. W., Law, J. *et al.* (2004b). Sexual and non-sexual offenders with intellectual and learning disabilities: a comparison of characteristics, referral patterns and outcome. *Journal of Interpersonal Violence,* 19, 875-90.

Lindsay, W. R., Smith, A. H. W., Law, J. *et al.* (2002). A treatment service for sex offenders and abusers with intellectual disability: characteristics of referrals and evaluation. *Journal of Applied Research in Intellectual Disability,* 15, 166-74.

Lindsay, W. R., Steele, L., Smith, A. H. W. *et al.* (2006c). A community forensic intellectual disability service: twelve year follow-up of referrals, analysis of referral patterns and assessment of harm reduction. *Legal and Criminological Psychology,* 11, 113-30.

Lindsay, W. R., Steptoe, L. and Beech, A. T. (2008). The Ward and Hudson pathways model of the sex offense process applied to offenders with intellectual disabilities. *Sexual Abuse: A Journal of Research and Treatment,* in press.

Lindsay, W. R., Steptoe, L., Hogue, T. E. *et al.* (2007c). Internal consistency and factor structure of personality disorders in a forensic intellectual disability sample. *Journal of Intellectual and Developmental Disabilities,* 32, 134-42.

Lindsay, W. R. and Taylor, J. L. (2008). Assessment and treatment of offenders with intellectual and developmental disabilities, in *Handbook of Forensic Mental Health* (eds K. Soothall, P. Rogers and M. Dolan), Willan, Cullompton, pp. 328-50, Chapter 13.

Lindsay, W. R., Ward, T. and Morgan, T. (2005). *The Importance and Difficulty of Establishing Relationships in Sex Offenders*. Paper presented at the Good Lives Model Conference, Dundee.

Lindsay, W. R., Wart, T., Morgan, T. and Wilson, I. (2007d). Self regulation of sex offending, future pathways and the good lives model: applications and problems. *Journal of Sexual Aggression,* 13, 37–50.

Lindsay, W. R., Whitefield, E. and Carson, D. (2007). An assessment for attitudes consistent with sexual offending for use with offenders with intellectual disability. *Legal and Criminological Psychology,* 12, 55–68.

Lindsay, W. R., Whitefield, E., Carson, D. and Steptoe, L. (2004c). *The Questionnaire on Attitudes Consistent with Sexual Offending*. Available from BillLindsay@castlebeck.com to suitably qualified assessors.

Lindsay, W. R., Whitefield, E., Carson, D. and Steptoe, L. (2008b). Factor structure of the 7 scales on the Questionnaire on Attitudes Consistent with Sex Offending. In press.

Litwach, T. R. (2001). Actuarial versus clinical assessment of dangerousness. *Psychology, Public Policy and Law,* 7, 409–43.

Looman, J., Abracen, J. and Niecholaichuk, T. P. (2000). Recidivism among treated sexual offenders and matched controls. *Journal of Interpersonal Violence,* 15, 279–90.

Luiselli, J. K. (2000). Presentation of paraphilias and paraphilia related disorders in young adults with mental retardation: two case profiles. *Mental Health Aspects of Developmental Disabilities,* 3, 42–46.

Luiselli, J. K., Helfen, C. S., Pemberton, B. W. and Reisman, J. (1977). The elimination of a child's in class masturbation by over correction and reinforcement. *Journal of Behaviour Therapy and Experimental Psychiatry,* 8, 201–4.

Lund, J. (1990). Mentally retarded criminal offenders in Denmark. *British Journal of Psychiatry,* 156, 726–31.

Lunsky, Y., Frijters, J., Griffiths, D. M. *et al.* (2007). Sexual knowledge and attitudes of men with intellectual disabilities who sexually offend. *Journal of Intellectual and Developmental Disability,* 32, 74–81.

McCord, W. and McCord, J. (1959). *Origins of Crime: A New Evaluation of the Cambridge-Somerville,* Columbia Press, New York.

MacEachron, A. E. (1979). Mentally retarded offenders prevalence and characteristics. *American Journal of Mental Deficiency,* 84, 165–76.

McGrath, R. J., Cumming, G., Livingston, J. A. and Hoke, S. E. (2003). Outcome of a treatment programme for adult sex offenders. *Journal of Interpersonal Violence,* 18, 3–17.

McGrath, R. J., Livingston, J. A. and Falk, G. (2007). Community management of sex offenders with intellectual disability: characteristics, services and outcome of a Statewide programme. *Intellectual and Developmental Disabilities,* 45, 391–98.

MacMillan, D., Hastings, R. and Caldwell, J. (2004). Clinical and actuarial prediction of physical violence in a forensic intellectual disability hospital: a longitudinal study. *Journal of Applied Research in Intellectual Disabilities,* 17, 255–66.

MacMurphy, H. (1916). The relation of feeblemindedness to other social problems. *Journal of Psycho-Asthenics,* 21, 58–63.

Marques, J. K. (1999). How to answer the question, "Does sex offender treatment work?". *Journal of Interpersonal Violence,* 14, 437–51.

Marques, J. K., Weideranders, M., Day, D. *et al.* (2005). Effects of a relapse prevention programme on sexual recidivism: final results from California's Sex Offender Treatment and Evaluation Project (SOTEP). *Sexual Abuse: A Journal of Research and Treatment,* 17, 79–107.

Marquis, J. N. (1970). Orgasmic reconditioning: changing sexual object choice though controlling masturbation fantasies. *Journal of Behaviour Therapy and Experimental Psychiatry,* 1, 263–71.

Marshall, W. L. (1969). Cessation therapy: a procedure for reducing deviant sexual arousal. *Journal of Applied Behavioural Analysis,* 2, 377–89.

Marshall, W. L. (1989a). Invited essay: intimacy, loneliness and sexual offenders. *Behaviour Research and Therapy,* 27, 491–503.

Marshall, W. L. (1989b). Pornography and sex offenders, in *Pornography: Recent Research, Interpretations and Policy Considerations* (eds D. Zillmann and J. Bryant), Lawrence Erlbaum, Hillsdale, NJ, pp. 185–214.

Marshall, W. L. (2000). Revisiting the use of pornography by sexual offenders: implications for theory and practice. *Journal of Sexual Aggression,* 6, 67–

77.

Marshall, W. L., Anderson, D. and Fernandez, Y. (1999). *Cognitive Behavioural Treatment of Sex Offenders*, John Wiley & Sons, Ltd, Chichester.

Marshall, W. L. and Barbaree, H. E. (1988). The long term evaluation of a behavioural treatment programme for child molesters. *Behaviour Research and Therapy*, 26, 499–511.

Marshall, W. L. and Barbaree, H. E. (1990). An integrated theory of sexual offending, in *Handbook of Sexual Assault: Issues, Theories and Treatment of the Offender* (eds W. L. Marshall, D. R. Laws and H. E. Barbaree), Plenum, New York, pp. 257–75.

Marshall, W. L., Hudson, S. M., Jones, R. L. and Fernandez, Y. M. (1995). Empathy in sex offenders. *Clinical Psychology Review*, 15, 99–113.

Marshall, W. L. and Marshall, L. E. (2007). Utility of the random controlled trial for evaluating sex offender treatment: the gold standard or an inappropriate strategy? *Sexual Abuse: A Journal of Research and Treatment*, 19, 175–91.

Marshall, W. L., Marshall, L. E., Serran, G. A. and Fernandez, Y. M. (2006). *Treating Sexual Offenders*, Routledge, New York.

Maughann, B., Pickles, A., Hagell, A. *et al.* (1996). Reading problems and antisocial behaviour: developmental trends in comorbidity. *Journal of Child Psychology and Psychiatry*, 37, 405–18.

Michie, A. M., Lindsay, W. R., Martin, V. and Grieve, A. (2006). A test of counterfeit deviance: a comparison of sexual knowledge in groups of sex offenders with intellectual disability and controls. *Sexual Abuse: A Journal of Research and Treatment*, 18, 271–79.

Miller, R. S. and Lefcourt, H. M. (1982). The assessment of social intimacy. *Journal of Personality Assessment*, 46, 514–18.

Morey, L. C. (1988). The categorical representation of personality disorder: a cluster analysis of DSM III–R personality features. *Journal of Abnormal Psychology*, 97, 314–21.

Morrissey, C. (2003). The use of the PCL–R in forensic populations with learning disability. *The British Journal of Forensic Practice*, 5, 20–24.

Morrissey, C., Hogue, T., Mooney, P. *et al.* (2007a). Predictive validity of the PCL–

R in offenders with intellectual disabilities in a high secure setting: institutional aggression. *Journal of Forensic Psychology and Psychiatry,* 18, 1-15.

Morrissey, C., Hogue, T., Mooney, P. *et al.* (2005). Applicability, reliability and validity of the Psychopathy Checklist-Revised in offenders with intellectual disabilities: some initial findings. *International Journal of Forensic Mental Health,* 4, 207-20.

Morrissey, C., Mooney, P., Hogue, T. *et al.* (2007b). Predictive validity of psychopathy in offenders with intellectual disabilities in a high security hospital: treatment progress. *Journal of Intellectual and Developmental Disabilities,* 32, 125-33.

Mosher, S. (2009). Staff support, in *Assessment and Treatment of Sex Offenders with Intellectual Disabilities: A Handbook* (eds. L., Craig, W. R. Lindsay and K. Brwon), (in press), Chichester, Wiley.

Murphy, G. and Sinclair, N. (2006). Group cognitive behaviour treatment for men with sexually abusive behaviour. Paper presented at 6th Seattle Club Conference on Research and People with Intellectual Disabilities.

Murphy, G., Powell, S., Guzman, A. M. and Hays, S. J. (2007). Cognitive behavioural treatment for men with intellectual disabilities and sexually abusive behaviour: a pilot study. *Journal of Intellectual Disability Research,* 51, 902-12.

Naik, B. I., Gangadharan, S. K. and Alexander, R. T. (2002). Personality disorders in learning disability-the clinical experience. *British Journal of Developmental Disabilities,* 48, 95-100.

Nezu, C. M., Nezu, A. M., Rothenberg, J. L. *et al.* (1995). Depression in adults with mild mental retardation: are cognitive variables involved? *Cognitive Therapy & Research,* 19, 227-39.

Nicholaichuk, T., Gordon, A., Gru, D. and Wong, W. (2000). Outcome of an institutional sexual offender treatment programme: a comparison between treated and matched untreated offenders. *Sexual Abuse: A Journal of Research and Treatment,* 12, 139-53.

Novaco, R. W. (1975). *Anger Control: The Development and Evaluation of an Experimental Treatment,* Health, Lexington, MA.

Novaco, R. W. (1994). Anger as a risk factor for violence among the mentally disordered, in *Violence in Mental Disorder: Developments in Risk Assessment* (eds J. Monahan and H. J. Steadman), University of Chicago Press, Chicago.

Novaco, R. W. (2003). *The Novaco Anger Scale and Provocation Inventory Manual (NAS-PI)*, Western Psychological Services, Los Angeles.

Novaco, R. W. and Taylor, J. L. (2004). Assessment of anger and aggression in offenders with developmental disabilities. *Psychological Assessment*, 16, 42–50.

Novaco, R. W. and Taylor, J. L. (2008). Anger and assaultiveness of male forensic patients with developmental disabilities: links to volatile parents. *Aggressive Behaviour*, 34, 380–93.

Nowicki, S. (1976). *Adult Nowicki-Strickland Internal-External Locus of Control Scale*. Test manual available from S. Nowiki, Jnr., Department of Psychology, Emory University, Atlanta, GA 30322, USA.

Nussbaum, D., Collins, M., Cutler, J. *et al.* (2002). Crime type and specific personality indices: Cloninger's TCI impulsivity, empathy and attachment subscales in non-violent, violent and sexual offenders. *American Journal of Forensic Psychology*, 20, 23–56.

O'Conner, W. (1996). A problem solving intervention for sex offenders with intellectual disability. *Journal of Intellectual and Developmental Disability*, 21, 219–35.

Parry, C. and Lindsay, W. R. (2003). Impulsiveness as a factor in sexual offending by people with mild intellectual disability. *Journal of Intellectual Disability Research*, 47, 483–87.

Patterson, G. R. (1986). Performance models for antisocial boys. *American Psychologist*, 41, 432–44.

Patterson, G. R., Reid, J. B. and Dishion, T. J. (1992). *A Social Interactional Approach, Vol. 4, Antisocial Boys*, Castalia, Eugene, OR.

Patterson, G. R. and Yoerger, K. (1997). A developmental model for late onset delinquency, in *Motivation and Delinquency* (ed. D. W. Osgood), University of Nebrasca Press, Lincoln, pp. 119–77.

Payne, R. and Jahoda, A. (2004). The Glasgow Social Self-Efficacy Scale-a new scale for measuring social self-efficacy in people with intellectual disability. *Clinical Psychology and Psychotherapy*, 11, 265–74.

Perini, A. F. (2004). Staff support and development, in *Offenders with Developmental Disabilities* (eds W. R. Lindsay, J. L. Taylor and P. Sturmey), John Wiley & Sons, Ltd, Chichester, pp. 307–26.

Pithers, W. D., Gray, A., Busconi, A. and Houchens, P. (1998). Five empirically derived subtypes of children with sexual behaviour problems: characteristics potentially related to juvenile delinquency and adult criminality. *Irish Journal of Psychology*, 19, 49–67.

Pithers, W. D., Kashima, K., Cummings, G. F. *et al.* (1988). Relapse prevention of sexual aggression, in *Human Sexual Aggression: Current Perspectives* (eds R. Prentky and V. Quinsey), New York Academy of Sciences, New York, pp. 244–60.

Pithers, W. D., Marques, J. K., Gibat, C. C. and Marlatt, G. A. (1983). Relapse prevention with sexual aggressors: a self-control model of treatment and maintenance of change, in *The Sexual Aggressor: Current Perspectives on Treatment* (eds J. G. Greer and J. R. Stuart), Van Nostrand Reinhold, New York, pp. 214–39.

Plaud, J. J., Plaud, D. M., Colstoe, P. D. and Orvedal, L. (2000). Behavioural treatment of sexually offending behaviour. *Mental Health Aspects of Developmental Disabilities*, 3, 54–61.

Polvinale, R. A. and Lutzker, J. R. (1980). Elimination of assaultive and inappropriate sexual behaviour by reinforcement and social restitution. *Mental Retardation*, 18, 27–30.

Power, M., Champion, L. and Aris, S. J. (1988). The development of a measure of social support: The Significant Others Scale (SOS). *British Journal of Clinical Psychology*, 27, 349–58.

Proctor, T. and Beail, N. (2007). Empathy and theory of mind in offenders with intellectual disability. *Journal of Intellectual and Developmental Disability*, 32, 82–93.

Prout, H. T. and Strohmer, D. C. (1991). *Emotional Problem Scales: Professional Manual for the Behaviour Rating Scales and the Self-Report Inventory*, Psychological Assessment Resources.

Quinsey, V. L. (1998). Comments on Marshal's 'Monster, victim or everyman'. *Sexual Abuse: A Journal of Research and Treatment,* 10, 65–70.

Quinsey, V. L. (2004). Risk assessment and management in community settings, in *Offenders with Developmental Disabilities* (eds W. R. Lindsay, J. L. Taylor and P. Sturmey), John Wiley & Sons, Ltd, pp. 131–42, Chichester.

Quinsey, V. L., Book, A. and Skilling, T. A. (2004). A follow-up of deinstitutionalised men with intellectual disabilities and histories of antisocial behaviour. *Journal of Applied Research in Intellectual Disabilities,* 17, 243–54.

Quinsey, V. L. and Chaplin, T. C. (1988). Penile responses of child molesters and normals to descriptions of encounters with children involving sex and violence. *Journal of Interpersonal Violence,* 3, 259–74.

Quinsey, V. L., Harris, G. T., Rice, M. E. and Cormier, C. A. (1998). *Violent Offenders: Appraising and Managing Risk,* American Psychological Association, Washington DC.

Quinsey, V. L., Harris, G. T., Rice, M. E. and Cormier, C. A. (2006). *Violent Offenders, Appraising and Managing Risk,* 2nd edn, American Psychological Association, Washington DC.

Quinsey, V. L., Khanna, A. and Malcolm, B. (1998). Recidivism among treated and untreated sex offenders. *Journal of Interpersonal Violence,* 13, 621–44.

Ray, J. A. and English, D. J. (1995). Comparison of female and male children with sexual behaviour problems. *Journal of Youth and Adolescence,* 24, 439–51.

Reid, A. H. and Ballinger, B. R. (1987). Personality disorder in mental handicap. *Psychological Medicine,* 17, 983–87.

Reid, A. H., Lindsay, W. R., Law, J. and Sturmey, P. (2004). The relationship of offending behaviour and personality disorder in people with developmental disabilities, in *Offenders with Developmental Disabilities* (eds W. R. Lindsay, J. L. Taylor and P Sturmey), John Wiley & Sons, Ltd, Chichester, pp. 289–304.

Reiss, A. J. and Rhodes, A. I. (1961). The distribution of juvenile delinquency in the social class structure. *American Sociological Review,* 26, 720–32.

Reiss, S. (2001). *Who Am I: The 16 Basic Desires that Motivate Our Actions and Define Our Personalities. Beyond Pleasure and Pain,* Putnam, New York.

Reiss, S. and Havercamp, S. H. (1997). The sensitivity theory of motivation: Why functional analysis is not enough. *American Journal of Mental Retardation,* 101, 553-66.

Reiss, S. and Havercamp, S. H. (1998). Towards a comprehensive assessment of functional motivation: factor structure of the Reiss profiles. *Psychological Assessment,* 10, 97-106.

Rice, M. E., Harris, G. T. and Quinsey, V. L. (2001). Research on the treatment of adult sex offenders, in *Treating Adults and Juvenile Offenders with Special Needs* (eds J. B. Ashford, B. D. Sales and W. H. Reid), American Psychological Association, Washington DC, pp. 291-312).

Romero, J. J. and Williams, L. M. (1983). Group psychotherapy and intensive probation supervision with sex offenders. *Federal Probation,* 47, 36-42.

Rose, J., Anderson, C., Hawkins, C. and Rose, D. (2007). *A Community Based Sex Offender Treatment Group for Adults with Intellectual Disabilities.* Paper presented at the World Congress of Behavioural and Cognitive Psychotherapy, Barcelona.

Rose, J. and Cleary, A. (2007). Care staff perceptions of challenging behaviour and fear of assault. *Journal of Intellectual and Developmental Disability,* 32, 153-61.

Rose, J., Jenkins, R., O'Conner, C. *et al.* (2002). A group treatment for men with intellectual disabilities who sexually offend or abuse. *Journal of Applied Research in Intellectual Disabilities,* 15, 138-50.

Royal College of Psychiatrists (2001). *Diagnostic Criteria in Learning Disability (DC-LD),* Gaskell, London.

Rutter, M., Maughan, B., Meyer, J. *et al.* (1997). Heterogeneity of antisocial behaviour: causes, continuities and consequences, in *Motivation and Delinquency* (ed. D. W. Osgood), University of Nabraska Press, Lincoln, pp. 45-118.

Rutter, M., Tizard, G. and Whitmore, K. (1970). *Education, Health and Behaviour,* Longman, London.

Salter, A. C. (1988). *Treating Child Sex Offenders and Victims,* Sage, London.

Scheerenberger, R. C. (1983). *A History of Mental Retardation,* Brooks, London.

Schuerman, L. and Kobrin, S. (1986). Community careers in crime, in *Crime and Justice: An Annual Review of Research,* Vol. 8 (eds A. J. Reiss and M. Tonroy), University of Chicago Press, Chicago, IL, pp. 67–100.

Seabloom, W., Seabloom, M. E., Seabloom, E. *et al.* (2003). A 14–24 year longitudinal study of a comprehensive sexual health model treatment programme for adolescent sex offenders: predictors of successful completion and subsequent criminal recidivism. *International Journal of Offender Therapy and Comparative Criminology,* 47, 468–81.

Sequeira, H. and Hollins, S. A. (2003). Clinical effects of sexual abuse on people with learning disability. *British Journal of Psychiatry,* 182, 13–19.

Seto, M. C., Cantor, J. M. and Blanchard, R. (2006). Child pornography offences are a valid diagnostic indicator of paedophilia. *Journal of Abnormal Psychology,* 115, 610–15.

Seto, M. C. and Eke, A. W. (2005). The criminal histories and later offending of child pornography offenders. *Sexual Abuse: A Journal of Research and Treatment,* 17, 201–10.

Sjostedt, G. and Langstrom, N. (2002). Assessment of risk for criminal recidivism among rapists: a comparison of four different measures. *Psychology, Crime and Law,* 8, 25–40.

Skirrow, P. and Hatton, C. (2007). Burnout amongst direct care workers in services for adults with intellectual disability: a systematic review of research findings and initial normative data. *Journal of Applied Research in Intellectual Disabilities,* 20, 131–44.

Smith, M. and Willner, P. (2004). Psychological factors in risk assessment and management of inappropriate sexual behaviour by men with intellectual disabilities. *Journal of Applied Research in Intellectual Disabilities,* 17, 285–97.

Snyder, J. J. and Patterson, G. R. (1995). Individual differences in social aggression: a test of a reinforcement model of socialisation in the natural environment. *Behaviour Therapy,* 26, 371–91.

Spielberger, C. D. (1996). *State-Trait Anger Expression Inventory Professional*

*Manual,* Psychological Assessment Resources Inc., Florida.

Steptoe, L., Lindsay, W. R., Forrest, D. and Power, M. (2006). Quality of life and relationships in sex offenders with intellectual disability. *Journal of Intellectual and Developmental Disabilities,* 31, 13–19.

Steptoe, L., Lindsay, W. R., Murphy, L. and Young, S. J. (2008). Construct validity, reliability and predictive validity of the Dynamic Risk Assessment and Management System (DRAMS) in offenders with intellectual disability. *Legal and Criminological Psychology,* 13, 309–21.

Stouthmaer-Loeber, M., Loeber, R., Wei, E. *et al.* (2002). Risk and promotive effects in the explanation of persistent serious delinquency in boys. *Journal of Consulting and Clinical Psychology,* 70, 111–23.

Sturmey, P. (2004). Cognitive therapy with people with intellectual disabilities: a selective review and critique. *Clinical Psychology and Psychotherapy,* 11, 221–28.

Sturmey, P. (2006). On some recent claims for the efficacy of cognitive therapy for people with intellectual disabilities. *Journal of Applied Research in Intellectual Disabilities,* 19, 109–18.

Sturmey, P., Taylor, J. L. and Lindsay, W. R. (2004). Research and development, in *Offenders with Developmental Disabilities* (eds W. R. Lindsay, J. L. Taylor and P. Sturmey), John Wiley & Sons, Ltd, Chichester, pp. 327–50.

Sutherland, E. H. (1937). *The Professional Thief,* Chicago University Press, Chicago, IL.

Szivos-Bach, S. E. (1993). Social comparisons, stigma and mainstreaming: the self-esteem of young adults with mild mental handicap. *Mental Handicap Research,* 6, 217–34.

Switzky, H. N. (2001). Personality and motivational self-system processes in persons with mental retardation: old memories and new perspectives, in *Personality and Motivational Differences in Persons with Mental Retardation* (ed. H. N. Switzky), Lawrence, Erlbaum Associates, Mahwah, NJ.

Switzky, H. N. and Haywood, H. C. (1991). Self-reinforcement schedules in persons with mental retardation: effects of motivational orientation and instructional demands. *Journal of Mental Deficiency Research,* 35, 221–30.

Switzky, H. N. and Haywood, H. C. (1992). Self-reinforcement schedules in young children: effects of motivational orientation and instructional demands. *Learning and Individual Differences,* 4, 59–71.

Talbot, T. J. and Langdon, P. E. (2006). A revised sexual knowledge assessment tool for people with intellectual disabilities. *Journal of Intellectual Disability Research,* 50, 523–31.

Taylor, J. L. (2002). A review of the assessment and treatment of anger and aggression in offenders with intellectual disability. *Journal of Intellectual Disability Research,* 46, (Suppl. 1), 57–73.

Taylor, J. L., Lindsay, W. R., Hogue, T., Steptoe, L., Mooney, P., O'Brien, G. and Johnson, S. (2008). *Use of the HCR 20 with offenders with intellectual disability.* Paper presented to the Annual Conference of the BPS Forensic Division, Edinburgh.

Taylor, J. L., Novaco, R. W., Guinan, C. and Street, N. (2004). Development of an imaginal provocation test to evaluate treatment for anger problems in people with intellectual disabilities. *Clinical Psychology and Psychotherapy,* 11, 233–46.

Terman, L. (1911). *The Measurement of Intelligence,* Houghton Mifflin, Boston.

Thornton, D. (2002). Constructing and testing a framework for dynamic risk assessment. *Sexual Abuse: A Journal of Research and Treatment,* 14, 139–53.

Thornton, D., Mann, R., Webster, S. *et al.* (2003). Distinguishing and combining risks for sexual and violent recidivism. *Annals of the New York Academy of Sciences,* 989, 225–35.

Tought, S. E. (2001). *Validation of two standard risk assessments (RRASOR, 1997; Static-99, 1999) on a sample of adult males who are developmentally disabled with significant cognitive deficits.* Unpublished Masters Thesis. University of Toronto, Toronto, Ontario, Canada.

Trent, J. W. (1994). *Inventing the Feeble Mind. A History of Mental Retardation in the Untied States,* University of California Press, Berkeley, CA.

Walker, N. and McCabe, S. (1973). *Crime and Insanity in England,* University Press, Edinburgh.

Walters, G. D. (2003). Predicting institutional adjustment and recidivism with the

Psychopathy Checklist factor scores: a meta-analysis. *Law and Human Behaviour,* 27, 541–58.

Ward, T., Bickley, J., Webster, S. D. *et al.* (2004). *The Self-Regulation Model of the Offence and Relapse Process. A Manual: Volume I: Assessment,* Pacific Psychological Assessment Corporation, Victoria.

Ward, T. and Gannon, T. A. (2006). Rehabilitation, etiology and self-regulation: the comprehensive Good Lives Model of treatment for sexual offenders. *Aggression and Violent Behaviour,* 11, 214–23.

Ward, T. and Hudson, S. M. (1998). A model of the relapse process in sexual offenders. *Journal of Interpersonal Violence,* 13, 700–25.

Ward, T. and Hudson, S. M. (2000). A self-regulation model of the relapse prevention process, in *Remaking Relapse Prevention with Sex Offenders: A Source Book* (eds D. R. Laws, S. M. Hudson and T. Ward), Sage, Thousand Oaks, pp. 79–101.

Ward, T., Hudson, S. M., Johnston, L. and Marshall, W. L. (1997). Cognitive distortions in sex offenders: an integrative review. *Clinical Psychology Review,* 17, 479–507.

Ward, T., Hudson, S. M. and Keenan, T. (1998). A self-regulation model of the sexual offence process. *Sexual Abuse: A Journal of Research and Treatment,* 10, 141–57.

Ward, T., Hudson, S. M. and Marshall, W. L. (1996). Attachment style in sex offenders: a preliminary study. *Journal of Sex Research,* 33, 17–26.

Ward, T. and Marshall, W. L. (2004). Good lives, aetiology and the rehabilitation of sex offenders: a bridging theory. *Journal of Sexual Aggression,* 10, 153–69.

Ward, T., Polaschek, D. and Beech, A. T. (2005). *Theories of Sexual Offending,* John Wiley & Sons, Ltd, Chichester.

Ward, T. and Stewart, C. A. (2003). The treatment of sex offenders: risk management and good lives. *Porfessional Psychology, Research and Practice,* 34, 353–60.

Ward, T., Yates, P. M. and Long, C. A. (2006). *The self-regulation model of the offence and re-offence process: Volume 2, treatment,* Pacific Psychological Assessment Corporation, Victoria BC.

Webster, C. D., Eaves, D., Douglas, K. S. and Wintrup, A. (1995). *The HCR-20: The Assessment of Dangerousness and Risk,* Simon Fraser University and British Colombia Forensic Psychiatric Services Commission, Vancouver, Canada.

Webster, S. D. (2005). Pathways to sexualoffence recidivism following treatment: an examination of the Ward and Hudson Self-Regulation Model of Relapse. *Journal of Interpersonal Violence,* 20, 1175-96.

Wechsler, D. (1999). *Manual for the Wechsler Adult Intelligence Scale,* 3rd edn, Psychological Corporation, Sanantonio, TX.

Wells, A. (1997). *Cognitive Therapy,* John Wiley & Sons, Ltd, Chichester.

West, D. J. and Farrington, D. P. (1973). *Who Becomes Delinquent,* Heinemann, London.

Wierzbicki, M. and Pekarik, G. (1993). A meta-analysis of psychotherapy drop out. *Professional Psychology: Research and Practice,* 24, 190-95.

Williams, F., Wakeling, H. and Webster, S. (2007). A psychometric study of six self report measures for use with sexual offenders with cognitive and social functioning deficits. *Psychology Crime and Law,* 13, 505-22.

Wish, J. R., McCombs, K. F. and Edmonson, B. (1979) *The Socio-Sexual Knowledge and Attitudes Test,* Stoelting, Wood Dale, IL.

Yates, P. M. and Kingston, D. A. (2006). The self regulation model of sex offending. The relationship between offence pathways and static and dynamic sexual offence risk. *Sexual Abuse: A Journal of Research and Treatment,* 18, 259-70.

# * 찾아보기 *

## ㅇ



## ㅈ

ㅊ



ㅌ



ㅍ



ㅎ

## 저자 소개

William R. Lindsay(Ph.D)는 자문 임상심리학자이며 스코틀랜드의 선도적 임상가로서, 영국 달링턴의 Castlebeck Care 연구회의 대표로 있다. 그는 던디의 Abertay 대학의 학습장애와 범죄심리학회 의장, 뉴캐슬의 Northumbria 대학의 석좌교수를 역임하였으며, 200개 이상의 논문과 저서에서 지적장애인에 대한 인지행동적 치료와 범죄심리학의 영역에 대한 관심을 표명하고 있다. 영국심리학회(British Psychological Society)와 국제지적장애인연구과학회(International Association for the Scientific Study of Intellectual Disabilities) 회원이며, 이전에는 스코틀랜드 국립병원의 자문 심리학자로 지적장애인과 일반 성범죄자의 치료에 대한 책임을 맡은 경력이 있다. 또한 영국 테이사이드의 학습장애인 임상심리학회(Clinical Psychology Learning Disability services)의 회장을 역임하였고, 스코틀랜드와 영국 정부 모두에서 다양한 자문을 해왔으며, 스코틀랜드 법의학연구회(Scottish Forensic Network) 대표로 지적장애인의 법의학적 서비스를 담당하기도 했다. 그는 현재 『지적장애인 응용연구 저널』과 『지적장애와 발달장애인 저널』의 부편집자이며, 동시에 『영국임상심리와 정신의학 저널』, 『심리학과 법』의 편집위원으로 활동하고 있다.

## 역자 소개

**최은영**(Choi Eun Yeong)
대구대학교 대학원 정서 · 행동장애아교육전공 문학박사
현 대구대학교 재활심리학과 부교수

**공마리아**(Kong Maria)
대구대학교 대학원 정서 · 행동장애아교육전공 문학박사
현 대구대학교 재활심리학과 조교수

**박성배**(Park Sung Bae)
Souther Illinois University Carbondale Curriculum and Instruction 박사
현 우송대학교 교수

**이장규**(Lee Jang Kyu)
대구대학교 대학원 재활심리학 박사과정 수료
현 국립법무병원(치료감호소) 성범죄자 치료센터 임상심리사

**박지순**(Park Ji Soon)
대구대학교 대학원 재활심리전공 재활심리학박사
현 BK21 장애인과 고령자의 권리에 기반한 통합형 지원시스템 개발팀 박사 후 연구원

# 지적장애 성범죄자 심리치료

The Treatment of Sex Offenders with Developmental Disabilities: A Practice Workbook

2015년 6월 25일 1판 1쇄 인쇄
2015년 6월 30일 1판 1쇄 발행

지은이 • William R. Lindsay
옮긴이 • 최은영 · 공마리아 · 박성배 · 이장규 · 박지순
펴낸이 • 김진환
펴낸곳 • (주) 학지사
121-838 서울특별시 마포구 양화로 15길 20 마인드월드빌딩
대표전화 • 02)330-5114 팩스 • 02)324-2345
등록번호 • 제313-2006-000265호

홈페이지 • http://www.hakjisa.co.kr
커뮤니티 • http://cafe.naver.com/hakjisa

ISBN 978-89-997-0713-1 93180

정가 22,000원





이 도서의 국립중앙도서관 출판시도서목록(CIP)은 서지정보유통지원시스템 홈페이지(http://seoji.nl.go.kr)와 국가자료공동목록시스템(http://www.nl.go.kr/kolisnet)에서 이용하실 수 있습니다.
(CIP 제어번호: CIP2015016588)